Digitale Transformation von Dienstleistungen im Gesundheitswesen II

Mario A. Pfannstiel · Patrick Da-Cruz
Harald Mehlich
(Hrsg.)

Digitale Transformation von Dienstleistungen im Gesundheitswesen II

Impulse für das Management

Springer Gabler

Herausgeber
Mario A. Pfannstiel
Fakultät Gesundheitsmanagement
Hochschule Neu-Ulm
Neu-Ulm, Deutschland

Harald Mehlich
Fakultät Gesundheitsmanagement
Hochschule Neu-Ulm
Neu-Ulm, Deutschland

Patrick Da-Cruz
Fakultät Gesundheitsmanagement
Hochschule Neu-Ulm
Neu-Ulm, Deutschland

ISBN 978-3-658-12392-5 ISBN 978-3-658-12393-2 (eBook)
DOI 10.1007/978-3-658-12393-2

Die Deutsche Nationalbibliothek verzeichnet diese Publikation in der Deutschen Nationalbibliografie; detaillierte bibliografische Daten sind im Internet über http://dnb.d-nb.de abrufbar.

Springer Gabler

Gedruckt auf säurefreiem und chlorfrei gebleichtem Papier

Springer Gabler ist Teil von Springer Nature
Die eingetragene Gesellschaft ist Springer Fachmedien Wiesbaden GmbH
Die Anschrift der Gesellschaft ist: Abraham-Lincoln-Str. 46, 65189 Wiesbaden, Germany

Vorwort

Die Digitalisierung ist in den letzten Jahren im Gesundheitswesen angekommen. Deutschland ist jedoch noch weit entfernt von einem Gesundheitswesen, in dem alle Gesundheitsbereiche vollständig digital zusammenarbeiten können. Noch sind die Interessen von allen Akteuren zu unterschiedlich, um eine Zusammenführung beispielsweise bei der zentralen Speicherung von Patientendaten herbeizuführen. Die Herausforderungen, vor denen die Akteure stehen, sind groß. Sie bestehen unter anderem bei der Digitalisierung von Papierdokumenten und beim Umgang mit großen Datenmengen. Dabei beflügeln neue digitalisierte Dienstleistungsangebote, Innovationen und Technologien den Gesundheitsmarkt und zeigen Lösungswege auf. Ein ständiger Wandel bei Dienstleistungsangeboten erfordert die Anpassung an gesetzte Rahmenbedingungen und die Durchführung von Reformen.

Mit neuen individuell konfigurierten Dienstleistungen und Dienstleistungspaketen entstehen neue Geschäfts-, Behandlungs- und Versorgungsabläufe bei Leistungserbringern. Im Mittelpunkt steht der Konsument, auf den die Abläufe bedarfs- und situationsspezifisch zugeschnitten werden müssen. Fraglich bleibt, inwieweit das Potenzial von digitalisierten Dienstleistungsangeboten voll ausgeschöpft werden kann. Die Abstimmung, Strukturierung und Kombination von Dienstleistungsangeboten mit teilweise digitalisierten und vollständig digitalisierten Dienstleistungsangeboten verändert das Dienstleistungsspektrum für die Konsumenten zunehmend. Sehr komplex sind die Bereiche, die digital vernetzt werden müssen. In jeder Arztpraxis wird heutzutage Informationstechnologie eingesetzt und angewendet. In Krankenhäusern sind digitalisierte Geschäfts- und Behandlungsprozesse notwendig, um das Patientenaufkommen zu bewältigen. Bei der Diagnostik kommen bildgebende Verfahren und IT-gestützte Methoden zum Einsatz, die dazu beitragen, dass schnell eine Diagnose gestellt werden kann. Bestehende und neue Therapieansätze können durch eine stärkere Vernetzung von Leistungserbringern gefunden und weiterentwickelt werden.

Durch den Einfluss der Digitalisierung entstehen teilweise auch neue Gesundheitsdienstleistungen. Es ist daher notwendig, dass z. B. Patienten die Digitalisierung im Gesundheitswesen aktiv mitgestalten. Nur so können ihre Wünsche, Bedürfnisse und Präferenzen mit berücksichtigt werden. Aber auch Krankenhausmitarbeiter müssen sich an der Gestaltung von digitalen Dienstleistungsangeboten beteiligen. Nur so können Ärzte, Pflegekräfte und Mitarbeiter der Verwaltung Einfluss auf die Arbeitsbedingungen nehmen und diese verändern. Die Digitalisierung erfordert eine interdisziplinäre Strategie, um einen geordneten Überblick zu erhalten und um nicht auf konkrete Anforderungen in einem Bereich reduziert zu werden. Der Vorteil der Digitalisierung liegt darin, dass Prozesse enorm beschleunigt und Ressourcen für das Kerngeschäft frei werden. Von Nachteil bei der Digitalisierung ist, dass die Umsetzung in allen Bereichen üblicherweise mit nicht unerheblichen Kosten verbunden ist. Die digitale Transformation, die jedes Gesundheitsunternehmen durchläuft, kann als Chance gesehen werden. Die Digitalisierung von Dienstleistungsangeboten schafft neue Inhalte und Aufgabenbereiche; auch können ganz neue Geschäftsmodelle entstehen und entwickelt werden (siehe Abb. 1). Dies setzt voraus, dass die Erfahrungen von Konsumenten und Unternehmen berücksichtigt werden.

Digitalisierung heißt nicht nur kontinuierliche Optimierung, um im Gesundheitsmarkt zu bestehen; sie dient vielmehr dazu, im Gesundheitswesen Geschäfts-, Behandlungs- und Versorgungsabläufe zu erleichtern. Sie ist also ein notwendiges Hilfsmittel und spielt eine große Rolle beim Austausch, der Übermittlung und Beschaffung von Informationen und Daten. Sie beinhaltet aber auch die Erfassung, Verarbeitung und Erzeugung von Informationen und Daten. So gesehen eröffnet die Digitalisierung den Akteuren vielfältige Möglichkeiten diese zu verarbeiten, in Anspruch zu nehmen und zu bewerten. Bei der Inanspruchnahme können die Informationen und Daten in einen hochintegrierten

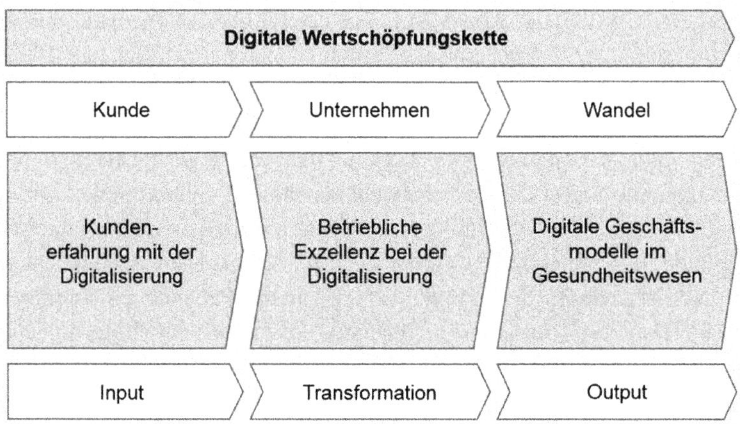

Abb. 1 Digitale Wertschöpfungskette im Gesundheitswesen. (Quelle: Eigene Darstellung 2016)

Kontext gesetzt, verknüpft und intelligent weiterverarbeitet werden. Die Bewertung ermöglicht dann eine sinnvolle Zuordnung zu den verschiedensten Fragestellungen und kann die Qualität von Entscheidungen verbessern. Damit kann dann letztlich Einfluss auf bestehende Prozesse und digitalisierte Dienstleistungsangebote genommen werden.

Die Beiträge der einzelnen Autoren in diesem Sammelband sind wie folgt zusammengestellt: Zusammenfassung, Gliederung, Autorenanschrift, Einleitung, Hauptteil, Schluss, Literaturverzeichnis und Autorenbiografie. Die Ausführungen und Erkenntnisse der Beiträge werden von jedem Autor in einem Schlussbetrachtung am Beitragsende zusammengefasst. Im Anhang wird ein Stichwortverzeichnis bereitgestellt, das zum besseren Verständnis des Sammelbandes dienen und die gezielte Themensuche beschleunigen soll.

Wir möchten uns bei den zahlreichen Autorinnen und Autoren dieses Bandes bedanken, die viele interessante und spannende Themen aus Praxis und Wissenschaft in den Band eingebracht haben. Weiterhin möchten wir uns an dieser Stelle ganz herzlich bei Frau Hasenbalg und Frau Borge vom Springer Gabler Verlag bedanken, die uns bei der Erstellung des Sammelbandes sehr unterstützt haben mit ihren Ideen zum Layout eingebracht hat.

Neu-Ulm, Deutschland
im Juli 2016

Mario A. Pfannstiel
Patrick Da-Cruz
Harald Mehlich

Inhaltsverzeichnis

Herausgeberverzeichnis

Mario A. Pfannstiel M.Sc., M.A., ist Fakultätsreferent und wissenschaftlicher Mitarbeiter am Kompetenzzentrum „Vernetzte Gesundheit" an der Hochschule Neu-Ulm und Doktorand an der Universität Potsdam. Er besitzt ein Diplom der Fachhochschule Nordhausen im Bereich „Sozialmanagement" mit dem Vertiefungsfach „Finanzmanagement", einen M.Sc.-Abschluss der Dresden International University in Patientenmanagement und einen M.A.-Abschluss der Technischen Universität Kaiserslautern und der Universität Witten/Herdecke im Management von Gesundheits- und Sozialeinrichtungen. Im Herzzentrum Leipzig arbeitete er als Referent des Ärztlichen Direktors. An der Universität Bayreuth war er beschäftigt als wissenschaftlicher Mitarbeiter am Lehrstuhl für Strategisches Management und Organisation im Drittmittelprojekt „Service4Health". Seine Forschungsarbeit umfasst zahlreiche Beiträge zum Management in der Gesundheitswirtschaft.

Hochschule Neu-Ulm
Fakultät Gesundheitsmanagement
Wileystr. 1
89231 Neu-Ulm
E-Mail: mario.pfannstiel@hs-neu-ulm.de

Patrick Da-Cruz ist Professor für Betriebswirtschaftslehre und Gesundheitsmanagement an der Fakultät Gesundheitsmanagement der Hochschule Neu-Ulm (HNU) sowie wissenschaftlicher Leiter des MBA-Programms für Ärzte der HNU. Studium und Promotion erfolgten an den Universitäten Duisburg-Essen, Bayreuth und der Smurfit Graduate School of Business, Dublin. Vor seiner Tätigkeit an der HNU war Herr Da-Cruz bei namhaften Strategieberatungen im Bereich Pharma/Healthcare sowie in Führungsfunktionen in Unternehmen der Gesundheitswirtschaft im In- und Ausland tätig. Er ist regelmäßiger Referent auf Fachtagungen, Autor diverser Veröffentlichungen und engagiert sich ehrenamtlich in verschiedenen Fachgesellschaften des Gesundheitswesens.

Hochschule Neu-Ulm
Fakultät Gesundheitsmanagement
Wileystr. 1
89231 Neu-Ulm
E-Mail: patrick.Da-cruz@hs-neu-ulm.de

Prof. Dr. Harald Mehlich ist Dekan der Fakultät Gesundheitsmanagement an der Hochschule Neu-Ulm und Mitglied im Kompetenzzentrum „Vernetzte Gesundheit". An der Universität Bamberg übernahm er die Leitung des BMBF-Forschungsprojekts „Virtuelle Unternehmens- und Arbeitsstrukturen im Kommunalbereich". Er leitete zahlreiche Beratungs- und Evaluationsprojekte mit Schwerpunkt Computereinsatz in Produktion und Verwaltung. Beim Fraunhofer-Institut für Arbeitswirtschaft und Organisation (IAO), Stuttgart, arbeitete er an Projekten zur Einführung von Computern in Verwaltung und Produktion. Seine Forschungsschwerpunkte liegen im Bereich IT-Vernetzung und Datenverarbeitung im Gesundheitswesen und Informations- und Betriebliches Gesundheitsmanagement.

Hochschule Neu-Ulm
Fakultät Gesundheitsmanagement
Wileystr. 1
89231 Neu-Ulm
E-Mail: harald.mehlich@hs-neu-ulm.de

Grad der Digitalisierung im Gesundheitswesen im Branchenvergleich – Hinderungsgründe und Chancen

1

Jochen Baierlein

Zusammenfassung

Unter Digitalisierung versteht man – ganz allgemein – die Umwandlung analoger Informationen in digital gespeicherte und genutzte Informationen. Dieser fortschreitende Prozess ist in vielen Bereichen, Branchen, und nicht zuletzt auch im privaten Umfeld auffindbar. Der Beitrag beschäftigt sich mit ebendieser Thematik. Zunächst werden die Digitalisierungsgrade unterschiedlicher Branchen dargestellt und in diesem Zusammenhang das gering digitalisierte Gesundheitswesen beleuchtet. Ziel des Beitrags ist es zum einen, Gründe und Herausforderungen für diese Branche aufzuzeigen und zum anderen, Lösungsansätze und Chancen des deutschen Gesundheitswesens deutlich zu machen. Ferner sollen folgende Fragen beantwortet werden: Weshalb bildet das Gesundheitswesen im Vergleich zu anderen Branchen das Schlusslicht beim

Inhaltsverzeichnis

J. Baierlein (✉)
Unternehmensberatung im Gesundheitswesen, Oberender & Partner, Elsenheimerstr. 59, 80687 München, Deutschland
E-Mail: jochen.baierlein@oberender-online.de

M.A. Pfannstiel et al. (Hrsg.), *Digitale Transformation von Dienstleistungen im Gesundheitswesen II*, DOI 10.1007/978-3-658-12393-2_1

Thema Digitalisierung? Was sind mögliche Treiber, durch die die Digitalisierung vorangetrieben werden kann? Welche Maßnahmen sind im speziellen vonseiten der Krankenhäuser zu treffen?

1.1 Einleitung

„Wir haben die Möglichkeiten für ein digitales Wirtschaftswunder. Die Frage ist, ob es in Deutschland stattfindet" (Merkel 2014). Mit diesen Worten kommentiert Bundeskanzlerin Angela Merkel die fortschreitende Digitalisierung auf dem IT-Gipfel im Jahr 2014.

Allgemein wird in der Literatur unter Digitalisierung die Umwandlung analoger Dokumente in digital gespeicherte und genutzte Daten verstanden (vgl. Heuer 2015). Dieser fortschreitende Prozess ist in vielen Bereichen und Branchen, aber auch im privaten Umfeld auffindbar. Er birgt für Lebens- und Arbeitswelt vielerlei Chancen, aber auch nicht zu vernachlässigende Risiken (vgl. Fraunhofer 2015).

Der Digitalisierung gehen historische Meilensteine der Industrialisierung voraus. Seitdem hat sich die Digitalisierung in allen Branchen mehr oder weniger umfassend etabliert. Die Informations- und Kommunikationstechnologie führt die Branchen mit dem höchsten Grad an Digitalisierung an, wohingegen das Gesundheitswesen das Schlusslicht bildet (vgl. Bauer et al. 2015).

Doch was sind die Gründe für diesen Rückstand? Welche möglichen Treiber gibt es, durch die die Digitalisierung in diesem Bereich vorangetrieben werden kann. Und welche Maßnahmen sind von insbesondere vonseiten der Krankenhäuser zu treffen? Mit ebendiesen Fragen beschäftigt sich dieser Beitrag.

In diesem Beitrag soll die zweifelsohne spannende und äußerst große Branche Gesundheitswesen näher betrachtet werden und der Frage nachgegangen werden, ob die Digitalisierung einen Betrag dazu schaffen kann, die Systemineffizienz zu heben. Siehe dazu die Abb. 1.1.

Ersichtlich ist, dass das Gesundheitswesen ein sehr großes Volumen und im Branchenvergleich die höchste Systemineffizienz (42 %) aufweist. Spannend ist jedoch, dass das Verbesserungspotenzial der Systemineffizienzen ebenfalls am höchsten ist (35 %). Die Branche der Informations- und Kommunikationstechnik arbeitet am effizientesten und hat ein vergleichsweise geringes Verbesserungspotenzial (22 %) (vgl. Bauer et al. 2015). Ein denkbarer Lösungsansatz für das Gesundheitswesen wäre es also, das ungenutzte Effizienzpotenzial mithilfe der Digitalisierung zu heben.

> [Bei der Digitalisierung] geht es darum, die Fähigkeiten des Menschen zu erweitern. Hardware und Software in alle möglichen Bereiche des Lebens vorzutreiben und bislang ungeahnte Feedback-Kreisläufe zwischen Geräten und Menschen zu schaffen (Heuer 2015).

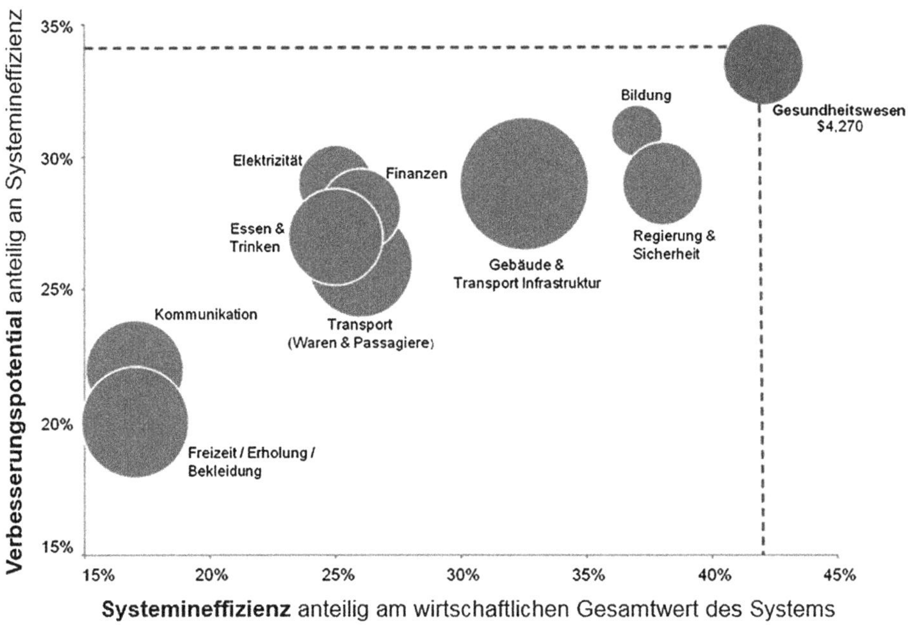

Abb. 1.1 Effizienzanalyse von zehn verschiedenen Systemen (weltweit in Mrd. US-Dollar)

1.2 Das Gesundheitswesen im Branchenvergleich

Um eine Gegenüberstellung der Branchen ermöglichen zu können, müssen kompatible Parameter identifiziert und betrachtet werden. Trotz aller Limitationen der Branchen haben sich zwischenzeitlich mehrere Studien mit dieser Thematik befasst und von unterschiedlichen Seiten beleuchtet. Im Folgenden werden drei Studien im Hinblick auf den Branchenvergleich vorgestellt.

1. Die Studie „Digitalisierung als Rahmenbedingung für Wachstum – Update“ wurde 2015 von der Prognos AG im Auftrag der Vereinigung der Bayerischen Wirtschaft e. V. (vbw) durchgeführt (vgl. Vereinigung der Bayerischen Wirtschaft e. V.). Die Abb. 1.2 zeigt den Standpunkt des Gesundheitswesens im Vergleich zu anderen Branchen.

   Die Studie offenbart, dass sich ausnahmslos alle Branchen von 1991 bis 2013 in ihrem Digitalisierungsanteil gesteigert haben. Zu sehen ist eine Stichprobe von 20 verschiedenen Branchen, von denen sowohl die hoch digitalisierten, als auch die mittel und gering fortgeschrittenen Berufsfelder aufgezeigt werden. Während knapp die Hälfte der 20 Branchen einen Digitalisierungsanteil von größer oder gleich 50 % vorweisen kann, liegt das Sozial- und Gesundheitswesen im Jahr 2013 gerade einmal bei 2,2 %. Der Fortschritt der betrachteten Zeitspanne von 22 Jahren geht mit einer

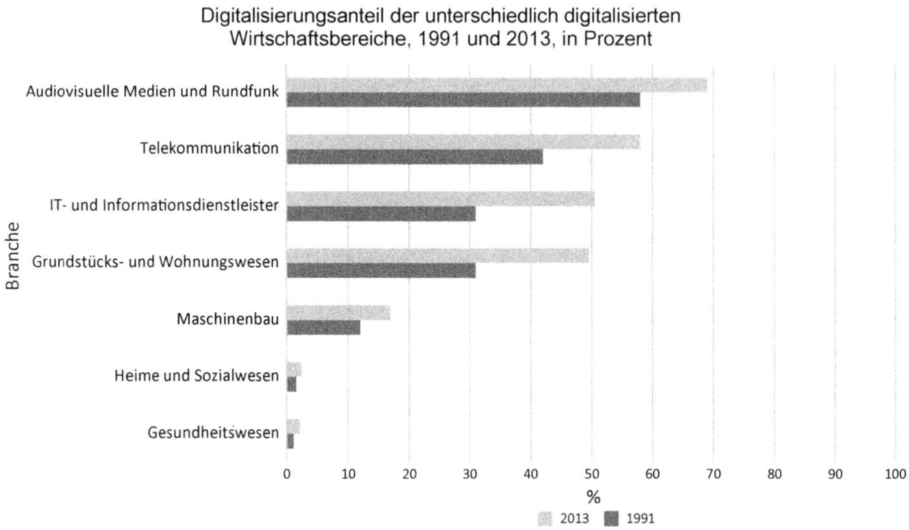

Abb. 1.2 Digitalisierungsanteil der unterschiedlich digitalisierten Wirtschaftsbereiche, 1991 und 2013, in Prozent

Steigerung von nur 1 % nahezu spurlos an dem Gesundheitswesen vorbei. Den übrigen Branchen gelingt es überwiegend, eine Verbesserung von 25–30 % auszumachen. Im Gesamtbild zeigt sich eindeutig, dass „die Dienstleistungsbranchen im Durchschnitt wesentlich stärker von digitalen Technologien durchdrungen sind als die Wirtschaftszweige des Primären und Sekundären Sektors" (Vereinigung der Bayerischen Wirtschaft e. V.). Als Kritikpunkt kann hier die Methodik aufgeführt werden. Die vbw bewertet den Grad der Digitalisierung anhand von Patenten. Diese Vorgehensweise ist denkbar, jedoch spiegelt dies nicht das gesamte digitale Leistungsspektrum wider.

2. Auch TNS-Infratest beleuchtete im Auftrag des Bayerischen Staatsministeriums für Wirtschaft und Medien, Energie und Technologie die Problematik der Digitalisierung. Unter dem Titel „Digitalisierung. Achillesferse der deutschen Wirtschaft? Wege in die digitale Zukunft" (Münchner Kreis 2015) wurden die Ergebnisse 2014 veröffentlicht. Die Handlungsimpulse und Ergebnisse wurden aus zahlreichen Experten-Workshops abgeleitet, an welche unter anderem Wirtschaftswissenschaftler und Politiker teilnahmen. Zwar wird das Gesundheitswesen nicht explizit aufgeführt, jedoch wird ein deutliches Defizit der gesamten deutschen Wirtschaft im Hinblick auf die Digitalisierung kenntlich gemacht. Im Vergleich zu Europa werden in Amerika und Asien digitale Innovationsstrategien häufiger, schneller und erfolgreicher umgesetzt. Als Beispiel wird die Telemedizin genannt, welche sich nur schleppend in Deutschland etabliere (vgl. Münchner Kreis 2015).

3. „Die Digitalisierungsdynamik der deutschen Wirtschaft muss Tempo aufnehmen“, so das Fazit einer Studie. Diese wurde vom Bundesministerium für Wirtschaft und Energie (BMWi) in Auftrag gegeben und ebenfalls von TNS-Infratest anhand von Befragungen durchgeführt. Demzufolge erreiche Deutschland beim Digitalisierungsgrad seiner gewerblichen Wirtschaft lediglich 49 von 100 möglichen Indexpunkten (vgl. Münchner Kreis 2015). Der Index misst den Grad der Digitalisierung der Geschäftsabläufe, der unternehmensinternen Prozesse und die Nutzungsintensität neuer digitaler Technologien und Services. Dadurch ergibt sich eine deutlich präzisere Betrachtung als durch die erste Studie. Wie weit die Digitalisierung in den einzelnen Branchen vorangeschritten ist, wird in Abb. 1.3 deutlich.

   Der einzige sehr stark digitalisierte Bereich sei der Studie zufolge die Informations- und Kommunikationstechnik mit 66 Indexpunkte. Dem gegenüber stehen als Schlusslichter die Branche des Fahrzeugbaus und das Gesundheitswesen mit 36 Punkten. Im internationalen Vergleich belegt Deutschland vor Finnland und Frankreich den sechsten Platz der globalen Leistungsfähigkeit. Die drei leistungsstärksten Länder in Bezug auf den Digitalisierungsgrad sind USA (1.), Südkorea (2.) und Großbritannien (3.) (vgl. BMWi 2015).

   Zwischenfazit: Trotz der unterschiedlichen Methoden und Herangehensweisen kommen die drei, exemplarisch aufgeführten Studien zu dem gleichen Ergebnis: die deutsche Wirtschaft – allen voran das deutsche Gesundheitswesen – hinkt, wenn es um das Thema Digitalisierung geht hinterher.

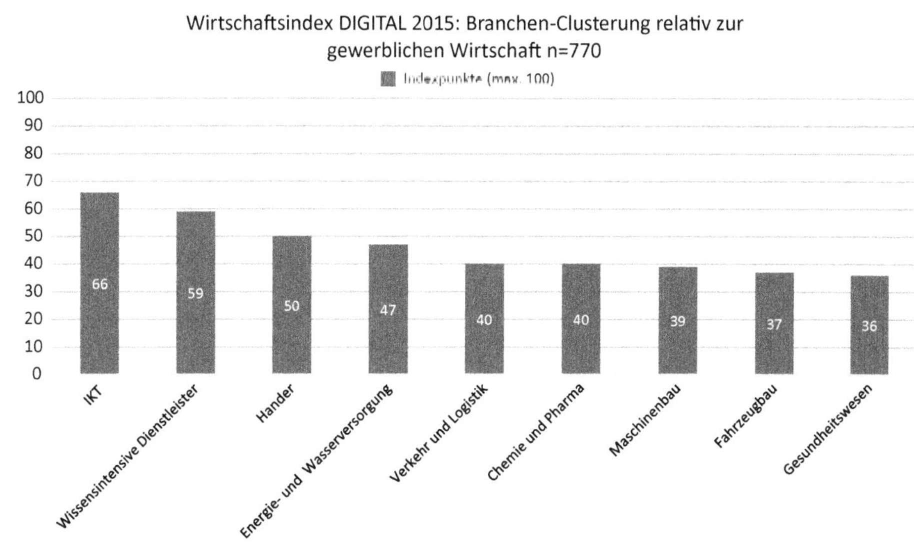

Abb. 1.3 Wirtschaftsindex DIGITAL 2015: Branchen-Clusterung relativ zur gewerblichen Wirtschaft

1.3 Warum ist das Gesundheitswesen gering digitalisiert?

Die Gründe für den geringen Digitalisierungsgrad im Gesundheitswesen sind vielschichtig. Im weiteren Verlauf werden zehn der ausschlaggebendsten Gründe herausgegriffen und näher erläutert.

1. Das Gesundheitswesen in Deutschland ist hoch fragmentiert, nicht nur auf der Prozessebene (Sektoren) und der Finanzierungsebene (Kostenträgervielfalt), sondern auch in Bezug auf die unterschiedlichen Interessensgruppen, welche eine „smarte" Lösung schwer durchsetzbar machen (hohe regulatorische Hürden).
2. In Deutschland ist es üblich, dass anfallende Kosten von der Krankenkasse erstattet werden. Dies trägt dazu bei, dass eine allgemein geringe Zahlungsbereitschaft für Innovationen insbesondere vonseiten der Patienten vorherrscht (vgl. Bundesministerium für Wirtschaft und Energie 2015).
3. Die Tatsache, dass die Personalkosten im Klinischen Umfeld rund 60 % der Gesamtkosten ausmachen, zeigt, dass die Krankenhäuser ein eher personalintensives und notwendiges Arzt/Pflege zu Patientenverhältnis haben, welches nur gering-gradig digital ersetzt bzw. unterstützt werden kann. Anders als in der Telekommunikationsbranche, bei der es sich bereits um ein überwiegend digitales Produkt handelt.
4. Des Weiteren ist der Datenschutz ein wichtiger Aspekt warum die Digitalisierung noch nicht sehr stark verbreitet ist. Das sensible Daten der Patienten umfassend geschützt werden müssen ist genauso richtig, wie die Tatsache das der Datenschutz nicht als Generalargument der Verhinderung genutzt wird (vgl. Stiftung Münch 2015).
5. Hinzu kommt, dass in der Anfangsphase oft Hürden auftreten. Neben den hohen Anschaffungskosten neuer Systeme ist auch häufig eine geringe Akzeptanz der Mitarbeiter diesbezüglich festzustellen. Oft wird es von Arbeitnehmerseite bevorzugt, an gewohnten Arbeitsprozessen und -abläufen festzuhalten. Notwendige Schulungen und Fortbildungen des Personals sorgen für weitere Kosten und Skepsis. Auch die Befürchtung, durch neue digitale Techniken, vom Arbeitgeber überwacht zu werden, schürt auf Arbeitnehmerseite Zurückhaltung und Argwohn (Bauer et al. 2015).
6. Vonseiten der Krankenhäuser wird sich der Thematik überwiegend zurückhaltend angenähert. Der Grund hierfür ist die Tatsache, dass ein Nutzen kaum direkt monetär bewertet bzw. refinanziert werden kann. Darüber hinaus lassen sich die Vorteile, die digitale Technologien oder Prozesse mit sich bringen, oftmals erst nach mehreren Jahren verzeichnen (vgl. Bundesministerium für Gesundheit 2015). Diese vor dem Hintergrund, dass die Branche einem starken Kostendruck und fehlender Refinanzierung ausgesetzt ist (Destatis 2012).
7. Zusätzlich fällt die Wertschätzung für die Digitalisierung in der Gesundheitswirtschaft gering aus. Nur 19 % der befragten Einrichtungen schreiben der Digitalisierung eine große Wichtigkeit zu (vgl. Heuer 2015).
8. „Nur 28 % der deutschen Krankenhäuser besitzen bereits eine umfassende Strategie, wie sie den Herausforderungen der digitalen Transformation in der Gesundheitswirtschaft begegnen wollen". Auch die Tatsache, dass weniger als ein Drittel

der Krankenhäuser entsprechende Planungen vornehmen, zeigt, dass diese Branche der Digitalisierung einen zu geringen Stellenwert bei misst (Klinik Wissen Managen 2015).

9. Darüber hinaus liegen die Prioritäten der Krankenhäuser vielmehr auf erfolgreichen medizinischen Behandlungsmethoden, als auf der Verwendung rentabler Technologien. In Verbindung dazu herrscht eine höhere Bereitschaft, greifbare medizinische Verbesserungen wie neue Medikamente oder Behandlungsmethoden einzuführen als innovative Technologien zu implementieren (vgl. Bundesärztekammer 2015).
10. Zusätzlich kann man sagen, dass das, „was wir im Gesundheitsbereich machen, (…) nicht mehr up to date [ist]. Bankgeschäfte lassen sich online abwickeln, aber Patientenakten müssen immer noch von den Angehörigen in Papierform ins Krankenhaus gebracht werden“ (Fahey 2013). Dies zeugt von einer geringen Flexibilität und Anpassung.

Zusammenfassend lässt sich sagen, dass der Krankenhaussektor (noch) mit anderen, grundlegenden strukturellen Herausforderungen konfrontiert ist als Unternehmen in der freien Wirtschaft. Trotzdem haben nahezu alle Wirtschaftszweige in Deutschland die Chance, von den fortschreitenden Technologien und der Digitalisierung zu profitieren. Besonders im internationalen Vergleich fällt auf, dass Deutschland gefährdet ist, von anderen Nationen bezüglich der Fortschritte ins Hintertreffen zu geraten.

1.4 Entwicklungsmöglichkeiten und Ansätze für eine höhere Digitalisierung

„Die Befürworter schwärmen von neuen Möglichkeiten des Datentransfers, Kritiker warnen vor dem gläsernen Patienten“ (Kosfeld 2015). Um dem Gesundheitswesen eine positive Entwicklung in Richtung einer digitalen Zukunft zu ermöglichen, sind vielerlei Treiber denkbar.

Einige wurden in den vergangenen Jahren bereits implementiert, zum Beispiel in Form der elektronischen Gesundheitskarte oder der elektronischen Patientenakte. Auch der elektronische Arzt- bzw. Entlassbrief, welcher notfallrelevante Informationen des jeweiligen Patienten enthält, kann dazu gezählt werden (vgl. Bundesärztekammer 2015).

Darüber hinaus häufen sich Smartphone-Apps im Bereich Lifestyle und Medizin, wodurch es dem Patienten erleichtert wird, sich selbstständig über Krankheitsbilder oder Behandlungsmöglichkeiten zu informieren. Ziel dabei ist es, eine sichere Vernetzung der Patienten, Arztpraxen, Krankenhäuser und Apotheken herzustellen und die Datenübertragung zu vereinfachen (vgl. Bundesärztekammer 2015).

> Die [Digitalisierung bietet] die große Chance, die Patientenversorgung auch in strukturschwachen, ländlichen Regionen qualitativ hochwertig (…) aufrechtzuerhalten. Zudem wird die (…) Wirtschaftlichkeit im Gesundheitswesen verbessert sowie der Datenschutz und die Informationssicherheit erhöht (Beyer 2015).

All den Innovationen gegenüber stehen der Datenschutz und die Datensicherheit, die häufig intransparent und lückenhaft sind. Dieser Aspekt hemmt die Akzeptanz und Nutzung von digitalen Informationswegen bei den Patienten. Das System wird also nur dann zu einem Fortschritt, „wenn der Datenschutz höchste Priorität hat und Patienten jederzeit selbst über die Freigabe ihrer Daten entscheiden können" (Frickinger und Miermeister 2015). Als Treiber kann diesbezüglich allerdings der sogenannte E-Health-Gesetzentwurf der Bundesregierung gezählt werden. Dieses soll eine sichere digitale Kommunikation und Anwendung im Gesundheitswesen ermöglichen. Es enthält einen „Fahrplan für die Einführung einer digitalen Infrastruktur" (Bundesministerium für Gesundheit 2015) und impliziert die höchsten Sicherheitsstandards, um einen größtmöglichen Nutzen aus der elektronischen Gesundheitskarte ziehen zu können. Ziel ist es, die digitale Infrastruktur zu verbessern und die Selbstbestimmung der Patienten zu stärken (vgl. Bundesministerium für Gesundheit 2015). Abgesehen davon bewerten Patienten laut der Stiftung Münch den Datenschutz als wenig problematisch. Hierfür wurden 2001 repräsentativ ausgewählte Personen ab 18 Jahren telefonische befragt, wie sie die neuen elektronischen Möglichkeiten im Gesundheitsbereich bewerten. Auch die Sammlung medizinischer Daten, sowie Datenschutzaspekte wurden abgefragt und werden in Abb. 1.4 dargestellt.

73 % der Befragten ist Ihre Gesundheit wichtig. Über die Hälfte hat bereits Krankheitssymptome im Internet gegoogelt, unter den 18 bis 45 Jährigen waren es sogar 70 %. Die Einführung einer Elektronischen Patientenakte (EPA) wird von knapp 60 % befürwortet. Mit der Speicherung der medizinischen Daten sind 71 % einverstanden, wenn sie

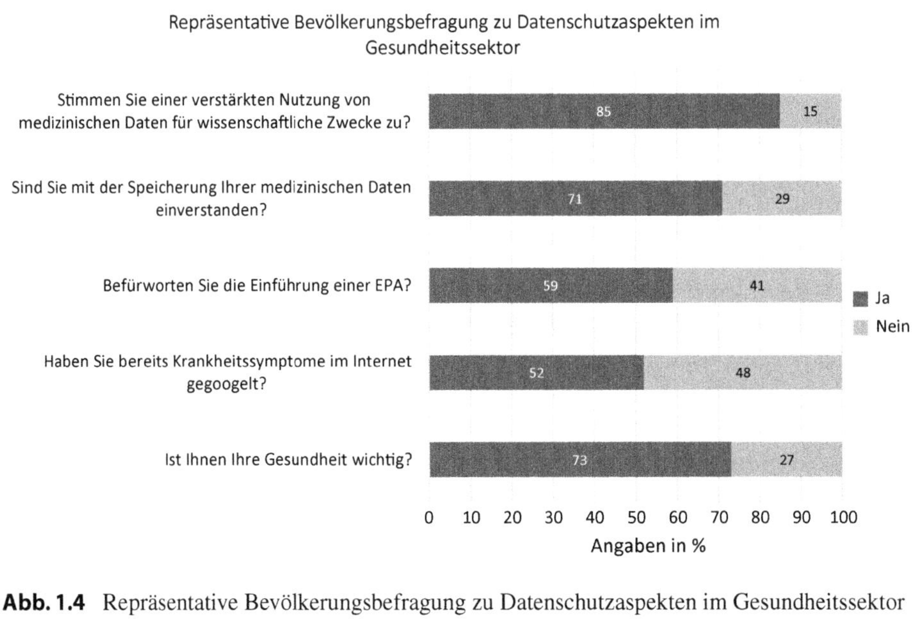

Abb. 1.4 Repräsentative Bevölkerungsbefragung zu Datenschutzaspekten im Gesundheitssektor

wissen, was genau über sie gespeichert wird. Die Zustimmung ist weitestgehend unabhängig von Geschlecht und Bildung. Laut der Befragung stimmen darüber hinaus 85 % einer verstärkten Nutzung von medizinischen Daten für wirtschaftliche Zwecke zu (Stiftung Münch 2015).

Eine von der TK veröffentlichte forsa-Umfrage zeigt, dass Menschen aller Altersgruppen einem digitalem Gesundheitswesen offen gegenüber stehen. Besonders interessiert seien sie daran, Termine online vereinbaren zu können oder etwa Messwerte online zur Kontrolle an den Arzt übermitteln zu können. 75 % der Befragten aller Altersgruppen informieren sich bereits überwiegend im Internet über Krankheitsbilder oder Behandlungsmöglichkeiten. Darüber hinaus gab über die Hälfte an, bereits online mit dem behandelnden Arzt in Verbindung zu stehen oder sich dies für die Zukunft wünscht (vgl. Netz 2015).

Um die Digitalisierung branchenübergreifend voran treiben zu können, sei es laut Bundesverband der Deutschen Industrie (BDI), von entscheidender Bedeutung, die positiven Aspekte der Digitalisierung in den Vordergrund zu rücken. Dabei sei es besonders wichtig, die Arbeitnehmer mitzunehmen und durch intelligente Bildungs- und Qualifizierungspolitik an deren jeweiligen Standpunkt abzuholen (Frost Neuhaus 2016).

1.5 Schlussbetrachtung

Dieser Beitrag gibt einen Überblick zu einem allgegenwärtigen Thema, das zu einem Totalphänomen der modernen Gesellschaft geworden ist: die Digitalisierung (Maas 2015). Der Fokus liegt auf der Digitalisierung des Gesundheitswesens.

Es wurde zwischen drei Teilaspekten differenziert. Zum einen wurde die Digitalisierung im Branchenvergleich dargestellt, wobei sich das Gesundheitswesen als einer der schwächsten Teilnehmer herauskristallisierte. Anschließend wurden die Gründe für die geringe Digitalisierung erläutert. Hierzu gehören zum Beispiel die Tatsachen, dass digitale Innovationen einen hohen Kostenfaktor darstellen und der Nutzen nur schwer messbar und monetär bewertbar ist. Abschließend wurden potenzielle Treiber für die Zukunft vorgestellt, wozu beispielsweise der E-Health-Gesetzentwurf der Bundesregierung oder auch Smartphone-Apps für Patienten sowie Ärzte im Bereich Lifestyle und Medizin zählen. Dabei sind die nicht Vor- und Nachteile beim Einsatz von digitalen Innovationen zu berücksichtigen. Ein Vorteil besteht darin, dass wichtige Informationen und Patientendaten unverzüglich weiter gegeben werden können und sich der Patient darüber hinaus online über gewisse Krankheitsbilder in Kenntnis setzen kann. Von Nachteil erweist sich unumstrittener Weise der Datenschutz, sowie die Refinanzierung.

Vernetztes und kreatives Denken sind die Innovationskraft in der digitalisierten Welt der Zukunft. Dies gilt für das Gesundheitswesen ebenso wie für alle anderen Branchen. Bereiche wie die Informations- und Kommunikationstechnik haben dies bereits – nicht zuletzt da sie digitale Produkte verkaufen – aufgegriffen und führen die anderen Branchen mit ihrem digitalen Know-how an.

Der erste Schritt in Richtung einer digitalen Zukunft im Gesundheitswesen ist bereits gemacht. Nun liegt es an den Kliniken, weitere digitale Teilprozesse zu optimieren und den dringenden Handlungsbedarf zu erkennen.

Literatur

Beyer A (2015) Eine digitale Datenautobahn für das Gesundheitswesen – Telematikinfrastruktur optimiert die Patientenversorgung in Deutschland. KU Gesundheitsmanagement 84(11):38–40

Bundesärztekammer (2015) Digitalisierung des Gesundheitswesens – Informationstechnik verändert ärztliche Tätigkeit. http://www.bundesaerztekammer.de/fileadmin/user_upload/downloads/pdf-Ordner/Taetigkeitsbericht_2014/Digitalisierung_des_Gesundheitswesens_-_Informationstechnik_veraendert_aerztliche_Taetigkeit.pdf. Zugegriffen: 15. Jan. 2016

Bundesministerium für Gesundheit (2015) Das E-Health-Gesetz. http://www.bmg.bund.de/themen/krankenversicherung/e-health-gesetz/e-health.html. Zugegriffen: 20. Jan. 2016

Bundesministerium für Wirtschaft und Energie (2015a) Monitoring-Report Wirtschaft DIGITAL 2015. https://www.bmwi.de/BMWi/Redaktion/PDF/M-O/monitoring-report-wirtschaft-digital-2015,property=pdf,bereich=bmwi2012,sprache=de,rwb=true.pdf. Zugegriffen: 14. Jan. 2016

Bundesministerium für Wirtschaft und Energie (2015b) Digitale Wirtschaft. http://www.bmwi.de/DE/Themen/Digitale-Welt/digitale-wirtschaft.html. Zugegriffen: 12. Jan. 2016

Bundesministerium für Wirtschaft und Energie (2015c) Erstes Mittelstand 4.0 – Kompetenzzentrum startet in Hannover. http://www.bmwi.de/DE/Themen/mittelstand,did=746758.html. Zugegriffen: 11. Dez. 2015

Destatis (2012) Gesundheit – Kostennachweis der Krankenhäuser. https://www.destatis.de/DE/Publikationen/Thematisch/Gesundheit/Krankenhaeuser/KostennachweisKrankenhaeuser2120630127004.pdf?__blob=publicationFile. Zugegriffen: 22. Febr. 2016

Fahey P (2013) Nahtlose Versorgung. http://www.pharmazeutische-zeitung.de/index.php?id=48845. Zugegriffen: 23. Febr. 2016

Fraunhofer (2015) Zukunftsforum 2015: Working Smarter – Menschen. Räume. Technologien. http://www.iao.fraunhofer.de/lang-de/veranstaltungen/eventdetail/263. Zugegriffen: 13. Jan. 2016

Frickinger J, Miermeister F (2015) Digitalisierung im Gesundheitswesen – Informations- und Kommunikationstechnologien machen Medizintechnik mobil. http://www.medtech-pharma.de/userdir/cms/docs/Presse/Digitalisierung%20im%20Gesundheitswesen.pdf. Zugegriffen: 15. Jan. 2016

Frost S, Neuhaus C (2016) Davos diskutiert Folgen der Digitalisierung. http://www.tagesspiegel.de/wirtschaft/weltwirtschaftsforum-davos-diskutiert-folgen-der-digitalisierung/12852968.html. Zugegriffen: 20. Jan. 2016

Heuer S (2015) Digitalisierung als Fluch oder Segen? Oder beides? https://www.bertelsmann-stiftung.de/de/themen/aktuelle-meldungen/2015/maerz/megatrend-digitalisierung/. Zugegriffen: 26. Nov. 2015

Kosfeld CP (2015) Fluch und Segen der Digitalisierung – Experten plädieren für den Eintritt in eine neue Gesundheitswelt. https://www.das-parlament.de/2015/46/innenpolitik/-/394680. Zugegriffen: 15. Jan. 2016

Klinik Wissen Managen (2015) Erst jede vierte Klinik verfügt über eine Digital-Strategie. https://blog.klinik-wissen-managen.de/erst-jede-vierte-klinik-verfuegt-ueber-eine-digital-strategie/#.VomYSlKPyao. Zugegriffen: 13. Jan. 2016

Maas H (2015) Unsere digitalen Grundrechte. http://www.zeit.de/2015/50/internet-charta-grundrechte-datensicherheit. Zugegriffen: 11. Dez. 2015

Merkel A (2014) Wirtschaftswunder 4.0. http://cases.t-systems.de/sonstiges/grafik/zitate-zur-digitalisierung-der-wirtschaft-43750. Zugegriffen: 26. Nov. 2015

Münchner Kreis (2015) Digitalisierung. Die Achillesferse der deutschen Wirtschaft? Wege in die digitale Zukunft. http://www.tns-infratest.com/Wissensforum/Studien/pdf/Zukunftsstudie_MUENCHNER_KREIS_2014.pdf. Zugegriffen: 11. Jan. 2016

Netz H (2015) TK: Digitalisierung im Gesundheitswesen rasch umsetzen. https://www.tk.de/tk/regional/nordrhein-westfalen/pressemitteilungen/788352. Zugegriffen: 15. Jan. 2015

Stiftung Münch (2015) Repräsentative Bevölkerungsbefragung zu Datenschutzaspekten im Gesundheitssektor. http://www.stiftung-muench.org/wp-content/uploads/2015/09/DatenschutzWEB.pdf. Zugegriffen: 22. Febr. 2016

Vereinigung der Bayerischen Wirtschaft e. V. (2015) Studie – Digitalisierung als Rahmenbedingung für Wachstum – Update. https://www.vbw-bayern.de/Redaktion/Frei-zugaengliche-Medien/Abteilungen-GS/Volkswirtschaft/2015/Downloads/Studie-Digitalisierung-als-Rahmenbedingung-f%C3%BCr-Wachstum-Update_2015.pdf. Zugegriffen: 3. Febr. 2016

Über den Autor

Dr. med. Jochen Baierlein ist Partner bei Oberender & Partner und verantwortlich für den Bürostandort in München. Das Medizinstudium an der Julius-Maximilians Universität in Würzburg konnte Herr Dr. Baierlein mit vielseitigen Auslandsqualifikationen verbinden. Nach der Erreichung der Vollapprobation und Promotion folgte die Assistenzarztzeit im Fach der Chirurgie. Selektive Weiterbildungen umfassten ein Fernstudium der Ökonomie, Curriculum der Bayerischen Landesärztekammer zum Qualitätsmanagement, EFQM, Wirtschaftsmediator und weiteren. Dr. Baierlein ist zertifizierter Projektmanager nach PMP und seit 10 Jahren beratend tätig. Der Autor referiert häufig zu aktuellen gesundheitsökonomischen Themen – so auch im Herbst 2015 bei der Expertentagung „Digitalisierung im Gesundheitswesen". Die von Oberender & Partner organisierten Tagungen finden zweimal jährlich an der Universität Bayreuth statt (nähere Informationen: www.oberender-online.de).

Design Thinking Based Digital Transformation in Healthcare

2

Manfred Pferzinger und Patrick Rammerstorfer

Zusammenfassung

Im Gesundheitswesen herrscht ein reger Wettbewerb um Kundinnen und Kunden. Wie auch in anderen Branchen wird die Digitalisierung als eines der wichtigsten Themenfelder zur Differenzierung eingeschätzt. Grundsätzlich ist es vor allem entscheidend, dass die Qualität der Leistungen entlang der gesamten Prozesskette, den Anforderungen bzw. Erwartungen der Kundinnen und Kunden entspricht. Es bedarf also einer holistischen Betrachtung von Gesundheitsdienstleistungen und zwar konsequent aus der Perspektive von Patientinnen und Patienten. Durch Methoden wie Design-Thinking und Human-Centered Design, die auch ein gemeinsames Mindset bilden, kann sowohl die Digitalisierung bestehender Prozesse als auch die Entwicklung neuer digitaler Services einen spürbaren Mehrwert bieten.

Inhaltsverzeichnis

M. Pferzinger (✉) · P. Rammerstorfer
IMC Fachhochschule Krems, Piaristengasse 1, 3500 Krems, Österreich
E-Mail: manfred.pferzinger@fh-krems.ac.at

P. Rammerstorfer
E-Mail: patrick.rammerstorfer@fh-krems.ac.at

M.A. Pfannstiel et al. (Hrsg.), *Digitale Transformation von Dienstleistungen im Gesundheitswesen II,* DOI 10.1007/978-3-658-12393-2_2

2.1 Einleitung

Der hier vorliegende Buchbeitrag beschäftigt sich mit der Notwendigkeit bestehende Abläufe im Gesundheitswesen aktiv zu hinterfragen und durch konsequente Einbindung von Patientinnen und Patienten, sowie deren Angehörigen (die Autoren verwenden hierfür immer wieder die Begriffe Kundinnen und Kunden) weiterzuentwickeln. Nur so kann die Grundlage für eine sinnstiftende Digitalisierung von Dienstleistungen im Gesundheitswesen geschaffen werden.

2.2 Qualität als wettbewerbsentscheidendes Element im Gesundheitswesen

Zufriedene Patientinnen und Patienten kommen wieder. Solche, die mit den Ergebnissen unzufrieden waren, aber oft nicht. Daher gibt es auch im Gesundheitswesen einen Wettbewerb, der nur durch gute Ergebnisse für sich zu entscheiden ist (Porter und Olmsted Teisberg 2006, S. 101 f.). Die Qualität definiert sich letztendlich durch die Konformität eines Produktes, eines Prozesses oder einer Tätigkeit mit den Forderungen (Erwartungen) von Kundinnen und Kunden (Brüggemann und Bremer 2012, S. 4). In den Qualitätsmanagementsystemen von Gesundheitseinrichtungen wird zur Beurteilung der Qualität oft das Instrument der Patientinnen- und Patientenbefragung eingesetzt. Dieses liefert letztendlich Aussagen und Anhaltspunkte, die für die kontinuierliche Verbesserung der Qualität, aber natürlich auch zur Steigerung der Leistungsfähigkeit einer Klinik verwendet werden können (Nübling et al. 2007, S. 49). Da die Bewertung hinsichtlich des medizinischen Outcomes für Patientinnen und Patienten oft recht schwer erscheint, beziehen sich die Aussagen der Befragten oft auf nur wenige Teilbereiche einer Gesundheitseinrichtung (Beispiel Verköstigung: Das Essen hat mir nicht so gut geschmeckt!). Die Generierung eines holistischen Bildes der Erlebnisse von Kundinnen und Kunden, während des Aufenthalts, erscheint indes schwer möglich und mit großem Aufwand verbunden zu sein.

2.3 Von (Teil-)Prozessen zur holistischen Betrachtung von Gesundheitsdienstleistungen

Während im Gesundheitswesen fortlaufend ein enormer Zuwachs an Wissen zu beobachten ist, Schätzungen zufolge verdoppelt sich der Umfang an medizinischer Literatur etwa alle zehn Jahre (Gerlach et al. 1999, S. 111) bzw. werden jährlich mehr als drei Millionen medizinische Publikationen veröffentlicht (Antes und Clarke 2012, S. 195 f.), haben sich die von den Patientinnen und Patienten zu durchlaufenden Abläufe nur geringfügig verändert. Zur Visualisierung von Arbeitsabläufen stehen heute wie damals beispielhaft die Prozessphasen Aufnahme, Anamnese, Diagnostik, Therapie und

Entlassung im Zentrum des klinischen Prozessmanagements (Greulich und Thiele 1997; Ziegenbein 2001).

Der Einfluss von Gesundheitseinrichtungen in ihrer Gesamtheit (und damit auch jener von Abläufen und Prozessen) auf das Wohlbefinden von Patientinnen und Patienten hat jedoch eine enorme Bedeutung. Deren Auswirkungen auf den Heilungsprozess sind evident (Huisman et al. 2012, S. 78) und ein schlecht designtes bzw. ungeeignetes Umfeld kann in diesem Umfeld zu schwerwiegenden Folgen oder sogar bis zum Tod führen (Becker und Parsons 2007, S. 263). Am Beispiel einer neu zu errichtenden Klinik führt die Berücksichtigung von evidenzbasiertem Design zu positiven Effekten in den Dimensionen Sicherheit, Effizienz und klinischer Outcome. Für die Mehrkosten ist der Return of Investment schon nach kurzer Zeit zu erwarten (Ulrich 2006, S. 38 f.). Das darauf basierende Konzept des Healing Environments hat darüber hinausgehend positive Auswirkungen auf die Produktivität und die Lebensqualität von Mitarbeiterinnen und Mitarbeitern (Kamali und Abbas 2012, S. 205 ff.).

2.4 Durch Design Thinking zum Human-Centered Design

Die Erfahrungen von Patientinnen und Patienten, als auch jene von Angehörigen, gewinnen zunehmend an Bedeutung, da sie die Organisationen mit ganzheitlichen/holistischen Informationen über ihr Klientel und dessen Bedürfnisse und Erwartungen versorgen (Bishop und Cregan 2015, S. 595 ff.). Obwohl dadurch unschätzbare Erkenntnisse gewonnen werden können, ist die Einbindung eben dieser Gruppe nicht einfach (Squire et al. 2006, S. 8 ff.). Bei der Neuerrichtung von Kliniken ist die konsequente Partizipation von Kundinnen und Kunden, und die Anwendung von damit in Zusammenhang stehenden Methoden, schon während des Planungsprozesses zunehmend zu beobachten (Pferzinger und Herzog 2014, S. 18 ff.). Selbiges gilt für die Weiterentwicklung von Services, beispielsweise mit dem Ziel, die Stressbelastung für Patientinnen und Patienten während des Aufenthalts zu reduzieren (Enninga et al. 2013, S. 140 ff.). Dennoch sind solche Ansätze noch immer eine Seltenheit.

Um die Berücksichtigung der Erlebnisse adäquat zu unterstützten, stehen verschiedene Methoden zur Verfügung, die unter den Begriffen Design Thinking oder Service Design Thinking subsummiert werden können. Design Thinking gilt als eine spezielle, teambasierte Kreativitäts- und Problemlösungsmethode, die sich am Designprozess orientiert. Die Methode fokussiert sich dabei auf Empathie für die Kundinnen und Kunden, differenzierte Betrachtung und eventuelle Neuformulierung von Problemstellungen, Kombination unterschiedlicher Sichtweisen, Gestaltung mehrerer verschiedener Lösungsideen und Entwicklung von Prototypen zum raschen Testen an Kundinnen und Kunden (Heitger und Doujak 2014, S. 186). In einem ersten Schritt lassen sich dabei Ideen mit Hilfe von drei einander überlappenden Dimensionen – Machbarkeit, Wirtschaftlichkeit und Bedürfnisse – visualisieren (siehe Abb. 2.1). Die Machbarkeit steht für die technologischen Möglichkeiten hinsichtlich der Umsetzung einer Idee, die

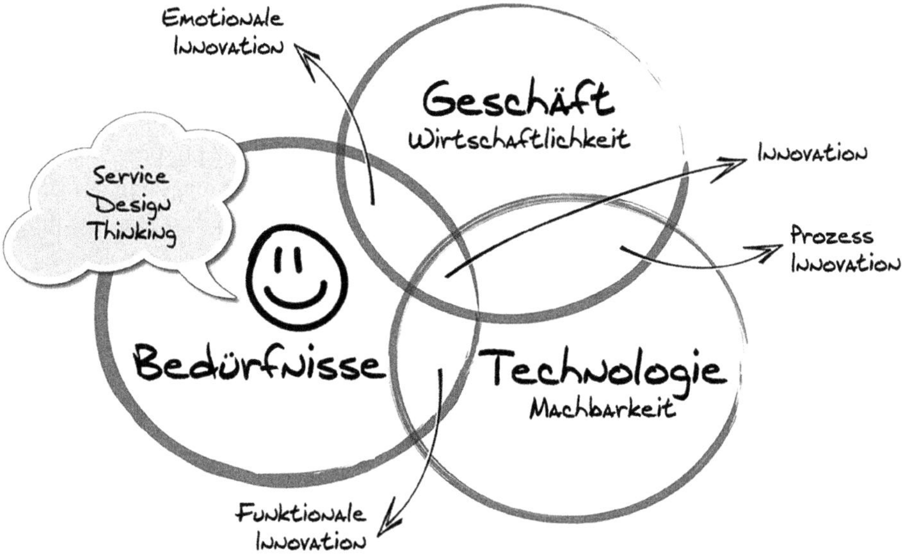

Abb. 2.1 (Service) Design Thinking in Anlehnung an IDEO und Brown (2009, S. 19)

Wirtschaftlichkeit für die Wahrscheinlichkeit der Entwicklung eines nachhaltigen Business Modells und die Bedürfnisse für die Erfüllung der von den Kundinnen und Kunden vorgegebenen Erwartungen. Dort wo sich die Bereiche überdecken, befindet sich Raum für Innovation (Brown 2009, S. 15 ff.).

Plattner et al. (2009) verwendet zur weiteren Bearbeitung der Ideen die drei großen „P": People, Place und Process. Unter dem Begriff People findet sich die multidisziplinäre Formierung des Teams wieder, um Ideen zu ermöglichen, die über Fachgrenzen hinausgehen. Place bezieht sich auf die Arbeit in variablen Räumen, die flexibles und freies Arbeiten ermöglichen. Dem Begriff Process kommt im Rahmen dieses Buchbeitrags eine besondere Bedeutung zu, da bestehende Abläufe im Gesundheitswesen vor deren Digitalisierung aktiv aus Kundinnen- und Kundensicht zu hinterfragen sind. Grundsätzlich wird der Prozess dieser Methode in sechs Schritte unterteilt (siehe Abb. 2.2). Diese sechs Prozessschritte gliedern sich in die beiden Abschnitte Problemzone (Schritt eins bis drei) und Lösungszone (Schritt vier bis sechs) und sind allesamt immer iterativ miteinander verbunden. Somit soll sichergestellt werden, dass es permanent zu Rückkopplungen zu vorhergehenden Prozessschritten kommen kann und nicht nur ein linearer Ablauf der einzelnen Schritte durchgeführt wird. Der erste Schritt im Prozess wird als Verstehen bezeichnet, da in diesem Schritt als Grundlage für den gesamten Design-Thinking-Prozess das Problem und dessen Umfeld ausreichend erfasst und verstanden werden sollen, sowie die Aufgabenstellung gemeinsam formuliert wird. Der zweite Schritt wird als Beobachten bezeichnet, dazu wird durch sogenannte Insights (Einsichten) Empathie für die Zielgruppe generiert. Qualitative Forschung steht hier im Vordergrund. Der dritte

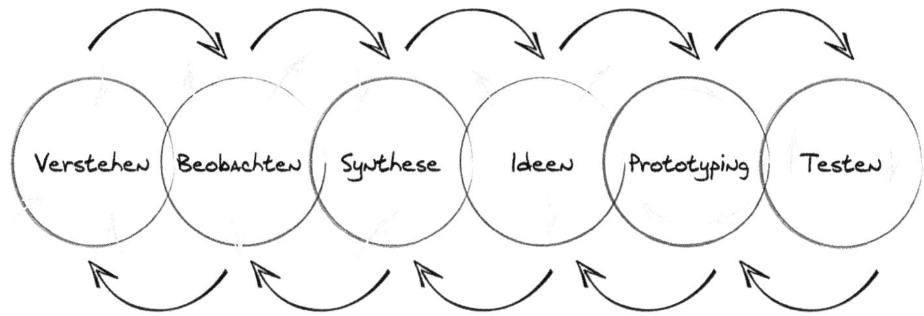

Abb. 2.2 Design-Thinking-Prozess modifiziert übernommen aus: Plattner et al. (2009, S. 113 ff.)

Schritt bildet den Abschluss der Problemzone, in dem die Sichtweise definiert wird. Die gesammelten Erkenntnisse aus der Beobachtungsphase werden gemeinsam ausgewertet, interpretiert und auch gewichtet. Wenn ausreichend Erkenntnisse vorhanden sind, werden nun einige wenige selektiert. In dem Prozess der Synthese sollen Muster erkannt und Thesen über Zusammenhänge aufgestellt werden. Eine Methode, welche die Definition des gemeinsamen Standpunkts unterstützt, ist die Entwicklung von sogenannten Personas. Ein Persona entspricht der Beschreibung einer idealtypischen, fiktiven Person, für die die innovativen Leistungen entwickelt werden sollen. Beim vierten Schritt Ideen geht es darum, in kurzer Zeit durch verschiedene Kreativitätstechniken möglichst viele Ideen zu generieren. Es geht dabei nur um eine Sammlung und keine Bewertung der Ideen. Erst im fünften Schritt Prototyping wird aus der Vielzahl der generierten Ideen ein Muster ausgewählt und in Form eines Prototypen weiter bearbeitet. Durch den Bau von Prototypen sollen Aussagen über die Realisierbarkeit einer Idee getestet werden. Um grundlegende Fehler möglichst früh zu erkennen und rasches Feedback für die nächste Runde zu bekommen, sind Prototypen keine aufwendigen und fertigen Konstrukte, sondern werden in Gestalt von zumeist einfachen Modellen, Storyboards oder auch Rollenspielen dargestellt. Es geht darum, Ideen für die spätere Zielgruppe sicht- und erlebbar und an- und begreifbar zu machen. Im sechsten und letzten Schritt Testen werden die entwickelten Lösungen gemeinsam mit der späteren Zielgruppe erprobt. Das Design Thinking Team beobachtet dabei die Nutzer beim Umgang mit dem Prototyp und führt damit eine Stärken-Schwächen-Analyse durch. Diese Erkenntnisse sind von enormer Bedeutung für die weitere Entwicklung der Lösung. Wenn der Prototyp als vollwertiges Lösungsmodell für die ursprüngliche Ausgangsfrage gilt, gibt es zumeist einen (Projekt-) Auftrag zur Umsetzung (Plattner et al. 2009; Stickdorn und Schneider 2012; Uebernickel et al. 2015).

Durch die kompetente Anwendung der damit in Verbindung stehenden Tools und eine konsequente Durchführung des Prozesses werden sämtliche Überlegungen zur Entwicklung und/oder Weiterentwicklung von Produkten und Services aus der Perspektive von potenziellen Kundinnen und Kunden (Human-Centered Design) betrachtet (Liedtka et al. 2013; Stickdorn und Schneider 2012; Uebernickel et al. 2015). Die Erfahrungen von Kundinnen und Kunden werden in diesem Kontext häufig mit sogenannten Customer Journey Maps strukturiert visualisiert (Touchpoints). Die Ergebnisse werden zumeist mithilfe ethnografischer Methoden untermauert. Die Daten sind somit qualitativer Natur und geben Aufschluss über kontextbezogene Emotionen, die im Rahmen von Interaktionen entstehen (Stickdorn und Schneider 2012; Mootee 2013). Darüber hinausgehend sei an dieser Stelle auch erwähnt, dass Customer Journeys den Unternehmen auch als strategisches Instrument dienen. Genau geplante und mit Kennzahlen versehene Schlüsselmomente können Mehrwert für die Kundinnen und Kunden bieten, die Rentabilität des Unternehmens steigern und zu einer weiteren Differenzierung beitragen (Norton und Pine II 2013, S. 12 f.).

2.5 Digitale (Mehrwert-)Transformation

Die digitale Transformation von Dienstleistungen im Gesundheitswesen findet weltweit statt. Die Handlungsfelder gehen dabei naturgemäß weit über jene von Kliniken hinaus und beschäftigen sich unter anderem mit der Implementierung von nationalen elektronischen Gesundheitsakten (Fasano 2013, S. 129 ff.). Auch die sozialen Medien gewinnen beispielsweise im Rahmen des persönlichen Gesundheitsmanagements an Bedeutung. Deren Berücksichtigung im Transformationsprozess erscheint essenziell, da diese einerseits hilfreich sein können, jedoch auch das Risiko der Fehlinterpretation bergen (Cummings et al. 2014, S. 87 f.). Freilich sind in diesem Zusammenhang auch die rechtlichen Rahmenbedingungen zu klären bzw. mit zu berücksichtigen.

Beispiele für die erfolgreiche digitale Transformation von Services im Bereich des Gesundheitswesens liefert unter anderem die PremiQaMed Group. Als privater Betreiber von Gesundheitseinrichtungen hat sie bereits im Jahr 2008 damit begonnen, ein permanentes Service Design Team aufzubauen (Mang et al. 2015; Mang und Hadschieff 2009). Das hausinterne Service Design Team ist in die zentrale Einheit für Medizin und Qualitätsmanagement integriert und wird dort von einer ausgebildeten Service Designerin geleitet. In jeder Gesundheitseinrichtung finden sich ein bis zwei Feedback-Managerinnen bzw. -Manager, die pro Jahr mehr als 12.000 Feedbacks von Kundinnen und Kunden sammeln und bewerten. Die Ergebnisse werden in einem eigens entwickelten Radarsystem dargestellt. Mit den Kommentaren und Rückmeldungen von Patientinnen und Patienten entlang des gesamten Service-Prozesses können Schwächen im Service wesentlich früher entdeckt werden. So dienen sie ggf. als Auslöser für Verbesserungsprozesse. Das Radarsystem ermöglichte dem Team vor allem vier zentrale Erkenntnisse, die bereits zu Digitalisierungsmaßnahmen geführt haben.

Die erste Erkenntnis war, dass die Patientinnen und Patienten von sich aus umfangreiches Feedback zu ihren Erfahrungen mit der Hotelkomponente gegeben haben. Dies kann darauf zurückgeführt werden, dass ein Krankenhausaufenthalt oft mit einer emotionalen Ausnahmesituation einhergeht. Die nächste Erkenntnis war, dass die Patientinnen und Patienten während ihres Aufenthalts weniger gerne Feedback zum Service geben, da sie aus ihrer Sicht vom Wohlwollen der Mitarbeiterinnen und Mitarbeiter abhängig sind. Sie äußerten das Gefühl, dass sie negative Folgen für ihren aktuellen oder einen zukünftigen Aufenthalt befürchteten, wenn sie schlechtes Feedback geben. So wurde die Customer Journey um einen weiteren Touchpoint erweitert und ein digitaler Service integriert. Patientinnen und Patienten bekommen nun nach ihrem Aufenthalt eine Einladung, um anonym Feedback über die Services mittels einer eigens dafür eingerichteten Webseite geben zu können.

Die dritte Erkenntnis war, dass insgesamt 62 % der stationären Patientinnen und Patienten Feedback gaben, während im ambulanten Bereich lediglich 0,05 % ihre Erfahrungen schilderten. Um diesen Umstand zu verbessern, wurde im Team ein eigenes digitales Service mit dem Namen „Oscar" (Outpatient Services Continuous Anonymous Response) entwickelt. „Oscar" ist ein Feedback-Terminal, an dem die Patientinnen und Patienten an unterschiedlichen Servicepunkten mittels eines Touchscreen-Terminals rasch ihre Serviceerfahrung rückmelden können. Im Bereich der Ambulanzen, wo vorher nur jede/jeder Zweihundertste ein Feedback gab, stieg durch das digitale Service der Rücklauf auf in etwa 10 % an (siehe Abb. 2.3).

Die vierte zentrale Erkenntnis war, dass das Engagement der Mitarbeiterinnen und Mitarbeiter und das Verhindern von missbräuchlicher Verwendung der Feedback-Terminals entscheidende Erfolgsfaktoren waren. Gerade bei der Entwicklung des digitalen Services „Oscar" war es von enormer Bedeutung, dass die vom Feedback betroffenen Mitarbeiterinnen und Mitarbeiter in den Entwicklungsprozess der Feedback-Terminals bezüglich der Inhalte, der Standorte und des Designs integriert wurden. Damit die erhaltenen Feedbacks nicht nur eine Menge an Zahlen bedeuten, werden besonders positive

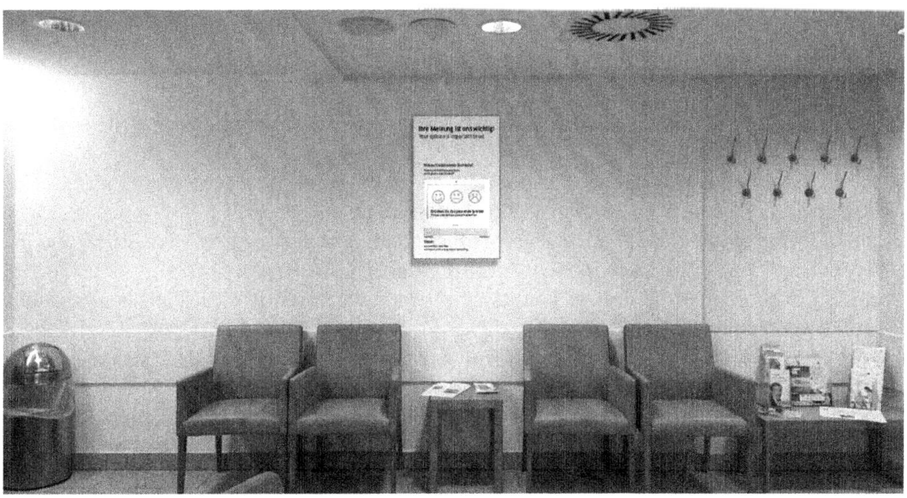

Abb. 2.3 Feedback-Terminal „Oscar". (PremiQaMed Management GmbH)

Feedbacks sofort an die betroffenen Teams rückgemeldet. Dies sorgt bei den Betroffenen für einen besonderen Motivationsschub. Bei negativen Feedbacks nehmen die dezentralen Feedback-Managerinnen bzw. -Manager direkten Kontakt mit der Patientin oder dem Patienten auf, um mehr über die negative Erfahrung zu lernen. Gemeinsam mit dem zentralen Service Design Team werden Verbesserungspotenziale erhoben und somit Veränderungen in der Customer Journey vorgenommen.

Durch das In-house Service Design Team konnten über die Jahre zahlreiche Einsichten in die Bedürfnisse der Patientinnen und Patienten gewonnen werden. Ohne diese hätten diverse digitale Services mit hoher Kundinnen- und Kundenorientierung zur Verbesserung des Gesamtprozesses nicht entwickelt werden können.

2.6 Schlussbetrachtung

Im hoch kompetitiven Umfeld der Gesundheitswirtschaft, ist die erbrachte Qualität von fundamentaler Bedeutung und essenziell für das Unternehmensergebnis. Die klare Ausrichtung der Dienstleistungen an den Bedürfnissen von Kundinnen und Kunden ist also von unschätzbarem Wert.

Bestrebungen der Digitalisierung von Dienstleistungen im Gesundheitswesen sind allgegenwertig (eHealth, mHealth, Robotik, etc.). Im Sinne der digitalen Transformation dürfen bestehende Prozesse jedoch nicht unreflektiert übernommen werden. Diese sind zuvor konsequent aus der Sicht der Kundinnen und Kunden zu hinterfragen bzw. zu bewerten. Nur so kann im Zuge der digitalen Transformation der Prozesse ein spürbarer Mehrwert für Kundinnen und Kunden erzielt werden. Die Methode des (Service-) Design-Thinkings bietet hierfür ein geeignetes Mind- und Toolset.

Literatur

Antes G, Clarke M (2012) Knowledge as a key resource for health challenges. Lancet 379(9812):195–196. doi:10.1016/S0140-6736(12)60084-1

Becker F, Parsons KS (2007) Hospital facilities and the role of evidence-based design. J Facil Manag 5(4):263–274. doi:10.1108/14725960710822259

Bishop AC, Cregan BR (2015) Patient safety culture: finding meaning in patient experiences. Int J Health Care Qual Assur 28(6):595–610. doi:10.1108/iJHCQA-03-2014-0029

Brown T (2009) Change by design: how design thinking transforms organizations and inspires innovation. Harper Collins, New York

Brüggemann H, Bremer P (2012) Grundlagen Qualitätsmanagement: Von den Werkzeugen über Methoden zum TQM. Springer Vieweg, Wiesbaden

Cummings E, Ellis L, Turner P (2014) The past, the present, and the future: examining the role of the „social" in transforming personal healthcare management of chronic disease. In: Househ M, Borycki E, Kushniruk A (Hrsg) Social media and mobile technologies for healthcare. Medical Science Reference, Hershey

Enninga T, Manschot M, Gessel C van, Gijbels J, Lugt R van der, Sleeswijk Visser F, Verhoeven F, Godfroij B (2013) Service design: insights from nine case studies. HU University of Applied Sciences Utrecht & Research Centre Technology & Innovation, Utrecht

Fasano P (2013) Transforming health care: the financial impact of technology, electronic tools and data mining. Wiley, New Jersey

Gerlach FM, Beyer M, Berndt M (1999) Das DEGAM-Konzept – Entwicklung, Verbreitung, Implementierung und Evaluation von Leitlinien für die hausärztliche Praxis. Z Arztl Fortbild Qualitätssicherung 93:111–120

Greulich A, Thiele G (1997) Prozessmanagement im Krankenhaus. In: Greulich A, Thiele G, Thiex-Kreye M (Hrsg) Prozessmanagement im Krankenhaus. Decker's Verlag, Heidelberg, S 11–40

Heitger B, Doujak A (2014) Harte Schnitte – Neues Wachstum. mi-Wirtschaftsbuch-Verlag, München

Huisman ERCM, Morales E, Hoof J van, Kort HSM (2012) Healing environment: a review of the impact of physical environmental factors on users. Build Environ 58:70–80. doi:10.1016/j.buildenv.2012.06.016

Kamali NJ, Yussof Abbas M (2012) Healing environment: enhancing nurses' performance through proper lighting design. Procedia Soc Behav Sci 35:205–212. doi:10.1016/j.sbspro.2012.02.080

Liedtka J, King A, Bennett K (2013) Solving problems with design thinking. Columbia University Press, New York

Mang T, Hadschieff J (2009) Service design from within a healthcare organization. Touchpoint 01(2):56–63

Mang T, Fischl W, Marlovits S (2015) Breaking the ice with in-house service design. Touchpoint 07(2):16–19

Mootee I (2013) Design thinking for strategic innovation: what they can't teach you at business or design school. Wiley, New Jersey

Norton DW, Pine BJ II (2013) Using the customer journey to road test and refine the business model. Strategy & Leadership 41(2):12–17. doi:10.1108/10878571311318196

Nübling R, Steffanowski A, Körner M, Rundel M, Kohl C, Löschmann C, Schmidt J (2007) Kontinuierliche Patientenbefragung als Instrument für das interne Qualitätsmanagement in Einrichtungen der Gesundheitsversorgung. Gesundheitsökonomie Qualitätsmanagement 12:44–50. doi:10.1055/s-2006-926819

Pferzinger M, Herzog D (2014) Maßanzug Krankenhaus – Patientenorientierung in der Krankenhausplanung. Prof Process 1:18–22

Plattner H, Meinel C, Weinberg U (2009) Design thinking. Innovation lernen – Ideenwelt öffnen. mi-Wirtschaftsbuch-Verlag, München

Porter ME, Olmsted Teisberg E (2006) Redefining health care: creating value-based competition on results. Harvard Business School Press, Boston

Squire S, Greco M, O'Hagan B, Dickinson K, Wall D (2006) Being patient-centred: creating health care for our grandchildren. Clin Govern Int J 11(1):8–16. doi:10.1108/14777270610646976

Stickdorn M, Schneider J (2012) This is service design thinking. BIS, Amsterdam

Uebernickel F, Brenner W, Naef T, Pukall B, Schindlholzer B (2015) Design Thinking: Das Handbuch. Frankfurter Allgemeine Buch, Frankfurt a. M.

Ulrich RS (2006) Evidence-based health-care architecture. Lancet 368:38–39. doi:10.1016/S0140-6736(06)69921-2

Ziegenbein R (2001) Klinisches Prozessmanagement: Implikationen, Konzepte und Instrumente einer ablauforientierten Krankenhausführung. Leistungsorientierte Führung und Organisation im Gesundheitswesen. Bertelsmann Stiftung, Gütersloh

Über die Autoren

Mag. (FH) Dr. phil. Manfred Pferzinger leitet die Studiengänge Betriebswirtschaft für das Gesundheitswesen und Management von Gesundheitsunternehmen an der IMC Fachhochschule Krems und ist assoziierter Universitätsforscher am Institut für Management und Ökonomie im Gesundheitswesen (IMÖG) an der Health and Life Sciences University (UMIT). Der Unternehmergeist verfügt über mehr als zehn Jahre branchenspezifische Berufserfahrung und beschäftigt sich intensiv mit den Themen Human-Centered Standardisation in Healthcare und Evidence-led Healthcare Design.

Patrick Rammerstorfer, MSc MBA ist systemischer Organisationsberater und Geschäftsführender Gesellschafter der Pro Active Beratungs- u. Trainings GmbH mit Sitz in Linz und Hamburg. Neben seiner mehr als 20-jährigen unternehmerischen Tätigkeit ist er Lektor im Studiengang Betriebswirtschaft für das Gesundheitswesen an der IMC Fachhochschule Krems und beschäftigt sich intensiv mit Strategie-, Veränderungs- und Innovationsprozessen.

3 Leadership Agility und Digitalisierung in der Krankenversicherung – Steigende Komplexität und wachsende Dynamik der Digitalisierung erfordern zunehmend agile Organisationen und agile Führungskräfte

Björn Peters

Zusammenfassung

Durch die Einflüsse der Digitalisierung steigen die Komplexität und die Veränderungsgeschwindigkeit für Krankenversicherungen (GKV und PKV) entlang der gesamten Wertschöpfungskette. Diese beiden Trends wirken sich auch auf die tägliche Arbeit der Führungskräfte und Mitarbeiter in den Organisationen aus. Empirische Untersuchungen der jüngeren Vergangenheit zeigen, dass Mitarbeiter sämtlicher Hierarchieebenen mit den vorherrschenden Arbeitsbedingungen nicht zufrieden sind. Im Rahmen dieses Beitrages werden daher folgende Fragestellungen untersucht: Wie wirkt die Digitalisierung auf Krankenversicherungen? Warum stoßen die klassischen Organisations- und Führungsinstrumente an ihre Grenzen? Inwiefern können agile(re) Führungs- und Organisationssysteme einen Beitrag leisten, mit diesen Anforderungen besser umzugehen? Welche Herausforderungen an die Unternehmensorganisation und Führungskräfte stellen agile Steuerungssysteme? Und wie lassen sich agile und klassische Steuerung miteinander in Einklang bringen?

B. Peters (✉)
Professur für Betriebswirtschaftslehre, insbes. Management von Einrichtungen des Gesundheitswesens, Duale Hochschule Baden-Württemberg (DHBW) Mosbach, Campus Bad Mergentheim, Schloss 2, 97980 Bad Mergentheim, Deutschland
E-Mail: bjoern.peters@mosbach.dhbw.de

M.A. Pfannstiel et al. (Hrsg.), *Digitale Transformation von Dienstleistungen im Gesundheitswesen II,* DOI 10.1007/978-3-658-12393-2_3

Inhaltsverzeichnis

3.1 Einleitung

Durch die zunehmende Digitalisierung der Gesellschaft sowie der Wirtschaft steigt die Komplexität für Krankenversicherungen entlang der gesamten Wertschöpfungskette stark an, beispielsweise durch neue Kommunikationstechnologien, verändertes Kommunikationsverhalten und gewandelte Erwartungen von Kunden – vor allem steigende Relevanz mobiler Kommunikation – (vgl. Bain & Company 2014, 2013), disruptive Innovationen von neuen Unternehmen (z. B. Start-ups), Big-Data-Management oder durch die zunehmende Relevanz von inter-organisationaler Zusammenarbeit (z. B. mit Leistungserbringern im Versorgungsmanagement, mit Vertriebspartnern oder neuen Serviceanbietern).

Ebenso sind die Unternehmen mit einer wachsenden Veränderungsgeschwindigkeit durch die Digitalisierung konfrontiert, die es notwendig macht, schnell und flexibel auf Veränderungen im Markt reagieren oder gar selbst Veränderungen im Markt gestalten zu können. Einer für die Gesamtwirtschaft in Deutschland repräsentativen Umfrage unter 505 Geschäftsführern und Vorständen zufolge beschleunigt die Digitalisierung sowohl die Kommunikation mit den Kunden (79 % Zustimmung) als auch die unternehmensinterne Kommunikation (75 %) (Bitkom 2015).

Diese Trends wirken sich auch auf die tägliche Arbeit der Führungskräfte und Mitarbeiter in den Organisationen aus. Empirische Untersuchungen der jüngeren Vergangenheit zeigen auf, dass Mitarbeiter sämtlicher Hierarchieebenen den vorherrschenden Arbeitsbedingungen kritisch gegenüber stehen. So stimmen 55 % der Unternehmen der Aussage zu, dass die klassischen Hierarchien im Unternehmen im Zuge der Digitalisierung aufgeweicht werden müssen und 75 % sehen in der Digitalisierung den Grund für eine neue Unternehmenskultur (Bitkom 2015). Nur 17 % der Befragten im Hays HR Report 2015/2016 sind der Ansicht, dass ihr Unternehmen in der Lage ist, die

Umsetzung von Veränderungen in der erforderlichen Geschwindigkeit zu realisieren. Gleichzeitig sehen aber über Dreiviertel der Befragten diese Fähigkeit als wichtig an (Hays 2016, S. 19).

Auch Führungskräfte sehen den Bedarf für ein verändertes Führungsverständnis: Sie benennen das Managen von Veränderungen (80 %) und den Umgang mit der steigenden Komplexität im Führungsbereich (68 %) als die beiden größten Herausforderungen im Führungsalltag (Hays 2016, S. 3). Gleichzeitig erkennen knapp Dreiviertel der befragten Führungskräfte Nachholbedarf in Bezug auf den Umgang mit der wachsenden Komplexität (Hays 2016, S. 16). Im Rahmen der vom Bundesministerium für Arbeit und Soziales geförderten Studie „Führungskultur im Wandel" wurden 400 Führungskräfte in Tiefeninterviews zu den Anforderungen an „gute" heutige und zukünftige Führung befragt: Etwa 77 % der befragten Führungskräfte sind überzeugt, dass das heute vorherrschende klassische Verständnis von Führung und die Linienhierarchie den Anforderungen nicht mehr gerecht wird und Instrumente wie detaillierte Planung und Kontrolle oder Führung durch Zielvorgaben an Bedeutung verlieren (Initiative Neue Qualität der Arbeit 2015, S. 7; Jumpertz 2015, S. 71). Vor dem Hintergrund der gestiegenen Komplexität und Dynamik durch die Digitalisierung betrachten die Befragten vielmehr agile Führung als erfolgreiches Führungsmodell der Zukunft. Konkret wird ein Bedarf an „Ergebnisoffenheit, Resonanz, Transparenz und dem Austesten von Möglichkeiten..." (Jumpertz 2015, S. 72) sowie dem „Segeln auf Sicht" (Jumpertz 2015, S. 72) im Kontext der Führungstätigkeit erkannt. Auch organisierende Netzwerke, gekennzeichnet durch Selbstführung und Eigenverantwortung, gewinnen an Relevanz (Initiative Neue Qualität der Arbeit 2015, Jumpertz 2015).

Obwohl Wissenschaftler als auch Praktiker bereits seit einigen Jahren agilere Organisationen und Führungskräfte beschreiben und teilweise fordern, sind die Unternehmen der privaten (PKV) und gesetzlichen Krankenversicherung (GKV) heute überwiegend noch als klassisch hierarchische Einlinienorganisationen mit mehreren Hierarchieebenen organisiert. Die meisten großen PKVen sind darüber hinaus komplex verflochtene Teile noch größerer, ebenfalls sehr hierarchisch organisierter (internationaler) Versicherungskonzerne. Der Bedarf an agileren Organisations- und Führungssystemen ist in den (Kranken-)Versicherungen sichtbar zu erkennen: Verschiedene große Versicherer haben bereits agile Einheiten jenseits der klassischen Linienorganisation gegründet, in denen mit flachen Hierarchien und agilen Arbeitsweisen wie in Start-ups gearbeitet wird (vgl. Abschn. 3.4.2). Ziel ist es, schnell innovative, kundenorientierte Geschäftsideen für die Linienorganisation zu entwickeln. Dabei steht auch insbesondere die Sparte Krankenversicherung im Fokus. Auch in den GKVen gewinnt das Thema an Bedeutung. Krankenkassen kooperieren z. B. mit Start-ups, um ihren Versicherten innovative digitale Service- und Leistungsangebote anbieten zu können. So arbeitet zum Beispiel die Techniker Krankenkasse mit dem Start-up Tinnitracks im Rahmen des Angebotes einer Tinnitus-App für Versicherte zusammen (Techniker Krankenkasse 2015).

Auf der anderen Seite sind sowohl GKV als auch PKV in ihrem institutionellen Rahmen einem hohen Maß an Regulatorik unterworfen. Höchst relevante

Rahmenbedingungen wie Datenschutzvorschriften, ein weitgehend definierter Leistungskatalog in der GKV, gesetzliche Vorgaben und Aufsicht durch Behörden, Solvency II etc. erfordern ein relevantes Maß an Planung, Controlling und Reporting. Es stellt sich daher die Frage, ob und inwiefern agile Organisation und Führung in allen Bereichen zielführend und relevant sind und wo die klassische Organisation weiterhin sinnvoll ist.

In diesem Beitrag sollen daher zunächst aktuelle Trends der Digitalisierung in der Krankenversicherung und ihre Auswirkungen auf die Unternehmen betrachtet werden. Es gilt zu klären, warum sich die Krankenversicherungen mit dem Thema Digitalisierung auseinandersetzten müssen (Abschn. 3.2). Anschließend wird in Abschn. 3.3 untersucht, warum die klassischen Organisations- und Führungsinstrumente der bis heute stark hierarchisch geprägten Krankenversicherungen aufgrund der steigenden Komplexität und Veränderungsgeschwindigkeit an ihre Grenzen stoßen. Darauf aufbauend wird die Frage beantwortet, inwiefern agile Führungs- und Organisationssysteme einen Beitrag leisten können, mit diesen Herausforderungen besser umzugehen und welche Anforderungen diese an Führungskräfte stellen (Abschn. 3.4).

3.2 Digitalisierung in der Krankenversicherung heute

Bevor es sinnvoll ist, sich mit den Organisations- und Führungsaufgaben zu beschäftigen, die die Digitalisierung im Markt der Krankenversicherungen verursacht, soll ein Blick auf die technischen Implikationen geworfen werden. Denn Digitalisierung ist auch immer (und mancher mag argumentieren vor allem) eine IT-technische Herausforderung. Sie wird, vereinfacht gesagt, von drei Treibern beeinflusst: Rechenleistung, Sensorentechnologie und Big Data (Mainzer 2015).

In Bezug auf die Rechenleistung gilt seit den 60er Jahren das Mooresche Gesetz, welches besagt, dass sich durchschnittlich alle 18 Monate die Rechnerleistung verdoppelt und gleichzeitig eine Miniaturisierung und Vergünstigung der Geräte stattfindet. In den 2020er Jahren werden Smartphones Rechenleistungen erbringen können, die in etwa der Rechenkapazität unserer Gehirne entspricht (Mainzer 2014, S. 29).

Ferner werden auch die Sensoren immer leistungsfähiger und kleiner. Das Smartphone ist ein Beispiel für ein mobiles Gerät mit diversen Sensorenfunktionen, welches ständig Daten aufzeichnet, verarbeiten und senden kann. Die in diesen Gebrauchsgegenständen eingebauten Sensoren können miteinander kommunizieren und bilden selbststeuernde Systeme, sog. „Cyberphysical Systems" oder soziotechnische Systeme (Mainzer 2014, S. 31; Mainzer 2015).

Auch die Datenmengen wachsen exponentiell, im allgemeinen Sprachgebrauch unter Big Data bekannt. 90 % der weltweiten Datenmenge wurden in den vergangenen zwei Jahren erzeugt (Kroker 2015). Jeden Tag werden von den ca. 3 Mrd. Internetnutzern und den miteinander im Internet vernetzten Geräten 2,5 Trilliarden Byte Daten erzeugt, von denen 90 % unstrukturiert bzw. amorph sind (Kroker 2015). Um diese sinnvoll auswerten zu können, müssen sie zunächst aufbereitet werden und es bedarf neuer

Algorithmen zur Analyse (Mainzer 2014, S. 29). Dabei ergibt sich das Potenzial nicht so sehr aus dem Inhalt der Daten (z. B. dem Inhalt einer E-Mail), sondern aus den großen Mengen an Metadaten (z. B. Absender und Empfänger von Emails oder den GPS Daten eines Smartphones): „Anschaulich kann man sagen: Um die Nadel zu finden, brauche ich einen möglichst großen Heuhaufen, der total durchforstet wird“ (Mainzer 2014, S. 29). Die Relevanz des Themas Big Data insbesondere auch im Bereich der Gesundheit zeigt das Beispiel Patientenakte: Bereits heute kann eine einzige Patientenakte bis zu 20 Terabytes umfassen und im kommenden Jahrzehnt wird ein Anstieg auf bis zu 90 Zettabytes, das entspricht 90.000.000.000 Terabytes, für eine e-Akte prognostiziert (Mainzer 2014, S. 29).

Um mit den sich schnell verändernden und komplexen Aspekten der Digitalisierung umgehen zu können, z. B. Big-Data-Analysen wertschöpfend zu nutzen, bedarf es eines entsprechenden Know-hows und der organisatorischen Strukturen, die es ermöglichen, die relevanten Veränderungen aufzugreifen und für das Unternehmen zu nutzen.

Hohe Konnektivität der IT-Systeme bei gleichzeitig möglichst großer Flexibilität
Dabei ist es im Rahmen der horizontalen Vernetzung der IT-Systeme notwendig, die digitalen Informationen vom Kunden, Vertriebspartner oder der Geschäftsstelle über das Back-Office bis in die Kernsysteme der Krankenversicherung zu transportieren. Ziel für die Unternehmen muss es dabei sein, gleichzeitig ein möglichst hohes Maß an Konnektivität der miteinander verbundenen Systeme zu erreichen. Das heißt, die Systeme müssen in der Lage sein, die Daten vom Kunden bis in die Host-Systeme strukturiert untereinander auszutauschen und zu verarbeiten. Gleichzeitig müssen die Systeme idealerweise flexibel sein, um Änderungen z. B. durch den Gesetzgeber oder durch innovative Produkte schnell und einfach abbilden zu können. (Merker und Liesenkötter 2015, S. 165) Insbesondere in der Branche der Krankenversicherung gilt es dabei, stets ein hohes Maß an Datenschutz sicherzustellen und die Sicherheit vor dem Ausfall der Systeme zu gewährleisten.

Innerhalb der einzelnen Glieder der Wertschöpfungskette geht es im Rahmen der Digitalisierung insbesondere um die Optimierung der Arbeitsschritte, also klassische Effizienzgewinne (Merker und Liesenkötter 2015).

Für die Krankenversicherungsunternehmen mit oftmals historisch gewachsenen Bestands- und Leistungsmanagement-Systemen stellt die kontrollierbare digitale Vernetzung der miteinander verbunden Systeme eine zentrale Herausforderung dar. Schließlich muss die IT-Landschaft bei laufendem Betrieb weiter entwickelt werden. Dabei ist auch eine übergeordnete Steuerung der Digitalisierungs-Aktivitäten notwendig, um die unterschiedlichen Vorhaben aus den Teilbereichen des Unternehmens zu koordinieren. Neben der Kontrollierbarkeit der IT-Systeme geht es dabei auch um die Sicherstellung eines einheitlichen Auftretens gegenüber Versicherten und Vertriebspartnern.

3.2.1 Wirkung der Digitalisierung auf die Wertschöpfungskette

Die Digitalisierung wirkt auf unterschiedliche Weise horizontal entlang der gesamten Kette und vertikal in den einzelnen Teilbereichen sowie in Bezug auf die Interaktionen der Krankenversicherung mit Kunden und Leistungserbringern. Im engeren Sinne lassen sich zusammenfassend drei Interaktionsfelder identifizieren:

- Interaktionen der Krankenversicherung mit Kunden und Vertrieb,
- Interaktionen der Krankenversicherung mit Leistungserbringern sowie
- unternehmensinterne Interaktionen.

Im weiteren Sinne wirkt die Digitalisierung auch auf

- Interaktionen der Kunden untereinander,
- Interaktionen der Leistungserbringer untereinander sowie
- Interaktionen der Leistungserbringer mit den Kunden und
- die Interaktionen der Krankenversicherung mit Kunden und Leistungserbringern im Dreiklang.

Im Folgenden werden einige dieser Auswirkungen exemplarisch anhand der Wertschöpfungskette skizziert (siehe Abb. 3.1). Die hier dargestellten Trends erheben keinen Anspruch auf Vollständigkeit und bei der herrschenden Veränderungsgeschwindigkeit kann sie nur eine kleine Momentaufnahme sein. Die Heterogenität der Einflüsse, die gleichzeitig auf die Unternehmen wirken, zeigen aber deutlich die Komplexität und Dynamik der Digitalisierung im System der Krankenversicherungen auf.

3.2.1.1 Leistungs- und Versorgungsmanagement

Der Bereich Leistungs- und Versorgungsmanagement wird durch die Digitalisierung aus verschiedenen Richtungen beeinflusst. So drängen beispielsweise neue Anbieter und Kooperationspartner (z. B. aus der Start-up-Szene) in den Markt der Gesundheitsversorgung und -unterstützung der Versicherten. Zahlreiche GKVen und PKVen kooperieren bereits mit Anbietern dieser Services, indem beispielsweise die Kosten für die Angebote übernommen werden. Deprexis24, ein Online-Therapieprogramm bei Depressionen, welches ein CE-zertifiziertes Medizinprodukt ist und dessen Wirksamkeit in klinischen Studien getestet wurde, ist ein Beispiel für ein konkretes digitales Versorgungsangebot, welches von der DAK bereits angeboten wird (Deprexis24 2016; DAK 2015). Der innovative Markt entwickelt sich schnell weiter und es ist attraktiv für Krankenversicherungen, ihren Versicherten flexibel und dynamisch Nutzen stiftende Produkte und Services anbieten zu können. So hatten der „Quantified Health"-Studie zufolge im Jahr 2014 bereits 41 % der Befragten eine Gesundheits-App auf Ihrem Smartphone und drei Viertel der Personen verwenden diese auch (YouGov 2015). Diese Entwicklung kann an verschiedenen Stellen von Relevanz für

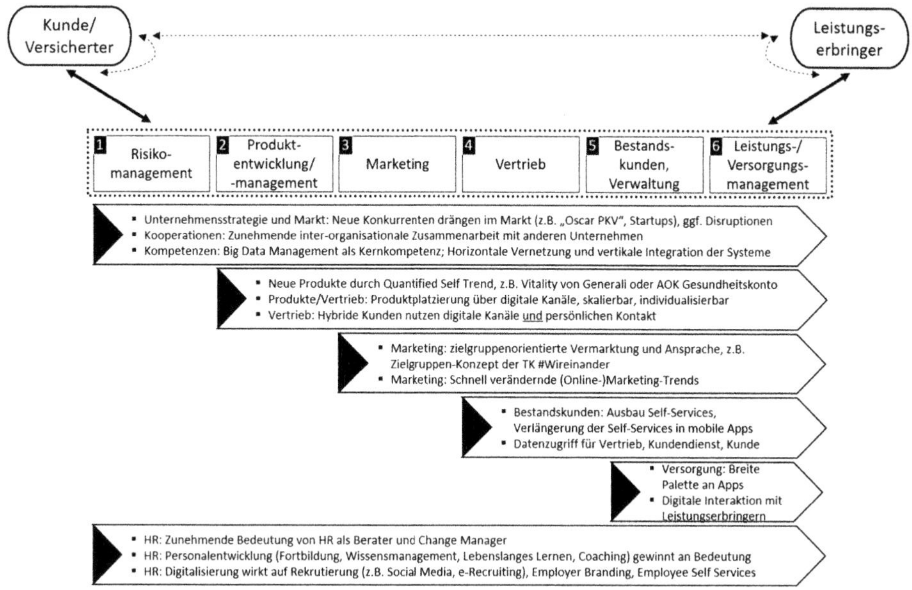

Abb. 3.1 Auswirkungen der Digitalisierung anhand einer exemplarischen Wertschöpfungskette einer Krankenversicherung und in der Triade Krankenversicherung – Kunde – Leistungserbringer. (Quelle: Eigene Darstellung)

die Unternehmen sein: So kann neben der (möglicherweise) verbesserten Versorgung sowie Präventionswirkung, der Marketing-Wirkung auch eine Produktdifferenzierung in der Krankenversicherung entstehen.

Zentrales Anliegen im Leistungs- und Versorgungsmanagement bleibt jedoch die Versichertensteuerung durch das Gesundheitssystem, ein Kerninteresse der Krankenversicherer. Auch die Leistungserbringer selber oder Pharmaunternehmen haben aber ein Interesse an der Steuerung (natürlich in ihre Betten oder zu ihren Produkten) und sind durch digitale Angebote aktiv. Darüber hinaus kommen Start-ups wie BetterDoc (BetterDoc 2016) in den Markt, die die Versichertenberatung und -steuerung kundenorientiert durch eigene Modelle anbieten.

3.2.1.2 Produktentwicklung/-management

Die Verwendung der von den Versicherten erhobenen Daten zu Gesundheitszustand, Bewegung und Ernährung kann zur Entwicklung neuer oder Weiterentwicklung bestehender Produkte führen z. B. in Form von Boni für gesundheitsbewusstes Verhalten der Versicherten. Hier machen sich die Krankenversicherungen auch den Trend zur Selbstvermessung, also der mobilen Erhebung diverser körperbezogener Daten durch Smartphone-Apps (z. B. gelaufene Strecke, Ernährungsdaten, Stressbelastung, Schlafmessung) zunutze und bieten ihren Versicherten dazu mobile Apps zur Messung dieser Daten sowie daran gekoppelte Incentivierungen an. Einer repräsentativen Studie zu

Folge sind 32 % der Befragten grundsätzlich bereit, individuelle gesundheitsbezogene Daten an ihre Krankenversicherung zu übermitteln, sofern sie dafür Vorzüge erhalten (YouGov 2015).

Ein Beispiel für eine Produktdifferenzierung ist die „Vitality"-Reihe der Generali Gruppe, in deren Rahmen die Versicherten persönliche Gesundheits- und Fitnessdaten an den Versicherer übermitteln und dafür in Form von Rabatten und Gutscheinen incentiviert werden. Ziel des Versicherers ist es dabei, „...gesundheitsorientiertes Verhalten zu fördern" (Generali 2015).

3.2.1.3 Mehrere Schritte die Wertschöpfungskette betreffende und generelle Trends

Die Digitalisierung hat die Ansprüche der Kunden und ihre Erwartungen an die Verfügbarkeit und Zugänglichkeit von Informationen nachhaltig verändert.

Bestandskunden, Verwaltung, Vertrieb: Digitaler Kundenservice und Kundenportale
Für die Versicherten ist der Online-Self-Service nach der E-Mail der wichtigste Kommunikationskanal für Vertragsverwaltung und Schadenmeldung (Bain & Company 2012, S. 27). Idealerweise kann der Versicherte alle Bestands- und Leistungsdaten (inklusive z. B. Stand der Leistungsbearbeitung, elektronische Rechnungseinreichung, individuelle Service- und Versorgungsangebote) online einsehen und verwalten sowie Up- und Cross-Selling-Möglichkeiten (ggf. mit digitaler Unterschrift) nutzen oder mit dem Unternehmen kommunizieren. Dem Trend zur mobilen Nutzung folgend ist das Kundenportal idealerweise auch als App über Smartphone nutzbar. Um einen Eindruck davon zu bekommen, wie weit die digitalen Kundenportale der Versicherer auch um digitale Patientenakte und weitere Dienstleistungen ergänzt werden können, hilft der Blick auf das US-amerikanische Medicare, wo vom e-Rezept über die digitale Patientenakte viele Dienstleitungen digital abgebildet und weiter verarbeitet werden können (Medicare 2016).

Jedoch können die Unternehmen der Krankenversicherung nicht ausschließlich auf Online-Self-Services setzen. Viele Versicherte und potenzielle Kunden zeigen ein hybrides Nutzungsverhalten, das heißt sie greifen in Bezug auf ihren Informations-, Beratungs- und Kommunikationsbedarf auf On- und Offline-Kanäle zu und der Anteil der hybriden Kunden wird voraussichtlich weiter steigen (Bain & Company 2014, S. 12; 2012). Die Krankenversicherer stellt diese Entwicklung der Digitalisierung vor die schwierige Herausforderung, On- und Offline Aktivitäten miteinander zu harmonisieren und vor allem eine einheitliche sofortige Datenverfügbarkeit und -verknüpfung in allen Kanälen entlang der Wertschöpfungskette zu ermöglichen, also online im Kundenportal (sowie der dazugehörigen App), im Zugriff für den telefonischen Kundendienst, beim Vertriebspartner vor Ort und ggf. auch im Versorgungsmanagement.

Big Data Management

Das Thema Big Data bzw. vor allem der Nutzen stiftende Umgang mit großen Datenmengen ist ein weiterer Trend, der auf die Krankenversicherungen wirkt. Versicherer experimentieren mit „Big Data Lakes" (großen Datenseen) und komplett neuen Herangehensweisen an die Auswertung großer, bereits vorhandener Datentöpfe. Ziel für Krankenversicherungen ist es, dadurch neue Erkenntnisse zu gewinnen, um Kunden bedarfsgerechte Produkte und Leistungen anbieten zu können (individualisierbar, zeitpunktbezogen) oder Erkenntnisse für das Risikomanagement oder zur Verbesserung des Versorgungsmanagements zu nutzen.

Dabei müssen insbesondere in Deutschland strenge Datenschutz-Richtlinien gewahrt werden, eine Anreicherung um externe Daten (z. B. Daten aus dem Facebook-Profil eines Versicherten) ist in Deutschland nicht ohne weiteres möglich. Nicht nur aus rechtlichen Gründen, auch aus Reputationsgründen ist ein sorgsamer und sicherer Umgang für die Krankenversicherer höchst relevant. Ein wichtiger Faktor ist dabei ist auch die Transparenz gegenüber dem Versicherten im Hinblick auf die Verwertung seiner Daten.

Interorganisationale Zusammenarbeit

Das Kooperationsbeispiel der AXA mit Facebook zeigt, dass die interorganisationale Zusammenarbeit auch mit branchenfremden Unternehmen, die eine hohe Datenanalysekompetenz (und große Datenmengen von ihren Kunden) haben, eine strategische Option ist. Henri de Castries, Vorstandsvorsitzender der AXA Gruppe hält dazu fest: „Wenn wir also mit Facebook gewisse Informationen austauschen, können wir besser auf die Bedürfnisse und Wünsche unserer Kunden reagieren" (Finkenzeller 2014).

Die Digitalisierung führt auch dazu, dass eine stärkere interorganisationale Zusammenarbeit mit den direkten Wettbewerbern in Teilbereichen sinnvoll wird. Ein Beispiel: Die AXA Krankenversicherung hat mit dem Portal „Meine Gesundheit" (vgl. AXA 2016) ein e-Portal etabliert, welches die PKV quasi mit dem Versicherten und dem Leistungserbringer vernetzt. So kann der Arzt eine Rechnung direkt in das Portal hochladen und der Versicherte kann (freiwillig) diese Rechnung direkt elektronisch an die Versicherung zur Kostenerstattung weiterleiten. Eine kundenorientierte Vereinfachung im Vergleich zum bisherigen Prozedere, bei dem der Arzt bzw. die Abrechnungsstelle dem Versicherten die Papierrechnung postalisch zuschickt, dieser die Rechnung zur Kostenerstattung wiederum postalisch an die PKV weiterleitet (oder sie scannt und digital an die PKV schickt) usw. Aus Sicht der Leistungserbringer ist dieses Verfahren ebenfalls vorteilhaft. Allerdings nur dann, wenn der Arzt oder das Krankenhaus nicht für jede PKV eine eigene Software oder Schnittstelle benötigt. Es böte sich daher aus Sicht der AXA Krankenversicherung an, Mitbewerber aus dem Markt der PKVen für die gemeinsame Nutzung des e-Portals zu gewinnen. Auch die Konkurrenten könnten profitieren, denn sie können auf eine teure Eigenentwicklung verzichten.

Diese Entwicklungen erfordern ein Umdenken im Management und eine stärkere bracheninterne Kooperationsbereitschaft im Sinne der Kundenorientierung. Im GKV System können ähnliche Kooperationen mit Wettbewerbern ebenfalls sinnvoll sein. Auch sind Kooperationen mit Leistungserbringern zur Verbesserung der Versorgung und des Service der Versicherten denkbar.

Markteintritt durch neue PKVen

Der Zugang zum Markt der privaten Krankenversicherung durch neue – auch bisher branchenfremde Unternehmen oder Investoren – ist prinzipiell möglich. 2015 ist Google in den USA durch eine Beteiligung bei dem digitalen Krankenversicherer Oscar in den Markt der Krankenversicherung eingestiegen. Oscar verspricht eine komplett digitale Krankenversicherung und dadurch geringere Kosten. Dabei erfolgt die Steuerung des Versicherten durch das Gesundheitssystem, das heißt vom Antrag über die Bestandsverwaltung bis hin zur Leistungssteuerung vollständig über digitale Kanäle. Der Versicherte hat über die App bzw. die Webseite Zugriff auf digitale Patientenakte, Rezepte, Laborberichte, kann Ärzte suchen oder sich direkt vom einem Arzt anrufen lassen (vgl. Oscar Insurance Corporation 2016; Fromme 2015a). Presseberichten aus dem Dezember 2015 zu Folge gibt es erste solche Vorhaben einer digitalen PKV auch für den deutschen Markt: So plant nach Angaben der Süddeutschen Zeitung der Medienunternehmer Holtzbrinck mit Partnern die Gründung einer digitalen Privaten Krankenversicherung für 2017 (Fromme 2015a).

Weitere Auswirkungen

Neben den hauptsächlich von der Marktseite ausgehenden Auswirkungen der Digitalisierung auf Krankenversicherungen sind auch unternehmensinterne Stakeholder von der Digitalisierung betroffen: So sind die Mitarbeiter als Arbeitnehmer betroffen und nutzen z. B. Home Office, arbeiten mit digitalen Informationen über Smartphones und Rechner von außerhalb des Firmengeländes oder arbeiten in agilen Projektteams zusammen. Durch die hohe Veränderungsgeschwindigkeit im Kontext der Digitalisierung werden die Fähigkeit zum Umgang mit Wandel und Veränderung sowie das lebenslange (Weiter-) Lernen in vielen Berufsgruppen wichtiger.

Auch die Arbeitnehmervertretungen werden vor Herausforderungen gestellt, wie sowohl mit der technischen Auswirkung (z. B. Datenschutz) als auch den persönlichen Auswirkungen (z. B. Social-Media-Richtlinien oder Arbeitszeiterfassung bei agilen Arbeitsmethoden) auf die Arbeitnehmer umzugehen ist und wie diese begleitet werden können.

Die Auswirkungen der Digitalisierung spüren letztendlich auch weitere Unternehmensbereiche entlang der Wertschöpfungskette, z. B. Marketing, Personal, Unternehmensorganisation oder die IT.

3.2.1.4 Zwischenfazit

Die Digitalisierung wirkt in vielen Bereichen der Gesellschaft wie auch im Besonderen in der Krankenversicherung. Dabei sind einerseits klassische Effizienztreiber durch Digitalisierung von Prozessen zu verzeichnen, andererseits entstehen durch die Digitalisierung potenziell Disruptionen entlang der gesamten Wertschöpfungskette.

Die Digitalisierung bietet Unternehmen von innerhalb und vor allem auch von außerhalb der Branche die Chance, durch radikale Kundenorientierung die bisherigen Geschäftsmodelle anzugreifen. Aus Sicht der Versicherten ist es prinzipiell egal, wer ihm seine Fragen zu Gesundheit und Krankheit beantwortet. Vereinfacht gesagt: Hauptsache ihm wird geholfen. Ob die Steuerungs- oder Unterstützungsangebote vom Krankenversicherer, von Pharma-Unternehmen, von Leistungserbringern oder neuen Start-ups kommen, interessiert ggf. weniger als die einfache Frage, ob sie dem Menschen weiterhelfen. An dieser Stelle entsteht eine Bedrohung für die „Platzhirsche" Krankenversicherer, die in der Steuerung der Versicherten durch das Gesundheitssystem ihre Kernaufgabe sehen, sich bisher aber vielfach schwer getan haben, dies erfolgreich umzusetzen. Dies liegt auch daran, dass sie sehr stark von innen (aus Sicht ihrer Unternehmenswelt) nach außen blicken und immer noch nicht ausreichend stark die Sicht der Versicherten im Blick haben.

Dabei bietet auch die Regulierung dauerhaft kein fundamental schützendes Netz gegen Markteintritte. In der Branche der GKVen sind Markteintritte von außen durch die umfangreiche Regulierung sicher wesentlich schwieriger als im Markt der PKVen. Auch die Privaten sind durch Regulierung und eingeschränkte Wechselmöglichkeit der Versicherten nur bedingt angreifbar. Wenn Kundennutzen und Kapitalinteressen aber ausreichend groß sind, sind immer aber auch Markteintritte von außen denkbar (hier sei das Beispiel Uber im Taxi-Markt genannt).

Um in dieser komplexen und sich schnell verändernden Situation im Kontext der Digitalisierung im Unternehmen arbeiten zu können, haben sich im Bereich der IT bereits seit einigen Jahren agile Arbeitsmethoden wie z. B. Scrum etabliert, da die klassischen Modelle nicht mehr ausreichten. Die durch die Digitalisierung gestiegene Dynamik und Komplexität wirken sich nun aber auch so stark auf andere Unternehmensbereiche aus, dass die klassischen Führungs- und Organisationsmodelle der Krankenversicherungen an ihre Grenzen stoßen und agile Steuerungssysteme notwendig werden.

3.3 Warum klassische Führungs- und Organisations-Modelle im Kontext der Digitalisierung an ihre Grenzen stoßen

Die Ursprünge der modernen Unternehmensführungslehre sowie der Organisationslehre sind eng verbunden mit der industriellen Massenfertigung und Fließbandarbeit im 19. und zu Beginn des 20. Jahrhundert, in deren Kontext zunehmend größere Industrie-Unternehmen entstanden, die die vormals in kleinen Betrieben erfolgte Fertigung ersetzten. Durch die zunehmende Komplexität dieser großen Unternehmen gewannen Funktionen wie Planung, Kontrolle und Steuerung eine große Bedeutung (Hungenberg und Wulf 2015, S. 30).

So propagiert Max Weber im Rahmen seines Bürokratie-Ansatzes, „...dass mit der bürokratischen Organisation das effizienteste Instrument gefunden wurde, um die komplexe Handlungssituation in Großorganisationen zu steuern und den Gehorsam der vielen Mitglieder sicherzustellen" (Schreyögg 1999, S. 32). Henri Fayol, ein weiterer prägender Akteur der klassischen Organisations- und Führungslehre, bringt in seiner Sichtweise auf Organisation und Führung klar das Weltbild eines Ingenieurs zum Ausdruck, denn er spricht von einer „Organisationsmaschine" (Fayol 1917, S. 81) in der alle Teile der Maschine den Anweisungen des Vorgesetzten folgen und gemeinsam die vorgegebenen Ziele erreichen (Fayol 1917, S. 81 ff.). Auch Frederick Taylor adressierte mit seinem Konzept des Scientific Management dann insbesondere die Produktivität der Unternehmen, propagierte eine Trennung von planenden und ausführenden Tätigkeiten und wies dem Management die Aufgabe der Kontrolle zu. Darüber hinaus entwickelte er Methoden zur Analyse und Optimierung der Arbeitsprozesse mit dem Ziel, die Unternehmen effizienter zu machen. (Hungenberg und Wulf 2015, S. 31 ff.) Hinter diesen Ansätzen des Scientific Management steht ein Weltbild des „mechanistischen Denkens" (Vieweg 2015, S. 5), nach welchem sich Unternehmen wie eine Maschine, bei der die verschiedenen Rädchen ineinander greifen, steuern lassen.

Im Vergleich zur heutigen Zeit waren Komplexität und Veränderungsgeschwindigkeit relativ gering und diese klassischen Ansätze zur Organisationsgestaltung und Unternehmensführung erzielten Effizienz- und Produktivitätserfolge. Als im Laufe der zweiten Hälfte des 20. Jahrhunderts Veränderungsgeschwindigkeit und Komplexität zunahmen, wurden neue Steuerungssysteme für die Unternehmen entwickelt. Die Instrumente des strategischen Managements wurden – auf die Umweltbedingungen reagierend – differenzierter und komplizierter und die Unternehmen konnten weiter wirkungsvoll gesteuert werden (vgl. Küster 2014). Mit der Balanced Scorecard von Kaplan und Norton (vgl. Kaplan und Norton 2001) wurde beispielsweise ein Instrument entwickelt, welches die Steuerung der gesamten Organisation auf Basis von Kennzahlen ermöglichen soll. Das mechanistische Weltbild und die Vorstellung von Unternehmen als steuerbare Maschine liegen diesen Instrumenten also weiter zugrunde. Dabei wurden insbesondere in den 1980er und 1990er Jahre zunehmend Unternehmensberatungen zur Unterstützung des Managements herangezogen, denn – um in der Analogie zu bleiben – die Maschine Unternehmen „…ließ sich zerlegen, im Kontext des Marktumfelds analysieren und auf bessere, effektivere Art wieder neu zusammensetzen" (Küster 2014, S. 3).

In der modernen Organisationstheorie wurden zwar zunehmend auch die Bedürfnisse der Menschen im Kontext der Organisationsgestaltung in den Vordergrund gerückt (z. B. im Rahmen des Human-Ressourcen-Ansatz). Douglas McGregor hat beispielsweise im Rahmen seiner Theorie X und Theorie Y die Bedürfnisse der Mitarbeiter und den damit zusammenhängenden motivationalen Aspekt der Organisationsgestaltung betont (McGregor 1960). Aber die zielbasierten Steuerungs- und Führungssysteme wie das Management by Objectives (vgl. Drucker 2002) oder die Balanced Scorecard verlangen weiterhin, dass Führungskräfte bzw. Unternehmensleitungen die „richtigen" Ziele kennen und diese quantifizieren können. Letztendlich werden die geplanten und quantifizierten Ziele dann den Mitarbeitern vorgegeben, die Zielerreichung controllt und ggf. werden die Ziele angepasst (Vieweg 2015, S. 8 ff.).

Die durch fortschreitende Globalisierung und Digitalisierung seit der Jahrtausendwende weiter gestiegene Veränderungsgeschwindigkeit und Komplexität haben diese Methoden jedoch an ihre Grenzen gebracht. In großen Organisationen arbeitende Menschen, die in die jährliche Budget-, Vertriebs- oder Kostenplanung involviert sind, erleben oft wie schwierig es ist, Ziele zu quantifizieren, über einen längeren Zeitraum zu planen und unerwartete Ereignisse in den von Plänen geprägten Arbeitsalltag zu integrieren.

3.3.1 Was Komplexität von Kompliziertheit unterscheidet

Die zielbasierten Steuerungssysteme sind nicht nur durch die stets vorhandene Komplexität angreifbar, sondern auch durch die Verwechslung von Komplexität und Kompliziertheit.

Komplizierte Sachverhalte sind quantifizierbar bzw. messbar, z. B. in Form von zählen und „wenn die Quantitäten ein nur noch schwer beherrschbares Ausmaß annehmen…“ (Vieweg 2015, S. 13) spricht man von Kompliziertheit. Aus heutiger Sicht könnte man sagen: Eine Schraube herzustellen ist einfach, einen VW Käfer zu produzieren ist komplizierter und die Produktion eines Airbus ist sehr kompliziert, aber mit den nötigen – ggf. auch sehr komplizierten – Tools sind auch sehr komplizierte Sachverhalte wie die Produktion oder Steuerung eines Airbus „…beherrschbar, d. h. abbild- und simulierbar, oft auch einigermaßen vorhersagbar und/oder optimierbar“ (Vieweg 2015, S. 13 f.).

Im Gegensatz dazu ist Komplexität nicht vorhersehbar oder skalierbar. Komplexität bedeutet, dass unerwartete Situationen eintreten können, die man zwar beobachten und auch beeinflussen, nicht aber konkret vorhersagen oder vollständig kontrollieren kann (Vieweg 2015, S. 14). Im Kontext der Digitalisierung und der Globalisierung erleben wir heute immer wieder, was dies bedeuten kann: Wer hätte vor einigen Jahren prognostiziert, dass die Suchmaschinen-Firma Google ein selbstfahrendes Auto bauen wird? Oder wer hätte den Erfolg und die Relevanz der Firma Facebook vor ihrer Gründung 2004 erahnen, geschweige denn quantitativ planen können? Wer weiß heute, welche disruptiven Technologien in den kommenden Jahren den Gesundheitssektor und insbesondere den Krankenversicherungsmarkt verändern können?

Komplexität zu verstehen bedeutet, sich bewusst zu sein, dass man nicht alles weiß (Zeuch 2011; Vieweg 2015). Dabei ist Nichtwissen nicht nur eine Wissenslücke, die ggf. geschlossen werden könnte, sondern „…eine prinzipiell nicht aufhebbare Ungewissheit möglicher Ereignisse…“ (Willke 2002, S. 11). Diese unplanbaren Ereignisse entstehen beispielsweise, da Akteure innerhalb des Unternehmens oder aus der Unternehmensumwelt unvorhergesehene Handlungen ausführen (z. B. eine technische Innovation, eine strategische Entscheidung zum Markteintritt, eine gesetzliche Änderung oder eine Produktinnovation durch ein Start-up), die wiederum eine nicht vorhersehbare Auswirkung auf Unternehmen und Umwelt haben können (vgl. Wilke 2002, S. 11). Daher ist Expertise im Umgang mit Nichtwissen und Komplexität (genauso wie Expertise im Umgang mit Wissen) ein wichtiger Faktor für Unternehmen im Wettbewerb (Willke 2002, S. 18; Zeuch 2011, S. 14).

Führungskräfte dürfen nicht den Fehler machen, die tatsächlich komplexen Organisationen zu steuern, als wären sie komplizierte Systeme bzw. Maschinen, bei denen ein Rad zuverlässig in das andere greift. Die komplexen Unternehmen sind nicht steuerbar und kontrollierbar wie eine Maschine, um in dem Bild von Fayol und Taylor zu bleiben. Denn auf Mitarbeiter und Führungskräfte wirken vielfältige und teilweise gleichzeitig auftretende Anforderungen unter hoher Veränderungsgeschwindigkeit. Lediglich mit „menschlichem Können" (Pfläging 2013, S. 16) ist dieser Komplexität zu begegnen (Vieweg 2015, S. 14).

Daher bedarf es anderer Organisations- und Führungssysteme, innerhalb derer dem grundsätzlich Unvorhersehbaren, Komplexen begegnet werden kann und in deren Rahmen sich eine dynamische Kreativität entfalten kann. Diese Haltung bringt ein Zitat von Eric Schmidt, dem ehemaligem Vorstandsvorsitzenden von Google zum Ausdruck: „Wir kennen die nächste Killer Application nicht [...] aber mit großer Wahrscheinlichkeit sind wir der Laden, in dem sie erfunden wird" (Heuer 2007).

3.3.2 Organisation und Führung im Kontext hoher Dynamik

Um auf sich schnell verändernde Rahmenbedingungen, z. B. neue Wettbewerber oder potenzielle Kooperationspartner, veränderte Kundewünsche, Produktinnovationen oder technische Entwicklungen angemessen schnell reagieren zu können oder gar selbst Treiber der Veränderungen zu sein, bedarf es auch einer Organisationsstruktur und -kultur, die dies ermöglicht.

Der Einfluss der Veränderungsgeschwindigkeit von Umwelt und Technologie auf die Organisation wurde bereits im Rahmen der Kontingenztheorien der Organisationslehre beschrieben. So war feststellbar, dass eine stabile und relativ einfache Umwelt zu stark hierarchisch geprägten, formalisierten und zentralisierten Organisationsstrukturen führt. Wohingegen sich schnell verändernde und komplexe Umwelten zu flexibleren Strukturen führen (Schreyögg 1999, S. 60).

Die klassische und auch heute noch im Markt sowohl der GKV als auch der PKV am weitesten verbreitete Form der Organisationsstruktur ist die hierarchische Pyramide, konstruiert mit hochgradiger Arbeits- und Verantwortungsteilung im Einliniensystem. Es handelt sich, vereinfacht gesagt, um mechanistisch-bürokratische Systeme, die stark formalisiert und zentralisiert sind. Diese seit Jahrzehnten eingesetzten hierarchischen Strukturen und Prozesse, die auf Effizienzoptimierung und nicht auf Agilität ausgerichtet sind, sind aber in der dynamischen Welt von heute nicht mehr zielführend (vgl. Kotter 2012). Verändert sich die Umwelt von stabil zu dynamisch, so die Kontingenztheorie, müssen auch die Organisationsstrukturen angepasst werden (Schreyögg 1999, S. 60). In sich schnell verändernden Märkten besteht auch die Gefahr, dass vorhandene strategische Wettbewerbsvorteile schneller irrelevant werden. Die Anpassungsfähigkeit der

Organisation an Veränderungen durch eine agile Struktur sowie eine agile Organisations- und Führungskultur können daher selbst zu einem Wettbewerbsvorteil werden (Küster 2014, S. 7).

3.4 Agile Organisation und Führung

Agile Organisation und Führung bedeuten, das Unternehmen und den Markt als wenig vorhersehbare Systeme zu begreifen. Anstatt vermeintlich bekannte und detailliert geplante Ziele möglichst effizient umzusetzen, geht es in der agilen Steuerung vielmehr darum, eine Kultur und Struktur zu schaffen, die es den Mitarbeitern und Führungskräften ermöglicht, dynamisch und flexibel auf – teilweise nicht zu erwartende – Veränderungen reagieren zu können.

Das bedeutet für Unternehmen, Organisation und Führung nicht mehr wie bisher ausschließlich im klassischen, hierarchischen Einliniensystem von Führungskraft zu Mitarbeiter mit kleinteiliger Anweisung und Kontrolle zu gestalten (Abb. 3.2). Vielmehr müssen Struktur und Führung darauf ausgerichtet sein, einen Rahmen zu schaffen, innerhalb dessen Selbstorganisation (eine Einführung in das Thema Führung selbstorganisierter Teams bieten zum Beispiel Gloger und Rösner 2014 oder Kaltenecker 2016) und Selbstführung ermöglicht werden, wie in Abb. 3.2 dargestellt.

Dabei kann dieser Rahmen nicht nur für einzelne Teams und ihre Führungskraft geschaffen werden, sondern für gesamte Bereiche oder die Organisation insgesamt, siehe Abb. 3.3. In Anlehnung an die von Kotter propagierte fluide, netzwerkähnliche Struktur können Mitarbeiter hierarchie- und bereichsübergreifend themen- oder aufgabenspezifisch koalieren und sich wieder trennen (Kotter 2012). Die übergreifende Zusammenarbeit wird dabei in einem hohen Maße durch die Mitarbeiter selbst initiiert und selbstverantwortlich gestaltet.

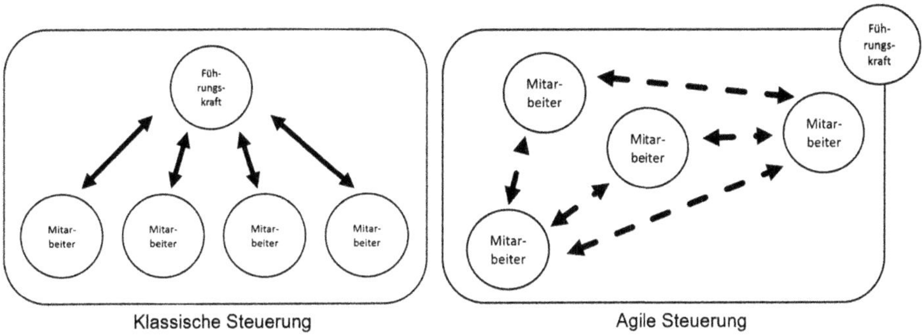

Abb. 3.2 Klassische versus Agile Steuerung. (In Anlehnung an Küster 2014, S. 4)

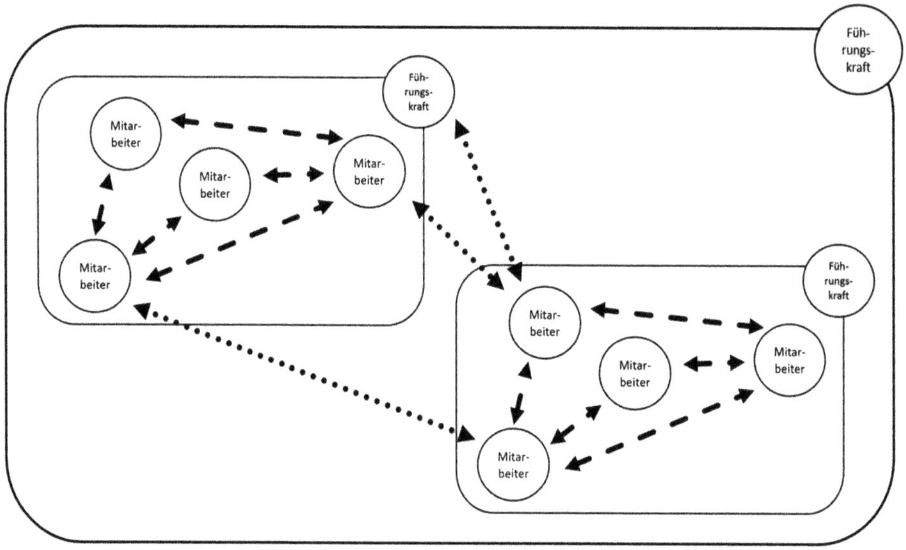

Abb. 3.3 Dynamische Steuerung. (Eigene Darstellung)

Agilität muss dabei nicht in Widerspruch zur Stabilität der Organisation stehen. Wahrhaft agile Organisationen bauen auf einem stabilen Rückgrat an Strukturen, Prozessen und Governance auf. Um auf Basis dieses stabilen Korsetts agil zu sein, bedarf es vor allem einer agilen Kultur und agiler Verhaltensnormen (Aghina, De Smet und Weerda 2015).

3.4.1 Wie es Unternehmen gelingt, agiler zu werden

Agilität ist vor allem ein Kultur- und Führungsthema. Eine GfK-Studie im Auftrag der Beratungsfirma etventure aus dem Jahr 2016 unter 2000 Großunternehmen ergab, dass knapp zwei Drittel der Befragten das größte Hindernis in Bezug auf die digitale Transformation ihrer Organisation in der „Verteidigung bestehender Strukturen" sieht (etventure 2016). Größte Hindernisse auf dem Weg zur Agilität sind auch nach Ansicht von John Kotter die Kultur sowie die Manager: So seien Führungskräfte zu sehr abgeneigt, ohne die Erlaubnis ihrer Vorgesetzten zu handeln. Darüber hinaus fürchten sie Macht- und Status-Verlust und halten an alt-bekannten Vorgehensweisen fest, da sie Wandel scheuen (Kotter 2012).

Um erfolgreich und nachhaltig agile(re) Organisation zu schaffen, bedarf es also vor allem auch einer agilen Kultur und agiler Führungskräfte. Agile Führung ist dabei vor allem eine Frage der Haltung. Wenn das Topmanagement und die Führungskräfte nicht nachhaltig eine andere, agile Haltung einnehmen und statt dessen wieder in alte Muster der Anweisung und Kontrolle zurückfallen dann wird die Organisation nicht agil werden.

Ebenso wird die Umsetzung von Agilität erschwert, wenn das Vertrauen in die Mitarbeiter fehlt. Gloger und Häusling (2011) haben die unterschiedlichen Haltungen der klassischen und agilen Steuerung gegenübergestellt, siehe Tab. 3.1.

In der Logik des klassischen Performancemanagement würde die Führungskraft im Kontext der Digitalisierung im Rahmen des jährlichen Mitarbeitergespräches mit einzelnen Mitarbeitern konkrete, individuelle Ziele für Digitalisierungsaktivitäten „vereinbaren". Diese entstehen meist so, dass die Führungskraft die eigenen mit dem nächst höheren Vorgesetzten vereinbarten Ziele mehr oder weniger auf die eigenen Mitarbeiter herunterbricht und vorgibt. Die Erreichung der Ziele wird dann im Folgejahr überprüft, der Mitarbeiter muss die Zielerreichung berichten und Abweichungen begründen, deren Ursache ggf. schon mehrere Monate zurückliegt. Im Gegensatz dazu wird in einer agilen Haltung davon ausgegangen, dass zukünftige Ziele einen idealtypischen Korridor darstellen, der durch immer wieder auftretende Veränderungen angepasst werden muss. Daher wird in der agilen Steuerung auch in wesentlich kürzeren Zyklen gearbeitet, die es ermöglichen die ständigen Veränderungen schnell berücksichtigen zu können. Kommt es im Gesundheitssystem zu unerwarteten Entwicklungen, so kann bei Bedarf flexibel reagiert werden. Dies gestaltet sich im klassischen, streng hierarchischen Einliniensystem schwieriger, wenn das Team vordringlich mit der Abarbeitung eines eng getakteten, vorgegeben Jahresplanes beschäftigt ist, der wenig Spielraum zulässt, und Änderungen zudem stets begründet und in der Hierarchie „abgesegnet" werden müssen. An die Stelle der starren Zielvorgaben tritt Selbstverantwortung der Mitarbeiter. Das schon lange von

Tab. 3.1 Haltung in klassischer und agiler Organisation. (Eigene Darstellung in Anlehnung an Gloger und Häusling 2011, S. 98 ff.)

Haltung in der klassischen Steuerung (Steuerung durch Planung und Kontrolle)	Agile Haltung (Dynamische Steuerung)
Fokus auf dem Individuum	Fokus auf das Team
Analyse des Verbesserungsbedarfs einmal jährlich, maximal Quartalsweise	Ständige Überprüfung des Leistungsstandes und Verbesserung
Fremdbestimmung durch „Vereinbarung"	Selbstverantwortung durch Commitment
Extrinsische Motivation durch Verknüpfung von Leistungsbeurteilung und Vergütung	Intrinsische Motivation
Langfristige Ziele in einem langfristigen Rahmen	Kurzfristige Ziele in einem langfristigen Rahmen
Bewertung	Feedback
Hoch formalisierte „lockere" Kommunikation in engen Zeitfenstern	Ständige Kommunikation
Intransparenz zum Machterhalt	Offenheit und Transparenz
Kontrolle von Mitarbeitern	Vertrauen in Mitarbeiter und Kollegen
Angst vor und Bestrafung von Fehlern	Fehler als Chance zu lernen (in best. Bereichen)

Mitarbeitern geforderte „unternehmerische" Denken wird damit ermöglicht. Im Rahmen der Selbstverantwortung und flexibler, selbstbestimmter Arbeit müssen Mitarbeiter aber auch vor Selbstausbeutung geschützt werden. Daher ist eine klare Abgrenzung zwischen Beruf und Privatsphäre notwendig.

Darüber hinaus ist der Teamgedanke in der klassischen Steuerung der Einlinienorganisation weniger stark ausgeprägt als in der agilen Haltung. Ziele sind größtenteils individuell zu erreichen, was dazu führt, dass Mitarbeiter unter Umständen eigene Interessen verfolgen, die für das Gesamtergebnis nicht optimal sind. Das liegt auch daran, dass im klassischen Mindset individuelle monetäre Anreize wichtigstes Element zur Leistungssteigerung sind. Dabei wäre es dauerhaft motivierender, ein Umfeld zu schaffen, welches es den Mitarbeitern ermöglicht, (individuell und im Team) Verantwortung zu übernehmen, durch interessante und herausfordernde Aufgaben involviert sein zu können und welches die Möglichkeit zur individuellen Weiterentwicklung bietet. Der monetäre Leistungslohn greift zu kurz, ist aber immer noch vorherrschendes Steuerungsinstrument in den großen Krankenversicherungen. Die individuellen Zielvereinbarungen in dieser klassischen Steuerung sind darüber hinaus meist geheim. Sie sind daher auch ein Machtinstrument. Die agile Vorgehensweise erfordert dagegen eine Kultur der Kommunikation und Offenheit im Team statt Intransparenz zum Machterhalt (vgl. Gloger und Häusling 2011, S. 99). Vereinbart die Führungskraft mit dem gesamten Team und Mitarbeitern im Sinne einer agilen Haltung einen groben Rahmen, innerhalb dessen die Mitarbeiter gemeinsam Vorgehensweise und Zielerreichung festlegen können, so haben die Mitarbeiter die Möglichkeit, sich gemäß ihrer Kompetenzen und Interessen einzubringen. Dies erfordert Vertrauen in Mitarbeiter und Kollegen statt Kontrolle und Misstrauen.

Außerdem werden die Führungskräfte bis hin zum Vorstand entlastet, da nicht mehr jede Entscheidung durch sie getroffen werden muss. Im Kontext der Digitalisierung von Krankenversicherungen erscheint dies äußerst relevant, wenn man sich beispielsweise vorstellt, dass Vorstände großer GKVen auf politischer Ebene aktuell wieder über Milliarden-Beträge bei den Leistungsausgaben verhandeln (konkret: im Rahmen des Risikostrukturausgleich), die die zukünftige Entwicklung ihres Unternehmens fundamental beeinflussen können. Da ist es hilfreich, wenn die dynamischen Entwicklungen im Zusammenhang mit der Digitalisierung auch auf anderen Ebenen gemanagt werden können. Dies erfordert aber auch, dass Führungskräfte bis hin in das Topmanagement loslassen und Verantwortung teilen können. Denn wenn das Topmanagement seine Führungskräfte im mittleren Management nach klassischer Haltung führt, kontrolliert oder incentiviert, dann wird es für diese auch nicht oder nur sehr eingeschränkt möglich sein, in ihren Teams agile Methoden umzusetzen und durchzuhalten. Konkret bedeutet das auch, dass Fehler im Sinne von Ausprobieren und Innovationen vielmehr als Chance gesehen werden müssen anstatt eine Kultur der Angst vor und Abstrafung von Fehlern zu pflegen (ganz deutlich sei aber auch gesagt, dass es Bereiche gibt, in denen Fehler absolut zu vermeiden sind, z. B. in der Leistungsabrechnung). Von Führungskräften verlangt dies, Feedback zum eigenen Führungsverhalten als Chance zu erkennen und dieses aktiv einzuholen (Gloger und Häusling 2011, S. 98).

Unternehmensbereiche, die schnell geeignet sind für die Implementierung agiler Kultur und Führung, finden sich entlang der gesamten Wertschöpfungskette bzw. in vielen Teilen des Unternehmens. Das gilt beispielsweise für die IT (man denke nur an Scrum), die von komplexen und dynamischen technischen Veränderungen betroffen ist. Ebenso relevant ist Agilität für die Organisationseinheiten mit starker Kundeninteraktion sowie Marktbezug, in denen Kundenorientierung, Kreativität und der Umgang mit komplexen, strategischen Herausforderungen eine starke Rolle spielt (z. B. Marketing, Produktmanagement, Vertrieb, Kundendienst, Weiterentwicklung von Leistungs- und Versorgungsmanagement, Unternehmensentwicklung und -strategie). Auch Organisationsbereiche, die in der Kooperation mit Leistungserbringern agieren sowie in Teilen des Personalbereichs sind agile Organisation, Kultur und Führung sinnvoll (dies stellt keine abschließende Auflistung dar, weitere Bereiche sind natürlich denkbar).

3.4.2 Agile Organisation in der Krankenversicherung – Beispiele aus der Praxis

Die agile Organisation und Kultur unterscheidet sich, wie in Abschn. 3.4 dargestellt, stark von der Funktionsweise und der Kultur klassischer Organisationen. Die meisten großen Krankenversicherer haben heute noch eine klassische hierarchische Einlinienorganisation mit entsprechendem kulturellen Mindset. Um auf die hohe Dynamik und Komplexität der Digitalisierung reagieren zu können, haben einige Versicherer in den vergangenen Jahren eine organisatorische Lösung gewählt, die es zunächst ermöglicht, nicht fundamental in die klassische Organisation einzugreifen: Sie haben kleinere Start-up-ähnliche Teams oder Organisationen (aus-)gegründet, die in einem geschützten Raum außerhalb der Hauptorganisation agil arbeiten können. Die agile Arbeitsweise soll sie befähigen, in der dynamischen und komplexen Umwelt der Digitalisierung, innovative und kundenorientierte digitale Produkte zu entwickeln und in die klassische Linie zu transferieren. Beispiele hierfür sind das ERGO Digital Lab (vgl. ERGO 2015), AXA Transactional (vgl. Fromme 2015b), Allianz Digital Accelerator (vgl. Allianz Digital Accelerator 2016) oder die Wüstenrot & Württembergische Digital (vgl. etventure 2015). Auch in der Branche der GKVen gibt es erste Unternehmen, die beginnen, diesen Weg einzuschlagen.

Die Option einer außerhalb der Kernorganisation aufgebauten Spezialeinheit wird auch deshalb gewählt, da die Versicherer erkennen, dass die Herausforderung der Digitalisierung für die Unternehmen auf der Ebene der Unternehmenskultur liegt (vgl. Versicherungswirtschaft heute 2015). Die zentrale Herausforderung besteht dann darin, die Ergebnisse aus der dynamischen Einheit in die klassische Linie zu transferieren. Hierzu gibt es keine Standardlösung, vielmehr ist es notwendig die organisatorischen und kulturellen Besonderheiten des Unternehmens zu berücksichtigen. Dies kann zum Beispiel so realisiert werden, dass Führungskräfte und Mitarbeiter aus der Linie rollierend in die Digitale Einheit entsandt werden, um dort zu einem bestimmten Thema für einen

Zeitraum agil zu arbeiten. Die Erfahrungen können dann wieder in die Linie transferiert werden. Darüber können Entscheider in der Linie (z. B. Vorstände oder Bereichsleiter) quasi wie Investoren in Bezug auf die Digitale Einheit und dort entstehende Geschäftsideen fungieren. So werden Ideen „gepitched" und der Fokus auf Nutzenstiftung der entwickelten Produkte und Ideen wird stark betont. Einmal angenommene Ideen werden dann in die Linienorganisation eingebracht.

Grundsätzlich gibt es aber keine Standardlösung zur organisatorischen Umsetzung, jedes Unternehmen kann hier seinen eigenen Weg finden. Praktische Beispiele, wie Organisation, Führung und Zusammenarbeit agiler gestaltet werden können sind Holacracy (Robertson 2015) sowie der Beratungsprozess und weitere Prozesse und Praktiken, die Frederic Laloux in seinem Buch Reinventing Organizations gesammelt hat (Laloux 2015).

3.4.3 Leadership Agility als Führungskompetenz

Ausgehend von den Umweltbedingungen im Kontext der Digitalisierung in der Krankenversicherung wurde in diesem Artikel bisher darauf eingegangen, wie agile Organisationsstrukturen und die dazu notwendige Kultur und Haltung aussehen können. Im Folgenden soll nun analysiert werden, wie agile Führungskräfte erfolgreich führen können.

Leadership Agility beschreibt „...die Fähigkeit, in Zeiten sich beschleunigenden Wandels und steigender Komplexität wirksam zu führen" (Küster 2014, S. 8). Dabei geht es insbesondere darum zu verstehen, wie die Persönlichkeit sowie das Denken und Handeln agiler Führungskräfte (im Gegensatz zu weniger agilen) gekennzeichnet ist und welche innere Haltung sie haben, also was Agilität im Führungsalltag letztendlich ausmacht. Untersuchungen zum Führungsverhalten zeigen, dass unterschiedliche Ebenen von Agilität bei Führungskräften beobachtet werden können. Die Fähigkeit zur Agilität im Führungsverhalten steht dabei in einem Zusammenhang mit den kognitiven und vor allem auch mentalen und emotionalen Kapazitäten der Führenden (Rooke und Torbert 2005; Joiner und Josephs 2006; Goleman 1998).

In Bezug auf Definition und Abgrenzung der verschiedenen Agilitäts-Ebenen gibt es unterschiedliche Modelle: Rooke und Torbert (2005) beispielsweise haben sieben Stufen der Führungs-Agilität ausgemacht, Joiner und Josephs (2006) unterscheiden drei Ebenen von Leadership Agility: den taktischen und problemlösungsorientierten „Expert", den zielorientierten und strategischen „Achiever" sowie den visionären und entwicklungsorientierten „Catalyst" (Joiner 2006, S. 2). Dabei weisen die Modelle große Gemeinsamkeiten auf, auch sind zwei Agilitäts-Stufen identisch bezeichnet („Expert" und „Achiever"). Tab. 3.2 gibt einen Überblick über die Ebenen von Leadership Agility aus dem 3-Stufen-Modell von Joiner und Josephs (2006).

Führungskräfte, die auf einer Leadership-Agility-Ebene von „Expert" und „Achiever" führen, sind in den in Abschn. 3.3 dargestellten klassischen Management-Systemen des

Tab. 3.2 Leadership Agility-Ebenen. (In Anlehnung an Joiner 2006, S. 2)

Agilitäts-Ebene	Führungs-Verständnis	Agilität in der Teamführung und Sicht auf die Organisation	Agilität in Bezug auf Wandel
Expert	Taktisch und problem-lösungsorientiert. Ist überzeugt, dass Führung aufgrund fachlicher Autorität respektiert und befolgt wird	Organisation als komplizierte Maschine. Effiziente Umsetzung bekannter Ziele durch fachliche Expertise sowie Anweisung und Kontrolle vor allem in Eins-zu-Eins-Führung mit dem Mitarbeiter. Eher „Vorarbeiter" und „Feuerlöscher" als Manager	Fokussiert auf taktische, inkrementelle Veränderungen im Rahmen der eigenen Einheit („Silo-Denken"). Geringe Beachtung der Stakeholder
Achiever	Strategisch und ergebnisorientiert. Ist überzeugt, dass Mitarbeiter motiviert werden, durch die Möglichkeit zu übergeordnetem Ziel beitragen zu können	Organisation ist komplizierte Maschine. Effiziente Umsetzung bekannter Ziele durch zielorientiertes, analytisches und rationales Handeln. Leistungs- und belohnungsorientierte Anweisung und Kontrolle durch Delegieren und Einbeziehen von Mitarbeitern	Analysiert strategisch Stakeholder und Umwelt, um Veränderungsbedarf zu ermitteln und Veränderungen zu gestalten
Catalyst	Visionär und entwicklungsorientiert. Ist überzeugt, dass Leader eine inspirierende Vision haben sollte und die richtigen Leute zusammenbringt, um diese zu verwirklichen; unterstützt, befähigt Mitarbeiter aktiv in deren Entwicklung	Organisation und Umwelt sind komplexe Systeme. Führt agil: schnelle Antworten auf unbekannte Entwicklungen durch systemisches Denken in Perspektiven und balancieren von Spannungsfeldern. Sucht und gestaltet den offenen Austausch auch zu kritischen Themen und fördert selbstorganisiertes Team mit selbstführenden Mitarbeitern durch Empowerment. Team steht im Vordergrund	Entwickelt eine Veränderungs-Kultur, die Teamarbeit, Transparenz und Partizipation in den Vordergrund stellt. Geht davon aus, dass Wandel durch alle Mitarbeiter getrieben werden kann. Bezieht Stakeholder breit ein und ist davon überzeugt, dass Einbezug des Stakeholder-Nutzens die Qualität verbessert

20. Jahrhundert erfolgreich gewesen. Durch die im Kontext der Digitalisierung und der Globalisierung gestiegene Dynamik und Komplexität bedarf es nun agilerer Führungskräfte, die die „Catalyst"-Ebene erreicht haben. In ihren empirischen Untersuchungen bei über 700 Managern haben Joiner und Josephs (2006) aber festgestellt, dass nur etwa zehn Prozent der Führungskräfte die mental-emotionalen Kapazitäten entwickelt haben, die notwendig sind, um auf der „Catalyst"-Ebene zu führen. Zehn Prozent der Befragten sind auf der „Vor-Expert"-Ebene. Der Großteil der Manager bewegt sich mit 45 % auf der „Expert"-Ebene und 35 % auf der „Achiever"-Ebene (Joiner 2013, S. 51 f.).

Bei den Ebenen von Leadership Agility handelt es sich um Stufen der Persönlichkeitsentwicklung, die die Führungsperson durch Weiterentwicklung ihrer emotionalen und mentalen Fähigkeiten durchlaufen kann (Rooke und Torbert 2005, S. 3). Dabei sind Führungskräfte, die sich auf dem „Catalyst"-Level befinden, weiterhin in der Lage, wie ein „Achiever" oder „Expert" zu führen, wenn es die Situation erfordert.

Was macht die einzelnen Leadership-Agility-Ebenen aus? „Expert" und „Achiever" sind tendenziell der Auffassung, dass sie allein die Verantwortung für die Ziele der Organisation und für die Koordination der Aktivitäten ihrer Mitarbeiter sowie der Zielerreichung tragen. Das führt dazu, dass sie in sich schnell verändernden und komplexem Umfeld zum Über-Kontrollieren ihrer Untergebenen tendieren und das Potenzial der Mitarbeiter nicht ausreichend einbeziehen. So werden die Mitarbeiter demotiviert, sie übernehmen Verantwortung nur noch für die ihnen konkret übertragenen Aufgaben und wenden letztendlich diese Führungsweise auch gegenüber den ihrerseits unterstellten Mitarbeitern an (Joiner 2006, S. 3 f.).

Führungskräfte auf „Catalyst"-Ebene kreieren hingegen eine Kultur, die agil genug ist, um mit dem Unvorhersehbaren und den schnellen Veränderungen umgehen zu können, die über die langfristigen strategischen Ziele hinaus gehen. So befähigen sie die Organisation durch hohe Beteiligung, Vertrauen, Zusammenarbeit, Kreativität sowie offenen und kritischen Meinungsaustausch zur Selbstorganisation und dadurch auch dazu, durch Kreativität und Innovationsfähigkeit disruptive Entwicklungen wahrzunehmen, darauf angemessen schnell reagieren zu können oder diese gar selber zu gestalten – ohne den Blick auf die wirtschaftlichen Ziele zu verlieren. (Joiner 2013, S. 52 f.) Catalyst Leader erkennen, dass ein hohes Maß an Selbstreflexion notwendig ist, um sich selbst und andere in einer agilen Kultur effektiv führen zu können. Sie sind sich ihrer Stärken und Schwächen, Gefühle und Verhaltensweisen bewusst und können auch mit den eigenen Grenzen sowie Unsicherheiten und Ängsten umgehen (Joiner 2006, S. 5 f.).

Leadership Agility auf der „Catalyst"-Ebene erfordert von Führungskräften daher

- neben Mut auch Demut,
- neben Selbstbewusstsein auch Selbstreflexion,
- neben dem Blick auf Ziele und Ergebnisse auch den Blick auf Mensch und System,
- neben kurzfristigen Notwendigkeiten auch den Blick auf nachhaltige Entwicklungen,
- neben Durchsetzungsstärke auch den Blick auf das Ganze. (Küster 2014, S. 14)

Agile Führungskräfte, die in der Lage sind, diese und andere Spannungsfelder zu meistern, sind in einer komplexen und dynamischen Umwelt erfolgreicher als Manager, die auf „Expert"- oder „Achiever"-Ebene führen.

Leadership Agility lernen

Nachdem beschrieben wurde, was Leadership Agility ausmacht und was Führungskräfte auf der agilen „Catalyst"-Ebene kennzeichnet, stellt sich nun die Frage, wie die Entwicklung zu einer agilen Führungskraft aussehen kann.

Um „Expert"-Führungskraft zu werden, müssen vor allem herausragende fachliche Fähigkeiten erworben werden. Die Entwicklung der Manager von der „Expert"-Ebene auf die strategisch-zielorientierte „Achiever"-Ebene ist heute ein Schwerpunkt in der Führungskräfteentwicklung vieler Unternehmen. Dabei geht es darum, Führungskräfte zu befähigen, ihre Ziele durch flexible Strategien der ergebnisorientierten Mitarbeiterführung erreichen zu können. Klassische Tools und Methoden, die Führungskräfte hierzu lernen sind Management by Objectives, Mitarbeitergespräche, Leistungs-Bewertung, effektives Delegieren oder Kommunikationsfähigkeiten (Rooke und Torbert 2005).

Um auf die agilere „Achiever"-Ebene zu gelangen, bedarf es nicht nur neuer Fähigkeiten und Kompetenzen, sondern einer neuen Haltung in Bezug auf Führung. Eine neue Haltung entwickelt man aber nicht durch kognitive Einsicht, sondern durch persönliche und emotionale Erfahrungen, damit sich insbesondere auch die emotionale Intelligenz weiterentwickelt (vgl. auch Schreyögg 2014, S. 41 ff.). Das bedeutet, dass eine Führungskräfteentwicklung hin zur „Catalyst"-Ebene anstatt konkreter Werkzeuge vor allem neue Erfahrungen durch Handlungslernen ermöglichen muss. Dabei geht es beispielsweise um Erfahrungen der eigenen Person, systemisches Denken in Perspektiven, Reflexion über den Sinn von Tätigkeit und Aufgaben (vgl. hierzu auch Laloux 2015) oder Kultur-Bewusstsein.

Im Kern geht es darum, in der Lage zu sein, unterschiedliche, sich auf den ersten Blick möglicherweise widersprechende Perspektiven zu erfassen, diese zu einem Gesamtbild zusammenfügen und aufbauend darauf, ausgewogene Entscheidungen treffen zu können (Rooke und Torbert 2005; Joiner 2013; Küster 2014). In der Produktentwicklung kann es beispielsweise das Bedürfnis nach Planung und Sicherheit im Sinne einer handhabbaren (im Vertrieb und Kundendienst erklärbaren, in den IT-Systemen abbildbaren, langfristig profitablen, AVB-konformen...) Produktpalette für die kommenden Jahre geben, gleichzeitig kann es das Bedürfnis nach schnellen, kundenorientierten Innovationen von rudimentären Produktkonzepten geben, von denen zunächst unklar ist, ob sie langfristig profitabel sein werden, die möglicherweise auch schnell wieder verworfen werden oder aber sukzessive weiterentwickelt und in die Profitabilität gebracht werden.

Um diese Entwicklungsschritte zu ermöglichen, kann die Führungskraft beispielsweise durch Einzel- und Team-Coaching unterstützt werden, denn im Grundgedanken des Coaching entwickelt der Klient (unterstützt durch den Coach) seine Lösungen durch „...einen auf kognitiv-emotionale Einsicht fundierten, aktiven Lernprozess..." (Dietrich

1991, S. 2) selber und entwickelt dadurch auch ein höheres Commitment zu den Lösungen. In der täglichen Arbeit kann die Führungskraft ihren Entwicklungsprozess beispielsweise durch immer wieder bewusst eingelegte Pausen zur Reflexion unterstützen, um die Geschehnisse und Handlungen zu hinterfragen (Joiner 2005, S. 7). Auch kollegiale Peer-to-Peer-Reflexionen auf Augenhöhe oder agile Projektarbeit können den Entwicklungsprozess fördern (Rooke und Torbert 2005). Natürlich ist die Persönlichkeitsentwicklung hin zur und auf der „Catalyst"-Ebene keine einfache und schnelle Angelegenheit; einige Manager werden sich stark weiter entwickeln, andere ggf. weniger (vgl. Rooke und Torbert 2005; Joiner 2013).

3.4.4 Grenzbereiche der Agilität in der Krankenversicherung

Der Bedarf in einer schnelllebigen Welt agil handeln zu können, wurde ausreichend thematisiert. Es sollte aber auch gesagt werden, dass ein relevanter Teil der Umwelt der Krankenversicherungen weiterhin vergleichsweise stabil bleibt. Insofern sind agile Strukturen nicht in allen Bereichen der Organisation gleichermaßen relevant. So sind hoch strukturierte oder reglementierte Bereiche wie Entgelt, Controlling, Leistungsabrechnung oder Compliance – im Gegensatz zu den in Abschn. 3.4.1 genannten Bereichen – zunächst nicht so schnell für agiles Arbeiten geeignet (vgl. Pesch 2015).

Günter Ortmann sorgt sich gar, dass agile Organisation genau das Problem, welches es lösen soll, stabilisiert. So mag die agile Organisation aus Sicht eines Unternehmens in einer dynamischen Umwelt zwar sinnvoll und sogar erfolgreich sein, aber wenn alle Unternehmen agiler werden, dann wird auch die Welt unbeständiger. Daher könne auch ein Wettbewerbsvorteil darin liegen, nicht dem Hype der Agilität zu erliegen und durch Stabilität und Ruhe als „hidden champion" in der Nische zu überleben (Ortmann 2015, S. 120).

Vielleicht liegt die Wahrheit in der Mitte. Agile Führungskräfte, die sich durch ein hohes Maß an Selbstreflexion auszeichnen, sind aber sicherlich nicht schlechter für die Zukunft gerüstet, wie auch immer sie aussehen mag.

3.5 Schlussbetrachtung

Dass die steigende Veränderungsgeschwindigkeit und zunehmende Komplexität im Zuge der Digitalisierung (und der Globalisierung) von hoher Relevanz sind und die klassischen Organisations- und Führungssysteme diesen Entwicklungen nicht ausreichend gerecht werden, zeigen die in Abschn. 3.1 dargestellten Rückmeldungen von Führungskräften und Mitarbeitern. Es ist ferner anzunehmen, dass diese Entwicklung nicht zurück sondern eher fortschreiten wird.

Agilere Organisationsformen können einen Beitrag leisten, mit den veränderten Umweltbedingungen besser umzugehen. Sie erfordern eine agile Unternehmenskultur und dazu werden agile Führungskräfte benötigt. Um die bisherigen klassischen Organisationen der Krankenversicherung transformieren und agiler machen zu können, ist es für die Unternehmen wichtig, agile Führungskräfte auf „Catalyst"-Ebene sowohl im Topmanagement als auch in den mittleren Führungsebenen zu haben. Dazu müssen die vorhandenen agilen Führungskräfte sowie potenzielle „Catalyst"-Manager identifiziert und durch spezifische, z. B. auf Agilität und Selbstreflexion fokussierende Weiterentwicklung unterstützt werden. Insbesondere in den meist sehr traditionellen Organisationen der Krankenversicherung ist es wichtig, die „Catalyst"-Führungskräfte zu identifizieren und zu unterstützen, da sie sich in den klassischen Strukturen ggf. in ihrer Kreativität und den Handlungsmöglichkeiten eingeschränkt fühlen.

Die systematische Unterstützung bei der Weiterentwicklung der Persönlichkeit der Führungskräfte nutzt Unternehmen vor dem Hintergrund der komplexen und sich schnell verändernden Welt. Auch in der heutigen Zeit beschäftigen sich immer noch relativ wenige Führungskräfte – professionell und strukturiert – mit sich selbst, ihren Antreibern, tief liegenden Glaubenssätzen, Ängsten und Wünschen. Die meisten Menschen erlernen auf fachlicher Ebene einen Beruf und sammeln Expertise. Die systematische Persönlichkeits(weiter-)entwicklung bleibt hinter diesen fachlichen oder ggf. auch methodischen Fähigkeiten oftmals zurück. Viele Fach- und Führungskräfte, die ein gewisses Level an Expertise und Karriereentwicklung in ihrem Beruf erlangt haben, kommen an einen Punkt, an dem sie Fragestellungen wie Sinn, Motivation, Umgang mit Druck, Idealismus oder das generelle Bedürfnis nach Weiterentwicklung der eigenen Problemlösungskompetenzen oder des Führungsverhaltens bewegen. Unterstützt z. B. durch Coaching können Manager sich beruflich (und persönlich) weiterentwickeln und somit eine neue, agilere Haltung in der Führung einnehmen.

Literatur

Aghina W, De Smet A, Weerda K (2015) Agility: It rhymes with stability. McKinsey Q 2015(December). http://www.mckinsey.com/business-functions/organization/our-insights/agility-it-rhymes-with-stability. Zugegriffen: 28. März 2016

Allianz Digital Accelerator (2016) Digital Accelerator. https://digital-accelerator.com/. Zugegriffen: 23. März 2016

AXA (2016) Meine Gesundheit von AXA. https://www.axa.de/meine-gesundheit. Zugegriffen: 16. März 2016

Bain & Company (2012) Was Versicherungskunden wirklich wollen. http://www.bain.de/Images/121011_Studie_Insurance_ES.pdf. Zugegriffen: 3. März 2016

Bain & Company (2013) Versicherungen: Die digitale Herausforderung. http://www.bain.de/Images/BainBrief_Versicherungen_Die-digitale-Herausforderung_FINAL.pdf. Zugegriffen: 24. März 2016

Bain & Company (2014) Deutscher Versicherungsreport 2014: Das Erfolgsrezept – loyal und „digical". http://www.bain.de/Images/140701_Bain-Studie_Versicherungsreport%202014_FINAL.pdf. Zugegriffen: 18. März 2016

BetterDoc (2016) So funktioniert BetterDoc. https://www.betterdoc.org/so-funktionierts. Zugegriffen: 24. März 2016

Bitkom (2015) Digitalisierung verändert die Unternehmensorganisation. https://www.bitkom.org/Presse/Presseinformation/Digitalisierung-veraendert-die-Unternehmensorganisation.html. Zugegriffen: 1. März 2016

DAK (2015) 1,9 Millionen Berufstätige mit psychischen Problemen krankgeschrieben, Pressemitteilung. http://www.dak.de/dak/bundes-themen/DAK-Psychoreport_2015-1718178.html. Zugegriffen: 26. März 2016

Deprexis24 (2016) deprexis®24 Homepage. http://www.deprexis24.de/. Zugegriffen: 22. März 2016

Dietrich G (1991) Allgemeine Beratungspsychologie. Hogrefe, Göttingen

Drucker P (2002) Was ist Management – Das Beste aus 50 Jahren. Econ, München

ERGO (2015) ERGO digital lab: revolution statt evolution. https://blog.ergo.de/de/Geschichten-Gesichter/ERGO-Digital-Lab-Revolution-statt-Evolution.aspx. Zugegriffen: 10. März 2016

Etventure (2015) Digitalisierung in der Finanzbranche: etventure unterstützt die Wüstenrot & Württembergische-Gruppe (W&W) bei der digitalen Transformation, Pressemitteilung. http://www.etventure.de/wp-content/uploads/2015/08/20150826_PM_etventure_ww_Digitale-Werkstatt.pdf. Zugegriffen: 23. März 2016

Etventure (2016) Digitale Transformation und Zusammenarbeit mit Startups in Großunternehmen. http://www.etventure.de/deutschlandstudie/. Zugegriffen: 13. März 2016

Fayol H (1917) Administration industrielle et générale. H. Dunod et E Pinat, Paris

Finkenzeller K (2014) „Wir sind keine naiven Kinder“ – Interview mit Henri de Castries. Wirtschaftswoche, 23. Mai. http://www.wiwo.de/unternehmen/versicherer/axa-chef-henry-castries-wir-sind-keine-naiven-kinder/9901594.html. Zugegriffen: 3. März 2016

Fromme H (2015a) „Hallo, ich bin deine digitale Krankenversicherung“. Süddeutsche Zeitung vog, 18. Dezember. http://www.sueddeutsche.de/wirtschaft/krankenversicherer-digital-wie-oscar-1.2786979. Zugegriffen: 9. März 2015

Fromme H (2015b) Experimente auf der grünen Wiese. http://www.sueddeutsche.de/wirtschaft/axa-experimente-auf-der-gruenen-wiese-1.2565395. Zugegriffen: 23. März 2015

Generali (2015) Vitality. https://www.generali-deutschland.de/de/presse-und-medien/standpunkte/vitality-1150478/. Zugegriffen: 14. Nov. 2015

Gloger B, Häusling A (2011) Erfolgreich mit Scrum – Einflussfaktor Personalmanagement. Hanser, München

Gloger B, Rösner D (2014) Selbstorganisation braucht Führung. Hanser, München

Goleman D (1998) What makes a leader? Harv Bus Rev 76(6):93–102

Hays AG (2016) HR-Report 2015/2016 Schwerpunkt Unternehmenskultur. https://www.hays.de/personaldienstleistung-aktuell/studie/hr-report-2015-2016-schwerpunkt-unternehmenskultur. Zugegriffen: 6. März 2016

Heuer S (2007) Sandkastenspiele. brand eins 2007(05):72–79

Hungenberg H, Wulf T (2015) Grundlagen der Unternehmensführung, 5. Aufl. Springer Gabler, Berlin

Initiative Neue Qualität der Arbeit (2015) Monitor Führungskultur im Wandel. http://www.forum-gute-fuehrung.de/sites/default/files/INQA_MONITOR_GUTE_FUEHRUNG_2016.pdf. Zugegriffen: 20. Juni 2015

Joiner B (2006) Leadership agility. http://www.changewise.biz/wp-content/uploads/2009/10/LeadershipAgilityWhitePaper_FromExpertToCatalyst.pdf. Zugegriffen: 20. März 2016

Joiner B (2013) Leadership agility: a global imperative. Dialogue. Duke University, Dec 2013/Feb 2014, S 48–53

Joiner B, Josephs S (2006) Leadership agility: five levels of mastery for anticipating and initiating change. Jossey-Bass, San Francisco

Jumpertz S (2015) Gefangen im System. managerSeminare 2015(202):70–77 (Januar 2015)

Kaltenecker S (2016) Selbstorganisierte Teams führen. dpunkt, Heidelberg

Kaplan RS, Norton DP (2001) Die strategiefokussierte Organisation. Führen mit der Balanced Scorecard. Schäffer-Poeschel, Stuttgart

Kotter J (2012) Accelerate! Harv Bus Rev 90(11):43–58. https://hbr.org/2012/11/accelerate/ar/1. Zugegriffen: 3. März 2016

Kroker M (2015) Big Data: 2,5 Trillionen Byte Daten jeden Tag, wächst vier Mal schneller als Weltwirtschaft. http://blog.wiwo.de/look-at-it/2015/04/22/big-data-25-trillionen-byte-daten-jeden-tag-wachst-vier-mal-schneller-als-weltwirtschaft/. Zugegriffen: 3. März 2016

Küster H (2014) Leadership Agility – die Führungsherausforderung in der IT. In: Lang M (Hrsg) CIO 3.0: Die neue Rolle des IT-Managers. Symposion, Düsseldorf, S 155–172

Laloux F (2015) Reinventing Organizations – Ein Leitfaden zur Gestaltung sinnstiftender Formen der Zusammenarbeit. Vahlen, München

Mainzer K (2014) BIG DATA und die neue Weltordnung. VIERNULL-Magazin 2014(Q2):28–32

Mainzer K (2015) Industrie 4.0 – Die Arbeitswelt der Zukunft, Manuskript zur Radiosendung, SWR2 Aula, Redaktion: Ralf Caspary, Produktion: SWR 2015, Datum Ausstrahlung: 01.05.2015. http://www.swr.de/-/id=15253600/property=download/nid=660374/efasxy/swr2-wissen-20150501.pdf. Zugegriffen: 3. Sept. 2015

McGregor (1960) The human side of enterprise. McGraw Hill, New York

Medicare (2016) Manage your health. https://www.medicare.gov/manage-your-health/index.html. Zugegriffen: 15. Febr. 2016

Merker L, Liesenkötter B (2015) Industrialisierung 4.0 in Banken. Z Führung Organisation 84(3):164–169

Ortmann G (2015) Kolumne: Im Zweifel das Richtige tun. Z OrganisationsEntwicklung 34(4):120

Oscar Insurance Corporation (2016) Oscar's experience. https://www.hioscar.com/experience/. Zugegriffen: 1. März 2016

Pesch U (2015) Raus aus den Strukturen. Personalwirtschaft 2015(09):20–26

Pfläging N (2013) Organisation für Komplexität: Wie Arbeit wieder lebendig wird – und Höchstleistung entsteht. Books on Demand, Norderstedt

Robertson B (2015) Holacracy. Holt, New York

Rooke D, Torbert W (2005) Seven transformations of leadership. Harv Bus Rev 83(4):67–76 (April 2005)

Schreyögg B (2014) Emotionen im Coaching. Dissertation. Springer Gabler, Wiesbaden

Schreyögg G (1999) Organisationn, 3. Aufl. Springer Gabler, Wiesbaden

Techniker Krankenkasse (2015) Tinnitracks – Tinnitus-App auf Rezept. https://www.tk.de/tk/spezielle-behandlungsangebote/apps-telemedizin/020-tinnitracks/746400. Zugegriffen: 12. Febr. 2016

Versicherungswirtschaft heute (2015) Axa testet digitalen Wandel mit Spezialeinheit. http://versicherungswirtschaft-heute.de/unternehmen/axa-testet-digitalen-wandel-mit-spezialeinheit/. Zugegriffen: 23. März 2016

Vieweg W (2015) Management in Komplexität und Unsicherheit. Springer, Wiesbaden

Willke H (2002) Dystopia: Studien zur Krisis des Wissens in der modernen Gesellschaft. Suhrkamp, Frankfurt a. M.

YouGov (2015) YouGov-Studie „Quantified Health“ – Pressemitteilung. https://yougov.de/loesungen/ueber-yougov/presse/presse-2015/pressemitteilung-self-tracking-rund-jeder-dritte-wurde-gesundheitsbezogene-daten-an-krankenversicherer-weitergeben/. Zugegriffen: 3. März 2016

Zeuch A (2011) Der Hase und der Igel – Wissen und Nichtwissen zu Beginn des dritten Jahrtausends. In: Zeuch A (Hrsg) Management von Nichtwissen in Unternehmen. Carl-Auer-Systeme, Heidelberg, S 14–29 (Online-Ausgabe 2011)

Über den Autor

Prof. Dr. Björn Peters hat eine Professur für Betriebswirtschaftslehre, insbesondere Management von Einrichtungen des Gesundheitswesens an der Duale Hochschule Baden-Württemberg am Campus Bad Mergentheim. Seine Schwerpunkte liegen in den Bereichen Führung, Organisation & Personal, Strategisches Marketing sowie Interkulturelles Management. Er war über fünf Jahre bei der AXA Konzern AG, zuletzt als Prokurist und Abteilungsleiter in der Krankenversicherung, tätig und arbeitete darüber hinaus mehrere Jahre als Unternehmensberater mit dem Schwerpunkt Beratung von Krankenversicherungen. Seit 2013 ist er als Business Coach und Freier Unternehmensberater im Gesundheitswesen sowie der Versicherungsbranche tätig.

4 Preissetzung bei mehrseitigen Plattformen: Theoretische Überlegungen und empirische Befunde am Beispiel einer Seniorenplattform

Rebecca Jung, Dubravko Radic und Marija Radic

Zusammenfassung

Mehrseitige Plattformen schaffen Mehrwert, indem sie Netzwerke von Nachfragern mit Netzwerken von Anbietern zusammenbringen und Transaktionen zwischen ihnen ermöglichen. Seniorenplattformen ermöglichen z. B. Senioren und deren pflegenden Angehörigen, Angebote in ihrem regionalen Umfeld zu finden, die sie bei der Bewältigung ihres alltäglichen Lebens unterstützen. Die Betreiber solcher Plattformen können dabei Städte und Kommunen oder Private sein. Kritisch für die nachhaltige Entwicklung einer solchen Plattform ist das gewählte Preismodell und hier insbesondere die Frage, welche Seite welchen Anteil an den Kosten trägt. Der vorliegende Aufsatz diskutiert diese Frage theoretisch, präsentiert Ergebnisse einer empirischen Fallstudie und leitet daraus konkrete preispolitische Handlungsempfehlungen ab.

R. Jung (✉)
Nonnenstr. 21, 04229 Leipzig, Deutschland
E-Mail: rebecca_jung@yahoo.de

D. Radic
Wirtschaftswissenschaftliche Fakultät, Universität Leipzig, Grimmaische Straße 12, 04109 Leipzig, Deutschland
E-Mail: radic@wifa.uni-leipzig.de

M. Radic
Gruppe Preis- und Dienstleistungsmanagement, Fraunhofer-Zentrum für Internationales Management und Wissensökonomie, Neumarkt 9–19, 04109 Leipzig, Deutschland
E-Mail: marija.radic@moez.fraunhofer.de

M.A. Pfannstiel et al. (Hrsg.), *Digitale Transformation von Dienstleistungen im Gesundheitswesen II,* DOI 10.1007/978-3-658-12393-2_4

Inhaltsverzeichnis

4.1 Einleitung

Die demografische Bevölkerungsstruktur in Deutschland wird sich in den kommenden Jahren dramatisch verändern. Bereits 2050 wird es 10 Mio. über 80-Jährige und 22,8 Mio. Menschen geben, die über 65 Jahre alt sind. Bei den über 80-Jährigen bedeutet dies einen Anstieg von 156 % im Vergleich zu 2007 (Spectaris 2012). Der demografische Wandel stellt nicht nur Politik und Gesellschaft vor große Herausforderungen, sondern auch die Wirtschaft. Um der wachsenden Zielgruppe Älterer gerecht zu werden, müssen vermehrt Produkte und Dienstleistungen an die Bedürfnisse dieser Altersgruppe angepasst werden. Heutzutage erfolgen der Vertrieb und die Bekanntmachung solcher Produkte und Dienstleistungen aber längst nicht mehr nur auf konventionellen Wegen. Das Internet gewinnt, auch für ältere Menschen, immer stärker an Bedeutung. Die Anzahl der Senioren, die das Internet nutzen, steigt stetig. So sind bereits 64,5 % der 60- bis 69-Jährigen im Netz aktiv und sogar 30 % der über 70-Jährigen (Initiative D21 2015).

Um den Bedürfnissen und Ansprüchen der Älteren gerecht zu werden, sehen diese vor allem die Städte und Kommunen in der Verantwortung (Generali 2012). Die Senioren wünschen sich demnach ein stärkeres Engagement der Städte und Gemeinden in der Rolle als Interessenvertretungen für ältere Mitbürger. Zu den Erwartungen gehören vor allem die Sicherstellung der Qualität der Pflegeeinrichtungen sowie eine ausreichende Anzahl an Angeboten für altersgerechtes Wohnen. Des Weiteren wünschen sich 32 % der befragten Senioren die Förderung von Freizeit- und Kulturangeboten, die sich speziell an die ältere Bevölkerung richten und sehen dafür ebenfalls die Stadt bzw. Kommune in der Verantwortung. Auch die Erleichterung im Alltag, wie z. B. im öffentlichen Nahverkehr oder bei Behördengängen sind Ansprüche an die Gebietskörperschaften (Generali 2012).

Viele Städte und Gemeinden reagieren auf den demografischen Wandel und somit auf die steigende Anzahl der älteren Einwohner, die zunehmende Internetaffinität der Senioren sowie auf deren Bedürfnisse und Ansprüche an ein altersgerechtes Leben in der Stadt, indem sie als unabhängige und glaubwürdige Instanz elektronische Plattformen schaffen, die Informationen vorwiegend für Senioren und pflegende Angehörige bereitstellen. Diese Internetplattformen sind eine Schnittstelle zwischen Dienstleistern, die auf

Bedürfnisse älterer Menschen spezialisiert sind, und Senioren sowie deren Angehörigen. Sie sind somit ein mustergültiges Beispiel für sogenannte mehrseitige Plattformen.

Im Gegensatz zu dem Modell der Wertschöpfungskette, bei der Mehrwert geschaffen wird, indem man sich von den Vor- zu den Zwischen- hin zu den Endprodukten von links nach rechts bewegt, schaffen mehrseitige Plattformen dadurch einen Mehrwert, dass sie eine direkte Interaktion zwischen zwei unterschiedlichen Nutzergruppen ermöglichen (Hagiu und Wright 2011). Klassische Beispiele für mehrseitige Plattformen sind Kreditkartenunternehmen, die Kunden und Händler zusammenbringen, oder Softwareplattformen, auf denen Nutzer und Programmierer zusammentreffen. Beispiele für mehrseitige Plattformen im Gesundheitswesen sind US-amerikanische „Health Maintenance Organizations", die Patienten und Ärztenetzwerke zusammenbringen.

Bei der Errichtung einer mehrseitigen Plattform tritt das typische Henne-Ei-Problem auf: Eine mehrseitige Plattform wird nur dann erfolgreich sein, wenn auf beiden Seiten genügend Nutzer vorhanden sind. Eine Seite wird jedoch nur dann angelockt, wenn auf der anderen Seite genügend Nutzer vorhanden sind. Kritisch zur Lösung dieses Henne-Ei-Problems ist die Entscheidung für ein bestimmtes Erlös- und Preismodell. Insbesondere muss die Frage nach der angemessenen Preishöhe beantwortet werden und auch die Frage, welche der beiden Seiten welchen Anteil dieses Preises zahlen soll. Netzwerkeffekte führen dabei zu einem „Winner-takes-it-all"-Markt, bei dem kleinste Unterschiede zwischen konkurrierenden Plattformen den Ausschlag geben können, welche Plattform sich letztlich durchsetzt.

In diesem Beitrag sollen theoretische Überlegungen darüber angestellt werden, welche Faktoren die Wahl eines bestimmten Preismodells beeinflussen. Anschließend präsentieren wir die Ergebnisse einer empirischen Untersuchung über die Erfolgsfaktoren einer möglichen Plattform im Bereich der Versorgung von Älteren. Wir befragen dabei sowohl potenzielle Nutzer als auch potenzielle Anbieter. Basierend auf den theoretischen Überlegungen und empirischen Einblicken leiten wir schließlich im letzten Abschnitt preispolitische Empfehlungen für potenzielle Plattformbetreiber ab.

4.2 Mehrseitige Plattformen

Mehrseitige Plattformen sind kein neues Phänomen. Vielmehr wurden diese seit dem Aufkommen von Plattformen, wie Google und eBay, auch für traditionelle Industrien überdacht und neu bewertet (Eisenmann et al. 2006). Trotz aktiver Forschung in den letzten Jahren und vermehrtem Interesse an dem Thema, konnte sich in der Literatur bisher keine allgemein einheitliche Definition von mehrseitigen Plattformen durchsetzen. Jedoch gibt es Merkmale, die in den vorhandenen wissenschaftlichen Arbeiten wiederholt genannt werden. Fundamental ist dabei die Unterscheidung von mehrseitigen und einseitigen Märkten.

Nach Rysman (2009) müssen in einem zweiseitigen Markt zwei Bedingungen vorliegen:

1. Zwei Gruppen von Akteuren interagieren durch einen Intermediär oder eine Plattform miteinander.

2. Die Entscheidungen der jeweils einen Gruppe beeinflussen die Ergebnisse der anderen Gruppe.

Dies geschieht typischerweise durch Externalitäten. Die Definition von Rysman (2009) bezieht sich vor allem auf das Vorhandensein von indirekten Netzwerkeffekten. Das heißt, dass der Nutzen einer Konsumentengruppe von der Größe einer anderen abhängig ist und umgekehrt (Eisenmann et al. 2006). Auf diesem Kriterium beruhen ebenso andere Begriffserläuterungen (z. B. Armstrong 2006).

Rochet und Tirole (2006) nehmen in ihrer Definition unter anderem Bezug auf die Preisstruktur. „Two-sided (or more generally, multi-sided) markets are roughly defined as markets in which one or several platforms enable interactions between end-users and try to get two (or multiple) sides on board by charging each side." Weiterhin erklären sie: „We define a two-sided market as one in which the volume of transactions between end-users depends on the structure and not only on the overall level of the fees charged by the platform" (Rochet und Tirole 2006, S. 645 f.).

Laut Rysman (2009) interagieren zwei Gruppen von Marktteilnehmern durch eine Plattform miteinander, wobei die Größe der einen Marktseite einen Einfluss auf die andere Seite ausübt und umgekehrt. Im Falle von sozialen mehrseitigen Plattformen, die wir in diesem Beitrag untersuchen, bilden Dienstleister, die Angebote für Senioren und pflegende Angehörige offerieren, die eine Marktseite. Die andere Marktseite bilden Senioren und pflegende Angehörige. Es lassen sich zweiseitige positive Netzwerkeffekte feststellen, denn eine höhere Anzahl von Angeboten für Senioren macht die Plattform für Senioren attraktiver., Eine höhere Anzahl an Nachfragern bzw. Nutzern der Angebote macht es wiederum attraktiver für weitere Anbieter, ihre Dienstleistung auf der Internetplattform zu offerieren.

Netzwerkeffekte spielen somit eine zentrale Rolle bei mehrseitigen Märkten und Plattformen. Es gibt dabei zwei Arten von Netzwerkeffekten – direkte und indirekte Netzwerkeffekte – deren Wirkungen sowohl positiv als auch negativ ausfallen können. Bei direkten Netzwerkeffekten bedeutet ein Anstieg der Nutzer auf der einen Seite einen größeren, oder im Fall negativer direkter Netzwerkeffekte, einen geringeren Nutzen für die Nutzer dieser Marktseite. Beispielsweise erhöhen mehr Anbieter auch die Konkurrenz der Anbieter untereinander (negativer direkter Netzwerkeffekt). Der Nutzen hängt demnach direkt von der Größe des Netzwerkes ab, in dem sich die Marktteilnehmer befinden. Im Fall indirekter (Kreuz-)Netzwerkeffekte ist der Nutzen der einen Gruppe von der Größe der anderen Marktseite abhängig. Teilnehmer profitieren demnach in erster Linie von der Größe des anderen Netzwerks. Der Nutzen der Teilnehmer des ersten Netzwerks erhöht sich mit steigender Anzahl der Teilnehmer des zweiten verbundenen Netzwerks. Liegt dieser Effekt auch umgekehrt vor, handelt es sich um zweiseitige indirekte Netzwerkeffekte (Eisenmann et al. 2006).

Netzwerkeffekte lassen sich nach Marktgrößen- und Sortierungsexternalitäten klassifizieren. Im Falle von Marktgrößenexternalitäten wirkt alleine die Größe einer Marktseite Nutzen stiftend auf die anderen Marktteilnehmer. Je größer die eine Seite des

Marktes, desto größer ist der Nutzen auf der anderen Seite und umgekehrt. Bei Sortierungsexternalitäten hingegen ist weniger die Quantität als die Qualität entscheidend. Für Teilnehmer des einen Marktes ist deshalb die Zusammensetzung der Teilnehmer des anderen Marktes wichtig (Peitz 2006).

4.3 Preissetzung für mehrseitige Plattformen

Im Gegensatz zu einseitigen Märkten müssen bei mehrseitigen Plattformen, unter Berücksichtigung der Zahlungsbereitschaften jeder Marktseite, angemessene Preise für beide Seiten gefunden werden (Eisenmann et al. 2006). Zum Thema der Preissetzung auf mehrseitigen Märkten existiert eine Reihe von Studien. Wegweisend sind beispielsweise die Arbeiten von Armstrong (2006), Caillaud und Jullien (2003) oder von Rochet und Tirole (2003).

Durch das Vorhandensein von indirekten Netzwerkeffekten ergibt sich ein grundsätzliches Dilemma für Plattformbetreiber: das bereits erwähnte „Henne-Ei"-Problem. Dies entsteht insbesondere in der Anfangs- bzw. Gründungsphase mehrseitiger Plattformen. Hier ist es wichtig, Nutzer auf beiden Marktseiten zu akquirieren. Jedoch hängen der Nutzen und die Bereitschaft einer Seite, in den Markt einzutreten, von der Größe der anderen Marktseite ab. An dieser Stelle stellt sich die Frage, welche Marktseite zuerst und vor allem, wie diese Seite für die Plattform gewonnen werden kann (Caillaud und Jullien 2003). Oft wird dieses Problem gelöst, indem eine Marktseite subventioniert wird. Dies bedeutet, dass eine Marktseite nur geringe Preise bezahlt oder eine Nutzung sogar kostenfrei möglich ist.

Auf dem subventionierten Markt werden z. B. Nutzer durch günstige Angebote gewonnen, die wiederum Nutzer auf dem jeweils anderen Markt anlocken. Mögliche Verluste, die durch die Subventionierung entstehen, werden durch höhere Preise auf der anderen Seite kompensiert (Evans 2003). Besonders im Falle monopolistischer Marktstrukturen bestimmen die indirekten Netzwerkeffekte die Preishöhe in den jeweiligen Teilmärkten. Vor allem die relative Stärke der indirekten Netzwerkeffekte ist entscheidend dafür, welche Seite subventioniert wird. Auf der Marktseite, von der starke Netzwerkeffekte ausgehen, werden die Preise eher gering sein. Nennen wir die beiden Marktseiten A und B. Wenn die Marktseite A einen relativ höheren Einfluss auf den Nutzen der Marktseite B ausübt, B somit mehr von der Anwesenheit von A profitiert als umgekehrt, sollte die Plattform auch eher versuchen, A zu gewinnen und zu diesem Zweck diese Seite subventionieren. Es ist demnach der Nutzen von A für B, der den niedrigen Preis für Gruppe A bestimmt (Armstrong 2006).

Nach Armstrong (2006) determinieren neben den indirekten Netzwerkeffekten noch zwei weitere Faktoren die Preissetzung mehrseitiger Plattformen. Zunächst ist hier die Entscheidung über Mitglieds- oder Nutzungsgebühren zu nennen. Dies hängt wesentlich davon ab, ob es sich um einen Transaktions- oder Nicht-Transaktionsmarkt handelt. Bei der Mitgliedsgebühr muss der Nutzer einmalig für die Aufnahme bezahlen und kann die Plattform im Anschluss beliebig oft kostenfrei nutzen. Bei der Nutzungsgebühr fallen Kosten nur für erfolgreiche Transaktionen an. Bei Immobilienmaklern beispielsweise fällt eine Nutzungsgebühr erst dann an, wenn eine Transaktion zwischen Vermieter und Mieter zustande kommt. Bei Dating-Plattformen wird in der Regel eine Mitglieds- oder Teilnahmegebühr entrichtet, um Zugang zu der Plattform zu erlangen (Dewenter und Rösch 2015). Der wesentliche Unterschied zwischen diesen beiden Strukturen im Hinblick auf die Preisgestaltung ist der Folgende: Indirekte Netzwerkeffekte werden abgeschwächt, wenn transaktionsbasierte Nutzungsgebühren erhoben werden, weil ein Teil des durch die Transaktion geschaffenen Mehrwerts durch den Plattformbetreiber abgeschöpft wird. Wenn ein Teilnehmer nur im Falle einer erfolgreichen Transaktion zahlen muss, kann es ihm egal sein, wie erfolgreich der Plattformbetreiber darin ist, möglichst viele Teilnehmer auf der anderen Marktseite anzulocken. Wenn jedoch eine fixe Mitgliedsgebühr erhoben wird, sind die Erwartungen der zahlenden Marktseite dementsprechend auch höher, dass die Plattform insgesamt erfolgreich ist (Armstrong 2006). Der Plattformbetreiber hat dann einen höheren Anreiz, die Nachfrageseite zu subventionieren.

Als dritten Faktor, der einen wichtigen Einfluss auf Preisentscheidungen von mehrseitigen Plattformen ausübt, beschreibt Armstrong (2006) das sogenannte Singlehoming bzw. Multihoming. Ist ein Nutzer nur auf einer Plattform aktiv, so betreibt er Singlehoming. Agiert ein Nutzer jedoch auf mehreren konkurrierenden Plattformen, handelt es sich um Multihoming. Dies ist ein entscheidender Faktor bei der Preisgestaltung. Multihoming stellt die Möglichkeit für Nutzer dar, auf andere Plattformen und andere Produkte auszuweichen. Dieses Phänomen lässt sich beispielhaft an Kreditkartenmärkten verdeutlichen. Kunden sind oft im Besitz mehrerer Kreditkarten und Händler akzeptieren häufig auch mehr als eine Kreditkarte als Zahlungsmittel. Durch Multihoming wird die Nachfrage elastischer, was bei der Preissetzung berücksichtigt werden muss (Evans 2003). Multihoming verstärkt somit Wettbewerbseffekte und wirkt sich auf Preisentscheidungen aus. Typischerweise ist davon auszugehen, dass Wettbewerbsdruck eine Abwärtsspirale der Preise verursacht bzw. einen Abwärtsdruck auf das Preisniveau ausübt. Allerdings ist auch bei intensivem Wettbewerb zu beobachten, dass die gleiche verzerrte Preisstruktur angewendet und ein Großteil der Kosten von einer Nachfragegruppe gedeckt wird. Es kommt lediglich zu einer Senkung des Preisniveaus insgesamt.

Eismann et al. (2006) beschreiben in ihrer Arbeit noch weitere Faktoren, die bei der Preissetzung berücksichtigt werden müssen, welche an dieser Stelle ergänzend zu Armstrongs Determinanten angeführt werden sollen. Neben der Bedeutung von indirekten Netzwerkeffekten gehen Eismann et al. (2006) auf die Preiselastizitäten beider Marktseiten ein. Grundsätzlich erscheint es sinnvoll, die preissensiblere Seite zu subventionieren. Auch das Qualitätsbewusstsein nimmt Einfluss darauf, welche Seite subventioniert werden sollte. Eismann et al. (2006) argumentieren, dass diejenige Seite in der Preissetzung bevorzugt werden sollte, die Qualität nachfragt und höhere Preise von der Seite verlangt werden sollten, die die Qualität bereitstellt. Ferner spielen die Kosten pro produzierter Einheit eine wichtige Rolle bei der Preissetzung. Die Preisfindung ist einfacher, wenn jeder neue Nutzer den Plattformbetreiber wenig oder nichts kostet, wie es meist der Fall bei digitalen Gütern ist. Fallen jedoch hohe Kosten für jede neu produzierte Einheit an, wie beispielsweise bei materiellen Gütern, macht dies die Preissetzung komplizierter.

Außerdem sollten neben den indirekten auch die direkten Netzwerkeffekte Berücksichtigung finden, vor allem wenn diese einen negativen Einfluss ausüben könnten. Besonders bei knappen Gütern treten negative direkte Netzwerkeffekte auf. Je größer hier die Anzahl der Nutzer, desto größer ist auch der Wettbewerb. Plattformbetreiber sollten dann über die Bereitstellung von exklusiven Nutzungsrechten und die entsprechende Bepreisung dieser für eine bestimmte Anzahl an Nachfragern nachdenken. Als letzten Faktor führen Eismann et al. (2006) das Markenbewusstsein der Nutzer an. Für die Plattformbetreiber kann es von großer Bedeutung sein, solche Mitglieder für die Plattform zu akquirieren, die durch ihre Popularität bzw. ihr Prestige besonders viele Nutzer anziehen (sogenannte marquee-buyer). Vergleichbar ist dieser Effekt mit Anker-Mietern in Shopping Malls. Diese Mitglieder zu gewinnen, kann unter Umständen sehr kostspielig sein und muss wiederum bei der Preissetzung Beachtung finden. Im Folgenden wird die empirische Untersuchung vorgestellt, um im Anschluss auf Basis der theoretischen Überlegungen sowie der Ergebnisse der empirischen Untersuchung preispolitische Handlungsempfehlungen abzuleiten.

4.4 Empirische Untersuchung

Das Ziel der empirischen Untersuchung besteht in der Identifikation der Anforderungen verschiedener Akteure (Nutzer und Anbieter) einer zukünftig auf Senioren und pflegende Angehörige ausgerichteten mehrseitigen Plattform mit dem übergeordneten Ziel einer marktorientierten und somit nachhaltigen Ausgestaltung der Plattform. Dazu wurden sowohl Senioren und pflegende Angehörige als auch potenzielle Dienstleistungsanbieter befragt. Aufseiten der Nutzer sollen insbesondere die Nutzentreiber einer attraktiven potenziellen Plattform ermittelt werden sowie die Zahlungsbereitschaften für eine solche Plattform. Aufseiten der Anbieter sollen die Erwartungen an eine potenziell attraktive Plattform gemessen werden sowie die Zahlungsbereitschaften, an einer solchen Plattform teilzunehmen. Wir haben einen Mix an empirischen Methoden zu diesem Zweck angewendet, von Desktop-Research bestehender Angebote, über qualitative Experteninterviews bis hin zu quantitativen Conjoint-Analysen. Die Befragung selbst konzentrierte sich auf die Stadt Leipzig.

4.4.1 Empirische Untersuchung der Nutzerseite

Zur Ableitung der Nutzentreiber aus Sicht der Nutzer, also Senioren und pflegenden Angehörigen, und der relativen Wichtigkeit dieser Nutzertreiben sind wir in drei Schritten vorgegangen. Zunächst wurde eine umfangreiche Internetrecherche durchgeführt und vergleichbare Plattformen identifiziert. Die Plattformen wurden inhaltlich analysiert und deren Angebote und Eigenschaften erfasst. Die so erfassten Angebote wurden mit potenziellen Nutzern und Experten aus dem Gesundheitswesen gespiegelt und bildeten schließlich in einer dritten Stufe die Eigenschaften einer Conjoint-Analyse, die mit potenziellen Nutzern einer Seniorenplattform durchgeführt wurde. Die untersuchten Plattformen werden sowohl von Städten und Gemeinden als auch von privaten Anbietern betrieben. Insgesamt wurden 30 Plattformen in ganz Deutschland erfasst. Die inhaltliche Auswertung der Plattformen sowie Tiefeninterviews mit potenziellen Nutzern und Branchenexperten führte schließlich zu folgender Liste von Eigenschaften und Eigenschaftsausprägungen, welche die Grundlage für das faktorielle Design der Conjoint-Analyse bildeten (siehe Abb. 4.1).

Zunächst ist das Angebot zu nennen, welches einen essenziellen Nutzen stiftenden Anteil an der gesamten Plattform ausgemacht. Hierbei handelt es sich um den „Umfang

	**Umfang des Angebots** Das Angebot besteht im Umfang aus drei verschieden großen Sortimenten, die sich in der Anzahl der in Frage 3 abgefragten Themenbereiche unterscheiden. *Kleines Sortiment:* Pflege, Wohnungswesen, Freizeit/Reisen *Mittleres Sortiment:* kleines Sortiment + Gesundheit/Medizin, Sport/Bewegung, Recht/Finanzen *Großes Sortiment:* mittleres Sortiment + Bildung, Einkaufen, Mobilität
	**Art der Kontaktaufnahme** *Direkt:* Kontaktaufnahme mit dem Dienstleister erfolgt auf der Internetseite *Indirekt:* Der Dienstleister kann **nicht** über die Internetseite kontaktiert werden
	**Qualitätssicherung** Der Betreiber der Internetseite überprüft die angebotenen Dienstleistungen regelmäßig und unabhängig und gewährleistet somit die Vertrauenswürdigkeit und die Qualität der Internetplattform. *Ja:* Ein Gütesiegel ist vorhanden *Nein:* Ein Gütesiegel ist **nicht** vorhanden
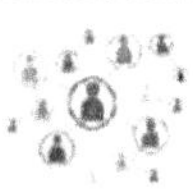	**Soziales Netzwerk** Das Soziale Netzwerk beinhaltet eine Jobbörse für Senioren, eine Partnerbörse und einen Chat, zur Kommunikation zwischen den Senioren sowie die Möglichkeit Bewertungen bzgl. Dienstleistungen/Produkten abzugeben. *Ja:* Ein soziales Netzwerk befindet sich auf der Seniorenplattform *Nein:* Es gibt **kein** soziales Netzwerk auf der Seniorenplattform
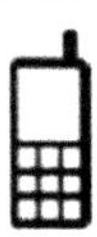	**Mobile Nutzung** Die mobile Nutzung bedeutet, dass die Internetseite auch über ein mobiles Endgerät, sprich Handy nutzbar ist. *Ja:* Die Seniorenplattform ist auch auf einem Handy nutzbar *Nein:* Die Seniorenplattform ist **nicht** auf einem Handy nutzbar

Abb. 4.1 Eigenschaften und Eigenschaftsausprägungen der Conjoint-Analyse. (Quelle: eigene Darstellung)

des Angebots", d. h. die Anzahl der Themengebiete, die von der Plattform abgedeckt werden. Eine weitere Eigenschaft ist die „Art der Kontaktaufnahme". Dieses Merkmal beschreibt, ob die Möglichkeit besteht, den Dienstleister oder Hersteller des Angebots direkt auf der Plattform zu kontaktieren. Des Weiteren wurde die Eigenschaft „Qualitätssicherung" als potenzieller Nutzentreiber identifiziert. Die Qualitätssicherung beinhaltet die regelmäßige und unabhängige Überprüfung der angebotenen Dienstleistungen durch den Betreiber der Plattform und gewährleistet somit die Vertrauenswürdigkeit und Qualität der Plattform selbst. Unter der Eigenschaft ‚Soziales Netzwerk' werden eine Jobbörse für Senioren, eine Partnerbörse, ein Chat zur Kommunikation zwischen den Senioren und die Möglichkeit der Bewertung von Dienstleistungen zusammengefasst. Um zu überprüfen, ob die Zielgruppe auch die Nutzung der Internetseite auf dem Mobiltelefon wünscht, ist als letztes Merkmal die „mobile Nutzung" aufgenommen worden. Hierunter wird die Möglichkeit verstanden, die Internetseite auch auf einem mobilen Endgerät, entweder als Applikation oder in für Mobiltelefone optimierter Ansicht, zu nutzen.

Aus dem orthogonalen Design wurden den Probanden acht zu bewertende hypothetische Plattform-Profile vorgelegt, die diese auf einer Schulnotenskala von 1 (sehr gut) bis 6 (ungenügend) bewerten sollten. Ferner wurden die Probanden gebeten, den Preis anzugeben, welchen sie pro Monat für ihre am präferierte hypothetische Plattform zu zahlen bereit wären. Diese Frage soll Auskunft darüber geben, ob potenzielle Nutzer für den Zugang zu einer Plattform, die am besten auf ihre Bedürfnisse zugeschnitten ist, zu zahlen bereit wären. Da es sich bei den Befragten um Menschen im hohen Alter handelte, wurde im gesamten Fragebogen besonders darauf geachtet, dass die Fragestellungen möglichst einfach und verständlich formuliert wurden und keine Fach- oder Fremdwörter beinhalteten. Weil eine schriftliche Befragung ohne unterstützenden Interviewer durchgeführt wird, wurde grundsätzlich auf Transparenz und Verständlichkeit während der gesamten Fragebogenkonstruktion geachtet. Dazu trugen vor allem das informative Deckblatt, die klaren Instruktionen sowie die eindeutigen Antwortmöglichkeiten bei.

Um die Praxistauglichkeit zu prüfen und vorab Missverständnisse zu vermeiden, wurde der Fragebogen zwei Pretests mit insgesamt zehn Probanden unterzogen. Nach jedem Pretest wurde der Fragebogen noch einmal überprüft und verbessert. Die untere Altersgrenze für befragte Senioren wurde auf 55 Jahre gelegt. Die Fragebögen selbst wurden in verschiedenen Arztpraxen für Altersmedizin, Tagespflegeeinrichtungen sowie Seniorenbeiräten verteilt. Bei einer Rücklaufquote von 40 % wurden insgesamt 80 Personen, davon56 Senioren und 24 pflegende Angehörige, erreicht. Das Durchschnittsalter bei den Senioren (pflegenden Angehörigen) betrug 74 (60) Jahre. Unter den 80 Befragten befanden sich 59 % weibliche und 41 % männliche Teilnehmer.

Abb. 4.2 enthält die Ergebnisse der Conjoint-Analyse: Mit 33,4 % hat die Qualitätssicherung den größten Einfluss auf die Gesamtpräferenz der Befragten. Rang zwei mit 26,2 % belegt der Umfang des Angebots. Die mobile Nutzung liegt auf Rang drei. Diese Eigenschaft hat eine relative Wichtigkeit von 23,4 %. Auf den Rängen vier und fünf folgen die Art der Kontaktaufnahme (11,5 %) und das soziale Netzwerk (5,6 %). Abb. 4.3 enthält die relativen Wichtigkeiten getrennt für Senioren und pflegende Angehörige. Die

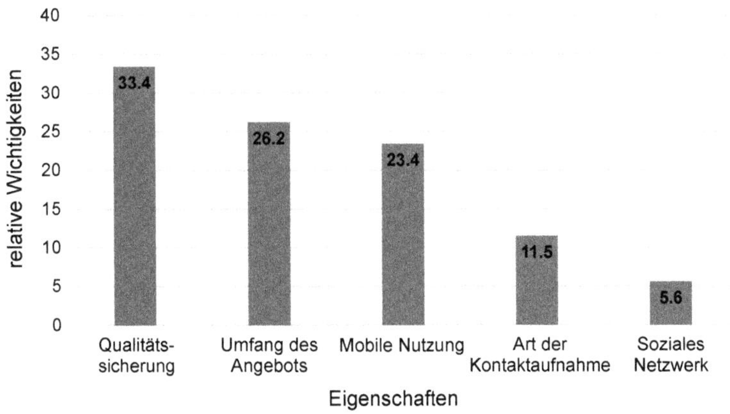

Abb. 4.2 Relative Wichtigkeit der Eigenschaften (gesamte Stichprobe). (Quelle: eigene Darstellung)

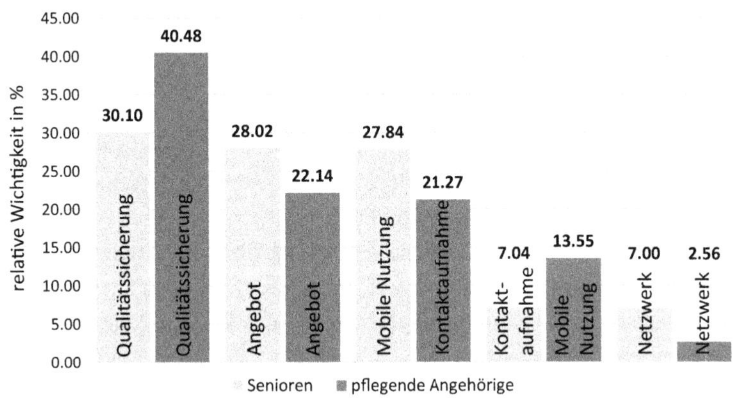

Abb. 4.3 Relative Wichtigkeit der Eigenschaften (getrennt nach Senioren und pflegenden Angehörigen). (Quelle: eigene Darstellung)

durchschnittliche Zahlungsbereitschaft der Kunden für die von ihnen präferierte Plattform betrug 3,40 EUR pro Monat, wobei 25 % aller Befragten nicht bereit waren, für die Plattformnutzung überhaupt etwas zu zahlen.

4.4.2 Empirische Untersuchung der Anbieterseite

Der zweite Teil der empirischen Untersuchung zielt auf die potenziellen Anbieter einer Seniorenplattform ab und wurde unter Verwendung eines standardisierten Fragebogens durchgeführt. Zielgruppe der Befragung waren dabei Unternehmen, die Dienstleistungen für Senioren anbieten. Insgesamt wurden 50 potenzielle Unternehmen identifiziert und angeschrieben. Die Rücklaufquote betrug 60 %, was zu 30 verwertbaren Fragebögen führte. Die Abb. 4.4 zeigt die Verteilung der Teilnehmer nach Unternehmensgröße. Kleinst- und Kleinunternehmen bilden fast drei Viertel aller befragten Unternehmen.

Aus Abb. 4.5 kann man ablesen, dass Unternehmen aus den Bereichen Pflege und Gesundheit/Medizin den Großteil der Befragten ausmachen. Eine weitere Frage zielte auf die Dimension „Multihoming" ab: 10 der 30 befragten Unternehmen sind bereits mindestens auf einer Seniorenplattform vertreten.

Analog zu der Ableitung von Nutzentreibern aufseiten der Nachfrager einer Seniorenplattform, wurden ebenso aufseiten der Anbieter auf Basis von Desktop Research und Vorabinterviews mit Branchenexperten mögliche Eigenschaften einer Plattform abgeleitet, die Anbieter von einer attraktiven Plattform fordern. Die Befragten sollten diese Eigenschaft nach ihrer Wichtigkeit bewerten. Abb. 4.6 enthält die Ergebnisse auf die Frage, welche Teilleistungen einer Plattform als wichtig erachtet werden.

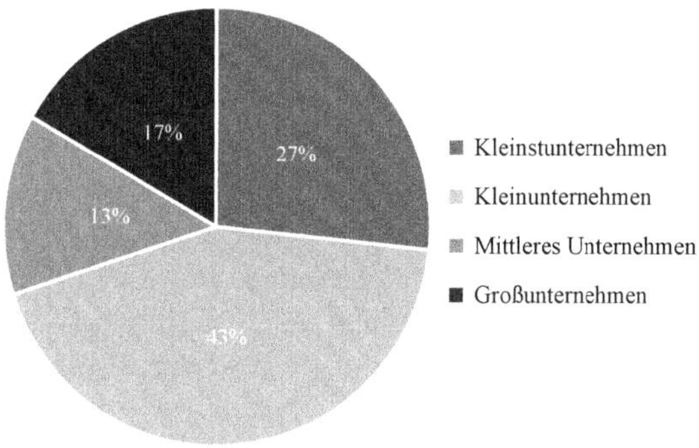

Abb. 4.4 Teilnehmer nach Unternehmensgröße (N = 30). (Quelle: eigene Darstellung)

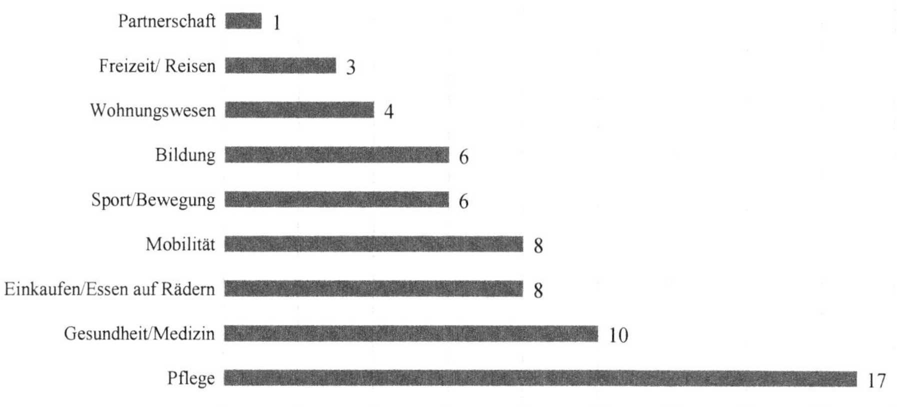

Abb. 4.5 Leistungsangebot der teilnehmenden Unternehmen. (Quelle: eigene Darstellung)

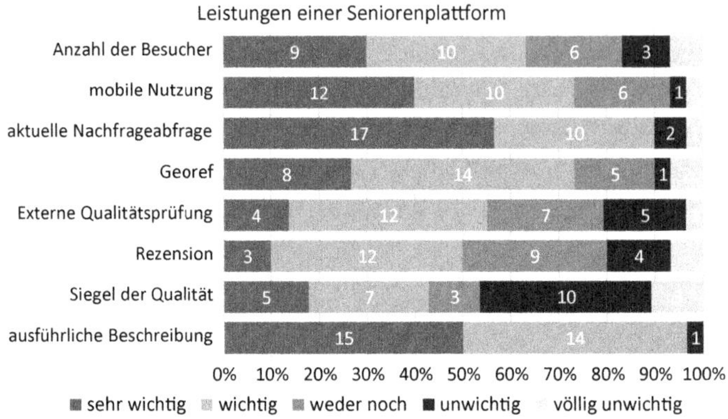

Abb. 4.6 Wichtigkeit von Teilleistungen einer Seniorenplattform aus Sicht der Anbieter. (Quelle: eigene Darstellung)

Insbesondere eine informative und aktuelle Unternehmenspräsentation wurde dabei von den Unternehmen als wichtigster Aspekt gewertet wurde. Die Möglichkeit von Rezensionen durch Nutzer sowie durch die Plattform zu vergebende Qualitätssiegel wurden hingegen kritisch beurteilt. Interessant ist ferner das Ergebnis, dass die Anzahl an Besuchern nur an fünfter Stelle steht Gespräche mit Anbietern haben ergeben, dass dies insbesondere auf Kapazitätsengpässe zurückzuführen ist.

Unternehmen wurden ebenso nach dem von ihnen präferierten Zahlungsmodell befragt. 14 der 30 Unternehmen bevorzugten dabei eine transaktionsabhängige Zahlweise, 7 von 30 favorisierten eine variable Zahlung pro weitergeleiteter Nachfrage („click through rate“) und nur 8 von 30 sind für einen festen Beitrag. In einer weiteren Frage bescheinigte eine Mehrheit der befragten Dienstleister einen negativen oder sehr negativen Einfluss von auf der Plattform geschalteter Werbung auf das Image der Plattform. Diese potenzielle Erlösquelle scheidet also eher aus.

Für die Preisgestaltung interessant ist schließlich die Frage nach der Zahlungsbereitschaft für den Zugang zu einer potenziellen Plattform. Die Plattform wurde beschrieben als eine Seniorenplattform mit Fokus auf die Region Leipzig, die eine ausführliche Darstellung der Anbieter sicherstellt, ein eigenes Qualitätssiegel vergibt, die Möglichkeit einer direkten Kontaktaufnahme vorsieht sowie eine Umkreissuche ermöglicht. Es wurden Zahlungsbereitschaften für Monatsbeiträge in Abhängigkeit der Besucher pro Monat abgefragt. Abb. 4.7 enthält die Ergebnisse für diejenigen Unternehmen, die ein hohes Interesse für eine Teilnahme an einer solchen Plattform angegeben haben. Deutlich wird einen stark positiven Zusammenhang zwischen Zahlungsbereitschaft und Anzahl an Besuchern. Im Durchschnitt erhöht ein zusätzlicher Besucher pro Monat die Zahlungsbereitschaft um 3 Cent pro Monat.

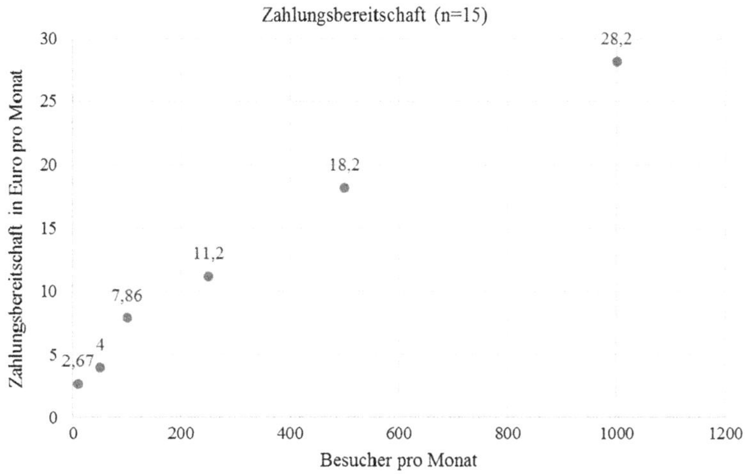

Abb. 4.7 Zahlungsbereitschaft der befragten Unternehmen für Teilnahme an Plattform in Euro pro Monat. (Quelle: eigene Darstellung)

4.5 Ableitung von preispolitischen Empfehlungen

In diesem Abschnitt wollen wir – basierend auf den theoretischen Überlegungen sowie den empirischen Befunden – preispolitische Empfehlungen für den Betreiber einer potenziellen Seniorenplattform ableiten. Wir gehen dabei die einzelnen theoretisch begründeten Faktoren durch und führen entsprechende empirische Evidenz auf. Wir konzentrieren uns hierbei vor allen Dingen auf die Frage der optimalen Preisstruktur, also die Frage, welche der beiden Marktseiten die subventionierte Seite sein sollte.

- Direkte Netzwerkeffekte: Diejenige Marktseite sollte mehr zahlen, die geringere oder sogar negative direkte Netzwerkeffekte aufweist. Negative Netzwerkeffekte sind insbesondere auf der Anbieterseite zu erwarten, da mehr Anbieter höhere Konkurrenz bedeuten. In diesem Fall könnte einzelnen Dienstleistern exklusiver Zugang zu der Plattform gewährt werden gegen ein entsprechend höheres Entgelt. Im Gegenzug könnten die Nachfrager, d. h. Senioren und pflegende Angehörige, subventioniert werden.
- Marquee-Nutzer: Renommierte Marktteilnehmer, die unbedingt auf der Plattform vertreten sein müssen, sind eher auf der Anbieterseite zu erwarten (z. B. große überregionale Dienstleister im Bereich Pflege). Diese sollten zum Beitritt motiviert und daher subventioniert werden.
- Indirekte Netzwerkeffekte: Diejenige Marktseite, die einen höheren indirekten Netzwerkeffekt auf die andere Marktseite aufweist, sollte subventioniert werden. Unsere empirischen Ergebnisse haben ergeben, dass der Umfang des Angebots die zweitwichtigste Eigenschaft für die Nachfrager darstellt, während die Anzahl an Besuchern für die Anbieter an fünfter Stelle steht. Der indirekte Netzwerkeffekt von Anbietern

auf Nachfrager scheint daher höher zu sein als umgekehrt, was für eine Subventionierung der Anbieterseite spricht.

- Preiselastizitäten: Die Marktseite mit der höheren Preiselastizität sollte subventioniert werden. In unserem Fall ist dies klar die Nachfrageseite, bei der rund ein Viertel aller Befragten eine Zahlungsbereitschaft von null aufwiesen (unendlich hohe Elastizität), während die Anbieter weitaus höhere Zahlungsbereitschaften haben.
- Qualitätsanspruch: Diejenige Seite mit dem höheren Anspruch an Qualität sollte subventioniert werden, während die Lieferanten von Qualität einen höheren Anteil am Preis tragen sollten. Im Gegensatz zu den Anbietern war Qualität die wichtigste Eigenschaft aufseiten der Nachfrager. Diese sollten daher subventioniert werden.
- Multi- vs. Singlehoming: Wenn eine Marktseite relativ seltener mehreren Plattformen beitritt als die andere Marktseite, dann ist diese relativ wertvoller, da sie nur auf einer Plattform anzutreffen ist. Diese Seite sollte somit auch subventioniert werden. Unsere empirischen Befunde ergaben, dass 10 von 30 Unternehmen bereits auf mindestens einer Plattform vertreten sind, also tendenziell eher ‚multihoming' betreiben. Subventioniert werden sollte also eher die Nachfrageseite.
- Kosten: Diejenige Seite, die niedrigere variable Kosten der Plattformnutzung aufweist, sollte subventioniert werden. In unserem Fall ist davon auszugehen, dass dies bei den Nachfragern der Fall ist, da Anbietereinträge von dem Plattformbetreiber mit höherem Aufwand gepflegt werden müssen.
- Mitglieds- vs. Nutzungsgebühr: Transaktionsabhängige Nutzungsgebühren waren die favorisierte Entgeltform unter den befragten Anbietern. In diesem Fall zahlen die Anbieter also nur für eine erfolgreiche Transaktion. Der Anbieter ist somit nicht direkt vom Erfolg der Plattform abhängig und der Plattformbetreiber hat einen geringeren Anreiz, die Nachfrageseite zu subventionieren. Eine eindeutige Empfehlung kann hier jedoch nicht abgeben werden, da diese von der gewählten Entgeltbasis abhängt.

Bei fünf von neun Effekten sprechen die empirischen Befunde tendenziell dafür, die Nachfrageseite zu subventionieren und die Anbieterseite stärker zur Finanzierung der Plattform heranzuziehen. Unserer Meinung nach sind insbesondere die hohe direkte Preiselastizität und der höhere Qualitätsanspruch ausschlaggebend dafür, dass – zumindest zu Beginn – die Seite der Senioren und pflegenden Angehörigen subventioniert werden und nichts zahlen sollte.

4.6 Schlussbetrachtung

Mehrseitige Plattformen sind Intermediäre, die Mehrwert dadurch schaffen, dass sie Transaktionen zwischen zwei Marktseiten ermöglichen. Sie spielen zunehmend auch im Gesundheitswesen eine bedeutende Rolle. In diesem Beitrag haben wir eine solche mehrseitige Seniorenplattform untersucht und diskutiert, welches Preismodell am sinnvollsten ist. Die theoretischen Überlegungen wurden dabei mit einem empirischen Fallbeispiel untermauert und illustriert.

Danksagung
Die Autoren danken der Stadt Leipzig, insbesondere Frau Brück von der Abteilung Wirtschaftsförderung, Herrn Hofmann von der BIO-NET Leipzig Technologietransfergesellschaft, Frau Kasprick von GeriNet Leipzig sowie Herrn Meißner von vital.services für ihre wertvolle inhaltliche Unterstützung.

Literatur

Armstrong M (2006) Competition in two-sided markets. Rand J Econ 37(3):668–691
Caillaud B, Jullien B (2003) Chicken & egg: competition among intermediation service providers. Rand J Econ 34(2):309–328
Dewenter R, Rösch J (2015) Einführung in die neue Ökonomie der Medienmärkte. Springer, Wiesbaden
Eisenmann T, Parker G, Van Alstyne MW (2006) Strategies for two-sided markets. Harv Bus Rev 84(10):92–101
Evans DS (2003) Some empirical aspects of multi-sided platform industries. Rev Netw Econ 2(3):191–209
Generali Zukunftsfonds und Institut für Demoskopie Allensbach (2012) Generali Altersstudie 2013 – Wie ältere Menschen leben, denken und sich engagieren. Fischer, Frankfurt a. M.
Hagiu A, Wright J (2011) Multi-sided platforms. http://faculty.chicagobooth.edu/workshops/marketing/past/pdf/MultiSidedPlatformsHagiu.pdf. Zugegriffen: 1. Apr. 2016
Initiative D21 und TNS Infratest (2015) D21-Digital-Index 2015. Die Gesellschaft in der digitalen Transformation. Eine Studie der Initiative D21, durchgeführt von TNS Infratest. http://www.initiatived21.de/wp-content/uploads/2015/10/D21_Digital-Index2015_WEB.pdf. Zugegriffen: 1. Apr. 2016
Kon.med GmbH und Spectaris (2012) Bedarf medizinischer Hilfsmittel 2050 – eine Prognose. Eine Studie von kon.med in Zusammenarbeit mit Spectaris. http://www.spectaris.de/uploads/tx_ewsartikel/konmed_studie_Bedarf_Medizinischer_Hilfsmittel.pdf. Zugegriffen: 1. Apr. 2016
Peitz M (2006) Marktplätze und indirekte Netzwerkeffekte. Perspektiven der Wirtschaftspolitik 7(3):317–333
Rochet J-C, Tirole J (2003) Platform competition in two-sided markets. J Euro Econ Assoc 1(4):990–1029
Rochet J-C, Tirole J (2006) Two-sided markets: a progress report. Rand J Econ 37(3):645–667
Rysman M (2009) The economics of two-sided markets. J Econ Perspect 23(3):125–143

Über die Autoren

Rebecca Jung ist derzeit im Bereich internationaler Vertrieb bei Schenker Technologies tätig. Frau Jung hat von 2009–2013 ein Bachelorstudium der Wirtschaftswissenschaften an der Fachhochschule Schmalkalden und anschließend ein Masterstudium der Betriebswirtschaftslehre mit dem Schwerpunkt Marketing, Vertrieb und Services an der Universität Leipzig von 2013–2015 absolviert.

Prof. Dr. habil. Dubravko Radic ist seit 2009 Inhaber der Professur für Dienstleistungsmanagement an der Universität Leipzig und seit 2013 am Fraunhofer-Zentrum für Internationales Management und Wissensökonomie. Nach Studium an den Universitäten Bonn und Frankfurt promovierte er an dem Lehrstuhl für Statistik und Ökonometrie an der Universität Frankfurt. Für seine Dissertation über Innovationsaktivitäten deutscher Unternehmen wurde er mit dem Gerhard-Fürst-Preis des Statistischen Bundesamtes ausgezeichnet. Nach Forschungsaufenthalten an der Graduate School of Management an der University of California, Davis habilitierte er sich 2009 mit einer Arbeit über Preispolitik bei Dienstleistungen an der Bergischen Universität Wuppertal. Seine Forschungsschwerpunkte umfassen Anwendungen empirischer Methoden auf betriebswirtschaftliche Fragestellungen, Probleme des Dienstleistungsmanagements und Service Pricing.

Dr. Marija Radic leitet die Gruppe Preis- und Dienstleistungsmanagement am Fraunhofer MOEZ. Sie studierte Internationale Volkswirtschaftslehre an den Universitäten Tübingen und Chicago (USA) und promovierte im Anschluss an ihr Studium an der Technischen Universität Dortmund. Vor ihrer Tätigkeit am Fraunhofer MOEZ war Marija Radic seit 2007 als Projektleiterin bei einer renommierten internationalen Unternehmensberatung in Bonn, Frankfurt und Boston (USA) tätig. Im Rahmen dieser Tätigkeit beriet sie auf nationalem wie auch internationalem Parkett Kunden aus den Bereichen Industrie & Technologie, Life Sciences und Finanzdienstleistungen zu Pricing-, Marketing-, Vertriebs- und Strategiefragestellungen.

Die Radiologie im Krankenhaus – Welchen Nutzen haben Digitalisierung und technische Innovation in der Praxis?

5

Kristin Kassel

Zusammenfassung

Die Radiologie, allen voran die Computertomografie als Arbeitspferd und Allround-Talent für schnelle und akkurate Bildgebung, spielt eine tragende Rolle in der Diagnostik von Erkrankungen. Die radiologische Fachabteilung eines Krankenhauses gehört zum sekundären Leistungsbereich (Diagnostik- und Funktionsbereich) eines Krankenhauses, kommt also im Behandlungsprozess mit dem Patient nur punktuell in Berührung. Durch die Unterstützungs- und Servicefunktion der Radiologie für das gesamte Krankenhaus und seine Fachabteilungen ergeben sich zahlreiche Nahtstellen und abteilungsübergreifende Prozesse. Hierbei können Digitalisierung, in Form von Assistenzsoftware sowie technische Innovation in Form von High-End-Geräten Entlastung im klinischen Alltag bringen.

Inhaltsverzeichnis

K. Kassel (✉)
Korallenweg 5, 89081 Ulm, Deutschland
E-Mail: Kristin.Kassel@gmx.de

M.A. Pfannstiel et al. (Hrsg.), *Digitale Transformation von Dienstleistungen im Gesundheitswesen II,* DOI 10.1007/978-3-658-12393-2_5

5.1 Einleitung

Wo die untersuchende Hand oder das Stethoskop nicht mehr weiter weiß, fängt die diagnostische Bildgebung an. Die Radiologie liefert uns Bilder vom Inneren eines Körpers und gibt Aufschluss über das Ausmaß an Verletzungen, beispielsweise in Notaufnahmen. Vor allem Computertomografen spielen als Garant für schnelle und qualitativ hochwertige Bildgebung eine große Rolle in der Radiologie von Krankenhäusern (Buzug 2008, S. 1 f.). Software, wie beispielsweise Diagnoseassistenzsysteme, greifen dabei dem Radiologen oder den MTRAs helfend unter die Arme. Doch medizinische Großgeräte und zugehörige Softwareapplikationen, nicht nur im High-End Bereich, sind mit regelmäßigen und großen Investitionen verbunden (Sontheimer 2015, S. 211–213). Wie also trägt Investition in Innovation dazu bei, den Patienten-Outcome im Bereich Radiologie positiv zu beeinflussen? Und welchen Einfluss hat Technologie auf die Prozesse und Prozessschnittstellen?

5.2 Leistungsbereiche und Prozesse in Krankenhäusern

Die Beurteilung dieser Ausgangsfragen erfordert zunächst eine Einordnung der radiologischen Abteilung in das Gesamtsystem des Krankenhauses. In Krankenhäusern steht der Patient als Leistungsempfänger im Mittelpunkt der Prozesse und Leistungsbereiche. Um diesen Mittelpunkt sollten alle Leistungsbereiche und Prozesse angeordnet werden, um eine möglichst patientenzentrierte Versorgung zu gewährleisten. Zu dieser Erkenntnis kam auch Kühlem (2013, S. 95) in ihrer Einteilung der Leistungsbereiche (siehe Abb. 5.1).

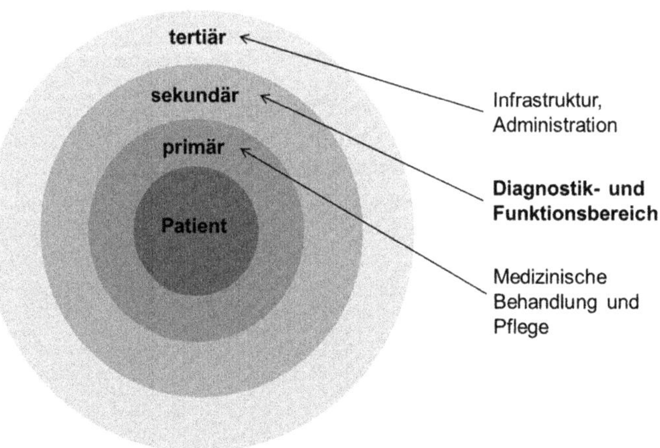

Abb. 5.1 Leistungsbereiche eines Krankenhauses. (In Anlehnung an Kühlem 2013, S. 95)

Um den Patienten ergeben sich drei Leistungsbereiche. Der primäre Leistungsbereich ist die direkte Leistungserbringung am Patienten. Also medizinische Behandlungen und Pflege, bei dem die behandelnden Ärzte und das Pflegepersonal als unmittelbare Ansprechpartner fungieren. Die Radiologie lässt sich in den sekundären Leistungsbereich, den Diagnostik- und Funktionsbereich einordnen. Er dient als Supportfunktion für den primären Leistungsbereich und wird von Patienten nur punktuell in Anspruch genommen. Die Nähe zum Patienten ist also weniger stark ausgeprägt. In ihrer Supportfunktion erbringt die radiologische Abteilung für alle Fachabteilungen des Krankenhauses die Leistung der diagnostischen Bildgebung. Infrastruktur und Administration bilden den tertiären Leistungsbereich eines Krankenhauses, werden aber im Kontext dieses Beitrages nicht weiter behandelt und nur der Vollständigkeit halber genannt (Kühlem 2013, S. 94–103).

In veränderter Darstellungsform sind die Zusammenhänge zwischen primärem und sekundärem Leistungsbereich deren Vernetzung gut erkennbar (siehe Abb. 5.2).

Die Fachabteilungen des primären Leistungsbereichs – hier die großen medizinischen Fachabteilungen Innere Medizin, Allgemeine Chirurgie und Gynäkologie, sowie die Pflege – bilden u. a. die Säulen im Abteilungsschema von Krankenhäusern der Schwerpunkt- und Maximalversorgung. Diese großen Fachabteilungen sind in höheren Versorgungsstufen in spezialisierte Fachabteilungen aufgespalten. So kann die Innere Medizin beispielsweise in die Kardiologie, Angiologie, Endokrinologie, Gastroenterologie und Nephrologie aufgeteilt werden. Die Allgemeine Chirurgie spaltet sich beispielsweise

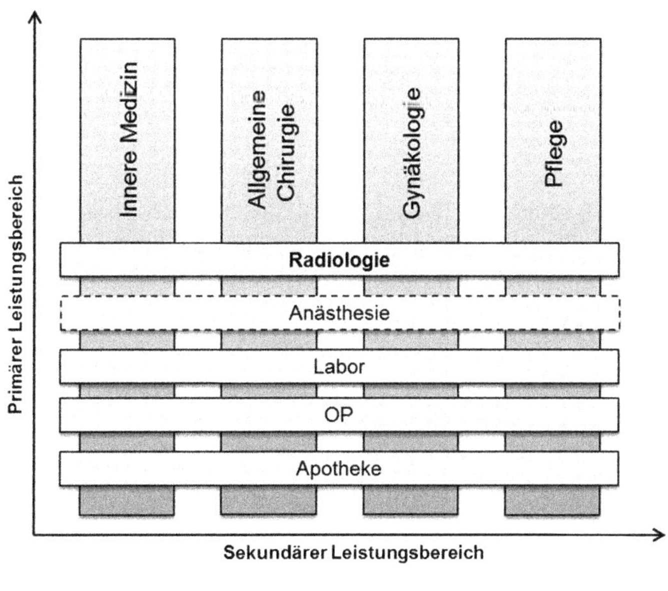

Abb. 5.2 Abteilungsschema eines beliebigen Krankenhauses der Schwerpunkt- und Maximalversorgung. (Eigene Darstellung 2016)

in die Fachbereiche Orthopädie, Viszeralchirurgie und Gefäßchirurgie (Kühlem 2013, S. 98). Die sekundären Leistungsbereiche, hier Radiologie, Anästhesie (kann sowohl dem primären als auch sekundären Leistungsbereich zugeordnet werden), Labor, OP und Apotheke sind als Querstreben zu den Säulen angeordnet. Sie bilden die Supportfunktion des primären Leistungsbereichs und treten, wie in der Abbildung ersichtlich, an unterschiedlichen Stellen des Behandlungsprozesses mit dem Patienten in Kontakt (Kühlem 2013, S. 96 f.).

Bereits bei dieser lediglich zweidimensionalen Darstellung ohne Beachtung des tertiären Leistungsbereiches offenbaren sich die zahlreichen Nahtstellen in Krankenhaus- bzw. Behandlungsprozessen. Korn hat die Prozesse in Krankenhäusern sehr treffend beschrieben:

> Aus der Sicht des Managements ist ein Krankenhaus ein äußerst komplexes System, in dem die Prozesse einen zentralen Stellenwert haben. Unter Prozessen werden hierbei definierte und zielgerichtete Abläufe verstanden, die inhaltlich sehr unterschiedlich sind, aber in ihrer Summe den Patienten von der Aufnahme bis zur Entlassung durch das Krankenhaus führen (Korn 2013, S. 168).

Die inhaltliche Bandbreite der Krankenhausprozesse macht das Prozessmanagement in dieser Umgebung besonders komplex. Korn stellte hierbei folgende zentralen Punkte in den Vordergrund:

> sinnvolle kausale Zusammenarbeit der verschiedenen Subsysteme, Optimierung der Schnittstellen, [...], zeitliche Abstimmung der unterschiedlichen Arbeitsabläufe, Möglichkeiten der Rationalisierung, z. B. durch den Einsatz von EDV-gestützten Systemen [...] (Korn 2013, S. 168).

Ein weiterer Punkt, den Korn nicht aufgeführt hat, aber in der Radiologie von zentraler Bedeutung ist, ist die Beschleunigung von Teilprozessen durch Technologie, beispielsweise Röntgengeräte, Computertomografen oder Magnetresonanztomografen der neuesten Generation, die durch ihre fortschrittliche Technologie der schnelleren, qualitativ hochwertigeren Bildgebung den Prozess der Bildgebung selbst beschleunigen und sich auf andere Bereiche des Krankenhauses (beispielsweise den OP) auswirken. Neben diesem Aspekt soll die Möglichkeiten zur Rationalisierung durch EDV-gestützte Systeme in einem fiktiven Fallbeispiel untersucht werden.

5.3 Einführung in die Fallbeispiele

Krankenhaus K, ein Krankenhaus der Maximalversorgung, ist in folgende Fachabteilungen gegliedert:

- Anästhesiologie
- Augenheilkunde

- Chirurgie (Allgemein- und Viszeralchirurgie; Unfall-, Hand-, Plastische- und Wiederherstellungschirurgie; Herz-, Thorax- und Gefäßchirurgie; Neurochirurgie; Kardioanästhesiologie)
- Dermatologie
- Psychiatrie und Psychotherapie
- Frauenheilkunde und Geburtshilfe
- Innere Medizin (Innere Medizin I, II, III; Transfusionsmedizin)
- Kinder- und Jugendmedizin
- Neurologie
- Nuklearmedizin
- Orthopädie
- Diagnostische und interventionelle Radiologie
- Strahlentherapie und Radioonkologie
- Urologie
- Zahn-, Mund- und Kieferheilkunde

Die Fachabteilung „Diagnostische und interventionelle RadiologieInterventionelle Radiologie“ verfügt über eine umfangreiche medizintechnische Ausstattung. Alle medizinischen Fachabteilungen des Krankenhauses können hierbei bei Bedarf u. a. auf bildgebende Verfahren mit Computertomografen und Magnetresonanztomografen sowie konventionellem Röntgen und Untersuchungen in einem Herzkatheterlabor zurückgreifen.

5.3.1 Fallbeispiel I: High-End-Computertomografie

Patientin A wird in der Fachabteilung „Unfall-, Hand-, Plastische- und Wiederherstellungschirurgie“ zur Durchführung einer Brustrekonstruktion aufgenommen. In Folge einer Brustkrebserkrankung der linken Brust wurde eine linksseitige Mastektomie vorgenommen. Nach erfolgreicher Bekämpfung der Krebserkrankung soll am folgenden Tag eine einseitige Brustrekonstruktion durchgeführt werden.

Hierbei soll die Brust mittels eines DIEP-Flap (engl. deep inferior epigastric artery perforator flap) also einem Gewebelappen (Haut und Unterbauchfett) aus dem Unterbauch rekonstruiert werden. Die Herausforderung ist hierbei das hauptversorgende Gefäß, den dominanten Perforator zu identifizieren, um das Absterben des transplantierten Gewebelappens zu verhindern. Am Morgen der Operation soll ein sogenanntes präoperatives Perforator-Mapping mittels dynamischer CT-Angiografie, zur Identifikation des dominanten Perforators durchgeführt werden (Rozen et al. 2008, 516–522).

Nach der stationären Aufnahme und dem Bezug des Zimmers wird Patientin A. die weitere Vorgehensweise erläutert, die in nachfolgender Abb. 5.3 dargestellt ist.

Wie im dargestellten Prozessverlauf ersichtlich, nimmt der Aufenthalt in der radiologischen Fachabteilung nur einen sehr geringen Teil des Gesamtprozesses in Anspruch, ist jedoch von zentraler Bedeutung für die Behandlung der Patientin.

	Aufnahme	Perforator Mapping	OP Planung	Durchführung OP	Stationärer Aufenthalt	Entlassung
Plastische Chirurgie	Aufnahme von Patientin A für eine Brustrekonstruktion		Mit generierten Bildern wird der dominante Perforator identifiziert Patientin wird für den Transport in den OP vorbereitet		Erholung der Patientin von Operation	Entlassung der Patientin
Radiologie		**Vorbereitung:** Patientin auf Tisch lagern, Kontrastmittel anschließen, CT-Protokoll auswählen **Durchführung** CT-Scan **Nachbereitung:** Patientin für die Rückkehr auf Station vorbereiten, Bearbeitung der generierten Bilder für OP-Planung				
OP			Einschleusen in OP, Lagerung der Patientin auf dem OP-Tisch, Einleitung der Narkose	Durchführung Operation Patientin wird in Aufwachraum verlegt Verlegung auf Station		

Abb. 5.3 Prozessabfolge der Behandlung von Patientin A. (Eigene Darstellung 2016)

Durch welche Parameter wird der Patienten-Outcome in diesem Fall beeinflusst? Die Durchführung des präoperativen Perforator-Mappings an sich führt für die Patientin zu einem sinkenden Komplikationsrisiko von mehr als 10 %. Außerdem verkürzt sich die Verweildauer um durchschnittlich einen Tag (Rozen et al. 2008, S. 519–520), was sich positiv sowohl auf die Patientin als auch auf die Erlössituation des Krankenhauses auswirkt. Denn durch sinkende Verweildauer vergrößert sich die Gewinnspanne pro Fallpauschale. Neben diesem Effekt beeinflusst das Perforator-Mapping die Dauer der Operation. Smit et al. spricht von einer signifikanten Reduktion der Operationsdauer von ca. 80–90 min (Smit et al. 2009, S. 1114).

Dieses präoperative Mapping kann von vielen Computertomografen durchgeführt werden. Welche Vorteile bietet jedoch eine Investition in die bestmöglichste CT-Technologie? Zum einen kann die Strahlenexposition für die Patienten erheblich gesenkt werden. Damit einhergehend lassen dynamische CT-Aufnahmen, die normalerweise mit hohen Strahlenbelastungen verbunden sind, gerade bei Operationen im Gefäßbereich eine wesentlich exaktere Planung zu. Dynamische Aufnahmen sind computertomografische Aufnahmen die, die Durchblutung (mittels Kontrastmittelgabe) sichtbar machen. Es entstehen vierdimensionale Aufnahmen, die einen hohen medizinischen Mehrwert liefern. Sie sind jedoch für den Patienten durch die längere Aufnahmezeit, mit großer Strahlenexposition verbunden. Somit wird nicht nur der Patienten-Outcome weiter gesteigert, sondern auch Komplikationen während der Operation, die zu längeren OP-Zeiten führen, vermieden. Solche dynamischen Studien sind jedoch bei modernster CT-Technologie mit akzeptablen Strahlendosen möglich.

5.3.2 Fallbeispiel II: Assistenzsoftware

Patient B wird in die Fachabteilung „Orthopädie" aufgenommen. Er leidet seit seiner Geburt an einer mittelschweren Skoliose (seitliche Verschiebung der Wirbelsäule). Da er unter chronischen Schmerzen leidet, soll am Folgetag zur Verbesserung der Lebensqualität eine Korrektur der Skoliose durchgeführt werden.

Bei der Operation soll die Wirbelsäule im thorakalen Bereich mit einer Kombination aus Pedikelschrauben und einer Stange fixiert und so in Normalstellung gebracht werden. Im Zuge der Operationsplanung wird ein präoperatives CT durchgeführt. Der optimale Eintrittspunkt jeder Schraube in den jeweiligen Wirbelkörper wird anhand eines dreidimensional rekonstruierten Bildes der Wirbelsäule geplant (Su et al. 2012, S. 24–26).

Beim Scannen der Wirbelsäule, wird im Nachgang zur Rekonstruktion und Auswertung des Bildes die Wirbelsäule manuell vom Radiologen gelabelt. Es müssen die Grenzen jedes einzelnen Wirbelkörpers also von Hand markiert werden. Besonders herausfordernd ist die Krümmung der Wirbelsäule. Mit zunehmender Krümmung, wie bei einer Skoliose, steigt das Risiko einer ungenauen oder fehlerhaften Rekonstruktion (Schwarzmüller-Erber und Silberstein 2012, S. 258).

Aus diesem Grund steht der Radiologie eine Zusatzsoftware für die Bildrekonstruktion zur Verfügung. Diese Assistenzsoftware übernimmt den oben genannten Prozessschritt der Wirbelnummierung (siehe Abb. 5.4).

Nach der automatischen Labelung werden die Vorschläge durch das System angeboten und können vom Radiologen übernommen oder angepasst werden (Siemens 2010, S. 9).

Die Automatisierung dieses Prozessschrittes in der Bildnachbearbeitung führt also nicht nur zu geringerer Benutzerabhängigkeit und Fehleranfälligkeit, sondern beschleunigt gleichzeitig den Bildrekonstruktionsprozess (Ludewig 2007, S. 10) und damit gleichzeitig den Prozessablauf innerhalb der Radiologie.

5.4 Schlussbetrachtung

In den beiden Fallbeispielen wurde ein möglicher Einsatz von High-End-Computertomografen und Assistenzsystemen betrachtet. Hierbei wurde jedoch lediglich ein sehr kleiner Teil des potenziellen Einsatzgebietes behandelt. Computertomografen im High-End-Bereich spielen durch ihre Vielseitigkeit und Effizienz eine große Rolle im Bereich der Notfalldiagnostik, jedoch auch bei der klinischen Forschung. Im klinischen Alltag haben solche Allround-Talente das Potenzial, Prozesse im gesamten Klinikbetrieb (wie in Fallbeispiel I) positiv zu beeinflussen. Durch schnelle Bildgebung ergeben sich beispielsweise neue Scanslots, in denen Patienten untersucht werden können, Operationszeiten und Verweildauern verkürzen sich, der Material- und Medikamentenbedarf sinkt oder durch die technologischen Möglichkeiten werden andere, möglicherweise teurere

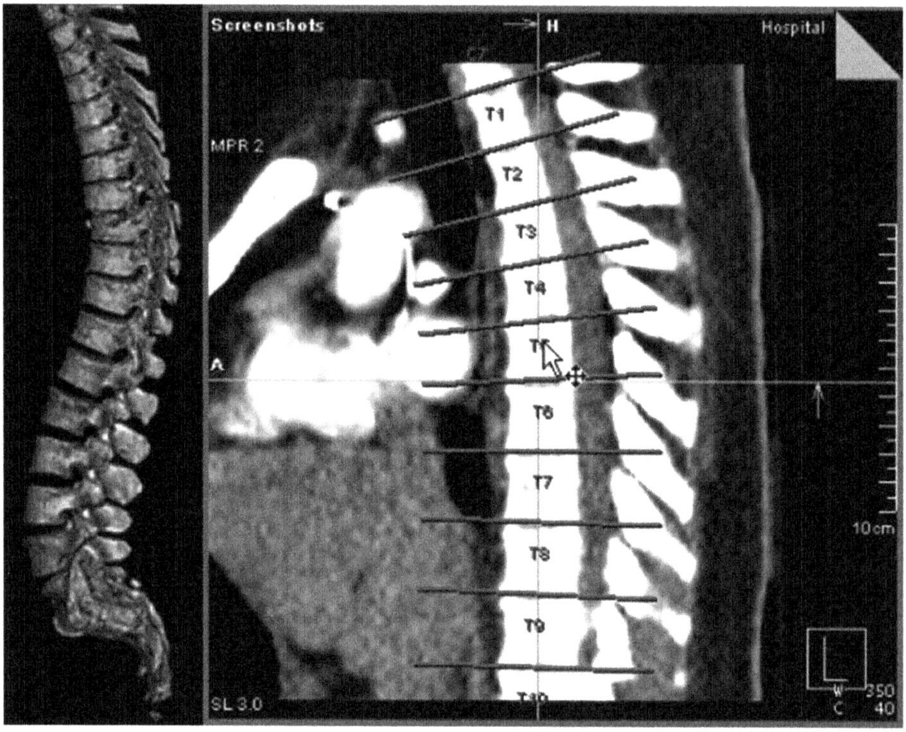

Abb. 5.4 Assistenzsoftware zur automatischen Nummerierung der Wirbel. (Siemens 2010, S. 9)

Untersuchungen ersetzt. Folglich steigt durch medizin-technische Innovation nicht nur die Behandlungsqualität, sondern auch die Qualität der klinischen Prozesse. Es entsteht eine indirekte Kostensenkung. Diesem Aspekt gegenüber stehen jedoch die enormen Anschaffungskosten eines solch hochentwickelten Gerätes. Eine genaue Betrachtung der Kosten und des daraus resultierenden Nutzen ist demnach essenziell.

Assistenzsysteme haben, wie in Fallbeispiel II dargestellt, das Potenzial, ein vorhandenes System durch Zusatzfunktionen zu verbessern. In diesem Bereich gibt es eine Vielzahl von Applikationen, die den Prozess in der Radiologie von Terminplanung über Scanplanung bis hin zu Diagnoseassistenzsystemen unterstützen. Bereits mit dem Einsatz solcher unterstützenden Systemapplikationen können kostenseitig Personaleinsatzzeit und Material eingespart werden. Aber auch hier wird die Behandlungsqualität direkt beeinflusst, beispielsweise durch Planungsassistenzsysteme, die Strahlendosen reduzieren oder die Diagnosesicherheit durch das Markieren potenzieller Gewebsveränderungen steigern. Der Vorteil des Einsatzes solcher Assistenzsoftware ist, dass diese bereits bei Computertomografen vieler Preissegmente appliziert werden können und somit eine Vielzahl der Einsatzorte adressiert werden, auch durch die oftmals positive Kosten-Nutzen-Bewertung.

Die Weiterentwicklung von bildgebenden Verfahren ist geprägt von stetigem Streben nach Innovation und Optimierung, welche jedoch durch die hoch entwickelte Technologie zum Kostentreiber in Krankenhäusern wird. Die zentrale Frage ist, wie die Balance zwischen exzellenter Patientenversorgung und bezahlbarer Therapie gefunden werden kann.

Literatur

Buzug T (2008) Computed tomography, from photon statistics to modern cone-beam CT. Springer, Berlin

Korn M (2013) Prozesse. In: Goepfert A, Condrad C (Hrsg) Unternehmen Krankenhaus. Thieme, Stuttgart, S 168–176

Kühlem S (2013) Leistungsbereiche. In: Goepfert A, Condrad C (Hrsg) Unternehmen Krankenhaus. Thieme, Stuttgart, S 93–106

Ludewig M (2007) Implementierung und Robustheitsanalyse eines automatischen Verfahrens in der Medizinischen Bildverarbeitung. Diplomarbeit Otto-von-Guericke-Universität Magdeburg. www-ivs.cs.uni-magdeburg.de/sw-eng/agruppe/forschung/diplomarbeiten/ludewig.pdf. Zugegriffen: 29. Apr. 2016

Rozen W, Ashton M, Grinsell D, Taylor I (2008) Does the preoperative imaging of perforators with CT angiography improve operative outcomes in breast reconstruction? Microsurgery 28(7):516–521. doi:10.1002/micr.20526

Schwarzmüller-Erber G, Silberstein E (2012) Angewandte Computertomographie, 2. überarbeitete Aufl. Facultas Verlags- und Buchhandel, Wien

Siemens (2010) Maximize Outcome – Minimize – Dose – SOMATOM Definition AS. http://www.healthcare.siemens.com/siemens_hwem-hwem_ssxa_websites-context-root/wcm/idc/groups/public/@global/@imaging/@ct/documents/download/mdaw/mtm1/~edisp/ct_somatom_definition_as_brochure-00032845.pdf. Zugegriffen: 29. Apr. 2016

Smit J, Dimopoulou A, Liss A, Zeebregts C, Kildal M, Whitaker I, Magnusson A, Acosta R (2009) Preoperative CT angiography reduces surgery time in perforator flap reconstruction. J Plast Reconstr Aesthet Surg 69:1112–1117. doi:10.1016/j.bjps.2007.12.090

Sontheimer G (2015) Medizintechnik strategisch einsetzen. In: Eichhorst S (Hrsg) Praxishandbuch Strategisches Management im Krankenhaus. Mediengruppe Oberfranken – Fachverlage GmbH & Co. KG, Kulmbach, S 209–233

Su P, Zhang W, Peng Y, Liang A, Du K, Huang D (2012) Use of computed tomographic reconstruction to establish the ideal entry point for pedicle screws in idiopathic scoliosis. Eur Spine J 21:23–30. doi:10.1007/s00586-011-1962-8

Über die Autorin

Kristin Kassel studiert seit März 2014 an der Hochschule Neu-Ulm Betriebswirtschaft im Gesundheitswesen. Als studentische Hilfskraft am Kompetenzzentrum „Vernetzte Gesundheit“ und der Fakultät Gesundheitsmanagement kam sie mit gesundheitsökonomischen Fragestellungen und Themenbereichen in Kontakt. Während ihres praktischen Fachsemesters vertiefte sie sich in den Bereich Radiologie und die Thematik der Prozessneustrukturierung und Kostensenkung im Krankenhaus mittels High-End-Computertomografen. Ihr Forschungsinteresse liegt im Gebiet der Optimierung und Gestaltung von Geschäfts- und Behandlungsprozessen in Gesundheitseinrichtungen.

Reinigungsprozesse im OP – Eine Analyse am Beispiel der Zentral-OPs der Universitätsmedizin Greifswald

6

Olav Götz, Maria Zach, Maria Riemann und Steffen Fleßa

Zusammenfassung

Der OP gehört zu den kostenintensivsten Bereichen eines Krankenhauses. Dies erfordert neben einer guten Auslastung der OP-Säle eine bestmögliche Strukturierung der Reinigung. Ziel der Arbeit ist die Analyse der Reinigungsprozesse im OP und das Ableiten von Verbesserungsmaßnahmen. Mittels Experteninterviews, einer Fragebogen- und Prozessstrukturanalyse erfolgte eine Erhebung von Reinigungsprozessen bei Zwischen- und Endreinigungen in den Zentral-OPs der Universitätsmedizin Greifswald (ZOP1 und ZOP2). Die zeitlichen Bedarfe der Reinigungsprozesse konnten mittels Einzelzeitmessungen als eine Methodik der Zeitmessverfahren erfasst werden. Insgesamt wurden 288 Reinigungsprozesse erfasst. Der Reinigungsablauf umfasst neben der Informierung und dem Eintreten des Reinigungsteams (OP-Saal), dessen Reinigung sowie den Trocknungsprozess (Boden). Für die Zwischenreinigung wurde eine durchschnittliche Dauer von 13 min 56 s (ZOP 1) und 10 min 37 s (ZOP 2) und eine durchschnittliche Gesamtdauer von 11 min 45 s ermittelt. Drei Reinigungskräfte

O. Götz (✉) · M. Riemann · S. Fleßa
Lehrstuhl für Allgemeine Betriebswirtschaftslehre und Gesundheitsmanagement, Universität Greifswald, Friedrich-Loeffler-Str. 70, 17487 Greifswald, Deutschland
E-Mail: olav.goetz@uni-greifswald.de

M. Riemann
E-Mail: maria.riemann@googlemail.com

S. Fleßa
E-Mail: steffen.flessa@uni-greifswald.de

M. Zach
Universitätsmedizin Greifswald, Fleischmannstraße 8, 17475 Greifswald, Deutschland
E-Mail: zach@uni-greifswald.de

M.A. Pfannstiel et al. (Hrsg.), *Digitale Transformation von Dienstleistungen im Gesundheitswesen II*, DOI 10.1007/978-3-658-12393-2_6

benötigen durchschnittlich 12 min 28 s und zwei 11 min 29 s. Der steigende Kostendruck lassen eine Verbesserung der Prozess- und Zeitabläufe sowie ein ganzheitliches Prozessmanagement nötig werden. Ein wichtiger Schritt ist die Erfassung der Zeiten, da diese zum einen für eine realistische Planung der OP-Abläufe maßgeblich relevant sind und zum anderen bisher nicht in der Literatur aufgeführt werden. Insbesondere der OP-Ablauf im Krankenhaus lässt sich dadurch effizienter gestalten und unterstützen. Hierbei kann eine Digitalisierung helfen, die notwendige Transparenz für eine effiziente Gestaltung der Prozessabläufe zu ermöglichen.

Inhaltsverzeichnis

6.1 Einleitung

Die Bedeutung der Hygiene und des Hygienemanagements im Krankenhaus ist vor allem durch die Zunahme von Infektionen und multiresistenten Erregern gewachsen (RKI 2009, S. 949). Zunehmend sollen Gesetze, Verordnungen und Kontrollen durch Gesundheitsämter die Infektionsrate im Krankenhaus vermindern. Ein wichtiger Faktor stellt die Hygiene im Bereich der Operationen dar (Kommission 2000). Der OP-Bereich der Universitätsmedizin Greifswald (UMG) wird vom Landesamt für Gesundheit und Soziales Mecklenburg-Vorpommern (LAGUS) abgenommen und vom Hygieneinstitut ständig überwacht. Der OP-Bereich ist im Krankenhaus nicht nur ein leistungs-, sondern auch kostenintensiver Bereich (Kapitza 2009, S. 551–556). Insgesamt sind etwa ein Drittel der Krankenhauskosten bei operierten Patienten auf den OP-Tag zurückzuführen. Somit ergeben sich insbesondere durch die Organisation und die Planung des OP-Ablaufes wichtige Ansatzpunkte für eine effiziente Leistungserbringung. Hierzu zählen auch die Prozesse zwischen den Operationen, die Reinigungsprozesse. Durch eine digitale Einbindung und eine automatisierte Erfassung der Reinigungsprozesse lässt sich insgesamt die OP-Planung unterstützen. Aufgrund gedeckelter Budgets und pauschalierter Entgelte für fest vereinbarte Leistungen erhöht sich für das Krankenhausmanagement zusätzlich der Druck, wirtschaftlich zu handeln (Bender et al. 2009, S. 457–524; Zapp und Aleff 2002). Außerdem muss der Schutz der Patienten und Krankenhausmitarbeiter vor nosokomialen Infektionen durch einwandfrei ausgeführte Hygienemaßnahmen gewährleistet sein (KRINKO 2000, S. 644–648). Insbesondere legen die hohen Kosten und die Infektionsgefahr die Optimierung der Abläufe im OP im Allgemeinen und der Reinigungsprozesse im Speziellen nahe. Derzeit liegen keine Veröffentlichungen von Untersuchungen der Reinigungszeiten im OP vor. Die vorliegende Studie möchte einen Beitrag zur Schließung dieser Forschungslücke leisten.

6.2 Hintergrund

Reinigung und Desinfektion sind Prozesse, die zu einer Keimreduktion und zu einer Verminderung der Mikroorganismen führen (Bergen 2011, S. 69). Die Reinigung und Desinfektion im Krankenhaus wird für die Sauberkeit, die Infektionsverhütung, den Patienten- und Mitarbeiterschutz durchgeführt (KRINKO 2004, S. 51–61). Die Prozesse werden in Zwischen- und Endreinigung untergliedert. Reinigung ist somit definiert als ein „Prozess zur Entfernung von Verunreinigungen (z. B. Staub, chemische Substanzen, Mikroorganismen, organische Substanzen) unter Verwendung von Wasser mit reinigungsverstärkenden Zusätzen, ohne dass bestimmungsgemäß eine Abtötung/Inaktivierung von Mikroorganismen stattfindet bzw. beabsichtigt ist" (KRINKO 2004, S. 51–61). Unter einer Desinfektion hingegen werden Maßnahmen verstanden, die schädigende Erreger abtöten oder inaktivieren, sodass keine Infektionsgefahr von dem Erreger und dem kontaminierten Objekt ausgehen kann (Bodenschatz 2009, S. 65). Die Desinfektion lässt sich in eine routinemäßige-, eine gezielte- und eine Schlussdesinfektion aufgliedern. Die routinemäßige oder auch laufende Desinfektion schränkt die Ausbreitung von Erregern während der Behandlung ein und wird auf vermutlich kontaminierten Flächen durchgeführt. Bei der gezielten Desinfektion werden Flächen mit erkennbarer Kontamination oder bei Auftreten spezieller Erreger gereinigt. Bei einer erkennbaren Kontamination handelt es sich um eine Verschmutzung durch Eiter, Blut oder Ausscheidungen. Die Schlussdesinfektion erfolgt in Räumen, in denen nachweisbar infizierte Patienten behandelt wurden sowie am Ende des OP Tages (KRINKO 2004, S. 51–61). Sie wird aber auch durchgeführt, wenn nachweislich keine Erreger vorhanden sind, jedoch der Patient verlegt bzw. verstorben ist (Bodenschatz 2009, S. 67).

6.3 Methodik

Im Bereich der Prozessanalyse und -optimierung finden Zeitmessstudien im Krankenhaus immer mehr Verwendung (Fehrle et al. 2013, S. 23–30). Das geeignetste Verfahren zur Ermittlung von Zeiten stellt die Zeitmessstudie dar (Schulte Zurhausen 2014, S. 562). Das Messen der Ist-Zeiten erfolgt hierbei durch Fremdbeobachtung und Fremdaufschreibung mithilfe eines Zeitaufnahmegeräts, beispielsweise einer Stoppuhr. Die Zeitaufnahme erfolgt durch einen Beobachter parallel zur Durchführung der zu messenden Aufgabe. Die dabei gemessenen Erhebungsdaten werden in einem Zeitaufnahmebogen notiert (Bundesministerium des Innern 2013). Anwendung findet die Zeitmessstudie bei Tätigkeiten, die immer nach demselben Schema ablaufen und sich oft wiederholen (Schulte Zurhausen 2014, S. 562). Um einen gesamten Arbeitsablauf zu dokumentieren, muss dieser zunächst in einzelne Abschnitte gegliedert werden. Im Rahmen der Zeitmessung wird zwischen der Einzel- und der Fortschrittszeitmessung unterschieden. Bei der Einzelzeitmessung werden die Zeiten für die Abschnitte getrennt gemessen. Das Messgerät wird dabei an einem Messpunkt gestartet und beim Erreichen des Endereignisses gestoppt. Durch diese Art der Zeitmessung liegen die Einzelzeiten direkt vor, wodurch ein fehlerhaftes Errechnen dieser vermieden wird. Bei der Fortschrittszeitmessung hingegen läuft das Messgerät über die gesamte Beobachtungszeit durchgehend. Die Zeiten an den jeweiligen Messpunkten werden von der erhebenden Person erfasst und fortlaufend protokolliert. Bei diesem Verfahren können Ablesefehler am nächsten Messpunkt ausgeglichen werden. Die Dauer der einzelnen Tätigkeitsabschnitte liegt nicht direkt vor, sondern muss anschließend errechnet werden (Refa 1992, S. 85 ff.). In der vorliegenden Studie wurde das Verfahren der Einzelzeitmessung gewählt. Neben den genannten Zeiterhebungsverfahren wurde die Analyse durch Experteninterviews und eine Auswertung der im Krankenhausinformationssystem dokumentierten Zeiten ergänzt. Dabei lieferten insbesondere die Experteninterviews, welche eine spezielle Form der Befragung darstellt, umfangreiche Erkenntnisse über die Prozessstruktur und -abläufe der Reinigungsprozesse (Fiedler 2011, S. 85 ff.). Im Zeitraum vom 05.05.2014 bis zum 28.05.2014 wurde die Erhebung in den Zentral-OPs 1 und 2 durchgeführt. Insgesamt sind im Erhebungszeitraum 355 h Erhebungsleistung von 13 Personen erbracht worden.

6.4 Ergebnisse, Reinigungen, Prozessbeschreibung

Gemäß Vorschrift soll die Zwischenreinigung in den Zentral-OPs der UMG von zwei Mitarbeitern durchgeführt werden, wobei die Verantwortlichkeiten der einzelnen Aufgaben festgelegt sind. Die während einer Zwischenreinigung eingesetzten Reinigungskräfte verantworten dabei unterschiedliche Reinigungsflächen, bspw. die Reinigung des OP-Tisches. Eine Übersicht über die jeweiligen Elemente einer Zwischenreinigung ermöglicht Tab. 6.1. Diese Tabelle zeigt die Aufteilung für zwei Reinigungskräfte auf. Im Falle der Reinigung mit weniger oder mehr Mitarbeitern verteilen sich diese Elemente auf die jeweiligen Personen.

Im Gegensatz zur Endreinigung ist die vollflächige Desinfektion aller Flächen und Gegenstände bei einer Zwischenreinigung nicht erforderlich. Vielmehr umfasst sie die Reinigung aller patientennahen Flächen, aller Griff- und Kontaktflächen, aller sichtbar kontaminierten Flächen, Geräte und Gegenstände sowie die Reinigung des Fußbodens um den OP-Tisch und den verunreinigten Flächen (Ahring 2013, S. 12).

Tab. 6.1 Übersicht – Elemente einer Zwischenreinigung

Reinigungskraft I	Reinigungskraft II
OP-Tisch	Anästhesiegeräte
Lagerungshilfsmittel	OP-Lampe
Röntgenschürzen	Mobiliar (Wagen, Tritte etc.)
Abfallentsorgung	Waschbecken
Lichtschalter	Weitere Geräte
Türgriffe	Wandflächen bei Kontamination
Fußboden	Desinfektionsmittelspender

Zur Aufbereitung der 17 OP-Säle stehen in jedem ZOP mehrere Reinigungswagen zur Verfügung, welche mit unterschiedlichen Lösungen, Wischbezügen und Abwurfbehältnissen aufgerüstet werden. Die zügige, nicht verzögerte und qualitativ hochwertige Abwicklung von Reinigungsprozessen ist eine wichtige Voraussetzung für den planmäßigen und hygienischen OP-Betrieb. Die Einhaltung der Einwirkzeiten sowie Trocknung des Bodens sind dabei maßgeblich. Um dieses Ziel zu erreichen, ist ein strukturiertes Vorgehen notwendig (Ahring 2013, S. 12). Zusammenfassend verdeutlicht Abb. 6.1 den Ablauf sowie den Bedarf von Reinigungspersonal.

6.5 Prozessdauer

Im Zeitraum vom 05.05.2014 bis zum 28.05.2014 wurde die Erhebung zur Ermittlung der Reinigungszeiten in den ZOPs 1 und 2 durchgeführt. Insgesamt sind im Erhebungszeitraum 355 h Erhebungsleistung erbracht und insgesamt 288 Reinigungsprozesse erfasst worden, von denen 105 (36 %) im ZOP 1 und 183 (64 %) im ZOP 2 beobachtet werden konnten. Von den 288 erhobenen Reinigungen konnten 237 (83 %) einer Zwischenreinigung, 45 (16 %) einer Endreinigung (normal) und fünf (1 %) einer Endreinigung (septisch) zugeordnet werden. Die 237 (83 %) Zwischenreinigungen sollen im Verlauf näher analysiert werden, die Endreinigungen aufgrund der geringen Erhebungszahl nicht.

222 von 237 erhobenen Zwischenreinigungen wurden von Betreten des OP-Saals bis zum Trocknungsende erfasst. Tab. 6.2 stellt die Ergebnisse der Zwischenreinigung zusammenfassend dar. Eine Zwischenreinigung dauert für beide ZOPs von Betreten des OP-Saals bis zum Trocknungsende im Durchschnitt 11 min 45 s (N = 222). Bei allgemeiner Betrachtung hat die Zwischenreinigung des ZOP 1 eine mittlere Dauer von 13 min 56 s (N = 76) und die des ZOP 2 10 min 37 s (N = 146).

208 von 237 Zwischenreinigungen konnten Fachabteilungen zugeordnet werden. Diese sind wie folgt verteilt: 45 (21,63 %) lassen sich der Gynäkologie/Geburtshilfe, 43 (20,67 %) in den Bereich der allgemeinen Chirurgie, 40 (19,23 %) in den Bereich

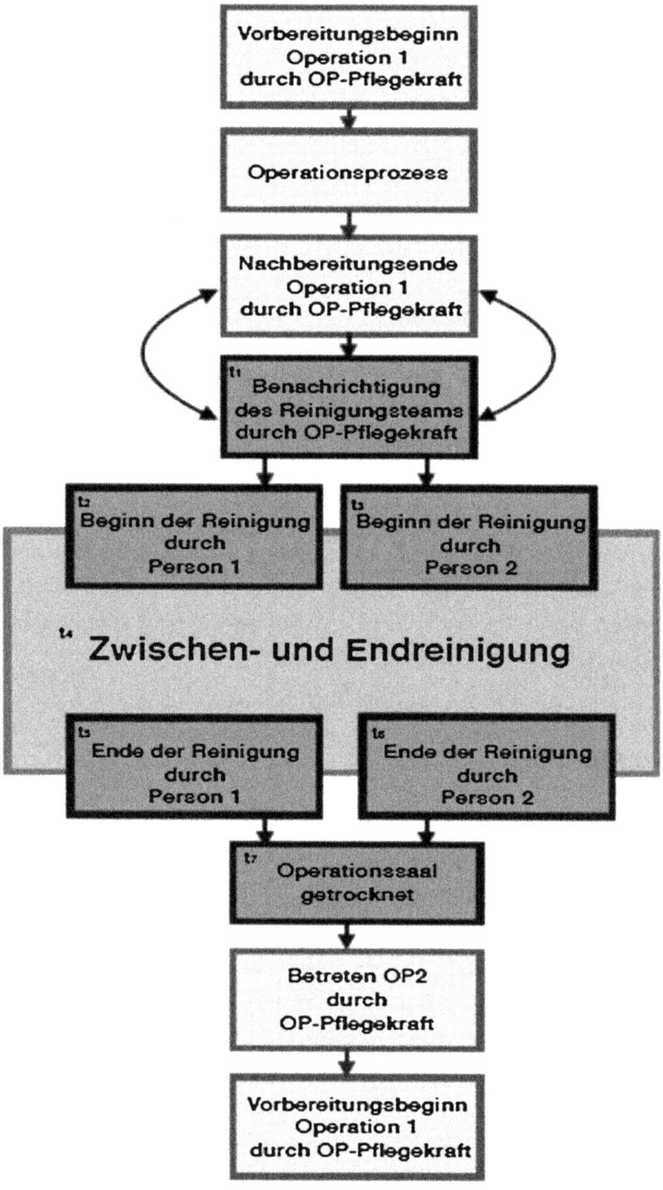

Abb. 6.1 Ablauf und Bedarf von Reinigungen. (Quelle: eigene Darstellung)

der Orthopädie und 35 (16,83 %) der Unfallchirurgie zuordnen. 23 (11,06 %) fallen in den Bereich der Neurochirurgie, 17 (8,17 %) lassen sich der Urologie und 5 (2,4 %) der Augenheilkunde zuordnen. Die Reinigung nach einer OP in der Fachabteilung der Orthopädie dauert mit 10 min 34 s am längsten und die Operationen der Augenheilkunde im ZOP1 mit 02 min 50 s am kürzesten (Vgl. Abb. 6.2).

Tab. 6.2 Übersicht – Dauer der Zwischenreinigung inkl. Trocknung

Ort	Gesamt	ZOP1	ZOP2
N	222	76	146
Min	02 min 50 s	02 min 50 s	05 min 15 s
Max	33 min 12 s	27 min 06 s	33 min 12 s
Untere Quartil	08 min 24 s	11 min 16 s	07 min 46 s
Obere Quartil	14 min 18 s	16 min 02 s	12 min 18 s
Median	11 min 17 s	14 min 17 s	10 min 06 s
Mittelwert	11 min 45 s	13 min 56 s	10 min 37 s
Absolute Spannweite	30 min 22 s	24 min 16 s	27 min 57 s
Standardabweichung	04 min 22 s	04 min 21 s	03 min 56 s

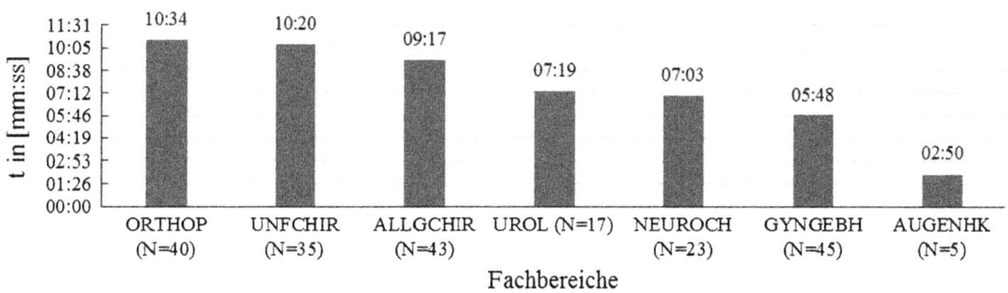

Abb. 6.2 Durchschnittliche Zeiten von Zwischenreinigungen nach Fachabteilungen der gesamten ZOPs. (Quelle: eigene Darstellung)

6.6 Reinigungskräfte und Art der Reinigung

Bei insgesamt 237 Zwischenreinigungen waren 44-mal (15 %) eine Reinigungskraft, 185-mal (64 %) zwei Reinigungskräfte, 54-mal (19 %) drei Reinigungskräfte und fünfmal (2 %) vier Reinigungskräfte beteiligt. Aus den errechneten Mittelwerten lässt sich erkennen, dass die höchste Zeit in beiden ZOPs bei drei Reinigungskräften mit 12 min 28 s (N = 50) und die niedrigste Zeit bei zwei Reinigungskräften mit 11 min 29 s (N = 161) vorliegt. Abb. 6.3 fasst diese Ergebnisse zusammen. In Abhängigkeit von der Anzahl der Reinigungskräfte zu der Dauer der beobachteten Zwischenreinigungen im ZOP 1 wurde ermittelt, dass eine Reinigungskraft 11 min 47 s (N = 21), zwei Reinigungskräfte 13 min 53 s (N = 55), drei Reinigungskräfte 15 min 23 s (N = 17) und vier Reinigungskräfte 11 min 53 s (N = 1) pro Zwischenreinigung benötigen. In ZOP 2 zeigt sich für die im Mittel pro Zwischenreinigung aufgetretene Zeit, dass eine Reinigungskraft 12 min 26 s (N = 10), zwei Reinigungskräfte 10 min 20 s (N = 106), drei Reinigungskräfte 10 min 52 s (N = 33) und vier Reinigungskräfte 12 min 12 s (N = 4) benötigen.

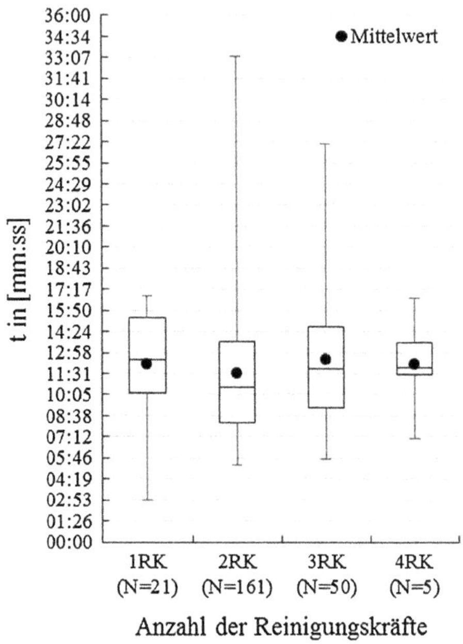

Abb. 6.3 Dauer der beobachteten ZR in den gesamten ZOPs in Abhängigkeit von der Anzahl der RK. (Quelle: eigene Darstellung)

6.7 Bodentrocknung

Bei der Bodentrocknung wurde für beide ZOPs ein durchschnittlicher Wert von 03 min 51 s (N = 250) ermittelt. Im ZOP 1 dauert eine durchschnittliche Trocknung 04 min 35 s (N = 82) und im ZOP 2 03 min 29 s (N = 168). Eine kürzere Dauer der Trocknung bei höherer Konzentration der Desinfektionsmittel ergibt sich bei der Zwischenreinigung. Daraus folgte für den ZOP 1 ein Mittelwert von 04 min 08 s (N = 76) und für den ZOP 2 ein Mittelwert von 03 min 23 s (N = 146).

6.8 Diskussion

In dieser Studie über Reinigungsprozesse lag der Fokus auf den Zwischenreinigungen, da sie eine Schnittstelle im Operationsalltag zwischen zwei Operationen darstellen und damit erheblichen Einfluss auf den OP Ablauf haben. Die Endreinigungen (normal u. septisch) wurden zwar erhoben und ausgewertet, jedoch nicht spezifisch analysiert. Die Dauer der Zwischeneinigung entscheidet über den Beginn der OP Vorbereitung und auch den weiteren Ablauf. Erst nach Trocknung des Bodens ist es dem Personal erlaubt den OP Saal zu betreten. Somit kann eine zeitlich längere Reinigung verursachen, dass kostenintensives OP Personal auf ihren Einsatz warten muss. Für die Zwischenreinigung (Beginn Reinigung bis Trocknungsende) wurde im ZOP 1 eine durchschnittliche Dauer von 13 min 56 s, im ZOP 2 von 10 min 37 s ermittelt. Die Differenz beträgt somit

03 min 19 s. Ursachen für die Differenz können der Verschmutzungsgrad in Bezug zu der jeweiligen Operationsart, die Feuchtigkeit des Wischbezuges, die Anzahl und Dauer der Unterbrechungen sowie die Organisation der Reinigungskräfte sein. Bei Betrachtung der Häufigkeiten können die meisten Reinigungen, ohne Unterteilung nach ZOP, der allgemeinen Chirurgie (19 %) zugeordnet werden. Die längste Dauer bei Zwischenreinigungen ergab sich bei den orthopädischen Operationen, bei denen im Durchschnitt eine Zeit von 10 min 34 s für eine Zwischenreinigung benötigt wurde. Bei den Augenoperationen hingegen konnten die geringsten Zeiten für Zwischenreinigungen (02 min 06 s) beobachtet werden. Der Unterschied in der Dauer der Zwischenreinigungen in Hinsicht auf die Fachbereiche lässt sich dahin gehend erklären, dass zum Beispiel die chirurgischen Operationen einen höheren Verschmutzungsgrad aufweisen und deutlich mehr Abfall erzeugen, der bei der Nachbereitung durch die Reinigungskräfte aus dem OP-Saal entfernt werden muss.

Bei der Betrachtung der Reinigungskräfte konnte festgestellt werden, dass insgesamt 185 von 288 Reinigungen von zwei Reinigungskräften durchgeführt wurden. Am wenigsten wurden Reinigungen mit vier Personen durchgeführt. In Hinblick auf die betrachteten Zwischenreinigungen für beide ZOPs konnte festgestellt werden, dass eine Reinigungskraft eine Zeit von 12 min 07 s benötigt und die kürzeste Reinigung mit zwei Reinigungskräften durchgeführt werden kann. Die durchschnittliche Zeit der Zwischenreinigung mit zwei Reinigungskräften beträgt hierbei 11 min 29 s. Die Vermutung, dass mit zunehmender Anzahl der Reinigungskräfte die durchschnittliche Reinigungszeit abnimmt, trifft nur bei der Betrachtung des Anstiegs von einer auf zwei Reinigungskräfte zu. Es zeigt sich eine Ineffizienz bei den Zwischenreinigungen bei drei und vier Reinigungskräften, was zu einer Verlängerung des Prozesses führt.

Zu einer möglichst effektiven Reinigung und Vermeidung von Infektionen gehört das Einhalten der Einwirkzeiten für Instrumentarien und Böden. Auch die Vorschriften und Regeln der Rutschsicherheit können bei vorzeitigem Betreten, wie in der Arbeitsstätten-Richtlinie Fußböden ASR A1.5/1,2 beschrieben, nicht eingehalten werden (Arbeitsstättenverordnung 2013, S. 1–22). Somit stellt das Betreten der OP-Säle durch das OP Personal erst nach Ende der vorgeschriebenen Trocknungszeit einen wichtigen Einflussfaktor dar, da dadurch auch doppelte Tätigkeiten wie beispielsweise ein erneuter Wischvorgang durch die Reinigungskräfte vermieden werden können. Arbeitsanweisungen innerhalb des OP-Bereiches könnten dies als verpflichtende Vorgabe berücksichtigen.

Im Planungsprogramm der Universitätsmedizin Greifswald finden die Reinigungsprozesse derzeit noch keine Berücksichtigung, was als Grund für diese Komplikation angemerkt werden kann. Die Mitarbeiter haben außerdem zusätzlichen Druck, wenn Reinigungsprozesse nicht in der OP Planung berücksichtigt werden. Wenn die Zeiten berücksichtigt werden, können alle Mitarbeiter davon profitieren und es wird vielleicht mehr darüber nachgedacht Arbeitsschritte in anderen Räumlichkeiten des ZOPs zu parallelisieren wie z. B. Paralleles Rüsten der OP-Tische im Rüstraum oder Sterilflur. Außerdem ist es bedeutsam die Arbeitsprozesse zu verdichten, um eine hohe Auslastung zu erzielen. Ein wichtiger Schritt für einen besseren OP-Ablauf ist somit die Einplanung der zeitlichen Inanspruchnahme einer Reinigung sowie deren effizienter Ablauf. Der vorliegende Artikel schließt diese Forschungslücke, wenngleich noch weiterer Forschungsbedarf herrscht. Nur so lässt sich die Relevanz der Reinigungsprozesse im OP ins Bewusstsein der Krankenhausleitung und Plan erstellenden Kliniken rufen.

6.9 Schlussbetrachtung

Die Prozessstrukturanalyse gab Aufschluss über die Abläufe der Reinigungen und Desinfektionen in den ZOPs der Universitätsmedizin Greifswald. Die anschließend ermittelten Zeiten sind in den OP-Alltag einzuplanen. Somit kann aus der Prozess- und Zeiterfassung eine Optimierung der Abläufe erfolgen, zum Beispiel parallelisierte Prozesse. Außerdem werden durch das Parallelisieren von Prozessen in anderen Räumen die Gesetzte gemäß RKI und KRINKO bezüglich Saaltrocknung eingehalten. Weitere Verbesserungsmaßnahmen ergeben sich durch die Aufklärung des Personals über die Richtlinien der Bodentrocknung und damit verbundenen Desinfektionswirksamkeit. Bei einer Einplanung der Reinigungen mit zwei Reinigungskräften kann die Anzahl der Operationen durch kürzere Reinigungszeiten gesteigert werden.

Eine digitale Erfassung der Prozessabläufe und der Prozesszeiten kann helfen, die ökonomischen Herausforderungen der verschiedenen Abteilungen innerhalb des Krankenhauses zu unterstützen. Dies gilt auch für die OP vor- und nachgelagerten Tätigkeiten wie bspw. der Reinigungsprozesse. Darüber hinaus lassen sich durch eine automatisierte und digitale Erfassung wichtiger Prozessparameter Folgeanalysen unterstützen und durchführen.

Literatur

Ahring K (2013) Mappe zur Einarbeitung neuer Mitarbeiter im OP-Bereich. Universitätsmedizin Greifswald, Greifswald

Arbeitsstättenverordnung (2013) Fußböden. http://www.gaa.baden-wuerttemberg.de/servlet/is/16486/5_A1_05_1_2.pdf. Zugegriffen: 10. Nov. 2014

Bender HJ, Denz C, Baumgart A (2009) Perioperative Organisation – Optimierung der Abläufe. In: Ansorg J, Albrecht DM, Berufsverband der Deutschen Chirurgen (Hrsg) OP-Management. Med.-Wiss. Verl.-Ges., Berlin, S 457–524

Bergen P (2011) Basiswissen Krankenhaushygiene. Kunz, Hannover

Bodenschatz W (2009) Kompaktwissen Desinfektion das Handbuch für Ausbildung und Praxis. Behr, Hamburg

Bundesministerium des Innern (Hrsg) (2013) Handbuch für Organisationsuntersuchungen und Personalbedarfsermittlung. http://www.orghandbuch.de/OHB/DE/ohb_pdf.pdf?__blob=publicationFile&v=6. Zugegriffen: 21. Mai 2014

Fehrle M, Michl S, Alte D, Götz O, Fleßa S (2013) Zeitmessstudien im Krankenhaus. Gesundheitsökonomie Qualitätsmanagement 18:23–30

Fiedler R (2011) Organisation kompakt. Lehrbuch kompakt. Oldenbourg, München

Kapitza T (2009) Unternehmerisches Handeln in der OP-Steuerung. In: Ansorg J, Albrecht DM, Berufsverband der Deutschen Chirurgen (Hrsg) OP-Management. Medizinisch Wissenschaftliche Verlagsgesellschaft, Berlin, S 551–556

Kommission für Krankenhaushygiene und Infektionsprävention beim Robert Koch-Institut (KRINKO 2000) Anforderungen der Hygiene bei Operationen und anderen invasiven Eingriffen. Bundesgesundheitsblatt Gesundheitsforschung Gesundheitsschutz 43:644–648

Kommission für Krankenhaushygiene und Infektionsprävention beim Robert Koch-Institut (KRINKO 2004) Anforderungen an die Hygiene bei der Reinigung und Desinfektion von Flächen. Bundesgesundheitsblatt Gesundheitsforschung Gesundheitsschutz 47:51–61

Przyborski A, Wohlrab-Sahr M (2014) Qualitative Sozialforschung ein Arbeitsbuch. Oldenbourg, München

Refa Verband für Arbeitsstudien und Betriebsorganisation E. V. (1992) Methodenlehre des Arbeitsstudiums, Teil 2 – Datenermittlung. Hanser, München

Robert Koch-Institut (RKI) (2009) Präambel zum Kapitel D, Hygienemanagement, der Richtlinie für Krankenhaushygiene und Infektionsprävention. http://www.rki.de/DE/Content/Infekt/Krankenhaushygiene/Kommission/Downloads/Praeambel_Rili.pdf?__blob=publicationFile. Zugegriffen: 10. Nov. 2014

Schulte-Zurhausen M (2014) Organisation. Vahlens Handbücher der Wirtschafts- und Sozialwissenschaften. Vahlen, München

Zapp W, Aleff G (2002) Prozessgestaltung im Krankenhaus. Economica, Heidelberg

Über die Autoren

Dr. rer. pol. Olav Götz, M.Sc ist wissenschaftlicher Mitarbeiter an der Universität Greifswald. Nach dem Studium der Betriebswirtschaftslehre mit den Schwerpunkten Gesundheitsmanagement, Gesundheitsökonomie und Öffentliche Finanzen absolvierte er den Masterstudiengang Health Care Management an der Universität Greifswald. Seine Arbeits- und Forschungsgebiete umfassen die Simulation, insbesondere die diskrete Ereignissimulation, in Gesundheitsbetrieben, die Modellierung von Prozessen, das OP- und Prozessmanagement. Herr Götz ist Mitglied in den folgenden Fachgesellschaften: Institute of Operations Research and Management Science (INFORMS), Gesellschaft für Operations Research e. V. (GOR), Arbeitsgemeinschaft Simulation (ASIM), Deutsche Gesellschaft für Gesundheitsökonomie e. V. (DGGÖ).

Dr. med. Maria Zach leitet das Zentrale OP-Management in der Stabsstelle Strategisches Controlling und Medizincontrolling an der Universitätsmedizin in Greifswald. Zuvor war sie 10 Jahre als Oberärztin in der Klinik für Anästhesiologie und Intensivmedizin der Universitätsmedizin Greifswald tätig. Ihre Interessenschwerpunkte liegen im Bereich der perioperativen Prozesssteuerung, der Qualitätssicherung, der Logistikoptimierung und des Personalmanagements.

Maria Riemann, M. Sc hat Health Care Management an der Universität Greifswald studiert. Nach dem Studium wurde sie als Health Care Managerin in der Gemeinschaftspraxis Dres. med. Hypa und Finck angestellt. Ihre Arbeitsgebiete im Bereich Dialyse und Endoskopie sind das Controlling, das Qualitäts- und Hygienemanagement sowie die Prozessoptimierung.

Prof. Dr. Steffen Fleßa ist Inhaber des Lehrstuhls für Allgemeine Betriebswirtschaftslehre und Gesundheitsmanagement an der Universität Greifswald. Seine Schwerpunkte sind die

Quantitativen Methoden im Krankenhauswesen, Non-Profit-Organisationen sowie Internationales Gesundheitsmanagement. Im Rahmen mehrerer Projekte der EU, DFG und BMBF wurden empirische und modellgestützte Kostenanalysen durchgeführt, u. a. in Burkina Faso, Tansania, Kenia, Vietnam und Venezuela. Steffen Fleßa ist weiterhin Projektpartner der BMBF-geförderten Projekte GANI_MED (Individualisierte Medizin) und HICARE (Multiresistente Erreger). Zahlreiche Buch- und Artikelveröffentlichungen sind von ihm erschienen und auf der Homepage des Lehrstuhls einsehbar.

7 Verbesserung der Prozessqualität bei Traumapatienten durch digitale Bild- und Dokumentenübermittlung

Antonio Ernstberger, Uli Schmucker, Tanja Herbst und Michael Nerlich

Zusammenfassung

Nach der Publikation des ersten „Weißbuch Schwerstverletzten-Versorgung" der Deutschen Gesellschaft für Unfallchirurgie (DGU) im Jahr 2006 kam es zu einer umfassenden Umstrukturierung der medizinischen Versorgungslandschaft. Zertifizierte regionale Traumanetzwerke zu schaffen und darin eine funktionierende Kommunikationsstruktur zu implementieren war das erklärte Ziel der DGU. Ärzte und Kliniken erkannten, dass elektronische Datenübermittlung im Gesundheitswesen als Basis von Kommunikation, Bild- und Dokumententransfer unumgänglich geworden ist. Dies galt und gilt insbesondere für die zeitkritischen Notfallverlegungen, die zunehmenden Zweitmeinungen und für die stärkere Anbindung von Niedergelassenen im Fach Traumatologie. Die Ideallösung war ein System, das seit 2012 verfügbar ist und mittlerweile bundesweit, flächendeckend und sektorenübergreifend von allen medizinischen Dienstleistern genutzt werden kann. Durch eine gemeinsame und

A. Ernstberger (✉) · T. Herbst · M. Nerlich
Klinik und Poliklinik für Unfallchirurgie, Universitätsklinikum Regensburg, Franz-Josef-Strauß-Allee 11, 93053 Regensburg, Deutschland
E-Mail: antonio.ernstberger@ukr.de

T. Herbst
E-Mail: tanja.herbst@ukr.de

M. Nerlich
E-Mail: michael.nerlich@ukr.de

U. Schmucker
AUC – Akademie der Unfallchirurgie GmbH, Wilhelm-Hale-Straße 46b, 80639 München, Deutschland
E-Mail: uli.schmucker@auc-online.de

M.A. Pfannstiel et al. (Hrsg.), *Digitale Transformation von Dienstleistungen im Gesundheitswesen II,* DOI 10.1007/978-3-658-12393-2_7

sichere digitale Netzwerkstruktur kann die Behandlungsqualität beim Unfallverletzten gesteigert und Prozesse in und zwischen den medizinischen Dienstleistern können optimiert werden.

Inhaltsverzeichnis

7.1 Ursprünge des Traumanetzwerkgedankens

Ein Zusammenschluss mehrerer Kliniken ist hauptsächlich dann dringend erforderlich, wenn in Flächenstaaten mit entlegenen ländlichen Regionen medizinische Versorgungsmaßnahmen ineinander greifen oder aufeinander aufbauen müssen. Dort ist eine funktionierende Logistik und Kommunikation für die Patientenversorgung essenziell. Im Jahr 2006 konstatierte die Deutsche Gesellschaft für Unfallchirurgie (DGU), dass in Deutschland regionale Unterschiede der Strukturen, Prozesse und Ergebnisse der Traumaversorgung existieren (vgl. Ruchholtz et al. 2007). Anders gesagt: Unfallverletzte werden nicht überall und nicht zu jeder Zeit mit gleichbleibend hoher Qualität versorgt. In Ballungsräumen sind mehr Traumazentren verfügbar als in ländlichen, weitläufigen Gegenden. Es wurden aber auch inhomogene Geräteausstattungen und unterschiedliche Behandlungskonzepte im Vergleich von Kliniken festgestellt (vgl. Ruchholtz et al. 2013). Nicht zuletzt wurde auch erkannt, dass der Teamgedanke (kooperatives Leitbild der Traumaversorgung) nicht mehr nur innerhalb eines einzelnen Krankenhauses, sondern klinikübergreifend, im Kontakt mit Zuweisern, Rehakliniken und Nachbarkliniken von herausragender Bedeutung ist. Nur in einem solchen Verbund kann – in der Großstadt wie in ländlichen Regionen – von der Präklinik bis zur Wiedereingliederung fach- und berufsgruppenübergreifend als Netzwerk agiert werden. Die DGU reagierte auf diese Versorgungsunterschiede mit der Veröffentlichung des „Weißbuch

Schwerverletzten-Versorgung“. Das Weißbuch rät zur Bildung von zertifizierten Traumanetzwerken und zur Implementierung einer digitalen Kommunikationsplattform innerhalb dieser Netzwerke. Damit sollte den strukturell ungleichen Versorgungsvoraussetzungen begegnet und beispielsweise Expertenwissen in die Peripherie gebracht werden. Eine optimierte medizinische Notfallversorgung und damit höchste Versorgungsqualität rund um die Uhr an jedem Ort in Deutschland war das erklärte Ziel. Ein schwerstverletzter Patient sollte überall in Deutschland auf eine standardisierte, hochwertige Versorgung vertrauen dürfen. Gemäß den Empfehlungen des Weißbuchs entwickelte sich ab dem Jahr 2006 ein zunehmend dichteres Netz aus lokalen, regionalen und überregionalen Traumzentren, die sich fortschreitend zu regionalen Traumanetzwerken (TNW) zusammenschlossen. Häufig befindet sich ein Zentrum der Maximalversorgung in der Mitte eines solchen TNW, Kliniken der Versorgungsstufen II und III liegen im Umland.

7.1.1 Anfänge der präklinischen und klinischen Vernetzung in Ostbayern

Auch in der ländlich geprägten und dünn besiedelten Region Ostbayern waren die Kliniken bei der Patientenbehandlung und -verlegung regelmäßig mit Schwierigkeiten durch weite Entfernungen konfrontiert. Ostbayern umfasst die Regierungsbezirke Oberpfalz und Niederbayern mit einer Fläche von insgesamt über 20.000 km^2 (in etwa die Fläche des Bundeslandes Hessen) und hat eine verhältnismäßig geringe Einwohnerdichte (115 Einwohner/km^2). In der größten Stadt dieser Region, Regensburg, leben knapp 150.000 Einwohner (vgl. Bundesland Bayern mit Regierungsbezirken 2016). Für die ca. 2,3 Mio. Einwohner Ostbayerns gab es mit dem Universitätsklinikum Regensburg (UKR) lediglich ein einziges Krankenhaus der Maximalversorgung. Notfallverlegungen an das UKR über weite Strecken hinweg waren der Regelfall. Dennoch setzte sich die Erkenntnis durch, dass ohne grundlegende Strukturveränderungen der medizinische Fortschritt limitiert bleiben wird.

Bereits mit der Gründung des UKR im Jahr 1992 wurde überlegt, welche Maßnahmen zur Verbesserung der präklinischen Vernetzung umgesetzt werden könnten. Noch im selben Jahr wurde auf Initiative des UKR das Rettungszentrum Regensburg (RZR) gegründet. Dort treffen sich seitdem in regelmäßigen Qualitätszirkeln alle an der Notfallrettung beteiligten Organisationen, vom Rettungswesen über die Polizei bis hin zur Feuerwehr, um sich gemeinsam für eine stets effizienter und besser werdende präklinische Arbeit einzusetzen.

Ein erster Versuch, das Rettungswesen telemedizinisch zu unterstützen, war das RZR-Projekt „NOAH“ (Notfall- Organisations- und Arbeitshilfe). Die Rettungssanitäter wurden mit portablen Minicomputern ausgestattet, welche für eine verbesserte Kommunikationsanbindung des Notarztes an die Rettungsleitstelle und die Notaufnahmen der Krankenhäuser sorgten. Mit NOAH konnten wichtige Daten und Informationen für das Einsatzmanagement in Sekundenschnelle erfasst und optimal weitergegeben werden (vgl. NOAH 2016). Die Qualität der Kommunikation und Dokumentation verbessert sich durch einfache Eingabe und Übermittlung (vgl. Schächinger et al. 1999).

Den Faktor Zeit in den Griff zu bekommen und die Kommunikation innerhalb der Rettungskette optimal zu gestalten hatte aufgrund der großen Entfernungen in diesem ländlich geprägten Flächenstaat Priorität. Die präklinische Versorgung im Großraum Regensburg konnte seit der Gründung des RZR und der Implementierung von ersten telemedizinischen Lösungen erheblich effektiver gestaltet werden. Ostbayern zeigte sich bereits mit diesen ersten Anfängen einer präklinischen Vernetzung, unterstützt durch digitale Plattformen, als Vorreiter innovativer Kooperationen.

7.1.2 Das Weißbuch der DGU

Das Weißbuch „Schwerverletzten-Versorgung – Empfehlungen zur Struktur und Organisation von Einrichtungen zur Behandlung von Schwerverletzten in der Bundesrepublik" wurde erstmalig im Jahr 2006 von der DGU herausgegeben. Im Jahr 2012 erschien dann eine zweite, erweiterte Auflage (siehe Abb. 7.1), welche bis heute die bundesweit einheitlichen Rahmenempfehlungen und Standards für die Behandlung von schwer Unfallverletzten darstellt:

> Zur nachhaltigen Sicherung einer leistungsstarken, flächendeckenden, qualitätsgesicherten Versorgung von Schwerverletzten rund um die Uhr gibt das novellierte Weißbuch Empfehlungen für die Struktur, Ausstattung, Organisation sowie die Sicherheit und Qualität in der Versorgung von Schwerverletzten jeden Alters (Weißbuch DGU 2012, S. 6).

Die DGU stellte fest, dass die Qualität der Polytraumaversorgung in Deutschland zwar insgesamt sehr hoch, allerdings regional inhomogen war und teilweise auch noch ist. Dies zeigte sich z. B. an einer bundesweit stark variierenden Letalitätsrate selbst nach Risikoadjustierung. Als Ursachen wurden zum einen die geografischen und infrastrukturellen Unterschiede zwischen den Bundesländern und Regionen und zum anderen unterschiedliche Behandlungskonzepte und Ausstattungen der einzelnen Krankenhäuser genannt.

> Mit der Publikation des ersten Weißbuches im Herbst 2006 konnte eine nachhaltige Diskussion über die Situation der Schwerverletztenversorgung in Deutschland angeregt werden. Aufgrund der festgestellten Versorgungsengpässe und zur Umsetzung der dargelegten Empfehlungen hat die Deutsche Gesellschaft für Unfallchirurgie das Projekt TraumaNetzwerk DGU® (TNW) initiiert. Mit der Umsetzung des Projektes wurde der Arbeitskreis Umsetzung Weißbuch/TraumaNetzwerk (AKUT) beauftragt. Zielsetzung des TNW ist die Bildung eines strukturierten flächendeckenden Verbundes von qualifizierten Kliniken zur Schwerverletzten-Versorgung nach einheitlichen Versorgungs- und Qualitätsstandards (Weißbuch DGU 2012, S. 3).

Die Prognose von Polytrauma-Patienten hängt von zwei Faktoren ab: von der Verletzungsschwere sowie von der möglichst zeitnahen und adäquaten Versorgung dieser Verletzungen (Transportzeit und Kompetenz). Daraus ergab sich die Notwendigkeit, die

Abb. 7.1 Weißbuch Cover (Rechte über die DGU von Thieme eingeholt)

Versorgung schwerstverletzter Patienten in Deutschland zu strukturieren und zu standardisieren. Die Kriterien für eine solch bundesweite Standardisierung wurden ebenfalls im Weißbuch publiziert. Daraus wurden dann im nächsten Schritt Anforderungen an die einzelnen Kliniken gestellt, z. B. hinsichtlich Ausstattung, Personalstruktur und anderer

Kriterien. Diese Kriterien bilden wiederum die Grundlage der regelmäßigen Auditierungen der Traumazentren und Zertifizierungen der Traumanetzwerke.

7.1.3 Die Entstehung der Initiative TraumaNetzwerk DGU®

Im Zuge der Optimierung der präklinischen Kommunikation im Flächenstaat Ostbayern lag für die beteiligten Versorgungseinrichtungen nahe, dass sich neben den Präklinikern auch die ostbayerischen Kliniken zusammentun sollten, um in einem weiteren Schritt ein funktionierendes regionales Netzwerk zu bilden. Dabei sollte ein Maximalversorger als Antreiber, Motivator und Koordinator im Mittelpunkt stehen. Erste Bestrebungen, sich in Netzwerken zu organisieren, waren bereits seit Gründung des Universitätsklinikum Regensburg 1992 vorhanden; eine enge Zusammenarbeit wurde zwischen 25 Kliniken Ostbayerns bereits praktiziert, ohne dieser kooperativen Struktur einen Namen oder formellen Charakter zu geben. Diese Erkenntnis, also die zukünftig immer stärkere Notwendigkeit der Kooperation, Koordination und Kommunikation in einer Netzwerkstruktur von medizinischen Einrichtungen, war bereits existent. Dennoch war es erst die Publikation des Weißbuches der DGU im Jahr 2006, welche den Anstoß zu einer auch formalen, auf definierten Anforderungen und Vereinbarungen untereinander basierenden Zusammenarbeit gab.

> Die zusätzliche Verzahnung der für die Behandlung von Schwerverletzten bestimmten Einrichtungen in einem Traumanetzwerk[D] […] stellt einen weiteren die Effizienz steigernden Faktor dar. […] Die Einhaltung der Vorgaben und die Beteiligung an diesem Netzwerk erlauben den aufgabengerechten Ressourceneinsatz und garantieren eine kompetente und leistungsstarke Versorgung von Schwerverletzten (Weißbuch DGU 2006, S. 15–16).

Für das TraumaNetzwerk Ostbayern (TNO) war das 2006 erschienene Weißbuch mit der Empfehlung zur Initiierung von zertifizierten TraumaNetzwerken die entscheidende Starthilfe und gab die Gewissheit, mit den bisherigen Bemühungen nach einer Vernetzung der Kliniken auf dem richtigen Weg zu sein. Regelmäßig trafen sich die unfallchirurgischen Chefärzte Ostbayerns, um aktuelle Themen der Schwerstverletztenversorgung zu diskutieren und sich gleichzeitig intensiv auf die offiziellen Audits mit anschließender Netzwerk-Zertifizierung durch unabhängige Zertifizierer vorzubereiten. Der erste der vierteljährlichen TNO-Qualitätszirkel fand im Juli 2007 in Regensburg statt. Etwa gleichzeitig mit diesen ostbayerischen Strukturveränderungen wurde in Deutschland die Initiative TraumaNetzwerk DGU® im Jahr 2008 von der Deutschen Gesellschaft für Unfallchirurgie ins Leben gerufen, welche auch für das TNO als bundesweites Leitbild diente. Die Initiative gilt heute, da die gesamte Bundesrepublik flächendeckend mit Traumanetzwerken überzogen ist, als weltweit beachtetes Modell der modernen Schwerverletztenversorgung (vgl. Traumanetzwerk 2016).

Das TNO mit seiner bereits laufenden interklinischen Zusammenarbeit setzte die Empfehlungen der Initiative Traumanetzwerk der DGU – und damit die Kriterien des

Weißbuchs – zeitnah um und wurde im Jahr 2009 als erstes TraumaNetzwerk DGU® in Deutschland zertifiziert. Nach und nach folgten weitere TraumaNetzwerke im Bundesgebiet und in benachbarten Ländern diesem Beispiel. Gemeinsame Ziele dieser Netzwerkbildungen waren in erster Linie möglichst zeitnahe, adäquate und prioritätengerechte Patiententransporte, die zeitsparend und effizient durchgeführt werden, sowie eine in höchster Qualität erfolgte Versorgung von Traumapatienten innerhalb der zertifizierten Kliniken. Damit sollte die Prognose eines schwerverletzten Patienten signifikant verbessert werden und dies ist vielfach gelungen.

7.2 Teleradiologische Vernetzung

Damit die vernetzten Kliniken sich untereinander verständigen und kooperierend handeln können, ist in den regionalen TraumaNetzwerken eine zeitgemäße digitale Kommunikationsplattform notwendig geworden. Entsprechend empfiehlt das Weißbuch nicht nur das Networking zwischen Kliniken, sondern fordert die Kliniknetzwerke darüber hinaus auch nachdrücklich zur elektronischen Vernetzung auf. Es befürwortet „Ausbau und Intensivierung definierter Kommunikationswege zwischen allen Partnern auch unter Nutzung der Telekommunikation" (Weißbuch 2012, S. 13). In Ermangelung einer etablierten IT-Lösung musste jetzt ein geeignetes telemedizinisches System gefunden werden, mit dem Kliniken datenschutzkonform, sicher und flexibel untereinander kommunizieren können.

7.2.1 Anforderungen an die teleradiologische Bildübertragung

Das Weißbuch sagt in Kap. 4.3 explizit aus, die Möglichkeit zur bedarfsgerechten, modernen elektronischen, funktionstüchtigen Kommunikation zwischen den Kliniken im TraumaNetzwerk DGU® oder auch mit anderen Kliniken, die in die Initiative TraumaNetzwerk DGU® eingebunden sind (z. B. Spezialkliniken oder Reha-Kliniken), sei eine grundlegende Anforderung an jedes Traumazentrum. Damit fordert das Weißbuch eine telemedizinische und im engeren Sinne teleradiologische Lösung. Mit dieser Aussage verpflichtet die DGU alle im TraumaNetzwerk DGU® organisierten Kliniken, telemedizinische Möglichkeiten zu nutzen, um Defizite in der Kommunikation – und damit vermeidbare Schwierigkeiten bei der Behandlung – von vorne herein zu minimieren.

Im Flächenstaat Ostbayern mit dem Universitätsklinikum Regensburg (UKR) als Zentrum und Maximalversorger war die große räumliche Distanz zwischen den ostbayerischen Kliniken eine ausreichende Motivation für das TNO, schon frühzeitig nach einem geeigneten telemedizinischen System zu suchen. Die Expertise des UKR musste auch in kleineren, entlegenen Häusern zeitnah per Teleradiologie verfügbar sein, um dort eine hohe medizinische Versorgungsqualität zu bieten. Bislang existierten zwar Einzelverbindungen, sogenannte Point-to-point-Netzwerke zwischen zwei Kliniken, aber eine digitale

Kommunikation aller 25 TNO-Kliniken untereinander gab es nicht. Nicht länger nur bilaterale, sondern multilaterale, maschendrahtartige Kommunikationsnetzwerke sollten angestrebt werden.

Zum damaligen Zeitpunkt waren in Deutschland nur teleradiologische Insellösungen auf dem Markt. Allerdings war keine größere Gruppe von Kliniken oder gar Traumanetzwerke an eine professionelle Online-Plattform angebunden. Darüber hinaus waren die verfügbaren Insellösungen stark herstellerabhängig und technisch limitiert. Damit war mit den bestehenden Lösungen in keinem Fall eine standardisierte, offene und bundesweite Plattform für alle Traumanetzwerke und Kliniken realisierbar. Ebenso unzureichend waren bei bestehenden Systemen die heterogenen Datenschutzkonzepte (falls überhaupt vorhanden), die Interoperabilität mit den Standarddateiformaten, die Möglichkeit des Dokumententransfers zusätzlich zum Bildtransfer sowie die Integrationsfähigkeit in die PACS und KIS-Lösungen der Kliniken. Bezüglich des Datenschutzes und der Übermittlungsqualität sagt das Weißbuch:

> Prinzipiell muss für jede Art der Kommunikation gelten, dass sie vollständig den geltenden Datenschutzvorgaben entspricht. Die für die jeweiligen Szenarien gültigen Vorschriften der Röntgenverordnung (RöV) sollen eingehalten werden, die Übermittlung der radiologischen Bilder soll den Empfehlungen der Deutschen Röntgengesellschaft, z. B. bezüglich der Kompression […] folgen. Es sollen die gültigen Regeln und Vorgaben zur Qualitätssicherung der Verfahren selbst als auch zur Qualität der übermittelten Daten befolgt werden (Weißbuch DGU 2012, S. 22).

Nichts ist im Bereich elektronischer Datenübertragung mit größerer Sensibilität zu behandeln als die personen- bzw. krankheitsbezogenen Daten eines Patienten. Grundvoraussetzung für ein geeignetes teleradiologisches Produkt war daher ein umfassend geprüftes Datenschutzkonzept inklusive Verschlüsselung der Daten, gesicherter Übertragung, Rollen- und Rechte-Konzepte und eine Zustimmungslösung für die Patienten. Alles in allem gab es auf dem Markt zwar viele Insellösungen, aber kein System, welches man als umfassend geeignet für den Einsatz im TNO und darüber hinaus hielt.

7.2.2 Innovatives Projekt Telekooperation TNW® bzw. TKmed®

Aufgrund der Tatsache, dass auf dem Markt kein geeignetes telemedizinisches System verfügbar war, welches den Anforderungen des TraumaNetzwerks Ostbayern (TNO) Genüge getan hätte, entschloss sich das TNO dazu, selbst aktiv in der Entwicklung eines solchen Netzwerks zu werden: Gemeinsam mit externen technischen Dienstleistern wurde daraufhin das System Exdicomed entwickelt. Exdicomed zeichnete sich durch Schnelligkeit, Modularität und Herstellerunabhängigkeit aus (vgl. Ernstberger et al. 2014). Als weitere Basis-Anforderungen wurden festgelegt: Anwenderfreundlichkeit, Datenschutzkonformität, Offenheit für künftige technische Entwicklungen sowie nationale und internationale Anwendungsfähigkeit.

Um den umfassenden datenschutzrechtlichen Bestimmungen gerecht zu werden, wurde bereits während der Projektentwicklung der Bayerische Landesdatenschutzbeauftragte, dessen Richtlinien zu den nachdrücklichsten im Bundesgebiet gehören, eingeschaltet. Diese enge Kooperation war von Beginn an äußerst gewinnbringend, da mögliche Datenschutzprobleme gleichzeitig mit jedem Entwicklungsschritt sofort nachjustiert werden konnten. Seit dem ersten Testbetrieb respektive der ersten Übertragung von realen Patientendaten kümmern sich Experten für IT-Sicherheit und Medizininformatik der Fachhochschule Stralsund und der externen technischen Dienstleister rund um die Uhr um eine hohe Datensicherheit.

Das vielversprechende ostbayerische Projekt Exdicomed als Vorläufer von TKmed® konnte durch das Programm „Leitprojekte Medizintechnik" des Bayerischen Staatsministeriums für Wirtschaft und Medien, Energie und Technologie (StMWi) in Kombination mit EFRE-Fördermitteln (Europäischer Fonds für Regionale Entwicklung in Bayern) realisiert werden. Nach einer zweijährigen Projektentwicklungs- und Testungsphase im Traumanetzwerk Ostbayern (TNO) von 03/2010–02/2012 war ein System entstanden, welches die hohen Anforderungen im klinischen Alltag in vollem Umfang erfüllte. Parallel dazu wurde das System seit dem Jahr 2011 in drei Pilotnetzwerken (Ostbayern, Saar-Lor-Lux, Schleswig-Holstein) getestet und weiter optimiert. Hierfür zeichnete bereits die AUC-Akademie der Unfallchirurgie GmbH, Tochtergesellschaft der DGU, verantwortlich (vgl. AUC 2016). Aufgrund der sehr positiven Anwenderresonanz wurde Exdicomed im Jahr 2012 als Modell für eine bundesweite Umsetzung in allen TNW (TKmed®) vorgeschlagen. Verantwortlich für die mittlerweile bundesweite Umsetzung sind die AUC GmbH und die Technologiepartner Chili und Pegasus aus dem Pilotprojekt. Seit dem Frühjahr 2012 steht das System unter dem Namen TKmed® nun allen medizinischen Dienstleistern zur Verfügung (vgl. Telekooperation-TNW 2016 bzw. TKmed 2016).

Die High-End-Datensicherheit von TKmed® bzw. der Telekooperation TNW® entspricht höchsten Standards und wird u. a. durch Ende-zu-Ende-Verschlüsselung, Transportverschlüsselung, 2-Faktoren-Authentifizierung, redundanter Datenhaltung und getrennten Zugriffsbereichen in einem externen Sicherheitszentrum sichergestellt (vgl. Staemmler et al. 2014, S. 204–205). Die hohe Übertragungsgeschwindigkeit sowie die distanzunabhängige Bildqualität entsprechen den gängigen Standards der Röntgenverordnung (RöV) respektive den Vorgaben der Deutschen Röntgengesellschaft und werden bereits ab der Basisversion TKmed Basis erreicht. Das System ist entsprechend den Anforderungen des Weißbuchs der DGU standardisiert, flexibel, modular und innovativ gestaltet (siehe Abb. 7.2).

Es ist möglich, auch große Datenmengen (Polytrauma-CT u. ä.) innerhalb eines definierten Zeitraums (Richtlinie: 15 min) zu übertragen. Die ersten Bilder können sofort beim Empfänger betrachtet werden, während die restlichen Daten im Hintergrund noch geladen werden. Mittels TKmed® können neben DICOM alle sonstigen üblichen Dateiformate (z. B. Word, JPG) übertragen werden, sodass radiologische Bilder, aber auch Fotos, Patientenunterlagen, Befunde u. ä. kompatibel übermittelt werden können.

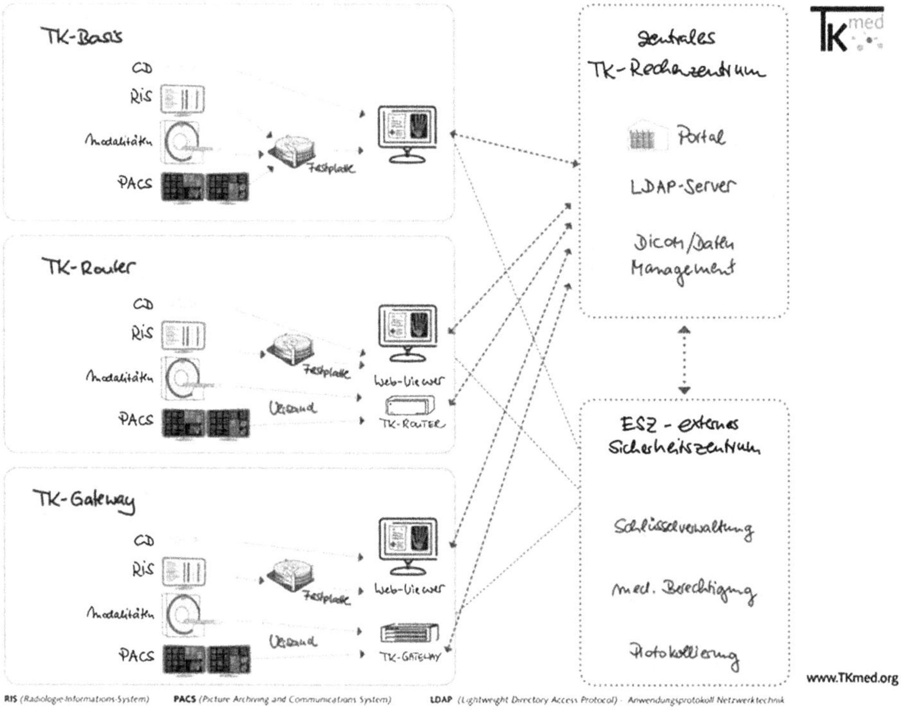

Abb. 7.2 Systemarchitektur *TKmed*® (Rechte von Chili eingeholt)

Erstmals konnte nun durch Initiative der DGU und der AUC GmbH ein System bundesweit flächendeckend eingesetzt werden, welches den stetig gewachsenen Anforderungen aller Beteiligten (Zuweiser, Kliniken, Nachbehandler/Reha) entsprach. Derzeit sind deutschlandweit bereits ca. 150 Behandlungszentren in über 40 Traumanetzwerken angebunden. Der Kostenaufwand ist auch für kleinere Kliniken und Praxen überschaubar, da durch den modularen Aufbau in TK-Basis, TK-Router und TK-Gateway den Bedürfnissen sowohl gelegentlicher Nutzer als auch großer Kliniken entsprochen werden kann. Inzwischen stehen mit den Systemen TKmed Direkt und TKmed Direkt Professional auch Lösungen für die Anbindung von nationalen und internationalen Zuweisern sowie für den direkten Austausch mit Patienten zur Verfügung (vgl. TKmed Direkt 2016).

7.3 Verbesserung der Prozessqualität bei Traumapatienten durch elektronische Bild- und Dokumentenübermittlung

Die Struktur-, Prozess- und Ergebnisqualität ist in Teilbereichen der medizinischen Versorgung durch Normen, Verordnungen und Vorschriften geregelt. Das medizinische Qualitätsmanagement nimmt heute einen hohen Stellenwert bei allen an der

Patientenversorgung beteiligten Organisationen ein, von den Krankenkassen über Ärztekammern bis hin zum Controlling in den Kliniken. In einigen Häusern werden umfangreiche Kapazitäten für die Compliance mit qualitätssichernden Standards, Zertifizierungen etc. vorgehalten. In diesem Kontext beschreibt Strukturqualität u. a. die Qualität der vorhandenen personellen Ressourcen und deren Qualifikation sowie die technischen und räumlichen Gegebenheiten einer Institution. Mit Beginn der Zertifizierung von Traumanetzwerken im Jahr 2008 wurde die Strukturqualität der auditierten Traumazentren deutschlandweit einheitlich angehoben bzw. optimiert (vgl. Staemmler et al. 2014).

Die Ergebnisqualität in der Medizin entspricht vielfach der Frage nach dem Outcome. Welches ist das gewünschte Ergebnis und wird dies erreicht? Zunehmend größere Beachtung als Zielwerte erfahren dabei die Patientenzufriedenheit und die gesundheitsbezogene Lebensqualität.

Bei der Prozessqualität in der Medizin stellt sich in erster Linie die Frage nach dem „Wie" der Behandlung. Wie wird diagnostiziert/therapiert? Wie läuft der Behandlungsprozess ab? Die Prozessqualität betrachtet die Voraussetzungen für einen korrekten Untersuchungsablauf. Sie bezieht sich direkt auf medizinische Fragen. Der Grad der Effektivität und Effizienz eines Prozesses, hier der Teleradiologie, ist Merkmal für das Outcome (vgl. Struktur- Prozess- und Ergebnisqualität 2016). Durch die Teleradiologie können „Verluste von Aufnahmen vermieden, Umlaufzeiten, Aufwand für die Dokumentation und die Kosten reduziert, abschließende elektronische Diskussionen zwischen den Gutachtern ermöglicht und gleichzeitig die Bilder für die Behandlung des Patienten kontinuierlich zur Verfügung gestellt werden" (Walz et al. 2002, S. 105), siehe Abb. 7.3.

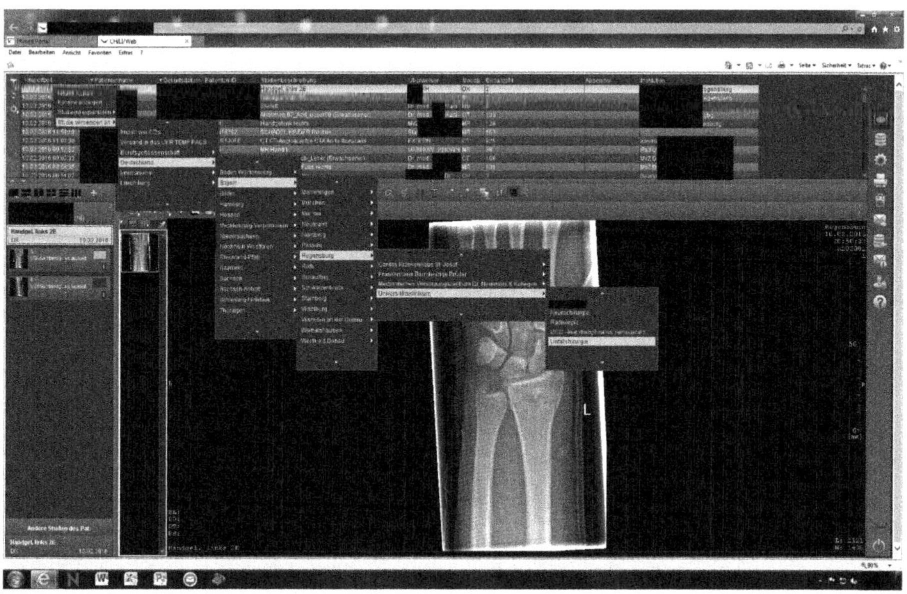

Abb. 7.3 Versandbaum *TKmed*®

Der Einsatz von Teleradiologie wirkt sich ganz konkret und positiv auf die Arbeitsabläufe bei der Behandlung von Traumapatienten aus. Die rasche und sichere Übermittlung und Verarbeitung von Patientendokumenten und/oder radiologischen Bilddaten spielt hier eine entscheidende Rolle. Seit der Implementierung des unabhängigen und flexiblen teleradiologischen Systems TKmed® bzw. Telekooperation TNW® hat sich die Prozessqualität (Nutzen für Patienten, Behandler und Kostenträger) deutlich erhöht, was im Folgenden durch drei häufige Anwendungsbeispiele veranschaulicht wird.

7.3.1 Die Notfallverlegung: Jede Sekunde zählt

Elektronische Bildübermittlung rettet Leben. Nirgendwo ist der Faktor Zeit so brisant wie in der Notfallversorgung von Traumapatienten. Indem die radiologischen Bilddaten bei Notfallverlegung eines Patienten vom kleineren Krankenhaus zum Universitätsklinikum schnell und jederzeit zur Verfügung stehen, wird wertvolle Zeit bei der Erstversorgung des schwerstverletzten Patienten eingespart. Bislang wurden im Falle einer Notfallverlegung die aktuellen Bilddaten des erstversorgenden, peripheren Krankenhauses auf CD gebrannt und zusammen mit dem Patienten im Hubschrauber oder Rettungswagen bei der Weiterverlegung in das aufnehmende Krankenhaus übermittelt. Nach Ankunft des Patienten im Schockraum musste dort zunächst die mitgelieferte CD eingelesen und befundet werden, ehe die optimale Versorgung des schwerstverletzten Patienten eingeleitet werden konnte. Heute versendet die initial behandelnde Klinik ihre aktuellen radiologischen Patientendaten (siehe Abb. 7.4) mit TKmed® in Sekundenschnelle per Mausklick an die aufnehmende, größere Klinik, noch während oder sogar bevor der Patient transportiert wird. Die aufnehmende Klinik kann bereits vor Eintreffen des Patienten die per elektronischer Bildübermittlung zugeschickten Daten befunden, das Schockraumteam passend zusammenstellen und die notwendigen Behandlungsschritte unmittelbar dann einleiten, wenn der Patient im Schockraum ankommt. Wichtige

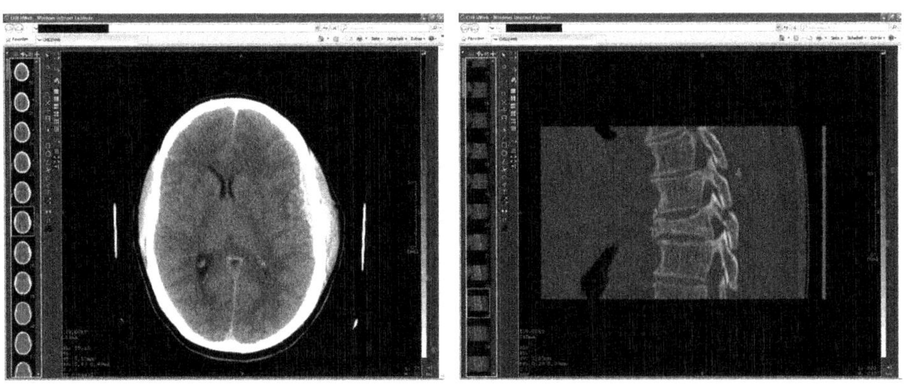

Abb. 7.4 Schädel/Wirbelsäule

Entscheidungen können auf diese Weise schon vor der Ankunft des Patienten getroffen werden, weitere spezielle Fachdisziplinen können ggf. zur Schockraumversorgung hinzugezogen werden. Wertvolle Minuten werden gespart, was bei polytraumatisierten Patienten lebensrettend sein kann.

7.3.2 Die Zweitmeinung/Second Opinion

Durch die Bildung von Traumanetzwerken wird die Kommunikation zwischen Kliniken unterschiedlicher Versorgungsstufen intensiver. Es findet ein reger Austausch von Erfahrungen statt, und die Expertise größerer Häuser wird immer stärker per Teleradiologie in die kleineren Häuser der Peripherie getragen. Bei unklarer Behandlungslage in einem lokalen oder regionalen Traumazentrum kann ein Maximalversorger telefonisch oder per Email Anfragen erhalten und zeitnah beantworten. Dafür stehen sogar passgenaue Dokumentationsunterlagen („digitale Konsilscheine") zur Verfügung. Die Bilddaten werden gleichzeitig per TKmed® an den Experten übermittelt (siehe Abb. 7.5), damit dieser die teleradiologische Befundung nach RöV durchführen und seine Einschätzung an das kleinere Haus rückmelden kann (auch Arztbriefe können elektronisch über TKmed® versendet werden).

Dieser Kompetenztransfer in periphere Einrichtungen als Zweitmeinung bzw. Second Opinion begünstigt die weitere optimale Behandlung des Patienten. Die Ärzte vor Ort beraten zusammen mit dem Experten, ob die Weiterbehandlung im kleineren Haus erfolgen kann oder ob – bei schwerwiegenderen Verletzungen – nicht doch eine Verlegung in ein Haus der nächsten Versorgungsstufe ratsam wäre. Unter Umständen kann also durch

Abb. 7.5 Second Opinion

Einholen einer Zweitmeinung durch teleradiologische Befundung ein unnötiger („diagnostischer") Patiententransport vermieden werden, was sich positiv auf das Patientenwohl und auf die Kostenträger auswirkt: für den Patienten besteht kein Transportrisiko, es gibt keine unnötige Therapieverzögerung, die wohnortnahe Behandlung kann weitergeführt werden, ohne dass für den Patienten Unannehmlichkeiten entstehen (vgl. Walz et al. 2002, S. 102).

Durch die webbasierte Handhabung und gleichzeitige Datensicherheit auf höchstem Standard ist es möglich, das System auch außerhalb eines Krankenhauses zu nutzen. Der Oberarzt im Rufdienst kann zu Hause datenschutzkonform auf sein radiologisches Bildübertragungssystem zugreifen und Notfallpatienten befunden. Zeitraubende Klinikanfahrten können damit zum Teil umgangen werden. Der Assistenzarzt am Krankenhaus verliert durch diese einfache, externe Bildbetrachtung die Hemmschwelle, den Oberarzt bei Unklarheiten zu Hause zu kontaktieren, was die Diagnosesicherheit begünstigt und gleichzeitig die Fehlerquote verringert. Expertenwissen wird dadurch auch innerhalb eines Krankenhauses leichter und einfacher verfügbar gemacht, zudem verringern sich die Belastungen im Rufdienst.

Gemäß der neuen SAV/VAV-Regelung obliegt zumeist dem Maximalversorger bzw. den Kliniken der Versorgungsstufe III innerhalb eines TraumaNetzwerks die Behandlung von SAV-Fällen (definierte berufsgenossenschaftliche Heilbehandlung). Hier kann es jedoch in manchen Fällen für den Patienten vorteilhaft sein, in der kleineren Klinik weiterbehandelt zu werden, da Transporte zum ggf. weit entfernten Universitätsklinikum aufwendig und beschwerlich sein können. Die Entscheidung, ob ein Patient ins größere SAV-Haus zu verlegen ist oder ob davon abgeraten wird, weil die Behandlung genauso gut im kleineren Haus vorgenommen werden kann, wird im TraumaNetzwerk Ostbayern (TNO) vom Maximalversorger (SAV-Behandler) per teleradiologischer Befundung und in Absprache mit den behandelnden Ärzten vor Ort getroffen. Auf diese Art und Weise wird durch kooperative Diagnostik zwischen den behandelnden Kliniken auch über große Distanzen hinweg entschieden, und zwar zum Wohle des Patienten.

Im TraumaRegister DGU® werden seit 2008 deutschlandweit anonymisierte klinische Daten der Versorgung schwerstverletzter Patienten ausgewertet. Zahlreiche Studien konnten zeigen, dass in den letzten Jahren durch die stetige Verbreitung der Traumanetzwerk-Initiative und andauernde Auditierung von Traumzentren die Struktur- und Prozessqualität steigt. Auch positive Effekte auf das Behandlungsergebnis konnten gezeigt werden. Der Nutzen der telemedizinischen Vernetzung wird seit 2014 ebenso wissenschaftlich untersucht. Mit der TeleQualy-Studie der AUC-Akademie für Unfallchirurgie in Kooperation mit der Klinik und Poliklinik für Unfallchirurgie des Universitätsklinikums Regensburg wird eine anwendungsorientierte Evaluation von TKmed® durchgeführt (vgl. Ernstberger und Schmucker 2014). Durch eine mehrstufige Analyse der digitalen Kommunikation in Traumazentren und Traumanetzwerken wurden die reale Anwendung im Klinikalltag und der Nutzen durch Auswertung der Transferstatistiken, Anwenderbefragungen und In-Depth-Analysen ermittelt.

Erste Ergebnisse zeigten, dass eine direkte Kommunikation mit ambulanten Zuweisern und auch direkt mit dem Patienten verstärkt nachgefragt wird. Aufgrund dieser Studienergebnisse wurde im Oktober 2015 das Zusatzmodul TKmed Direkt auf dem Markt eingeführt. Neben einer weiteren Verbesserung von Prozessen in und zwischen den Kliniken wird hier insbesondere auch die Kommunikationskompetenz des Patienten gestärkt, denn dieser kann nun erstmals direkt und vertrauensvoll Bilder und Informationen an den Arzt versenden. Zudem können für den Patienten durch Befundung per Teleradiologie Zweitmeinungen auch über weite Distanzen hinweg eingeholt werden und damit möglicherweise lange Klinikfahrten und Wartezeiten wegfallen.

7.3.3 Optimierung von Arbeitsabläufen: Vor- und Nachbehandler

Entsprechend der Forderung des Weißbuchs DGU ist es mit TKmed® auch möglich, zeitnah alle an der Schwerstverletztenversorgung beteiligten niedergelassenen Haus- und Fachärzte sowie Nachsorge-Einrichtungen (Rehabilitation) einzubinden. Die Interaktion mit stationären Reha-Einrichtungen und weiterbehandelnden Ärzten wird funktionaler gestaltet, indem man auf telemedizinische Unterstützung zurückgreift. Der modulare Aufbau von TKmed® ermöglicht es auch den Praxen bzw. niedergelassenen Ärzten, kostengünstig mit einer Basis-Version am teleradiologischen Bildversand teilzuhaben.

> Die Zusammenarbeit mit den zuvor behandelnden Kliniken (Akut- bzw. Rehabilitationsklinik) soll durch folgende Maßnahmen strukturiert werden: Berücksichtigung des situationsgerechten Behandlungsplans der Kliniken, zeitnaher Zugriff auf die im Behandlungsverlauf angefertigten Bild-Dokumente (Röntgen, CT, MRT etc.), vorzugsweise durch eine elektronische Fallakte (Anbindung an ein telemedizinisches Netzwerk) (Weißbuch DGU 2012, S. 21).

Die Kopplung von ambulanter und stationärer Patientenversorgung ist nicht nur essenziell für die funktionierende und schnelle Informationsweitergabe zwischen allen Behandlern; auch Doppeluntersuchungen können per Teleradiologie vermieden werden. Für den Patienten ist es weniger belastend, wenn z. B. eine unnötige zusätzliche Strahlenbelastung entfällt, da dem behandelnden Krankenhaus die aktuellen Bilddaten eines Zuweisers per Knopfdruck elektronisch zur Befundung übermittelt werden können. Es wird eine flächendeckende Anbindung Niedergelassener an das teleradiologische Netz angestrebt. Deutschlandweit und auch international angebundene Praxen und Kliniken könnten dann Bildmaterial in Sekundenschnelle untereinander versenden, was den Patienten, z. B. bei einem Skiunfall im benachbarten Ausland, zugutekommen würde. Kosten für aufwendige Doppeluntersuchungen werden vermieden, wenn radiologische Voruntersuchungen am Urlaubsort auf elektronischem Weg in die heimatnahe Klinik, in welcher die Weiterbehandlung des Patienten erfolgt, übertragen werden können.

Sämtliche therapeutische Zentren, die bei der Behandlung eines schwerstverletzten Patienten beteiligt sein können, z. B. weitere Fachabteilungen im selben Haus

(Neurochirurgie etc.), radiologische Praxen, Stroke Units, Reha-Einrichtungen usw. sollten in die teleradiologische Übermittlung einbezogen werden. Der schnelle Zugriff auf aktuelle radiologische Bilddaten des Patienten erleichtert allen beteiligten Behandlern die Arbeit, erhöht die Patientensicherheit und spart wertvolle Zeit und Kosten. Beim Tumorboard beispielsweise können alle beratenden Ärzte auf die behandlungsrelevanten Bilddaten eines Patienten in höchstmöglicher digitaler Qualität und ohne Zeitverluste zugreifen, sodass zeitnah eine konsensuale Therapieentscheidung entstehen kann, derer die aktuellsten Informationen zugrunde liegen.

In den Kliniken und Praxen stellt man darüber hinaus fest, dass sich der Zeitaufwand für den behandelnden Arzt durch den Wegfall des aufwendigen Einlesens von CDs enorm reduziert, und auch Kosten für Hardcopys entfallen für die radiologischen Abteilungen der Kliniken und Praxen bei elektronischer Bildübermittlung. Dadurch, dass aktuelle radiologische Bilddaten an allen Arbeitsplätzen zu jeder Zeit digital zur Verfügung stehen und damit Verlusten bei der Informationsweitergabe entgegengewirkt wird, erhöht sich die Prozessqualität innerhalb und zwischen Kliniken enorm. Der Workflow wird optimiert, indem Zeit eingespart wird und Kosten gesenkt werden (vgl. Chili Radiology 2016).

7.4 Schlussbetrachtung

Die Digitalisierung unserer Umwelt schreitet immer weiter voran, auch und gerade im medizinischen Sektor. In der Unfallchirurgie ist der Faktor Zeit besonders kritisch, und Telemedizin kann wertvolle Zeit einsparen. Röntgenbilder auf Röntgenfilm sind aus modernen Krankenhäusern weitgehend verdrängt, und ähnlich wird es mittelfristig den Bilddaten auf CD zugunsten einer sicheren, digitalen Bildübertragung ergehen. Durch die Deutsche Gesellschaft für Unfallchirurgie haben wir ein wichtiges, unterstützendes Instrument in Deutschland, welches die vielen Irrungen und Wirrungen in der technischen Weiterentwicklung sortiert und bündelt. Damit besteht die einmalige Chance, die vielfältigen und doch häufig limitierten kleinen Insellösungen durch ein bundesweit standardisiertes, herstellerunabhängiges System zu ersetzen. Zumindest sollten sich kleine Insellösungen über eine Schnittstelle an ein solch einheitliches System anbinden. Durch die Implementierung von TKmed® sind deutliche Verbesserungen in der Prozessqualität innerhalb deutscher Traumazentren und Traumanetzwerke zu beobachten. Im medizinischen Qualitätsmanagement und in zertifizierten Qualitätszirkeln werden Struktur-, Prozess- und Ergebnisqualität ständig weiter optimiert und vorangetrieben. Die Qualität der Versorgung schwerstverletzter Traumapatienten ist durch die Initiativen der DGU in den letzten Jahren signifikant gestiegen. Die strukturellen, regionalen Ungleichheiten bei der Patientenversorgung konnten durch die Bildung von regionalen TraumaNetzwerken mit teleradiologischer Verknüpfung in den vergangenen Jahren auf ein einheitlich sehr hohes Qualitätslevel angehoben werden.

Literatur

AUC (2016) Akademie der Unfallchirurgie GmbH. http://www.auc-online.de/de/startseite_auc.html. Zugegriffen: 23. März 2016

Bundesland Bayern mit Regierungsbezirken (2016) http://www.regierung.oberpfalz.bayern.de/opf/reg_bez.php. Zugegriffen: 23. März 2016

Chili Radiology (2016) Lösungen für die Station. http://www.chili-radiology.com/loesungen/fachabteilung/station/. Zugegriffen: 23. März 2016

DGU (Hrsg) (2006) Weißbuch Schwerverletzten-Versorgung DGU, 1. Aufl. Deutsche Gesellschaft für Unfallchirurgie DGU (Eigenverlag), Berlin

DGU (Hrsg) (2012) Weißbuch Schwerverletztenversorgung DGU, 2. erw. Aufl. Thieme-Verlag, Stuttgart

Ernstberger A, Schmucker U (2014) Das Projekt TeleQualy, Teleradiologie und Telekonsultation. Orthopäd Unfallchirurgie Mitteilungen Nachrichten 3(5):495–496

Ernstberger A, Leis A, Herbst T, Nerlich M (2014) Flächendeckende Versorgung durch Telemedizin. Zentralbl Chir 139(1):1–3. doi: 10.1055/s-0034-1371411

NOAH (2016) Noah in Kürze. www.noah-regensburg.de. Zugegriffen: 23. März 2016

Ruchholtz S, Kühne CA, Sturm J (2007) Die Umsetzung des Traumanetzwerks: Vision und Wirklichkeit. Intensivmed 44(3):142–148

Ruchholtz S, Lefering R, Debus F, Mand C, Kühne CA, Siebert H (2013) TraumaNetzwerk DGU® und TraumaRegister DGU®. Erfolge durch Kooperation und Dokumentation. Chirurg 84(9):730–738. doi: 10.1007/s00104-013-2474-3

Schächinger U, Kretschmer R, Neumann C, Nerlich M (1999) NOAH. A mobile emergency care system. Notfall-Organisations- und Arbeitshilfe. Stud Health Technol Inform 64:85–92

Staemmler M, Walz M, Weisser G, Engelmann U, Luitjens KD, Schmucker U, Sturm J (2014) TKmed® – Telekooperation für die einrichtungsübergreifende Versorgung. In: Duesberg F (Hrsg) e-Health. medical future verlag, Solingen, S 202–207

Struktur-, Prozess- und Ergebnisqualität (2016) Struktur-, Prozess- und Ergebnisqualität. https://www.g-ba.de/institution/themenschwerpunkte/qualitaetssicherung/ergebnisqualitaet/. Zugegriffen: 23. März 2016

Telekooperation-TNW (2016) Telekooperation-TNW. www.telekooperation-tnw.de. Zugegriffen: 23. März 2016

TKmed (2016) TKmed. www.tkmed.org. Zugegriffen: 23. März 2016

TKmed Direkt (2016) TKmed Direkt. http://www.tkmed-direkt.org. Zugegriffen: 23. März 2016

Traumanetzwerk (2016) Organisation TraumaNetzwerk DGU®. http://www.traumanetzwerk-dgu.de/de/ueber_uns.html. Zugegriffen: 18. März 2016

Walz M, Weisser G, Bolte R, Teubner J, Loose R, Düber C (2002) Qualitätssicherung mit Teleradiologie. Radiologe 42(2):101–108

Über die Autoren

Dr. med. Antonio Ernstberger ist Oberarzt der Klinik und Poliklinik für Unfallchirurgie am Universitätsklinikum Regensburg und Leiter des Fachbereichs Fußchirurgie und Polytraumaversorgung sowie der Unfallforschung am Universitätsklinikum Regensburg. Er war maßgeblich beteiligt an der Entwicklung eines teleradiologischen Pilotprojekts in Ostbayern, welches seitdem deutschlandweit und international unter dem Dach der DGU bzw. AUC im Einsatz ist. Dr. Ernstberger ist in diversen Gremien und Gesellschaften aktiv, u. a. in der Deutschen Interdisziplinären

Vereinigung für Intensiv- und Notfallmedizin (DIVI) und in der Sektion NIS der DGU. Unter anderem arbeitet er derzeit am Projekt TeleQualy, das die Anwendungsmöglichkeiten und den Nutzen von Teleradiologie und Telekonsultation in der Orthopädie und Unfallchirurgie im Allgemeinen und bei der Polytraumaversorgung im Besonderen untersucht.

Dr. med. Uli Schmucker ist Facharzt für Orthopädie und Unfallchirurgie sowie Gesundheitsökonom (MBA Health Care Management, Universität Bayreuth). Er war bis 2011 am Universitätsklinikum Greifswald, Klinik für Unfall- und Wiederherstellungschirurgie und am Unfallkrankenhaus Berlin tätig. Seit 2012 ist er für die AUC-Akademie für Unfallchirurgie GmbH in München tätig, zunächst als Geschäftsstellenleiter, und später als stellvertretender Geschäftsführer. Dr. Schmucker ist Leiter der Sektion Prävention bei der Deutschen Gesellschaft für Orthopädie und Unfallchirurgie (DGOU) und Beauftragter für Verkehrssicherheit und Unfallprävention der Deutschen Gesellschaft für Unfallchirurgie (DGU). Er koordiniert bei der AUC GmbH federführend das Projekt TKmed® bzw. Telekooperation TNW®

Tanja Herbst, M.A ist wissenschaftliche Mitarbeiterin an der Klinik und Poliklinik für Unfallchirurgie des Universitätsklinikums Regensburg. Sie ist im Besitz eines Magister-Abschlusses in Germanistik, Soziologie und Sozialpsychologie der Universität Regensburg. In der Klinik und Poliklinik für Unfallchirurgie am Universitätsklinikum Regensburg arbeitet sie seit 2011 im Bereich Daten- und Projektmanagement und ist an diversen Projekten und Publikationen beteiligt, u. a. am teleradiologischen Projekt Exdicomed/TKmed® und an der BMBF-geförderten Studie „Versorgungsforschung PolyQualy". Letztere evaluiert die Versorgung und das Langzeit-Outcome polytraumatisierter Patienten in Deutschlands erstem zertifiziertem TraumaNetzwerk DGU®, dem Traumanetzwerk Ostbayern.

Prof. Dr. med. Michael Nerlich leitet seit 1992 die Klinik und Poliklinik für Unfallchirurgie am Universitätsklinikum Regensburg und ist seit 2012 gleichzeitig Direktor der Klinik für Unfallmedizin am Caritas-Krankenhaus St. Josef Regensburg. Seine Forschungsschwerpunkte sind u. a. Notfallmedizin, Alterstraumatologie, Versorgungsforschung, Unfallforschung und Telemedizin. Der Orthopäde und Unfallchirurg war 2015 Präsident der Deutschen Gesellschaft für Orthopädie und Unfallchirurgie (DGOU) und im selben Jahr auch Präsident der Deutschen Gesellschaft für Unfallchirurgie (DGU). Nerlich ist in den Führungsriegen diverser renommierter Gesellschaften und Arbeitskreise vertreten und hat zahlreiche Publikationen, u. a. zu Telemedizin und eHealth, veröffentlicht. Er war tonangebend in der Vernetzung von Präklinik und Klinik, indem er 1992 das Rettungszentrum Regensburg gründete, eine wichtige Kommunikationseinrichtung für alle an der Notfallversorgung beteiligten Gruppen, und Projektleiter des teleradiologischen Projekts Exdicomed, das im ostbayerischen Pilotnetzwerk TNO initiiert und anschließend über die AUC unter dem Namen TKmed® bundesweit flächendeckend und international vermarktet wurde.

Content-Marketing als Strategie der Zukunft im Krankenhaus

8

Stephan Gschoßmann und Andrea Raab

Zusammenfassung

Klinikmarketing ist durch veränderte Rahmenbedingungen auf dem Gesundheitsmarkt unabdingbar geworden. Kliniken stehen insbesondere nach Verabschiedung des Krankenhausstrukturgesetz 2016 noch stärker unter Druck und müssen zunehmend ihre Qualität sämtlichen Anspruchsgruppen gegenüber transparent machen. Der Patient tritt durch neue Möglichkeiten der Informationsbeschaffung im Internet emanzipierter auf und trifft Entscheidungen bei der Klinikwahl eigenständiger. Die Differenzierung vom Wettbewerb kann durch die Schaffung einer Klinikmarke erfolgen, welche durch Content-Marketing und der damit verbundenen Verbreitung von markenspezifischen Inhalten im Internet zum Erfolg geführt werden kann. Content-Marketing umgeht die zunehmende Wirkungsschwäche klassischer Werbemaßnahmen und dient als Pull-Maßnahme dazu, eine Klinik durch mehrwertige Inhalte nachhaltig als Partner des Konsumenten für alle Gesundheitsthemen zu positionieren. Dieser Beitrag erläutert die Möglichkeiten von Content-Marketing und macht anhand einer Analyse deutscher Klinikwebseiten deutlich, ob und inwieweit deutsche Kliniken bereits Content-Marketing anwenden und dabei als Zielgruppen sowohl (potenzielle) Patienten als auch einweisende Ärzte gleichermaßen adressieren.

S. Gschoßmann (✉) · A. Raab
Business School, Technische Hochschule Ingolstadt, Esplanade 10, 85049 Ingolstadt, Deutschland
E-Mail: Stephan.gschossmann@gmail.com

A. Raab
E-Mail: Andrea.raab@thi.de

M.A. Pfannstiel et al. (Hrsg.), *Digitale Transformation von Dienstleistungen im Gesundheitswesen II,* DOI 10.1007/978-3-658-12393-2_8

Inhaltsverzeichnis

8.1 Verschärfter Wettbewerb und ein verändertes Patientenverhalten machen Klinikmarketing notwendig

Die strukturellen Veränderungen am Gesundheitsmarkt – ausgelöst unter anderem durch die Einführung der diagnoseorientierten Fallpauschalen im Jahre 2003 und des Wettbewerbsstärkungsgesetzes 2007 – sorgen für einen deutlich verschärften Wettbewerb zwischen den Krankenhäusern. 2014 wies ein Drittel der Krankenhäuser einen Jahresfehlbetrag aus (Blum et al. 2015). Heutzutage sind neun von zehn Kliniken nicht mehr in der Lage, die für eine sichere Zukunft notwendigen Überschüsse zu erwirtschaften und rechnen in den nächsten Jahren mit einer weiteren Verschlechterung ihrer wirtschaftlichen Situation (Roland Berger Strategy Consultants 2015; VKD 2015). Eine der Ursachen für die schlechte wirtschaftliche Lage ist die hohe Versorgungsdichte an Krankenhausbetten in Deutschland. 60 % der Kliniken beurteilen das Wettbewerbsumfeld, in dem sie agieren, als „(sehr) intensiv", etwa 30 % geben an, in einem „durchschnittlich intensiven Wettbewerb" mit umliegenden Kliniken zu stehen (Braun et al. 2013). Hinzu kommt die unzureichende Kapitalausstattung der Krankenhäuser, deren Investitionsbedarf (ohne Universitätskliniken) im Jahr 2013 rund 5,3 Mrd. EUR betrug. Aufgrund dessen steigt der Anteil der Kliniken mit erhöhter Insolvenzgefahr stetig an und vergrößerte sich bis 2013 auf 16 % (Augurzky et al. 2015). Weitere wahrscheinliche Schließungen und Fusionen werden den bestehenden Trend in der Entwicklung auf dem Krankenhausmarkt fortsetzen: Die Zahl der Krankenhäuser ging vom Jahr 2000 bis 2014 (von 2242 auf 1980) genau wie die Gesamtmenge der Betten (von 560.000 auf 500.700) um über ein Zehntel zurück. Auch die Anzahl der Belegungstage (−15,6 %), die durchschnittliche Verweildauer (−23,7 %) sowie die durchschnittliche Bettenauslastung (−5 %) sanken in diesem Zeitraum zum Teil deutlich. Von dem Rückgang sind vor allem öffentliche und freigemeinnützige Einrichtungen betroffen, deren Anzahl sich durch Fusionen und

Schließungen zwischen 2000 und 2014 um 30 % bzw. 24 % reduzierte, während die Zahl privater Einrichtungen um 43 % stieg (Statistisches Bundesamt 2015).

Neben der finanziell schlechten Lage vieler Kliniken kommt bereits heute ein Mangel an medizinischen- und pflegerischen Fachkräften hinzu, der sich in Zukunft noch weiter verstärken wird (Penter und Augurzky 2014). Die sinkende Bevölkerungszahl könnte die Bedarfsdeckung an qualifiziertem Fachpersonal und dessen Finanzierung deutlich erschweren (Beivers und Penter 2015). Dadurch könnte der Anteil der Krankenhäuser mit erhöhter Insolvenzgefahr bis 2020 auf 27 % weiter ansteigen (Augurzky et al. 2015). Abhilfe soll das zu Beginn des Jahres 2016 in Kraft getretene Krankenhausstrukturgesetz (KHSG) schaffen. Es soll vor allem die Qualität der Krankenhausversorgung stärken, Finanzierungsmöglichkeiten der Krankenhäuser verbessern und die Zahl der Pflegekräfte am Krankenbett erhöhen (Bundesministerium für Gesundheit 2016). Ziel des Gesetzes ist es, durch eine qualitätsorientierte Strukturreform zusätzliche Mittel zielgenau und zweckgerichtet an diejenigen Leistungserbringer zu richten, die spezielle Vorgaben erfüllen. Dies bedeutet im Umkehrschluss, dass Kliniken, die die notwendigen Produktivitätsfortschritte und Qualitätsziele nicht erreichen, im Extremfall aus dem Krankenhausplan herausgenommen werden und vom Markt ausscheiden können. Da bei der Umverteilung der Fördermittel nicht alle Häuser gleichermaßen profitieren werden, tragen die Kliniken selbst die Verantwortung, für eine effiziente Auslastung ihrer Betten oder mit anderen Worten für das Erreichen hinreichend hoher Fallzahlen zu sorgen. Dafür müssen bestehende und neue Patienten über Klinikmarketing angesprochen und für die medizinischen Angebote einer Klinik gewonnen und langfristig gebunden werden.

► Klinikmarketing wird hierfür definiert als eine Form des Marketings, die der Vermarktung von Krankenhäusern und Klinikketten und deren Dienstleistungen dient. Es macht auf Stärken und das Leistungsprofil einer Klinik aufmerksam und positioniert eine medizinische Einrichtung im Wettbewerbsumfeld als wiedererkennbare Marke (Antwerpes 2014).

8.1.1 Der Patient entscheidet (mit)

Die öffentliche Wahrnehmung des Themas Gesundheit zeigt, dass diese für die Menschen nicht mehr nur im Krankheitsfall relevant ist. Es spielt ganzjährig eine Rolle, nie zuvor hatte Gesundheitsbewusstsein und Prävention einen so hohen Stellenwert in der Gesellschaft wie heutzutage. Das Bedürfnis steigt, durch individuelles Gesundheitsmanagement zufriedener zu leben und durch körperliche und geistige Fitness eine persönliche Ausgeglichenheit aufzubauen. Gesundheit wird zu einer Schlüsselressource und damit nicht zuletzt zu einem Konsumgut und Lifestyleprodukt (Zukunftsinstitut GmbH 2015). Diesem Trend begegnen unter anderem eine Vielzahl von Internetseiten und -portalen, die Informationen und Austausch zum Thema Gesundheit bieten. Hierüber können sich Patienten zunehmend besser über Erkrankungen, Diagnosen und mögliche

Therapien, Medikamente und Komplikationen sowie über die Leistungserbringer im Gesundheitssystem informieren. Sie wollen Diagnosen genau verstehen, über Vor- und Nachteile, Chancen und Risiken einer Therapie aufgeklärt werden. Ärzte werden nunmehr als fehlbarer Dienstleister gesehen, dessen Kompetenzen kritisch beurteilt werden (Papenhoff und Platzköster 2010; Schramm 2012). Durch die neuen Entscheidungshilfen können Patienten die Empfehlungen von Ärzten selbstständig überprüfen und wollen Entscheidungen wie die Auswahl ihrer Klinik gemeinsam mit dem Arzt oder gar alleine treffen (Konrad und Raab 2014; Raab und Konrad 2014; Ullrich 2012; Weihusen 2013). Nahezu 80 % der Patienten nehmen aktiv an dieser Entscheidungsfindung teil (Kompass GmbH 2012). Darüber hinaus geben Online-Bewertungsportale den Nutzern die Möglichkeit zu Informationsaustausch, Bewertungen und Kritik über bestimmte Krankenhäuser oder Ärzte. Dieser offene Austausch zwischen Patienten kann die Entscheidung für oder gegen einen Arzt oder eine Klinik stark beeinflussen. Patienten treten dadurch zunehmend als selbstbewusste Leistungsempfänger auf, die hohe Erwartungen an Medizin- und Gesundheitsleistungen stellen. Der Stand des Patienten verlagert sich damit vom Rand des Gesundheitssystems, an dem er als purer Leistungsempfänger steht, in das Zentrum des selbigen. Dort tritt er mit allen beteiligten Einrichtungen und Entscheidergruppen in den direkten Dialog und fordert aktive Beteiligung und Mitbestimmung (Ullrich 2012; Zukunftsinstitut GmbH 2015).

Im dadurch neu entstehenden komplexen Informationssystem sind Patienten zunehmend in allen Gesundheitsbelangen vernetzt. Online-Informationsquellen sind im Krankheitsfall und bei der Klinikauswahl ebenso relevant wie bei proaktiver Gesundheitsvorsorge. Demnach lassen sich unterschiedliche Informationsbedürfnisse im Patientenlebenszyklus darstellen (Abb. 8.1).

Diese sich je nach Lebenssituation verändernden Informationsbedürfnisse des (zukünftigen) Patienten verlangen nach einer differenzierten Rolle und Profilierung des Gesundheitsanbieters. Angefangen vom Gesundheitsdienstleister und Ansprechpartner in

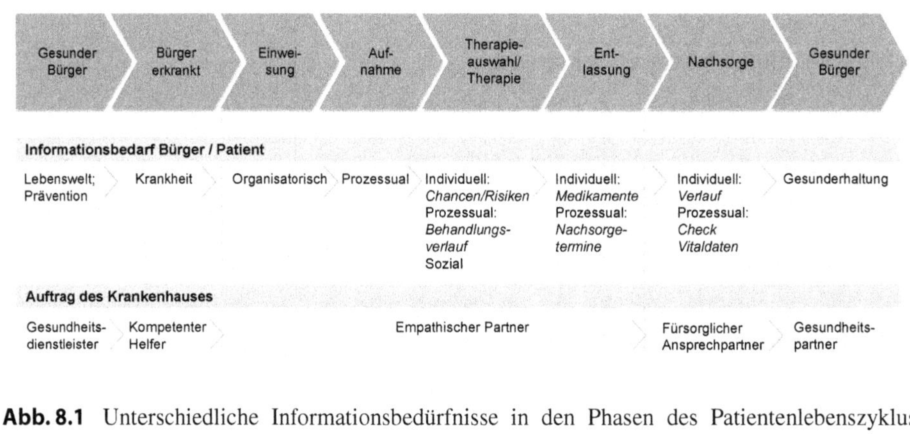

Abb. 8.1 Unterschiedliche Informationsbedürfnisse in den Phasen des Patientenlebenszyklus. (Darstellung in Anlehnung an Hebele und Raab 2015)

Gesundheitsthemen aller Art, über einen kompetenten und empathischen Partner bei den medizinischen Kernleistungen rund um den Krankenhausaufenthalt bis hin zum langfristigen Gesundheitspartner. Die Kliniken müssen ihre Leistungen und Informationsangebote an den Bedürfnissen der Patienten orientieren und diese zunehmend als Kunden begreifen, die eine Auswahl zwischen vielen Anbietern für ihren Klinikaufenthalt treffen (Raab und Legl 2015; Schramm 2012). Je anspruchsvoller Kunden werden, desto wichtiger ist die Positionierung am Markt. Dazu kann Content-Marketing als Marketingstrategie einen entscheidenden Beitrag zur Gewinnung und Bindung von Kunden/Patienten beitragen und zusätzlich die Klinik als eigenständige und wiedererkennbare Marke am Gesundheitsmarkt positionieren.

8.1.2 Die Klinik als Marke

Strategisches Marketing ist für Kliniken lange Zeit nicht von großer Relevanz gewesen und gewann erst durch die Privatisierungswelle, den zunehmenden Kostendruck und die verschärfte Konkurrenzsituation im Wettbewerb an Bedeutung. Damit sich eine Klinik heute erfolgreich positionieren kann, muss sie ein eigenes Profil entwickeln und sich eindeutig von ihren Wettbewerbern differenzieren, wobei Patientengewinnung, -bindung und -rückgewinnung bzw. in der gleicher Weise Einweiserbindung und -rückgewinnung die zentralen Anforderungen sind (Lüthy 2009; Raab und Drissner 2011). Dies kann Kliniken durch die Entwicklung einer eigenen Marke gelingen, deren abgrenzender Markencharakter zur Differenzierung vom Wettbewerb dient.

▶ „Als Marke werden Leistungen bezeichnet, die neben einer unterscheidungsfähigen Markierung durch ein systematisches Absatzkonzept im Markt ein Qualitätsversprechen geben, das eine dauerhaft werthaltige, nutzenstiftende Wirkung erzielt und bei der relevanten Zielgruppe in der Erfüllung der Kundenerwartungen einen nachhaltigen Erfolg im Markt realisiert bzw. realisieren kann" (Bruhn 2002).

Oder nach Esch: „Marken sind Vorstellungsbilder in den Köpfen der Anspruchsgruppen, die eine Identifikations- und Differenzierungsfunktion übernehmen und das Wahlverhalten prägen" (Esch 2014).

Wie bei Konsum- oder Investitionsgütern hat die Marke insbesondere bei Gesundheitsdienstleistungen messbaren Einfluss auf die Wahrnehmung. Konsumenten assoziieren mit Marken bestimmte Eigenschaften. Im Moment gibt es wenige Beispiele von stationären Einrichtungen des Gesundheitswesens in Deutschland, bei denen prägnantes und unverwechselbares Markenprofil in den Köpfen der „Konsumenten" verankert ist. Zu nennen wäre hier das Deutsche Herzzentrum München oder die Charité Berlin. Viele Kliniken haben zwar Kommunikationsmaterialien wie Broschüren und Internetauftritte geschaffen, doch werden Markenaufbau, -kommunikation und -penetration nicht gezielt und konsequent weiterverfolgt. Markenbotschaften, sofern vorhanden, erreichen die potenziellen Patienten bisher kaum, weswegen von einem Einfluss der Kommunikationsmaterialien zur Markenbildung und Differenzierung noch keine Rede sein kann (Weihusen 2013). Darüber hinaus fehlt Patienten im Regelfall das nötige Fachwissen, um die Qualität der medizinischen und pflegerischen Leistungen zu beurteilen (Papenhoff und Platzköster 2010). Wenn diese qualitativen Unterscheidungsmerkmale zwischen den Kliniken fehlen und ihre Leistungen für den Patienten dadurch austauschbar erscheinen, rücken subjektivere Entscheidungsmerkmale in den Mittelpunkt. Die Schaffung einer Klinikmarke unterstützt dabei, diese subjektiven Wahlentscheidungen der Patienten gezielt zu beeinflussen. Sie gibt als differenzierendes Gesamtbild eine Orientierungs- und Entscheidungshilfe und kann als Leitbild über den sekundären Entscheidungsmerkmalen stehen. Die Klinikmarke erfüllt dabei folgende Funktionen (Weihusen 2013):

- Differenzierung gegenüber dem Wettbewerb
- Ganzheitliches, übergreifendes Bild, das auch auf die darunter angesiedelten Einzelmerkmale zur Entscheidungsfindung abstrahlt
- Orientierungshilfe und Entlastung in der Entscheidungsfindung des Patienten
- Qualitätsbotschaft und Risikoreduktionsfunktion
- Identifikationsanreize
- Vertrauensanker

Den Fokus in ihren Marketingaktivitäten sollten Kliniken demzufolge zunehmend auf die Kommunikationspolitik mit den Schwerpunkten Markenbildung und -kommunikation legen. Dabei sollten die Patienten durch dialogorientierte Kommunikationsmittel an die Klinik gebunden werden (Haseborg 2009). Für die Erreichung dieser Marketingziele ist Content-Marketing eine Erfolg versprechende Methode. Gelungener Marken-Content („Branded Content“) wird in Zukunft wesentlich an wirtschaftlicher Bedeutung gewinnen (Löffler 2014). Weitere Einsatzmöglichkeiten sowie Chancen und Möglichkeiten von Content-Marketing sollen in Abschn. 8.2.2 genauer erläutert werden.

8.1.3 Klinikmarketing heute

Die finanzielle Situation zwingt die Krankenhäuser zunehmend, sowohl auf der Kostenseite als auch auf der Erlösseite Maßnahmen zu ergreifen, um langfristig am Markt agieren zu können. Kostenreduktionen als Primärlösung sind allerdings zunehmend ausgeschöpft (Raab und Legl 2016), eine Ausreizung mit der Folge von sinkenden Qualitätsstandards z. B. durch Personaleinsparungen riskant: Das erläuterte eigenständige Informationsverhalten der Patienten mithilfe von Online-Plattformen wie Bewertungsportalen sorgt dafür, dass schlechte Erfahrungen mit der Klinik nach außen getragen werden und negative Mundpropaganda verursacht.

Durch die Partizipation der Patienten bei der Klinikauswahl wird Klinikmarketing zunehmend für zwei Seiten notwendig: Simultane Push- und Pull-Marketingmaßnahmen sind im Klinikmarketing vonnöten, um sowohl einweisende Ärzte wie auch potenzielle Patienten zu erreichen und zu binden (Haseborg 2009; Raab und Drissner 2011). Die Push-Maßnahmen fokussieren dabei auf eine langfristige und nachhaltige 1:1-Beziehung zu den einweisenden Ärzten. Dieses Einweiser-Beziehungsmanagement soll für gegenseitige Vorteile für das Krankenhaus und den niedergelassenen Arzt sorgen und beinhaltet auf Krankenhausseite beispielsweise ein Key-Account-Management, Vermeidung von Brüchen an der ambulant-stationären Schnittstelle, Unterstützung des Einweisers im effizienten Betrieb seiner Praxis, Einbindung in Netze und Strukturen und zielgruppenadäquate Kommunikationsmittel (vgl. vertiefend Raab und Drissner 2011; Raab und Legl 2016, 2015). Die Pull-Maßnahmen werden hingegen direkt auf den Patienten ausgerichtet. Ziel ist es, die Bekanntheit einer Klinik bei bestimmen Zielgruppen (ggfs. überregional oder sogar international) zu steigern und ein spezielles Markenbild aufzubauen. Die Klinikmarke soll in der Wahrnehmung ein Qualitätsversprechen bedeuten und Vertrauen aufbauen. Die Marketingkommunikation erfolgt zum einen durch die Klinik selbst, durch ihre systematische Markenpolitik und gezielte Kommunikation. Zum anderen werden zufriedene Patienten zu Multiplikatoren, die die Klinik weiterempfehlen (positive Mundpropaganda) und somit als Markenbotschafter fungieren. Dadurch sollen auch Laien ohne spezielles Fachwissen von den medizinischen Angeboten überzeugt und ihnen die Entscheidung für eine Klinik im Bedarfsfall erleichtert werden.

Die nachhaltige Schaffung und Etablierung einer Klinikmarke kann auf Patientenseite – als Korrelat zum Einweiser-Beziehungsmanagement – als Patienten-Beziehungsmanagement bezeichnet werden. Um die Veränderung vom hoheitlich beauftragten Versorger zum marktorientierten Dienstleister erfolgreich meistern zu können, ist Klinikmarketing für die Krankenhäuser zwingend notwendig. Hierfür bietet Online-Marketing und speziell Content-Marketing besondere Möglichkeiten und Vorteile.

8.2 Content-Marketing

Eine Klinikmarke erfolgreich aufzubauen bedeutet unter anderem, sie bei potenziellen Patienten bekannt zu machen und bei bestehenden zu verankern. Klassische Werbemaßnahmen in TV und Printmedien sind allerdings meist äußerst kostenintensiv und konkurrieren mit unzähligen weiteren Anzeigen um die Aufmerksamkeit der Betrachter. Auch Online-Werbung wird immer mehr genutzt wie beispielsweise Displaywerbung oder Suchmaschinenmarketing (Carat 2016; Zenith Optimedia Group Limited 2016). Jedoch werden genau diese Werbeformen zunehmend ineffektiver. Sie erreichen die Konsumenten zunehmend schlechter, da sie durch ihre schiere Menge immer weniger wahrgenommen werden. Bis zu 3000 Werbeeinflüsse pro Tag „prasseln" auf jeden Einzelnen ein, weshalb ihre Wirkung zum großen Teil verpufft (Scheier und Held 2013). Gegen diese Flut an Werbeeinflüssen wehren sich die Menschen mit Gegenmaßnahmen wie Online-Werbeblockern, womit es immer schwerer wird, allein mit Push-Maßnahmen wirtschaftlich zu agieren (Steinbach et al. 2015).

8.2.1 Begriffserklärung

Ein mögliches Lösungsszenario ist durch Content-Marketing beschreiben, welches wie folgt definiert wird:

> „Content marketing is a strategic marketing approach focused on creating and distributing valuable, relevant, and consistent content to attract and retain a clearly-defined audience — and, ultimately, to drive profitable customer action“ (Content Marketing Institute 2015).

Der Begriff Content bezeichnet prinzipiell alle Inhalte, die von einem Anbieter auf seiner Webseite zur Verfügung gestellt werden. Es ist ein Oberbegriff für alle Arten von Publikationen und Veröffentlichungen, die online bereitgestellt werden, und steht für alle Inhalte, mit denen ein Unternehmen mit seinen Stakeholdern elektronisch in Kontakt tritt (Eck und Eichmeier 2014). Zu beachten ist hierbei allerdings, dass es sich nicht um werbliche Kommunikation wie Werbespots, Anzeigen oder Banner handelt und auch nicht die positive Selbstdarstellung des Unternehmens oder seiner Produkte im Vordergrund steht. Stattdessen steht die Unterstützung des Nutzers mithilfe von für ihn in seiner speziellen Situation nützlichen Inhalten im Vordergrund. Dies kann beispielsweise durch für die jeweilige Zielgruppe wissenswerte Fachartikel oder auch „anziehende“ Unterhaltung erfolgen, die gleichzeitig das Unternehmen als Experten, Berater und Entertainer positionieren (Schach 2015). Lieb beschreibt Content-Marketing als Pull-Maßnahme: als Kommunikation der Attraktion, die dem Konsumenten mit relevantem, lehrreichem und manchmal unterhaltendem Content zur Verfügung steht, wenn dieser ihn braucht (Lieb 2012). Somit lässt sich Content-Marketing am besten als eine Art indirekte Vermarktung beschreiben (Firnkes 2014).

Vergleicht man die oben genannte Definition von Content-Marketing des Content Marketing Instituts mit Kotlers Definition von Marketing als „the art and science of choosing target markets and getting, keeping, and growing customers through creating, delivering, and communicating superior customer value.“ (Kotler und Keller 2016), fallen Parallelen auf: Die traditionellen und immer noch gültigen Marketingwerte „Wertschöpfung“ und „Bedürfnisorientierung“ definieren im Grunde das, was Content-Marketing leisten soll. Der Unterschied besteht darin, dass Content-Marketing – zusätzlich zu den klassischen vier, fünf oder sieben P's des Marketing-Mixes (grundlegend nach Magrath 1986) – eine Erweiterung darstellt, die sich auf die Erstellung von mehrwertigen Inhalten als Service fokussiert. Es zeichnet sich durch eine besondere Nutzenkompetenz aus und erfolgt im Kontext der spezifischen Markenetablierung und -haltung (Berens 2014). Ziel des Content-Marketings ist es, individuell zugeschnittene Inhalte zu schaffen, die den Nutzer von einer Marke, einem Angebot oder einer Dienstleistung überzeugen. Inhalte wie Ratgeber, Infografiken, Videos oder Broschüren werden auf der Webseite des Unternehmens zur Verfügung gestellt und über verschiedene Kommunikationskanäle wie soziale Netzwerke, Blogs oder Newsletter zielgerichtet in der Online-Welt zugänglich gemacht (Löffler 2014).

Die Relevanz der nützlichen Inhalte schafft für den Nutzer auf der Klinikwebseite einen Mehrwert. Dies animiert ihn, häufiger auf diese Seite zurückzukehren, wenn er vorher gute Erfahrungen gemacht hat. Um added value zu bieten, muss eine Webseite oder ein Online-Angebot generell folgende Voraussetzungen erfüllen (Tomsen 2001):

- Glaubwürdigkeit: Die Quelle ist eine anerkannte Autorität bezüglich Inhalt, Produkt und/oder Service
- Innovation: Einzigartigkeit des Inhalts, des Produkts und/oder der Dienstleistung
- Relevanz und Bedeutung: Der Seiteninhalt hat einen Einfluss oder eine Auswirkung auf Entscheidungen, Ziele oder Lebensstil
- Aktualität: Die Seite reagiert zeitnah auf aktuell und zeitsensible Vorgänge
- Nützlichkeit: Der Inhalt der Seite ist hilfreich, um die Bedürfnisse des Nutzers zu erfüllen.

Erfüllt eine Webseite diese Kriterien, kann sie eine Beziehung zum Internetnutzer aufbauen und so für seine Nutzertreue sorgen. Dadurch wird seine Wahrnehmung und Meinung über das anbietende Unternehmen bzw. Klinikum positiv beeinflusst. Deshalb sollte es erklärtes Ziel des Online-Marketings einer Klinik sein, ein bestmögliches Online-Angebot z. B. auf der Webseite mit entscheidendem Mehrwert für verschiedene Zielgruppen zu bieten, um sie im Endeffekt überregional und ggfs. international bekannt zu machen und die Klinik dabei als Marke zu etablieren.

Grundsätzlich sollte über den Internetauftritt – wie über alle Kommunikationsinstrumente – das Markennutzenversprechen einer Klinik übermittelt werden. Im Rahmen dieses Nutzenversprechens, das insbesondere die Fachkompetenz und Seriosität des Leistungserbringers transportieren soll, ist für Kliniken vor allem Vertrauensbildung über eine empathische und emotionale Kommunikation als Ziel ihrer Kommunikationspolitik anzustreben. Aufgrund der zentralen Bedeutung der durch Kommunikationsmaßnahmen ausgelösten gedanklichen und emotionalen Vorgänge im Inneren eines Menschen werden mit einer Vielzahl der Maßnahmen vor allem psychologische Ziele als Kommunikationswirkung verfolgt. Diese psychologischen Wirkungskategorien auf Rezipientenebene werden meist in kognitive, affektive und konative Zielgrößen unterteilt. Die kognitiv-orientierten Ziele beziehen sich dabei auf die Wahrnehmung, Kenntnis und Erinnerung eines Unternehmens und seiner Leistungen. Affektiv-orientierte Zielsetzungen sollen vor allem positive Emotionen wecken sowie ein positives Image und Sympathie gegenüber dem Unternehmen erzeugen. Konative Ziele beziehen sich auf eine im Endeffekt angestrebte Verhaltensänderung der Zielpersonen, beispielsweise im Kauf-, Informations- oder Weiterempfehlungsverhalten (Bruhn 2015).

Dieser kleine Exkurs zu Zielen der Kommunikationspolitik verdeutlicht die Wichtigkeit für Klinikmarketing, in den Kommunikationsmaßnahmen ganz gezielt affektive Wirkungsgrößen bei den Zielpersonen zu adressieren. Kaum eine Dienstleistung basiert so stark auf Vertrauen wie medizinische Leistungen, daher sollte dieses über die Markenkommunikation aufgebaut werden. Es gehört zu den übergeordneten Nutzenfunktionen einer Marke, für eine Risikoreduktion in der Wahrnehmung der Zielpersonen zu sorgen. Je größer das subjektiv empfundene Risiko bei der Leistungswahrnehmung ist, desto wichtiger ist das Markenvertrauen (Bruhn 2015). Sich nach den Bedürfnissen und der Erlebnissituation der Menschen zu richten, kann die Klinik in der Wahrnehmung vom Gesundheitsdienstleister zum empathischen und vertrauensvollen Gesundheitspartner werden lassen. Der Empathieaufbau muss dabei vom Internetauftritt der Klinik unterstützt werden, umgesetzt durch emotionale bildlastige Kommunikation. Dies bestätigt eine Studie von Raab/Schulz zum Thema „Gutes tun und darüber reden – Wie kommuniziert man Gesundheit erfolgreich?" (Raab und Schulz 2014). In einer dabei durchgeführten Conjoint-Analyse sollten die Befragten verschiedene Darstellungen eines Internetauftrittes mit stets demselben Angebot, aber in unterschiedlicher Präsentation in einer Präferenz-Rangfolge sortieren. Die Darstellungen unterschieden sich nach den drei Merkmalen Tonalität (von sehr sachlich bis sehr emotional), Gestaltung (sehr textlastig bis sehr bildlastig), und Testimonial (mit oder ohne prominente Person) in allen unterschiedlichen Kombinationen der möglichen Ausprägungen. Das Ergebnis: Die Befragten präferierten deutlich die Darstellung mit emotionaler Tonalität, bildlastiger Gestaltung, ohne Einbezug einer prominenten Person. Demgegenüber wurden textlastige und sachliche Darstellungen von den Befragten am wenigsten präferiert. Das Merkmal Tonalität spielte bei der Beurteilung außerdem die wichtigste Rolle für die Befragten, gefolgt von der Gestaltung. Die Einbeziehung von Testimonials wurde am wenigsten wichtig eingeschätzt und spielte die geringste Rolle für die Beurteilung.

8.2.2 Chancen und Möglichkeiten durch Content-Engagement

Content-Marketing verfolgt viele Ziele, die parallel zu den übergeordneten Funktionen einer Klinikmarke gesetzt werden können (vgl. Abschn. 8.1.2) oder zu deren Erreichung beitragen (Eck und Eichmeier 2014; Löffler 2014). Dazu gehören:

- Schaffung eines höheren Markenbewusstseins
- Erzielung eines besseren Images bzw. Imageaufbau
- Setzen eines Vertrauensankers
- Lieferung eines Qualitätsbeleges
- Betonung der Unterschiede zur Konkurrenz
- Gewinnung neuer Kunden bzw. Patienten
- Kunden-/Patientenbindung
- Erhöhung der Reichweite und Sichtbarkeit im Internet

- Ansprache weiterer Zielgruppen wie Bewerber
- Initiierung von Patientenfeedback (zur Verbesserung des Angebots)
- Dialogführung mit den Zielgruppen
- Initiierung von user generated content (Push der Nutzer zum Mitmachen)

Damit kann nachvollzogen werden, weshalb Content-Marketing als essenzielles und zukunftsträchtiges Thema angesehen und von Experten und Verantwortlichen in den Unternehmen als zunehmend wichtig eingeschätzt wird. Über ein Drittel der Kommunikationsabteilungen in Unternehmen, Verwaltungen und Verbänden schätzen Content-Marketing bereits als „sehr wichtig" oder „eher wichtig" ein. 79 % der befragten Unternehmensvertreter geben außerdem an, dass sie Content-Marketing für eines der wichtigsten Themen der nächsten Jahre halten (Die Firma GmbH 2014). Viele Unternehmen haben zunehmend erkannt, dass sie gefordert sind, mit ihren Marken aus der Masse an Wettbewerbern hervorzustechen und somit die Aufmerksamkeit der Kunden auf sich zu ziehen. Dies ist allerdings nur dann möglich, wenn es gelingt, ein einzigartiges und differenzierendes Markenprofil zu schaffen. Auch aus Kundensicht wird die Relevanz dieser Entwicklung bestätigt: 71 % der Käufer vertrauen jenen Marken, die mit nützlichen Informationen aufwarten, ohne gleich verkaufen zu wollen (Unisphere Research 2013). Auf Märkten mit vielen Wettbewerbern findet deshalb zunehmend ein Trend vom Produkt- zum Kommunikationswettbewerb statt (Esch 2014).

8.3 Webseitenanalyse der Internetauftritte deutscher Kliniken

8.3.1 Studiendesign

Um zu untersuchen, ob und inwieweit Kliniken Content-Marketing verwenden, wurden deren Webseiten mittels einer Online-Inhaltsanalyse analysiert. Die Grundgesamtheit für die Auswahl der Stichprobe besteht aus allen deutschen Kliniken, die im Krankenhausverzeichnis des Statistischen Bundesamtes aufgeführt sind (Statistisches Bundesamt 2014). Dieses umfasst 1960 Kliniken, aus denen 60 mittels uneingeschränkter Zufallsauswahl ausgewählt und anhand eines standardisierten Bewertungsbogens analysiert wurden (ab einer Stichprobe von 30 untersuchten Organisationseinheiten stellt sich eine Normalverteilung ein. Mit einer Anzahl von 60 ist somit die Grundvoraussetzung einer vollständigen Distribution sämtlicher Kliniktypen in Bezug auf den Homepage-Auftritt gegeben.). Als Untersuchungseinheit wurde der Internetauftritt einer Klinik definiert, also alle Inhalte, die sich unter der Haupt-URL bzw. -Domain finden und keine Verlinkung zu einer externen Seite darstellen.

Die Webseiten wurden in folgenden Kategorien untersucht, mit deren Hilfe die Bewertung des Content-Marketings erfolgen soll:

1. Anzahl, Art und Aktualität der verwendeten Content-Arten
Es werden die verwendeten Content-Arten ermittelt, um die Breite der von der Klinik genutzten Content-Möglichkeiten zu bewerten. Dazu gehören beispielsweise Fachartikel, Infografiken, Videos, Podcasts, Newsfeed, interaktive Tools, Veranstaltungshinweise oder Social Media-Inhalte, welche für Abwechslung und Aktualität der Inhalte und somit für den Mehrwert des Nutzers sorgen sollen. Leitfrage ist folgende: Werden die Webseiten informativ, abwechslungsreich und mit regelmäßig aktualisierten Inhalten gestaltet, die dem Nutzer Anreiz zu mehrmaligen Besuchen geben?

2. Verwendung von Web 2.0 Komponenten
Ermittelt werden die Komponenten des Web 2.0 auf den Klinikwebseiten, die diese für den Dialog anbieten. Hintergrund: Auf einer Webseite sind heutzutage Interaktionsmöglichkeiten von großer Bedeutung. Sie sorgen für eine intensive Auseinandersetzung mit den Inhalten und die Integration von sozialen Netzwerken für Möglichkeiten zur viralen Reichweitensteigerung durch Weiterempfehlungen. Leitfragen sind folgende: Verlinken die Kliniken von ihren Webseiten auf ihre Auftritte in sozialen Netzwerken? Bieten sie Kommentarmöglichkeiten unter Beiträgen oder Weiterempfehlungsmöglichkeiten per E-Mail bzw. über Social Media-Kanäle, um nicht zuletzt ihre Reichweite zu steigern?

3. Versorgung unterschiedlicher Zielgruppen mit spezifischem relevanten Content
Es werden die relevanten Angebote für verschiedene Zielgruppen analysiert. Dazu gehören bei den empfohlenen Push- und Pull-Maßnahmen der Klinik sowohl (potenzielle) Patienten als auch einweisende Ärzte (Abschn. 8.1.3). Für erstere sind dabei beispielsweise aktuelle Gesundheitsthemen zu Prävention, die Suche nach Klinikabteilungen oder Informationen zur Vorbereitung des Klinikaufenthalts relevant, während Ärzte z. B. schnelleren Zugriff auf die Leistungsschwerpunkte einer Klinik oder die Ansprechpartner einer Abteilung benötigen. Leitfrage ist folgende: Bieten die Klinikwebseiten zielgruppenspezifische Inhalte überhaupt an bzw. adressieren die Zielgruppen mit hilfreichen Filtermöglichkeiten auf der Startseite oder einem eigenen Log-in-Bereich?

8.3.2 Ergebnisse

Die Ergebnisse der durchgeführten Studie bescheinigen den untersuchten Kliniken noch Verbesserungspotenzial in Sachen Online-Marketing und Content-Marketing im Speziellen. Der Großteil der Klinikwebseiten ähnelt sich von seinen Inhalten stark, mit bemerkenswerten Ausnahmen davon heben sich nur wenige von der Masse ab. Meist werden ausschließlich statische Informationen zur einmaligen Nutzung geboten, wozu beispielsweise die Leistungs- und Behandlungsschwerpunkte der Klinik, die jeweiligen Ansprechpartner oder eine Anfahrtsbeschreibung gehören. Dagegen finden sich Interaktionsmöglichkeiten oder Abwechslung bei den verwendeten Content-Arten seltener. Auch die Zielgruppen der (potenziellen) Patienten und einweisenden Ärzte werden nicht häufig genug deutlich adressiert.

Im Folgenden sollen die Ergebnisse der oben genannten Kategorien aus der durchgeführten Webseitenanalyse im Detail vorgestellt werden:

Zu 1 a) Anzahl und Art der verwendeten Content-Arten

Von den untersuchten 53 Content-Arten verwenden die Klinikwebseiten im Schnitt nur knapp 19 Typen, darunter viele Standardinformationen wie Stellenanzeigen, Veranstaltungshinweise oder die oben genannten Beispiele statischer Informationswiedergabe. Als multimedial kann der Großteil der Webseiten nicht bezeichnet werden, da hauptsächlich auf textliche Inhalte gesetzt wird. Gerade auf der Startseite wäre Multimedialität von Bedeutung, da sich hier entscheidet, ob ein Nutzer weitere Unterseiten aufruft oder den Internetauftritt direkt wieder verlässt. Hier werden auf allen Webseiten häufig Bilder zur Abbildung der Klinik (obwohl die Darstellung eines Gebäudekomplexes in der Regel wenig vertrauensbildend wirkt), von Mitarbeitern oder seltener von Patienten verwendet. Videos finden sich dagegen nur bei 18 % der Seiten, trotz stark zunehmender Beliebtheit im Internet z. B. in sozialen Netzwerken oder auf Videoplattformen.

Die Auswertung der Webseitenanalyse zeigt, dass statische Content-Arten zur Informationsübermittlung auf den Klinikwebseiten am häufigsten zu finden sind: Neben textlichen Beiträgen werden zu vielen Themen Broschüren bzw. Flyer zum Ansehen und Downloaden angeboten (auf 83 % der Webseiten), Checklisten z. B. für den Krankenhausaufenthalt (73 %) sind recht verbreitet, Infografiken (40 %) werden trotz ihrer Vorzüge in der Informationsdarstellung und vielfachen Einsatzmöglichkeiten dagegen seltener eingesetzt. Die digitale Version einer Patientenzeitschrift wird nur bei einem guten Drittel (35 %) der Webseiten zur Verfügung gestellt. Aktivierender Content, der für den Nutzer Anreize zum Mitmachen, Teilen oder Kommentieren schafft, hat dagegen auf den Klinikwebseiten Seltenheitswert: Interaktive Tools wie beispielsweise einen BMI-Rechner oder Wissenstests werden bei nur 28 % der Webseiten angeboten, obwohl hiermit die Auseinandersetzung des Nutzers mit den Angeboten der Klinik gestärkt werden könnte. Damit erhöht sich die Wahrscheinlichkeit, dass ein Nutzer sowohl das Unternehmen als auch seine Produkte oder Dienstleistungen positiv wahrnimmt und wiederholt auf die Internetseite zurückkehrt. Noch seltener finden sich die Beantwortung der wichtigsten Patientenfragen auf einer Q&A-Seite (18 %), die Teilnahmemöglichkeit an Umfragen (7 %) oder Online-Services wie die Anmeldung im Krankenhaus (7 %).

Zu 1 b) Aktualität des verwendeten Contents

Neben Multimedialität der Webseite spielt vor allem Aktualität eine wichtige Rolle, um ihren Nutzern den erwarteten Mehrwert bei der Seitennutzung zu bieten (Abschn. 8.2.1). Diese kann durch regelmäßig aktualisierte Inhalte erreicht werden, die unternehmensinterne Nachrichten oder allgemeine Geschehnisse zum Thema Gesundheit betreffen. Die sich hierfür anbietenden Content-Formate werden von den Klinikwebseiten unterschiedlich häufig verwendet: Einen Newsfeed auf der Startseite bieten mit 45 % noch knapp die Hälfte von ihnen, Social-Media-Inhalte wie einen Twitter- oder Facebook-Stream binden dagegen nur knapp 7 % mit ein, obwohl zwei Drittel aller Kliniken in sozialen Netzwerken einen eigenen Auftritt pflegen (Lüthy und Jendreck 2015). Genauso selten finden sich Beiträge auf den Klinikwebseiten zu allgemeinen Gesundheitsthemen oder „Lifestyle-Themen". Diese Art von Content bietet die Möglichkeit, durch saisonal passende Beiträge wie Tipps bei Grippe, Heuschnupfen oder zu allgemeinen Gesundheitsthemen wie gesunder Ernährung und Bewegung neue Besucher auf die Seite zu „locken", die zu diesen Themen über Suchmaschinen wie Google kommen. Über regelmäßig veröffentlichte Beiträge kann so eine Leserschaft erschlossen werden, die eine positive Beziehung zur Klinik aufbaut, ähnlich z. B. der Leserschaft des viel gelesenen Mediums Apotheken-Umschau. Dieses Mittel nutzen allerdings gerade einmal 8 % der Kliniken. Meist werden dabei die regelmäßigen Beiträge über einen eigenen Blog veröffentlicht. Die besten Beispiele dafür sind die Blogs der Klinikketten Helios (2015) und Vivantes (2015). Beide bieten mit ihren Blogs eine Mischung aus allgemeinen unternehmensunabhängigen Medizin- und Gesundheitsthemen sowie unternehmenseigenen Nachrichten und Neuigkeiten. Als medizinischer Ansprechpartner in allen Gesundheitsthemen empfehlen sich die weiteren untersuchten Kliniken allerdings nicht. Hier gibt es Beispiele im Ausland wie die Mayo Clinic in den USA, welche Informationen über Medikamente, Arzneimittel oder Nahrungsergänzungen anbietet und damit ein Stück weit zur Anlaufstelle und Nachschlagewerk für solche Themen wird.

Zu 2) Verwendung von Web 2.0 Komponenten

Content-Marketing soll die Internetnutzer nicht nur einmalig, sondern am besten regelmäßig erreichen, um eine Klinikmarke nachhaltig in der Wahrnehmung (potenzieller) Patienten zu verankern. Da aufgrund des statischen Informationsangebotes nicht zu erwarten ist, dass Internetnutzer eine Klinikwebseite in regelmäßigen Abständen besuchen (wenn sie nicht gerade vor einer dringenden Klinikwahl stehen), müssen sie über neue Beiträge und Veröffentlichungen auf anderen Wegen informiert werden. Hierfür bieten sich insbesondere soziale Netzwerke wie Facebook an, die in Deutschland monatlich von ca. 36 Mio. Nutzern aktiv verwendet werden, von 75 % davon sogar mindestens einmal täglich (eMarketer 2016; Tomorrow Focus Media 2015). Ebenso eignen sich zur Distribution der Versand von E-Mail-Newslettern, die Bereitstellung abonnierbarer RSS-Feeds oder Podcasts. RSS steht dabei für „Really Simple Syndication" und dient dazu, die Inhalte einer Webseite wie z. B. News, Artikel, Blogs, Audio oder Video in einer standardisierten, maschinenlesbaren Form bereitzustellen. Diese Botschaften können abonniert werden, womit ein Feed-Abonnent über die neuesten Entwicklungen auch dann informiert wird, wenn er die entsprechende Webseite nicht aufsucht (Kreutzer 2012). Die schnelle Verbreitung von Inhalten findet im Web 2.0 zusätzlich durch die Möglichkeiten des „Teilens" und Weiterempfehlens statt, die bereits auf vielen Webseiten implementiert sind. So können Inhalte einer Webseite mit einem Klick über ein soziales Netzwerk oder eine E-Mail weiterempfohlen werden, womit die Reichweite für das publizierende Unternehmen steigt. Darüber hinaus können in einem Internetauftritt

Kommentarmöglichkeiten zu jedem Beitrag oder ein ganzes Diskussionsforum angeboten werden, womit sich Nutzer der Seite aktiv mit der Klinik oder anderen Seitenbesuchern austauschen können. Die Auswertung der durchgeführten Analyse zeigt allerdings, dass die Kliniken diese Möglichkeiten kaum nutzen und solche Komponenten des Web 2.0 nur selten implementiert sind. Alleine eine Verlinkung auf die eigenen Auftritte in sozialen Netzwerken, über die potenzielle Patienten regelmäßig adressiert werden können, bieten nur 37 % der Kliniken. Noch seltener werden die Möglichkeiten zum Weiterempfehlen und Teilen von Inhalten per E-Mail (15 %) oder sozialem Netzwerk (10 %) bereitgestellt. Ähnlich spärlich verbreitet ist die Content-Verbreitung über abonnierbare RSS-Feeds und Podcasts, welche sich auf 10 % bzw. 5 % der Klinikwebseiten finden, ebenso wie die angebotene Kommentarmöglichkeit zu Beiträgen oder ein Diskussionsforum, in dem sich Nutzer über medizinische Themen austauschen können (jeweils nur bei einer einzigen der untersuchten 60 Webseiten).

Zu 3) Versorgung unterschiedlicher Zielgruppen mit spezifischem relevanten Content

Knapp 75 % der Klinikwebseiten bieten eine direkte Filtermöglichkeit auf der Startseite, die spezielle Inhalte schneller auffindbar und erreichbar macht. Am häufigsten ist dabei ein Bereich speziell für Patienten und Besucher vorhanden (bei 70 % der Webseiten), weniger häufig zu finden sind eigene Bereiche für Ärzte und Experten (47 %). Die Möglichkeit für einen persönlichen Log-in-Bereich bieten dagegen nur fünf der 60 Klinikwebseiten, von einer erkennbaren Ausrichtung des Klinikmarketings auf die Ärzte mit dem Ziel eines (individuellen) Einweiser-Beziehungsmanagements kann in diesem Zusammenhang also kaum die Rede sein.

Um das spezifische Content-Angebot für Patienten in verschiedenen Phasen des Patientenlebenszyklus zu untersuchen (Abschn. 8.1.1), wurde das für jede Phase relevante Content-Angebot auf den Klinikwebseiten untersucht (siehe Abb. 8.2).

- Für gesunde Menschen bietet sich ein eher ernüchterndes Bild auf der Suche nach aktuellen Themen zu Gesundheit und Prävention: Nur 8 % der Klinikwebseiten bieten beispielsweise saisonal passende Beiträge oder zu allgemeinen Gesundheitsthemen wie gesunder Ernährung und Sport. Über solche Beiträge könnten Internetnutzer von Suchmaschinen auf die Klinikwebseite gelockt und so die Reichweite im Online-Marketing vergrößert werden. Diese Möglichkeit lassen die meisten Kliniken offenbar noch ungenutzt.
- Für erkrankte Menschen, die eine Klinik für ihre Behandlung suchen, zeigt sich folgendes: Alle Kliniken stellen eine Übersicht über ihre Einrichtungen und Zentren dar, viele davon mit Ansprechpartnern bzw. dem jeweiligen Verantwortlichen der Abteilung (87 %). Sollte es sich um Laien mit geringem Fachwissen handeln, der nicht weiß, nach welcher Fachbezeichnung für eine Abteilung er suchen muss, wird ihm allerdings selten Unterstützung geboten: Suchmöglichkeiten nach

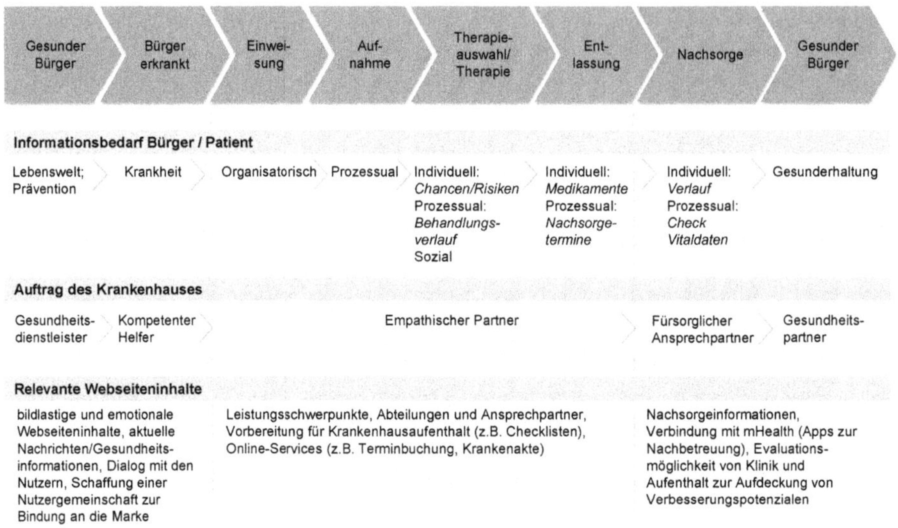

Abb. 8.2 Relevante Webseiteninhalte zur Abdeckung des Informationsbedürfnisses im Patientenlebenszyklus. (Darstellung in Anlehnung an Hebele und Raab 2015)

Krankheitsbezeichnungen oder Körperarealen als Alternative zur Abteilungsbezeichnung bieten nur rund 17 % der Webseiten.

- Der tatsächliche Klinikaufenthalt zieht weitere Informationsbedürfnisse nach sich. Eine Anfahrtsbeschreibung in Form einer interaktiven Karte z. B. von Google Maps bieten fast alle Klinikwebseiten. Checklisten zum Aufenthalt und „Informationen von A-Z" noch drei Viertel davon. Für Besucher sind beispielsweise Besuchszeiten relevant, diese werden mit 62 % allerdings von nicht einmal zwei Dritteln der Kliniken auf deren Webseiten angegeben. Auch prozessual wird weit weniger im Online-Bereich zur Verfügung gestellt: Online-Services zur Terminbuchung oder für die Krankenhaus-Anmeldung finden sich nur bei 7 % der Kliniken.
- Nach der Genesung sind für einen Patienten Nachsorgeinformationen relevant. Zum weiteren Verlauf nach der Entlassung, z. B. Informationen zu Nachsorgeterminen oder Bereitstellung von Content zur Unterstützung in Alltagsaufgaben, halten 37 % der Kliniken auf ihrer Webseite bereit. Um sich außerdem als empathischer Gesundheitsdienstleister und -partner etablieren zu können, sollten Kliniken ihr Angebot ständig überprüfen und evaluieren lassen und dafür aktiv Bewertungen der Patienten über deren Klinikaufenthalt einholen. Implementiert sind solche Feedbackmöglichkeiten auf rund der Hälfte der Klinikwebseiten.

Wie in Abschn. 8.1.2 beschrieben, dienen häufig subjektive Ersatzkriterien als Entscheidungsträger bei der Klinikwahl, wenn fachliche Kompetenzen der Klinik von Laien nur schwer beurteilt werden können. Das Angebot der für die Zielgruppen relevanten

Informationen und Inhalte könnte zukünftig ein wesentlicher Bestandteil der Markenprofilierung sein und positiv auf die Marke der Klinik einzahlen.

8.4 Schlussbetrachtung

Für Kliniken sind Marketingmaßnahmen durch den verschärften Wettbewerb auf dem Gesundheitsmarkt und das veränderte Patientenverhalten bei der Klinikwahl unabdingbar. Um aus den Marktveränderungen, die insbesondere das Krankenhausstrukturgesetz 2016 mit sich bringt und dem zunehmenden Verdrängungswettbewerb daraus als Gewinner hervorzugehen und langfristige Wettbewerbsfähigkeit zu sichern, ist strategisches Klinikmarketing notwendig. Hierbei bietet sich die Schaffung und Etablierung einer Klinikmarke an, die in einem konkurrierenden Markt als Differenzierungskriterium zur Abgrenzung vom Wettbewerb dient. Mit ihrer Hilfe sollten Kliniken in der Lage sein, ihr Marketing mit Push- und Pull-Maßnahmen auf unterschiedliche Zielgruppen wie Patienten und einweisende Ärzte auszurichten, langfristig eine stabile Wettbewerbsposition aufzubauen und Patientenströme nachhaltig zu sichern.

Klinikleistungen sind in erster Linie Vertrauensgüter, weshalb bei der Markenbildung die Generierung von Differenzierungsmerkmalen wie Vertrauen, Qualität, emotionale Mehrwerte sowie Glaubwürdigkeit im Vordergrund stehen müssen. Da die meisten Patienten zur Bewertung von Klinikleistungen nur subjektive Beurteilungskriterien heranziehen können, ist die Wahrnehmung der Marke von umso höherer Bedeutung. Im Zeitalter der Digitalisierung findet die Markenwahrnehmung häufig durch schnellen und umfangreichen Zugang zu Informationen im Internet statt. Wer mit seinem Angebot aus der Masse der Informationen hervorsticht, kann sich vom Wettbewerb abheben. Diese Chance zur Wettbewerbsdifferenzierung sollten die Kliniken durch den Einsatz von Content-Marketing nutzen, das als effektives Werkzeug zur Markenbildung eingesetzt werden kann. Da sich die Tendenz des zunehmenden Gesundheitsbewusstseins in der Bevölkerung weiter fortsetzt, wird sich für Kliniken der Blick auf die gezielte Befriedigung von Informationsbedürfnissen lohnen. Durch den Einsatz von Content-Marketing und die Verbreitung der markenspezifischen Inhalte im Internet kann ein großer Schritt zur Erreichung von Marketingzielen wie der Gewinnung neuer Patienten (im In- und Ausland), Erhöhung von Patientenloyalität sowie Wettbewerbsdifferenzierung und damit zur langfristigen Existenzsicherung gemacht werden.

Literatur

Antwerpes F (2014) Klinikmarketing, DocCheck Medical Services GmbH. http://flexikon.doccheck.com/de/Klinikmarketing. Zugegriffen: 27. März 2016

Augurzky B, Krolop S, Hentschker C, Pilny A, Schmidt C (2015) Krankenhaus Rating Report 2015, Bad Bank für Krankenhäuser – Krankenhausausstieg vor der Tür? medhochzwei, Heidelberg

Beivers A, Penter V (2015) Stellungnahme zum Krankenhausstrukturgesetz. http://www.adhibeo.de/wp-content/uploads/2015/09/2015-09-21_KHSG-Papier_Beivers_Penter_final_Endversion.pdf. Zugegriffen: 26. März 2016

Berens A (2014) Wie Marketing zum Service wird. http://www.brand-management-review.com/ger/Collected-Edition/Ausgabe-2-November-2014/Wie-Marketing-zum-Service-wird/. Zugegriffen: 27. März 2016

Blum K, Weigand A (2015) Sanierungsfall Krankenhaus – Erkennen/Vorbeugen/Abwenden. Deutsche Krankenhaus V.-G, Düsseldorf

Blum K, Löffert S, Offermanns M, Steffen P (2015) Deutsches Krankenhausinstitut, Krankenhaus Barometer 2015. http://www.dkgev.de/media/file/22334.2015-12-07_Anlage_Krankenhaus-Barometer.pdf. Zugegriffen: 26. März 2016

Brandstädter M, Ullrich T, Haertel A (2012) Klinikmarketing mit Web 2.0, Ein Handbuch für die Gesundheitswirtschaft. Kohlhammer, Stuttgart

Braun G, Burghardt K, Falb R, Magunia P (2013) Einweisermanagement in deutschen Kliniken. http://www.rolandberger.de/media/pdf/Roland_Berger_TAB_Einweisermanagement_in_deutschen_Kliniken_20130401.pdf. Zugegriffen: 14. März 2016

Bruhn M (2002) Was ist Marke?, Aktualisierung der Definition der Marke, Gesellschaft zur Erforschung des Markenwesens e. V. http://www.markenverband.de/publikationen/studien/Was%20ist%20eine%20Marke.pdf. Zugegriffen: 28. März 2016

Bruhn M (2015) Kommunikationspolitik, Systematischer Einsatz der Kommunikation für Unternehmen, 8. Aufl. Vahlen, München

Bundesministerium für Gesundheit (2016) Krankenhausstrukturgesetz – KHSG, BMG. http://www.bmg.bund.de/themen/krankenversicherung/krankenhausstrukturgesetz/khsg.html. Zugegriffen: 26. März 2016

Carat (2016) Marktanteile der einzelnen Werbemedien weltweit im Jahr 2015 und Prognose bis 2017, Statista. http://de.statista.com/statistik/daten/studie/220860/umfrage/prognose-der-marktanteile-der-werbemedien/. Zugegriffen: 22. März 2016

Content Marketing Institute (2015) What is content marketing? http://contentmarketinginstitute.com/what-is-content-marketing/. Zugegriffen: 15. März 2016

Die Firma GmbH (2014) B2B Online-Monitor 2014 – Kings of Content, Studie zur Online-Kommunikation in B2B-Unternehmen? http://www.hanser-mediacenter.de/_storage/asset/892414/storage/master/file/11456253/download/diefirma_b2b_online_monitor_2014.pdf Zugegriffen: 15. März 2016

Eck K, Eichmeier D (2014) Die Content-Revolution im Unternehmen, Neue Perspektiven durch Content-Marketing und -Strategie. Haufe-Lexware, Freiburg

eMarketer Inc. (2016) Anzahl der monatlich aktiven Nutzer sozialer Netzwerke in Deutschland im Jahr 2014 sowie eine Prognose bis 2019, Statista. http://de.statista.com/statistik/daten/studie/504140/umfrage/prognose-zur-anzahl-der-nutzer-sozialer-netzwerke-in-deutschland/. Zugegriffen: 24. Febr. 2016

Esch F-R (2014) Strategie und Technik der Markenführung, 8. Aufl. Vahlen, München

Firnkes M (2014) Professionelle Webtexte und Content Marketing, Handbuch für Selbstständige und Unternehmer, 2. Aufl. Hanser, München

Haseborg F (2009) Krankenhaus-Marketing, Vom Irgendwie zur Strategie. http://www.albertinen.de/module/download/9893. Zugegriffen: 15. Febr. 2016

Hebele J, Raab A. (2015) Möglichkeiten und Ansätze der individuellen und dialogorientierten medialen Patientenkommunikation in deutschen Akutkrankenhäusern. Unveröffentlichte Studie:

25 Experteninterviews, persönliche Befragung im Zeitraum Februar bis April 2015, Technische Hochschule Ingolstadt, Ingolstadt

Helios Kliniken GmbH (2015) HELIOS aktuell, Das Online-Magazin der HELIOS Kliniken. http://www.heliosaktuell.de/start/. Zugegriffen: 16. Febr. 2016

Kompass GmbH (2012) Klinik als Marke, Eigenstudie – Onlinebefragung. In: Nemec S, Fritsch HJ (Hrsg) Die Klinik als Marke, Markenkommunikation und -führung für Krankenhäuser und Klinikketten. Springer, Berlin, S 4–13

Konrad S, Raab A (2014) Welche Faktoren beeinflussen die Einweisungsentscheidung von niedergelassenen Ärzten in der Praxis? Eine empirische Untersuchung von arzt- und patientenbezogenen Variablen und deren Einfluss auf das Einweisungsverhalten. Gesundh Qual 19(3):137–143

Kotler P, Keller KL (2016) Marketing Management, 15. Aufl. Pearson Veralg, Boston

Kreutzer R (2012) Praxisorientiertes Online-Marketing, Konzepte – Instrumente – Checklisten. Gabler, Wiesbaden

Lieb R (2012) Content marketing, Think like a publisher to market content on Facebook, Twitter and YouTube. Que Pub, Indianapolis

Löffler M (2014) Think Content! Content-Strategie, Content-Marketing, Texten fürs Web. Galileo Press, Bonn

Lüthy A (2009) Marketing als Strategie im Krankenhaus, Patienten- und Kundenorientierung erfolgreich umsetzen. Kohlhammer, Stuttgart

Lüthy A, Jendreck K (2015) Social Media – auch hierzulande für Krankenhäuser attraktiv? Deutsches Ärzteblatt 112(7):276–278

Magrath AJ (1986) When marketing services, 4 Ps are not enough. Bus Horiz 29(3):44–50

Papenhoff M, Platzköster C (2010) Marketing für Krankenhäuser und Reha-Kliniken, Marktorientierung & Strategie, Analyse & Umsetzung, Trends & Chancen. Springer, Heidelberg

Penter V, Augurzky B (2014) Gesundheitswesen für Praktiker, System, Akteure, Perspektiven. Springer Gabler, Wiesbaden

Raab A, Drissner A (2011) Einweiserbeziehungsmanagement, Wie Krankenhäuser erfolgreich Win-Win-Beziehungen zu niedergelassenen Ärzten aufbauen. Kohlhammer, Stuttgart

Raab A, Konrad S (2014) Welche Kriterien sind entscheidend für die Einweisungsentscheidung von niedergelassenen Ärzten? Eine empirische Untersuchung von arzt- und patientenbezogenen Variablen und deren Einfluss auf das Einweisungsverhalten. Arbeitspapiere der Technischen Hochschule Ingolstadt (29):1–23

Raab A, Legl K (2015) Einweiserbeziehungsmanagement: Eine zukunftsorientierte Strategie für Krankenhäuser. In: Blum K, Weigand A (Hrsg) Sanierungsfall Krankenhaus – Erkennen/Vorbeugen/Abwenden. Deutsche Krankenhaus V.-G, Düsseldorf

Raab A, Legl K (2016) Einweiserbeziehungsmanagement. In: Pfannstiel MA, Rasche C, Mehlich H (Hrsg) Dienstleistungsmanagement im Krankenhaus. Springer Gabler, Wiesbaden, S 107–136

Raab A, Schulz C (2014) Gutes tun und darüber reden – Wie kommuniziert man Gesundheit erfolgreich? Unveröffentlichte Studie: n = 500 Bürger in Ingolstadt, persönliche Befragung im Zeitraum 01.06.2014 bis 12.06.2014, Technische Hochschule Ingolstadt, Ingolstadt

Roland Berger Strategy Consultants (2015) Aktuelle Diagnose und Therapie der wirtschaftlichen Misere deutscher Krankenhäuser, Krankenhaus-Restrukturierungsstudie 2015. http://www.rolandberger.de/media/pdf/Roland_Berger_Restrukturierung_Krankenhaeuser_2015_20150421.pdf. Zugegriffen: 26. März 2016

Schach A (2015) Advertorial, Blogbeitrag, Content-Strategie & Co., Neue Texte der Unternehmenskommunikation. Springer Gabler, Wiesbaden

Scheier C, Held D (2013) Wie Werbung wirkt, Erkenntnisse des Neuromarketing, 2. Aufl. Haufe, Freiburg

Schramm A (2012) Online-Marketing für die erfolgreiche Arztpraxis, Website, SEO, Social Media, Werberecht. Springer Medizin, Berlin

Statistisches Bundesamt (2014) Verzeichnis der Krankenhäuser und Vorsorge- oder Rehabilitationseinrichtungen, Krankenhausverzeichnis. https://www.destatis.de/DE/Publikationen/Thematisch/Gesundheit/Krankenhaeuser/Krankenhausverzeichnis.html. Zugegriffen: 26. März 2016

Statistisches Bundesamt (2015) Grunddaten der Krankenhäuser 2014, Fachserie 12 Reihe 6.1.1. https://www.destatis.de/DE/Publikationen/Thematisch/Gesundheit/Krankenhaeuser/GrunddatenKrankenhaeuser2120611147004.pdf?__blob=publicationFile. Zugegriffen: 26. März 2016

Steinbach J, Krisch M, Harguth H (2015) Helpvertising, Content-Marketing für Praktiker. Springer Gabler, Wiesbaden

Tomorrow Focus Media (2015) Wie oft nutzt Du soziale Medien?, Statista. http://de.statista.com/statistik/daten/studie/168920/umfrage/haeufigkeit-der-nutzung-von-community-plattformen/. Zugegriffen: 24. Febr. 2016

Tomsen M-L (2001) Killer Content Strategien für das erfolgreiche Content Management im eCommerce. Addison-Wesley, München

Ullrich T (2012) Klinikmarketing – Warum? In: Brandstädter M, Ullrich T, Haertel A (Hrsg) Klinikmarketing mit Web 2.0, Ein Handbuch für die Gesundheitswirtschaft. Kohlhammer, Stuttgart, S 13–43

Unisphere Research (2013) Content marketing gets social, 2013 survey on content marketing trends. http://info.skyword.com/eBook—2013-Content-Marketing-Trends.html. Zugegriffen: 18. Aug. 2015

Vivantes – Netzwerk für Gesundheit GmbH (2015) Der Gesundheitsblog für Berlin. http://www.vivantes-blog.de/. Zugegriffen: 16. Febr. 2016

VKD Verband der Krankenhausdirektoren Deutschlands e. V. (2015) Geplante Reform wird die Probleme verschärfen. http://www.vkd-online.de/aktuelles/archiv/geplante-reform-wird-die-probleme-verschaerfen3. Zugegriffen: 26. März 2016

Weihusen K (2013) Marken im Krankenhausmarkt im Spiegel der Patienten. In: Nemec S, Fritsch HJ (Hrsg) Die Klinik als Marke, Markenkommunikation und -führung für Krankenhäuser und Klinikketten. Springer, Berlin, S 1–13

Zenith Optimedia Group Limited (2016) Prognose zu den Investitionen in Internetwerbung weltweit in den Jahren 2015 bis 2018 nach Segmenten, Statista. http://de.statista.com/statistik/daten/studie/209291/umfrage/investitionen-in-internetwerbung-weltweit-nach-segmenten/. Zugegriffen: 23. März 2016

Zukunftsinstitut GmbH (2015) Philips Gesundheitsstudie 2015. http://www.zukunftsinstitut.de/documents/downloads/Zukunftsinstitut%20Philips%20Gesundheitsstudie%202015.pdf. Zugegriffen: 7. März 2016

Über die Autoren

Stephan Gschoßmann studierte Betriebswirtschaft mit den Schwerpunkten Marketing und International Management an der Technischen Hochschule Ingolstadt. Im Rahmen seiner Abschlussarbeit beschäftigte er sich mit den Themen Klinikmarketing und Content-Marketing. Gegenwärtig absolviert er ein Masterstudium in BWL Marketing-Management an der Hochschule für angewandte Wissenschaften München. Praktische Erfahrung sammelte er bei verschiedenen Unternehmen in Industrie, Handel sowie Marketing und Werbung vor allem in den Bereichen Online-Marketing und Marketingstrategie. Darüber hinaus bearbeitete er in Marketingforschungsprojekten Fragestellungen zu Gesundheitskommunikation und Social Media Marketing.

Prof. Dr. Andrea E. Raab lehrt seit 2000 Marketing mit den Schwerpunkten Marktforschung und Dienstleistungsmanagement an der Technischen Hochschule Ingolstadt. Seit 2014 hält Frau Professor Raab eine (Teil)Forschungsprofessur inne. Vor ihrer Berufung an die Hochschule sammelte sie mehrjährige Industrieerfahrung und war u. a. in einem internationalen Beratungsunternehmen beschäftigt. Ihr Fokus liegt insbesondere im Gesundheitswesen, wo sie über umfangreiches Branchenwissen verfügt. In einer Vielzahl von Forschungs- und Praxisprojekten fokussiert Frau Prof. Raab besonders folgende Bereiche: Marketing von stationären Einrichtungen des Gesundheitswesens (insbesondere Einweiserbeziehungsmanagement, Zuweisermarketing, dialogorientierte mediale Patientenkommunikation, Markenbildung); Intersektorale Kooperation, Medizinische Versorgungszentren, Ärztenetzwerke; Marketingforschung (Patienten-, Einweiserbefragungen, Social Media Monitoring). Frau Professor Raab unterrichtet auch in Weiterbildungsstudiengängen wie einem MBA Gesundheitsmanagement für Ärzte, Chefärzteseminaren und einem Bachelor für Gesundheitsberufe. Ihre Lehrschwerpunkte sind in den Modulen Dienstleistungsmanagement, Krankenhaus-Marketing, Einweisermanagement, Qualitätsmanagement sowie Patientensteuerung und Fallmanagement angesiedelt. Sie referiert in zahlreichen Managementseminaren und publiziert regelmäßig die Ergebnisse ihrer Forschungs- und Projektarbeiten. Sie ist unter anderem Gutachterin am Landesamt für Gesundheit und Lebensmittelsicherheit in Bayern (LGL).

Klinik-Patientenservice Online – Eine Analyse der Patientenorientierung am Beispiel des Awards „Deutschlands Beste Klinik-Website"

9

Frank Elste und Thorsten Weis

Zusammenfassung

Der Award Deutschlands Beste Klinik-Website ist die größte Ausschreibung um die beste Homepage von Krankenhäusern aus Deutschland. In 2017 startet die 15. Veranstaltung dazu. Die wissenschaftliche Analyse der vergangenen Jahre lässt aktuelle Trends erkennen. Dazu zählt zum eine die wachsende Interaktion zwischen Kliniken und Patienten. Zum anderen werden die Webseiten zunehmend für den Zugriff auf mobilen Endgeräten optimiert. Durch diese modernen Arbeitsweisen können auch wertvolle Ressourcen im Krankenhaus gespart werden. Welche Trends sich dann am Ende durchsetzen, wird sich in den kommenden Jahren zeigen.

Inhaltsverzeichnis

F. Elste (✉)
BWL-Gesundheitsmanagement Bad Mergentheim, Duale Hochschule Baden-Württemberg, Schloss 2, 97980 Bad Mergentheim, Deutschland
E-Mail: frank.elste@duale-hochschule.org

T. Weis
medizin + wirtschaft prof. elste gmbh, Daimlerstraße 12, 61352 Bad Homburg v.d.H., Deutschland
E-Mail: thorsten.weis@medizinwirtschaft.net

M.A. Pfannstiel et al. (Hrsg.), *Digitale Transformation von Dienstleistungen im Gesundheitswesen II,* DOI 10.1007/978-3-658-12393-2_9

9.1 Einleitung

Die Anforderungen der Patienten an digitale Services der Krankenhäuser steigen stetig. Dabei geht der Trend in Richtung mobile Anwendungen durch die zunehmende Nutzung von Smartphones, Tablets und Wearables. Auch der Einsatz von Beacons, einer auf Bluetooth basierenden Nahfrequenztechnik, ermöglicht den Krankenhäusern, den Patienten nicht nur auf der Webseite, sondern auch mit dem Betreten der Klinik digital zu begleiten. Auf der anderen Seite steht der Datenschutz, der immer wieder neu herausgefordert wird (Krüger-Brand 2016). Man denke hier an den Diebstahl der Krankenakte von Michael Schuhmacher (Marx 2014) oder den Hackerangriff auf Krankenhäuser in Neuss (Postinett 2016).

9.2 Der Award Deutschlands beste Klinikwebsite

Schon zu Anfang des Jahrtausends erkannte die Forschungsgruppe Marketing und Werbung in der Medizin am Universitätsklinikum Heidelberg, dass viele medizinische Einrichtungen die Vermarktung eigener Dienstleistungen über das Internet eher schleppend oder gar nicht angegangen waren (Elste et al. 2008). Hinzu kommt der direkte Nutzen durch Online-Leistungen für die Patienten. Informationen, die sich Patienten online selber zusammensuchen, entlasten das medizinische Personal und die Verwaltung von Krankenhäusern (Schleicher 2016). So können Patienten heute bereits einen Wahlleistungsvertrag ausdrucken und mitbringen oder Besucher finden den Ansprechpartner direkt auf der Webseite, anstatt die Telefonzentrale mit Anfragen zu belasten.

Das Projekt Deutschlands Beste Klinikwebsite startete als Wissenschaftsprojekt bereits im Jahr 2003. Damals war die Klinik-Homepage für viele Krankenhäuser noch Neuland. Der Award um die beste Homepage findet seitdem jährlich mit immer neuen Highlights statt. Mit der Unterstützung von Novartis Pharma hat sich der Wettbewerb inzwischen zum renommiertesten Vergleichsinstrument für den Webauftritt von Kliniken entwickelt. Die Veranstaltung ist deutschlandweit die größte ihrer Art und wird mit sehr großem Aufwand weiter vorangetrieben.

9.2.1 Ablauf und Bewertung

Die Anmeldung zum Wettbewerb steht jedem Klinikum mit Sitz in Deutschland frei und erfolgt über die Webseite von Novartis Pharma aus Nürnberg. Die Teilnahme ist kostenlos und wird von Novartis Pharma aus Nürnberg gefördert. Die Klinikwebseiten selbst werden nach Anmeldeschluss anhand eines standardisierten, wissenschaftlich fundierten Bewertungsschemas analysiert. Das Verfahren dazu wurde ursprünglich an der Universität Heidelberg entworfen. Es wird seitdem jedes Jahr durch das Team um Prof. Elste aus dem Studiengang BWL-Gesundheitsmanagement der Dualen Hochschule Baden-Württemberg aktualisiert.

Die Gutachter des Wettbewerbs bewerten die Webseiten nach fast 200 Einzelkriterien in sieben Ober- und 20 Unterkategorien. Die Kategorien werden nach Schulnoten bewertet und ergeben eine Gesamtnote, anhand derer die Gutachter eine Vorauswahl von zehn Kliniken treffen. Seit Wettbewerbsstart wurde im Schnitt jedes Krankenhaus in Deutschland mehr als 2x analysiert. Jeder Analyseprozess wird von bis zu neun Experten mit mehr als 180 min Zeitaufwand pro Krankenhaus durchgeführt. Hinzu kommen Statistiker, die die Daten auswerten, Grafiker, die alle Daten aufbereiten. Und: Diese Vorauswahl wird einer 10-köpfigen Jury aus Vertretern von Wissenschaft, Forschung, Medizin, Patientenvertretern und Klinikverbänden vorgelegt, die wiederum über das endgültige Ranking innerhalb der Top-10 entscheidet (vgl. Elste 2016).

9.2.2 Die patientenfreundliche Webseite nach imedON

Die Bewertungskriterien für die Gutachter wurden in den letzten Jahren kontinuierlich weiterentwickelt. Dabei wurde vor allem durch Patientenbefragungen der Bedarf an Online-Inhalten abgefragt. Sind Kriterien nicht nur für die Vermarktung der Klinik, sondern auch für die Qualität der Webseite aus Sicht des Patienten wichtig, so werden diese Kriterien bei der Endnote höher gewichtet und sie fließen in ein gesondertes Qualitätszertifikat mit ein, das imedON-Zertifikat der Initiative Medizin Online. Alle Kriterien werden mit Schulnoten von sehr gut bis ungenügend bewertet. Die Kriterien nach imedON haben einen geringeren Umfang als die gesamten Bewertungspunkte. Insgesamt werden 180 Kriterien geprüft, aber nur etwa 90 werden als essenziell und damit als Voraussetzung zur Zertifizierung angesehen. Die Tab. 9.1 gibt einen Übersicht über die relevanten Prüfmerkmale im Sinne der Initiative Medizin Online (imedON).

9.2.3 Die Auswertungen beim Award

Am Ende des Wettbewerbs erhält jedes teilnehmende Krankenhaus eine individuelle Auswertung der Webseite mit einer Auflistung der jeweiligen Stärken und Schwächen sowie umfangreichen Verbesserungstipps zugeschickt. Dabei wird das Augenmerk jährlich angepasst. Dies ist im Wesentlichen den Änderungen im Online-Verhalten der Nutzer geschuldet. Zusätzlich sind die Ergebnisse als Benchmarking dargestellt, sodass man als Klinik sofort weiß, wo man im Vergleich mit der Konkurrenz steht.

Tab. 9.1 Übersicht über die relevanten Prüfmerkmale im Sinne der Initiative Medizin Online (imedON)

Gruppe	Kriterium	Kernfragen
Bedienung/Usability	Auffindbarkeit der Infos	In welcher Zeit werden Informationen gefunden? Welchen Zugang zur Information gibt es?
	Suchfeld	Gibt es eine Suchfunktion? Ist die Suche kontextsensitiv?
	Ergebnisse der Suchfunktion	Wie gut ist die Suchqualität? Werden ähnliche Worte gefunden? Werden Schreibfehler korrigiert?
	Sitemap	Gibt es eine Übersicht über die Seite? Sind Breadcrumbs vorhanden?
	Übersichtlichkeit der Seiten-Struktur	Wie ist die Strukturierung der Seite? Sind die Menüpunkte logisch aufgebaut?
Barrierefreiheit	Textstruktur = Bedienung ohne Maus	Ist eine Bedienung ohne Maus möglich?
	nicht sinnvolle Reihenfolge der Elemente	Wie springt man innerhalb der Webseite mit dem Tabulator?
	Rot/Grün Tauglichkeit	Sind die Kontraste ausreichen hoch für Personen mit Rot-Grün-Sehschwäche?
	Schriftvergrößerung	Lässt sich die Schrift Proportional vergrößern?
	Kontraste	Wie sind die Kontraste von Texten, Buttons und Abbildungen?
	Flash-Objekte	Gibt es Objekte, die nur mit Flash-Technik funktionieren?
	Blinkende/animierte Texte	Finden sich blinkende oder animierte Objekte, die für die Bedienung wichtig sind (GIFs)?
	Leichte Sprache	Ist die Sprache verständlich und für die Zielgruppen aufbereitet?
	Linktexte	Sind bei den Links die Alt-Texte hinterlegt?
	Bildtexte (Alt-Texte)	Sind bei den Bildern die Alt-Texte hinterlegt?
	Bedienung insgesamt	Wie ist die Homepage insgesamt zu bedienen?
Technik	Bodybrowser	Gibt es einen Bodybrowser oder andere Zugangsmöglichkeit zu den Behandlungen bei bestimmten Erkrankungen?
	VR-Techniken	Werden VR-Techniken eingesetzt?
	Online-Formulare	Kann man Formulare Online ausfüllen?
	Online-Zugänge	Gibt es Online-Zugänge für die einzelnen Zielgruppen, wie Besucher, Patienten, Zuweiser, Mitarbeiter etc.
	Apps (ohne direkte Mobil-Apps)	Finden sich Anwendungen, die innerhalb des Browsers funktionieren (ohne Flash)?

(Fortsetzung)

Tab. 9.1 (Fortsetzung)

Gruppe	Kriterium	Kernfragen
Organisatorische Informationen	Sprechstunden/Kontakt (Ansprechpartner/Uhrzeiten/Formular)	Sind Telefonnummern, Ansprechpartner und Anreiseinformationen hinterlegt?
	Wahlleistungen	Wird auf Wahlleistungen aufmerksam gemacht? Sind die Verträge und Preise hinterlegt?
	Qualitätsmanagement und Leitbild	Wir das Leitbild beschrieben? Passt es zu der Einrichtung? Finden sich Hinweise auf das QM-System?
	Zusatzangebote (Freizeitangebote, Seelsorge, Sozialdienst etc.)	Wird über zusätzliche Angebote informiert?
	Downloads (Patientenbroschüren, Flyer, Lageplan etc.)	Finden sich PDF-Downloads für Patienten zum Ausdrucken daheim?
	Patienten-ABC und Glossar	Gibt es ein Glossar? Ist dieses interaktiv mit der Webseite verknüpft?
	Patientensicherheit/Hygienemanagement	Sind Informationen zur Patientensicherheit hinterlegt? Wird über das Hygienemanagement informiert?
	Patientenbewertung und Beschwerdemanagement	Wie können Patienten, Besucher oder Zuweiser die Behandlung und die Klinik bewerten? Ist ein Beschwerdemanagement vorhanden?
	Anfahrt und Lageplan	Gibt es einen Lageplan für die Aufteilung der Gebäude im Klinikgelände? Wird die Anreise mit den wichtigen Verkehrsmitteln beschrieben und auf Parkmöglichkeiten hingewiesen?
	Textgestaltung	Sind die Texte zu den org. Informationen patientenfreundlich, übersichtlich, nicht zu lang? Motiviert der Text zum Lesen?
	Infos zu Aufnahme, Aufenthalt und Entlassung	Wie wird der Patient über den Ablauf von Aufnahme bis Entlassung informiert?
	Infos Ärzte	Gibt es Informationen über die behandelnden Ärzte mit Namen, Kontaktmöglichkeit, Spezialisierungen und Lebenslauf?
	Angehörige/Besucher	Welche Inhalte werden speziell für Angehörige/Besucher angeboten?
	Fotogalerie	Gibt es eine Fotogalerie? Wie ist die Bildqualität?
	Infos zur Pflege	Gibt es Informationen über das Pflegepersonal, zum Umgang mit den Patienten unter Nennung der Ansprechpartner?

(Fortsetzung)

Tab. 9.1 (Fortsetzung)

Gruppe	Kriterium	Kernfragen
	Spezielle Online-Angebote oder Serviceleistungen	Gibt es speziell reine Online-Angebote für Patienten, beispielsweise Intranet, Prä-OP-Videos etc. oder reine Online-Services, beispielsweise Erinnerung per SMS bei Untersuchungen oder Online-Check-In?
Design	Bildsprache	Wie sind die Bilder ausgewählt? Sind es nur Stock-Fotos oder eigene Bilder? Ist die Bildsprache homogen und passend zur med. Einrichtung?
	Corporate Design	Sind die einzelnen Unterseiten homogen und einheitlich gestaltet? Wechselt das Design häufig?
	Farbgebung	Wie sind die Farben gewählt worden? Passen diese zur Einrichtung?
	Schriftwahl	Ist die Schrift passen gewählt? Harmonisiert sie mit den Abbildungen?
	Lesbarkeit	Ist die Schrift hinsichtlich Größe, Struktur und Farbe gut lesbar?
	Layout/Rasteranordnung	Wie ist die Webseite angeordnet? Gibt es stimmiges und durchgehendes Raster?
	Design insgesamt	Wie ist die Gestaltung insgesamt zu bewerten?
	Fenster mit eigenem Scroll-Balken	Kann man in den Fenstern immer scrollen oder gibt es Frames?
	Logogestaltung	Wie ist das Logo gestaltet? Wirkt es harmonisch mit der Webseite?
	Textmenge	Wie sind die Texte unterteilt in Bezug auf die Textmengen? Wie erfolgt die Aufteilung der Texte?
	Bildergalerien mit Slideshow und Zoom	Gibt es eine Sammlung von Bildern mit Eindrücken der Klink? Sind die Informationen zu den Untersuchungsbereichen und Zimmern bebildert?
	Mouseover-Effekte	Gibt es Funktionen im Rahmen von Mouseover-Effekten?
	Animationen	Werden Animationen zur Informationsvermittlung eingesetzt?
	Diagnose-Navigator	Wie kommt der Patient an die gewünschten Informationen hinsichtlich seiner Diagnose und/oder Behandlung?
	Grafische Aufzählungszeichen	Wie werden Aufzählungen strukturiert?

(Fortsetzung)

Tab. 9.1 (Fortsetzung)

Gruppe	Kriterium	Kernfragen
	Hintergrundgestaltung	Ist der Hintergrund der Homepage gut gewählt? Passt die farbliche Abstimmung?
	Übersichtsgrafik (Kliniken und Abteilungen)	Gibt es Info-Grafiken zu den Kliniken oder Abteilungen?
Marketing	Social Media	Welche Social-Media-Kanäle verwendet die Klinik?
	Zielgruppenansprache	Werden die relevanten Zielgruppen, wie Patienten, Besucher, Zuweiser, Stellensuchende, Studierende, Lieferanten, Presse etc. explizit angesprochen? Sind die Inhalte für Zielgruppen aufbereitet?
	Einweiserportale/-informationen	Gibt es ein Einweiserportal? Ggf. Zugänge zum Abruf von Befunden etc.?
	Crossmedia-Marketing	Wie wird über die Webseite zu anderen Marketingaktivitäten Bezug genommen? Beispielsweise zu Klinikmagazinen, zu Tagen der offenen Tür, zu TV-Berichterstattung, YouTube etc.
	Philosophie/Leitbild	Wie wird das Leitbild im Rahmen des Marketings genutzt?
	Personalakquise	Wird gezielt Marketing zur Gewinnung von Fachkräften betrieben?
	Online-Magazine	Gibt es Magazine, die online abrufbar und/oder einsehbar sind?
	Marketing gesamt	Wie wird die Vermarktung der Homepage bewertet? Wo ist sie bei Suchmaschinen positioniert?
Medizin Infos	Informationsmenge	Wie groß ist die Menge an Informationen zu medizinischen Themen?
	Informationsqualität	Wie ist die Qualität der medizinischen Informationen hinsichtlich Aktualität und für bestimmte Behandlungen?
	Verständlichkeit	Wie ist die Verständlichkeit der med. Informationen aus Sicht von Patienten und Angehörigen?
	Relevanz	Wie relevant ist die med. Informationen für den Patienten?
	Darstellung	Wie wir die med. Information dargestellt?
	Abbildungen	Wird der Text durch Abbildungen und Grafiken illustriert?
	Besondere techn. Funktionen	Gibt es bei den med. Informationen besondere Techniken, wie Tests, Online-Befragungen etc.

(Fortsetzung)

Tab. 9.1 (Fortsetzung)

Gruppe	Kriterium	Kernfragen
	Auffindbarkeit der Informationen	Wie schnell und effizient gelangt man an die med. Inhalte?
	besondere Inhalte für Ärzte	Gibt es Fachinformationen für Ärzte? Werden diese geschützt?
	Forschungsinformationen	Gibt es Fachinformationen zur Forschung?
	Med. News	Gibt es ein News-Portal zu med. Themen?
Recht	Prüfung des Impressums	Ist das Impressum erreichbar und inhaltlich korrekt?
	Einhaltung der Werbegesetze (HWG)	Gibt es Verstöße beim HWG?
	Medizinische Texte	Sind die med. Texte nicht werbend?
	Abbildungen	Gibt es unzulässige Abb., beispielsweise vor und nach Behandlung des gleichen Patienten?
	Selbsttest zur Diagnose	Wird der Patient werbend zur Selbstdiagnose und damit zum Besuch der Klinik aufgefordert?
	Studienverweise	Wird werbend auf med. Studien verwiesen?
	Copyrights bei Abbildungen	Gibt es Abbildungen, die möglicherweise gegen Urheberrechte verstoßen? Wird auf das Urheberrecht Bezug genommen?
Mobil	Mobile Menüführung	Wie ist die Menüführung auf einem Smartphone?
	Mobildarstellung	Ist die Darstellung für Smartphones optimiert und gut lesbar?
	Apps (iOS oder Android)	Gibt es im AppStore eigene Apps für iOS oder Android der Klinik?
	Mobile Funktionen (HTML5 etc.)	Gibt es besondere Funktionen, speziell für Smartphones?

9.3 Die Trends

Die Webseite spielt im Alltag eine Rolle von vielen Instrumenten im Bereich des Online-Marketings. Durch die Analyse so vieler Klinikwebseiten, kann man auf Basis des Awards um Deutschlands Beste Klinik-Website gewisse Trends erkennen.

9.3.1 Trend 1: Dialog mit Usern

Die Qualität der meisten Klinikwebseiten befindet sich auf einem hohen Niveau. Dazu hat auch der Wettbewerb um die Beste Homepage beigetragen. Doch wie ist es um die direkte Kommunikation mit den Patienten oder den Zuweisern bestellt? Der Einsatz von Social Media ist bei vielen Krankenhäusern angekommen. Die Analyse im Rahmen des 14. Awards Deutschlands Beste Klinik-Website ergab: 30,5 % der teilnehmenden Kliniken unterhalten eine eigene Webseite bei Facebook. Wer als Krankenhaus dies nicht selber macht, bekommt von Facebook automatisch eine Webseite zusammengestellt. Diese wird dann als „inoffizielle Seite" gekennzeichnet und ist mit Inhalten anderer User befüllt. Beispielsweise durch Kommentare von anderen Facebook-Mitgliedern, die sich gerade in der Klinik aufhalten. Da man auf solche Kommentare keinen Einfluss ausübt, ist man mit einer eigenen Webseite bei Facebook besser beraten. Allerdings ist der Ressourcenaufwand dafür hoch. Nur aktuelle Meldungen zeugen von Professionalität und ein Zeitaufwand von 3–4 h/Tag ist Minimum (vgl. Wirth 2010). Der Vorteil ist: man steht in direktem Kontakt mit seinen Kunden (vgl. Kluska 2011). Allerdings nutzen nur wenige Prozent von Arztpraxen dieses Medium, sodass es für die Zuweiserpflege der Krankenhäuser nicht geeignet ist, wohl aber für den Kontakt zu Patienten, Besuchern und ebenso für die Personalrekrutierung.

Seit 2012 gehen Social Media-Angebote in die wissenschaftliche Bewertung der Klinikwebseiten beim Award mit ein. Untersucht werden dabei die Anzahl und die Qualität der Social Media-Auftritte. Die Auswertung dieser Kategorie ergab ein eher trübes Bild. Facebook, Twitter, YouTube, Google+, XING und klinikeigene Blogs werden genutzt – aber lediglich von etwa einem Drittel der teilnehmenden Kliniken. Die Gutachter haben zudem festgestellt, dass es sich bei diesen Auftritten oft um inhaltsleere Seiten oder bloße Wiederholungen der Webseiten handelt, die den Aspekt der Kommunikation und Dialog mit dem Patienten nicht oder nur wenig berücksichtigen.

Nur wenige Webseiten setzen auf die Live-Kommunikation mit den Patienten, wie das über Chats möglich ist. Das St. Marien-Krankenhaus in Siegen setzt als eine der wenigen Kliniken beim Award auf einen Live-Chat. Der Aufwand ist entsprechend hoch, aber dem steht ein entsprechender Nutzen gegenüber. Erfahrungsgemäß stellen die Patienten keine konkreten medizinischen Fragen, sondern häufig auch einfach zu beantwortende Fragen zur Organisation der Einrichtung, zu Ambulanzzeiten etc. Hier muss man als Krankenhaus selber abwägen, ob sich so ein Chat lohnt. Es ist definitiv ein besonderer Service und er kann das Haus auch an anderen Stellen, beispielsweise in der Telefonzentrale, entlasten. Es gilt aber: man muss sich um einen Chat kümmern, das heißt, man muss sofort, also binnen Sekunden, antworten. Ein weiterer Trend in naher Zukunft wird die automatisierte Chat-Antwort durch Robots sein.

Ein weiteres positives Beispiel aus dem Vorjahr-Award sind die Sana Kliniken: Seit Anfang Dezember 2012 sind sie unter dem Motto „Verbinden Sie sich mit uns" in verschiedenen Social Networks vertreten. Die Sana Kliniken AG setzt dabei auf das

Leitmotiv sprechende Medizin – laut ihrem Presseportal soll der „Dialog mit der digitalen Öffentlichkeit" aufgebaut und gestärkt werden. Es bleibt abzuwarten, wie viele Patienten dieses Angebot annehmen, und in welchem Umfang.

9.3.2 Trend 2: Mobile Anwendungen

Die Zahl der Zugriffe über mobile Geräte nimmt stetig zu. Jeder Webseitenbetreiber braucht sich nur seine Logfiles anschauen, um die Zahl der Benutzer von mobilen Plattformen, vor allem iOS und Android, zu identifizieren. Beim 13. Award Deutschlands Beste Klinik-Website haben sich die Kliniken auf die mobilen User nur teilweise eingestellt. 21,6 % der teilnehmenden Krankenhäuser haben die Darstellung der Webseite so optimiert, dass diese gut auf mobilen Endgeräten betrachtet werden können. Besondere Funktionen für Mobilgeräte stehen nur bei 1,7 % der Klinik-Homepages im Angebot. Andere Branchen, Automobil, Reiseveranstalter etc., sind hier deutlich weiter. Auf spezielle Apps setzen einige wenige Krankenhäuser, wie das Bethesda Krankenhaus Duisburg oder das Lukas-Krankenhaus in Bünde. Aber auch hier gilt: es muss ein Zusatznutzen für den Patienten vorhanden sein. Eine reine News-App reicht dafür nicht aus. Interessant wird es, wenn Apps mit anderen Technologien, kombiniert werden, wie beispielsweise dem Einsatz von iBeacons zur Navigation von Patienten oder Besuchern in geschlossenen Gebäuden. Auch ein Check-in per Smartphone, die Erinnerung zu Untersuchungen oder die Buchung des Speiseplans sind sinnvolle Ergänzungen in Bezug auf die Integration mobiler Anwendungen. Patienten nehmen moderne Technologien durchaus positiv wahr. Ebenso entsteht ein Nutzen für die Kliniken selbst durch die Einsparung personeller Ressourcen.

9.4 Schlussbetrachtung

Der Award Deutschlands Beste Klinik-Website zeigt gewisse Trends, die in den kommenden Jahren durch neue Technologien, wie VR oder automatisierte Chat-Robots, weiter ausgebaut werden. Aktuell haben die Webseiten von Krankenhäusern noch Nachholbedarf, auch wenn sich die Homepages selbst auf durchaus hohem Niveau befinden. 95 % der Teilnehmer bei dem Award sind der Meinung, dass das Online-Marketing eine zentrale Rolle bei der Patientenakquise spielen wird. Ebenso in Bezug auf die wichtigen Zuweiser durch Serviceleistungen zur besseren Abstimmung zwischen ambulanter und stationärer Versorgung, wird der Onlinebereich an Bedeutung gewinnen. Das Thema des Datenschutzes, beispielsweise beim Abruf von Patientendaten durch die zuweisenden Arztpraxen, steht einer Modernisierung ggf. im Wege. Hier müssen sich die Krankenhäuser entsprechend schützen, um einem Hackerangriff wie unlängst in Neuss geschehen vorzubeugen.

Literatur

Elste F (2016) Der offizielle Website-Guide – Ein Leitfaden zum Online-Marketing für Krankenhäuser, 12. Aufl. medizin + wirtschaft, Frankfurt

Elste F, Gruba M, Geißler F, Stadler J, Müller N, Schröer JC (2008) Online-Marketing im Krankenhaus – Strategien und Möglichkeiten der Kundenakquise. Management & Krankenhaus 2:3

Kluska D, Merkel S, Romanowski S (2011) Health goes Facebook: Social Media in der Gesundheitswirtschaft. Forschung Aktuell 10. http://hdl.handle.net/10419/57249. Zugegriffen: 24. Apr. 2016

Krüger-Brand HE (2016) Digitalisierung des Gesundheitswesens: E-Health-Initiative Hessen. Dtsch Arztebl 113(13):A-618, B-522, C-518

Marx J (2014) Größtmögliche Verletzung der Privatsphäre droht – Schumachers Krankenakte gestohlen. In: Frankfurter Allgemeine Zeitung, 24.06.2014, S 47

Postinett A (2016) Die neuen Schutzgelderpresser – Cyberangriff auf Krankenhaus. Handelsblatt. http://www.handelsblatt.com/unternehmen/it-medien/cyberangriff-auf-krankenhaus-die-neuen-schutzgelderpresser/12986822.html. Zugegriffen: 15. Mai 2016

Schleicher M (2011–2016) Der Gesundheitswirt. Der Blog rund um die Kommunikation eines Krankenhauses. http://gesundheitswirt.posterous.com. Zugegriffen: 12. März 2016

Wirth U (2010) Health 2.0 – Soziale Netzwerke im Gesundheitssektor. Praxis Wissensmanagement 6:12–14

Über die Autoren

Prof. Dr. med. Dr. sc. hum. Frank Elste ist Professor im Studiengang BWL-Gesundheitsmanagement an der Dualen Hochschule Baden-Württemberg. Nach seinem Studium der Humanmedizin in Heidelberg arbeitet er 10 Jahre als Arzt im Krankenhaus, u. a. an der Universitätsklinik Heidelberg. Drei Jahre lang leitete er als ärztlicher Direktor das Heidelberger Institut für Medizinmarketing, bevor er 2011 einen Ruf an die DHBW annahm. Seit 30 Jahren ist er als selbstständiger Berater für Krankenhäuser, Arztpraxen, pharmazeutische und Medizinprodukte Industrie tätig. Sein Schwerpunkt liegt dabei in der Gründungsberatung, der steuerlichen Gestaltung sowie im strategischen Marketing. Neben Lehre und Praxis ist er Initiator zahlreicher Studien aus dem Bereich Management im Gesundheitswesen sowie Beirat bei der Initiative Medizin Online und Vorstandsmitglied beim Arbeitskreis Existenzgründung im Gesundheitswesen.

Thorsten Weis, Dipl.-Inf., ist Projektleiter bei der medizin + wirtschaft prof. elste gmbh in Bad Homburg v.d.H. Nach seinem Studium an der TU-Darmstadt war er zunächst für die Deutsche Bank, die Deutsche Bahn und an der Frankfurter Börse als IT-Berater tätig. Seine Schwerpunkte lagen dabei im Bereich Webseitenprogrammierung, Serverüberwachung und Datenbankenadministration. Seit 2016 ist er Senior-Berater und betreut sowohl Arztpraxen und Krankenhäuser als auch die großen Player aus dem Pharmabereich. Für den Award Deutschlands Beste Klinik-Website ist er seit 2016 der Ansprechpartner in allen Projektbereichen, von der Planung, über die Durchführung bis zur Ergebnispräsentation Anfang 2017.

Semantische Analyse klinischer Dokumentation

10

Annett Müller und Markus Stein

Zusammenfassung

Im Gesundheitswesen fallen zunehmend digitale Dokumente an, die oftmals jedoch in unstrukturierter Form vorliegen – unstrukturiert im Sinne einer nicht auf Datenfeldebene auswertbaren Form. Gleichzeitig steigen die Anforderungen an die Auswertbarkeit medizinischer Dokumentation, sei es für den gerade in Kliniken relevanten Aspekt der Abrechnung, sei es zum Zweck der Qualitätssicherung. Unstrukturierte Dokumente können derzeit nur mit teilweise hohem manuellen Aufwand ausgewertet werden – Pflegeberichte oder OP-Dokumentationen müssen komplett durchgelesen werden, um die für Abrechnungs- oder Qualitätsbelange relevanten Informationen zu identifizieren und für die weitere Verarbeitung aufzubereiten. Eine IT-gestützte semantische Analyse würde einen großen Schritt hin zu einer automatisierten Erschließung medizinischer Dokumentation bedeuten. Die Autoren untersuchen die Zweckmäßigkeit aktueller Softwarelösungen zur semantischen Analyse, bewerten deren Nutzen für die Auswertungsprozesse und stellen Anwendungsszenarien vor.

A. Müller (✉)
DMI GmbH & Co. KG, Otto-Hahn-Straße, 11–13, 48161 Münster, Deutschland
E-Mail: annett.mueller@dmi.de

M. Stein
Geschäftsstelle Berlin, RZV Rechenzentrum Volmarstein GmbH, Danckelmannstr, 9b, 14059 Berlin, Deutschland
E-Mail: mstein@rzv.de

M.A. Pfannstiel et al. (Hrsg.), *Digitale Transformation von Dienstleistungen im Gesundheitswesen II*, DOI 10.1007/978-3-658-12393-2_10

Inhaltsverzeichnis

10.1 Einleitung

„Nicht nachvollziehbar, daher abgelehnt!" – diesen Satz kennt der eine oder andere Medizincontroller aus den eingehenden Gutachten des Medizinischen Dienstes der Krankenkassen (MDK-Gutachten). Fairerweise muss gesagt werden, dass dieser Satz nicht von jedem MDK gelebt wird. Einige fordern gezielt und ohne Aufforderung Unterlagen zur weiteren Begutachtung an, um eine korrekte Aussage zur Abrechnung treffen zu können. Innovative Werkzeuge, wie automatische Dokumententyperkennung, automatische Vollzähligkeitsprüfungen oder semantische Textanalysen unterstützen heute die Prozesse im Krankenhaus. Welche Voraussetzungen müssen dafür erfüllt sein? Zu welchem Zeitpunkt macht es Sinn, diese innovativen Werkzeuge einzusetzen? Im Nachfolgenden sollen diese Fragen exemplarisch für die semantische Analyse klinischer Dokumentation beantwortet werden.

10.2 Datenschatz: Klinische Dokumentation

Die vollzählige, aber auch vollständige klinische Dokumentation spielt eine wichtige Rolle, um nachfolgende Prozesse – wie Privatliquidation, Abrechnung, Qualitätssicherung – ordnungsgemäß zu bedienen. Die Informations- und Dokumentationsflut ist in den letzten Jahren enorm gestiegen. Bestand aus Erfahrungen der Firma DMI vor 40 Jahren eine Krankenakte durchschnittlich aus 20 Dokumenten, finden sich heute durchschnittlich 60 Dokumente darin. Die an der Behandlung beteiligten Personen dokumentieren nicht mehr nur zur Erinnerung und zur leistungsgerechten Abrechnung, sondern auch für die Qualitätssicherung und medizinische Forschung. In den deutschen Kliniken findet sich infolge der eingetretenen Digitalisierung nunmehr ein wahrer Datenschatz, der gehoben werden kann.

Um die klinische Dokumentation semantisch analysieren zu können, muss diese vollzählig digital bereitgestellt werden. Eine semantische Analyse muss auf einem ausgebauten linguistischen Netzwerk beruhen (Wingert 1984). Jede textlesbare Dokumentation kann analysiert werden. Dies gilt auch für die papiergebundene Dokumentation, wie Berichte und Befunde aus anderen Einrichtungen. Während einer Digitalisierung der Papierdokumente wird durch die Scansoftware nicht nur ein Bild, sondern auch der dazugehörige Optical-Character-Reading-Container (OCR-Container) bereitgestellt. Dieser ermöglicht es, auch papiergebundene Dokumentation semantisch zu analysieren und die inhaltliche Vollständigkeit der klinischen Dokumentation zu sichern.

Die Belegstrukturanalyse schafft Ordnung in einer möglicherweise unaufgeräumten Akte und schafft dadurch nicht nur ein Mehr an Qualität sondern auch Transparenz, die bei großen Patientenakten auch ein mehr an Behandlungsqualität nach sich ziehen wird (Müller-Mielitz 2013).

In 2016 wird die Patientenakte in deutschen Kliniken nachweislich immer noch überwiegend papiergebunden geführt. Die Belegstrukturanalyse ist dabei ein wichtiges Werkzeug, um die klinikindividuelle Struktur der Patientenakte auf Dokumentenebene zu untersuchen und die Hintergründe für die Aktenführung zu beleuchten.

Besonders folgende Qualitäts- und Quantitätskriterien

- nicht eindeutig patientenbezogen gekennzeichnete Dokumententypen (Abb. 11.1)
- papiergeführte und elektronische Dokumententypen (Abb. 11.2)
- elektronisch entstandene Dokumententypen mit handschriftlichen Notizen oder Unterschriften
- einrichtungszentrierte, d. h. in der Klinik entstandene, Dokumententypen
- doppelte Dokumententypen
- abrechnungsrelevante Dokumententypen
- Mindestinhalte für eine vollzählige Patientenakte (Abb. 11.3)
- aktuelle Aktenführung

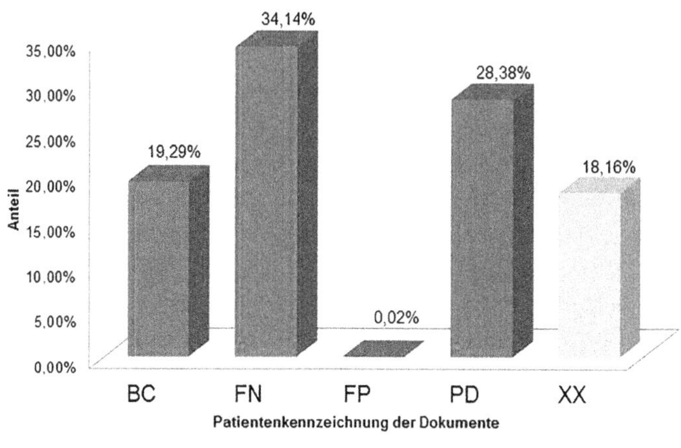

Abb. 10.1 Patientenzuordnung einzelner Dokumente

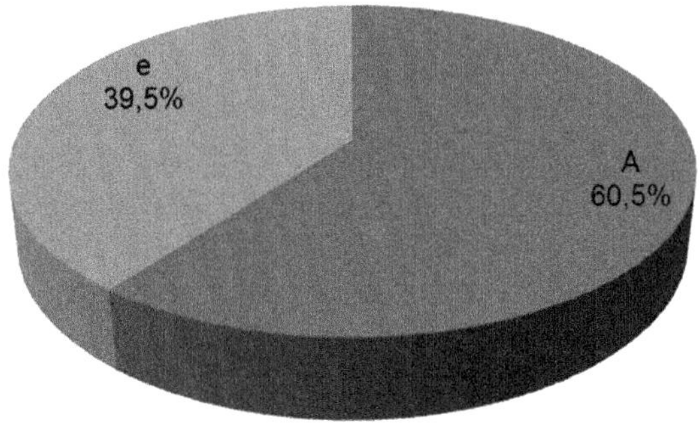

Abb. 10.2 Anteil der elektronischen (e) und papiergeführten (Analog – A) Dokumententypen

Aufklärung	**291**
Aufklärungsbogen	276
Bestätigung Abschrift Aufklärungsbogen	10
Datenübermittlung Hausarzt/Krankenhaus	1
Krebsregister Baden-Württenberg	2
Patienteninformation wissenschaftliche Verwendung	2
Arztberichte	**272**
Arztbericht	187
Arztbrief	46
Behandlungsverlauf	2
Neugeborenen - Verlegungsbericht	2
Vorläufiger Arztbrief	35
Funktionsdiagnostik	**166**
CTG	22
EEG-Befund	4
EKG-Befund	92
EMG-Befund	2
Langzeitblutdruckmesssung	16
Langzeit-EKG	30

Abb. 10.3 Konsolidierung der heterogenen Dokumententyplandschaft

spielen dabei eine wichtige Rolle.

Abb. 10.1 zeigt auf, dass ca. 18 % der untersuchten Dokumententypen nicht eindeutig dem Patienten zugeordnet werden können (Grundlage n = 29.940). Erwartet wird mindestens die Kennzeichnung des Dokumentes mit Name, Vorname und Geburtsdatum des Patienten (PD). Weiterhin wird untersucht, ob als Patientenzuordnung ein Barcodeetikett (BC) oder die Patienten- und/oder Fallnummer (FN) verwendet werden. Die Merkmalsausprägung FP gibt Auskunft über einen – in der untersuchten Patientenakte – falsch abgelegten Dokumententyp.

Abb. 10.2 stellt dar, dass die klinische Dokumentation dieser Stichprobe (n = 29.940) zu 60 % papierbasiert durchgeführt wird. 40 % der klinischen Dokumentation entstehen bereits im Krankenhausinformationssystem oder verschiedenen Dokumentenmanagementsystemen.

Im Rahmen der Belegstrukturanalyse werden auch die heterogenen Dokumententypbezeichnungen untersucht und konsolidiert (Abb. 10.3). Dies ist eine wichtige Grundlage für die Definition der Dokumententypen, die bspw. mindestens in einer Patientenakte enthalten sein müssen oder die für die semantische Analyse bereitgestellt werden sollen.

10.3 Semantische Analyse von OP-Berichten

Gemeinsam mit einem Softwareanbieter zur Codierung und semantischen Analyse sollte untersucht werden, inwiefern aus OP-Berichten automatisiert abrechnungsrelevante Textstellen erkannt und dazu dann (richtige) Codes aus dem Operationen- und Prozedurenschlüssel (OPS) zur Verschlüsselung vorgeschlagen werden (Denecke 2006). Das bisher schon Erfolg versprechend an Arztbriefen zur Ableitung von Diagnosen und deren Codierung in der Internationalen statistischen Klassifikation der Krankheiten und verwandter Gesundheitsprobleme, 10. Revision, German Modification (ICD-10-GM) erprobte Softwaretool sollte nun an der komplexeren Systematik des OPS studiert werden. OP-Berichte wurden insofern als untersuchende Textkörper gewählt, als diese eine hohe Relevanz im zunehmend Prozeduren gesteuerten deutschen Fallpauschalensystems der Diagnosis related Groups (DRG) haben.

In einer Vorstudie (Plake et al. 2015, S. 69–72) wurde aus 100 digital vorliegenden OP-Berichten die reinen Berichte, also ohne weitere strukturierte Felder wie OP-Indikation oder OP-Beschreibung, extrahiert und im Anschluss mit dem Softwaretool semantisch analysiert. Die damit als abrechnungsrelevant gekennzeichneten Textstellen wurden von einer erfahrenen Dokumentationskraft geprüft und als tatsächlich (ir)relevant eingestuft, Gleiches erfolgte mit den vorgeschlagenen OPS-Codes. Im Schnitt wurden in den Textkörpern der 100 OP-Berichte von der Software 17 Textstellen als relevant markiert und insgesamt 97 OPS-Codes für die Verschlüsselung vorgeschlagen. Die höhere Zahl an OPS-Ziffern resultiert aus der Mehrdeutigkeit von Texten und der daher abgeleiteten Zuweisung mehrerer Codes. Tab. 10.1 listet die Häufigkeit relevanter Textstellen und relevanter OPS-Codes auf – unterteilt nach den Fachabteilungen, aus denen die OP-Berichte stammten.

Um die Richtigkeit der OPS-Codes zu bewerten, wurden diese noch mit den tatsächlich zur Abrechnung herangezogenen OPS-Codes verglichen – Letztere werden in der Klinik durch erfahrenes Personal im Patientenmanagement generiert. Dabei zeigt sich ein Recall, also Anteil der von der semantischen Analyse vorgeschlagenen OPS-Codes zur Gesamtzahl aller relevanten OPS-Codes, von über 50 % (Plake et al. 2015, S. 69–72). Ein Wert, der die Schwierigkeit einer automatisierten semantischen Analyse von OP-Berichten unterstreicht. Allerdings zeigt die Diskrepanz zu 100 % auch, dass relevante Textstellen in dieser Vorstudie von der Software nicht als solche eingeschätzt wurden. So konnten, bspw. für Fälle der Wirbelsäulenchirurgie, aufgrund der im Bericht verteilten Angaben zur Anzahl der operierten Segmente sowie des eingesetzten Materials die letztlich abrechnungsrelevanten OPS-Ziffern nicht identifiziert werden.

Tab. 10.1 Prüfung der Relevanz von Textstellen und OPS-Codes nach semantischer Analyse von 100 OP-Berichten. (Quelle: Plake et al. 2015, S. 69–72.)

	Untersuchte Berichte	Relevante Textstellen (%)	Relevante OPS-Kodes (%)
Ästhetische Chirurgie	11	67	78
Handchirurgie	12	81	77
Plastische Chirurgie	30	73	74
Sportorthopädie	12	80	85
Wirbelsäulenchirurgie	35	84	87
GESAMT	100	79	86

Um die Trefferquote in Bezug auf die richtigen OPS-Codes zu erhöhen, wurde daher in einem zweiten Schritt eine Analyse von weiteren 120 OP-Berichten – diesmal ausschließlich aus der Wirbelsäulenchirurgie – durchgeführt. Hier wurden die Berichtstextkörper noch durch die strukturierten Felder „OP-Indikation“ und „OP-Bezeichnung“ erweitert. Damit sollte der linguistischen Engine des Softwaretools die Möglichkeit gegeben werden, eine Einschränkung auf einen Bereich der OPS-Systematik zu gestatten.

Durch diese Fokussierung der semantischen Analyse konnte der Recall auf etwa 60 % erhöht werden, d. h. nur noch 40 % der tatsächlich für die DRG-Abrechnung herangezogenen OPS-Codes wurden vom Softwaretool nicht vorgeschlagen. Auch die Praxistauglichkeit aus Sicht des Medizinischen Dokumentationspersonals verbesserte sich, denn im Vergleich zur Vorstudie erhöhte sich die Häufigkeit der als relevant markierten Textstellen im OP-Bericht von 79 % auf 90 %. Diese Ergebnisse beruhen auf aktuellen Auswertungen der Autoren, die bisher noch nicht veröffentlicht wurden.

Abschließend lässt sich sagen, dass mit der semantischen Analyse von OP-Berichten ein erster Schritt zur Unterstützung des mit der Abrechnungsverschlüsselung betrauten Personals – ob Operateure oder Dokumentationskräfte – gegangen wird. Denn es werden relevante Textstellen gekennzeichnet und dazu auch noch die passenden OPS-Ziffern präsentiert. Eine manuelle Nachbearbeitung ist jedoch im Verschlüsselungsprozess trotzdem notwendig, dieser kann aber mit der eingesetzten Software zur semantischen Analyse beschleunigt werden.

10.4 Anwendungsszenarien

Dass Tools zur semantischen Analyse den Codierprozess unterstützen können, bleibt nach den durchgeführten Untersuchungen unstrittig. Vielmehr steht folgende Frage im Vordergrund: Wie und an welcher Stelle im Prozess sind diese Tools am sinnvollsten einzusetzen?

Das Hauptziel des Klinikmanagements war und ist die zeitnahe, aber leistungsgerechte Abrechnung des Patienten. Zur Erreichung dieses Zieles liegen vielen Kliniken einige Stolpersteine – wie Personalmangel, unvollzählige Akten, mangelhafte Dokumentationsqualität – im Weg. Gerade im Punkt Personalmangel können Tools zur semantischen Analyse den Prozess unterstützen. Die Mitarbeiter, die sich mit der Entlassungscodierung oder dem MDK-Management beschäftigen, sind damit in der Lage, Zeit einzusparen und diese für andere Aufgaben zu nutzen.

10.4.1 Anwendung zur Entlassungscodierung

Während der Entlassungscodierung werden die digitalen und abrechnungsrelevanten Dokumente eines Patienten mittels eines Softwaretools (z. B. ID Diacos®) und der darin integrierten Dokumentenanalyse semantisch analysiert und Hinweise auf Diagnosen, Prozeduren sowie Zusatzentgelte und Indikation bei verabreichten Medikamenten gegeben. Der verantwortliche Mitarbeiter entscheidet nun – unter Berücksichtigung der Deutschen Codierrichtlinien – welche der von der Software vorgeschlagenen, nach ICD10 verschlüsselten Diagnosen und nach OPS verschlüsselten Prozeduren in die Entlassungscodierung übernommen werden.

Bei ursprünglich auf Papier vorliegenden Teilen der Patientenakte ist die Analyse auch im Rahmen eines Digitalisierungsprozesses (intern oder über einen externen Dienstleister) möglich (Abb. 10.4). Doch auch hier stellt sich die essenzielle Frage: Zu welchem Zeitpunkt wird in der Klinik die Akte zur Digitalisierung übergeben? Empfohlen wird diese Digitalisierung direkt nach Entlassung des Patienten. In der Regel werden digitalisierte Patientenakten vom externen Dienstleister innerhalb von fünf bis zehn Werktagen zur Verfügung gestellt. Im Rahmen der Akutversorgung wird die digitalisierte Akte bereits innerhalb von drei Werktagen verfügbar gemacht. Auf Grundlage der automatischen Belegindexierung werden abrechnungsrelevante digitalisierte und initial schon im Krankenhausinformationssystem (KIS) digital vorliegende Dokumente semantisch analysiert und der Klinik strukturiert zur Verfügung gestellt. Die Analyseergebnisse sind in einer digitalen, strukturierten Akte verfügbar und können in die eigene Codiersoftware übernommen werden.

10.4.2 Anwendung zur Codierqualität und im MDK-Management

Der Einsatz der semantischen Analyse nach der Abrechnung unterstützt im Nachgang zwei Prozesse. Zum einen hat die Klinik die Möglichkeit, die eigene Codierqualität und damit leistungsgerechte Abrechnung zu überprüfen und zum anderen die MDK-Anfragen zügiger zu bearbeiten.

Auf Grundlage dedie per semantischerr bereits codierten ICD10 und OPS sind Tools wie bspw. die oben erwähnten von ID Berlin in der Lage, die zugehörigen Textstellen im Dokument zu finden. Auch dabei werden alle selektierten digitalen, aber auch digitalisierten Dokumente des Falles einbezogen. Auf noch nicht codierte Diagnosen und

Herrn
Dr. med.

Datum : 04.05.2016
Telefon :
Telefax :
E-Mail :
Zeichen :

Herr *19.08.

Sehr geehrter Herr Kollege,

wir berichten Ihnen über den oben genannten Patienten, der sich vom 13.04.2016 bis zum 22.04.2016 in unserer stationären Behandlung befand.

Diagnosen:

- **Erstdiagnose einer dekompensierten Leberzirrhose äthyltoxischer Genese, Child Stadium B mit**
  - **massivem Aszites; komplikationslose Punktion von 7 l**
  - **Splenomegalie**
  - **portalhypertensive Gastropathie und Ösophagusvarizen Grad I nach Paquet**
  - **Hypalbuminämie**
- **Chronische Cholezystitis ohne Cholezystolithiasis**
- **Kleine axiale Hernie**
- **Gastritis**

Anamnese:
Die stationäre Aufnahme von Herrn erfolgte bei Verdacht auf eine Leberzirrhose bei seit 14 Tagen progredienter Aszitesbildung mit zunehmendem Druckgefühl im Bauch.

Aufnahmebefund:
Patient in mittlerem Allgemeinzustand und mittlerem Ernährungszustand. Bewusstsein klar. Haut und Schleimhäute regelrecht durchblutet. Keine Dyspnoe, keine Ödeme. Befund an Kopf und Hals unauffällig. Pulmo: Vesikuläres Atemgeräusch, keine Nebengeräusche. Cor: Herztöne rein, Herzaktion rhythmisch, Herzfrequenz 112 Schläge/min., Blutdruck 160/75 mmHg, Blutzucker 123 mg/dl, Sauerstoffsättigung 95 %, Temperatur 36,6° C. Abdomen: Bauchdecken gespannt bei massivem Aszites. Kein Druckschmerz, keine Abwehrspannung, keine Resistenz. Regelrechte Peristaltik. Wirbelsäule und Gelenkstatus altersentsprechend. Kein akutes fokales neurologisches Defizit. Der Patient war wach und orientiert.

Abb. 10.4 Visuelle Ergebnisse der semantischen Analyse in einer digitalisierten Epikrise (Auszug)

Prozeduren wird entsprechend aufmerksam gemacht. Damit haben die Kliniken die Möglichkeit, auch zu einem späteren Zeitpunkt auf die abrechnungsrelevanten Textstellen in ihrer digitalen Patientenakte zuzugreifen, ohne wiederholt Zeit zu investieren.

10.4.3 Anwendung zur Qualitätssicherung

Der wachsende politische Druck sowie die aufgrund zunehmend verfügbarer Informationsquellen mündigeren Patienten verlangen von Kliniken und Ärzten steigende Anforderungen an das Qualitätsmanagement. Dieses muss über die, in § 137 Sozialgesetzbuch V (SGB V) vorgeschriebene, externe Qualitätssicherung hinausgehen und umfasst bspw. auch die Einhaltung gängiger Hygieneregeln oder die Beachtung der Arzneimitteltherapiesicherheit (AMTS).

Aus diesem Grund wäre es sinnvoll, relevante Indikatoren in der Patientenakte zu definieren und mittels semantischer Analysen digital vorliegende Bestandteile der Patientenakte auszuwerten. Indikatoren in diesem Sinne könnten sein:

- Diagnosen und Prozeduren, die zur Ansteuerung der externen Qualitätssicherung nach § 137 SGB V relevant sind
- Laborparameter zum Screening von Infektionen und schwerwiegenden Komplikationen
- angeordnete bzw. verabreichte Medikamente

Grundsätzlich müssen allen zu untersuchenden Indikatoren Kataloge hinterlegt werden, in die per semantischer Analyse die Ergebnisse „übersetzt" werden. So werden Diagnosen in ICD10-Codes und Prozeduren in OPS-Codes ausgedrückt, die wiederum mit Regelwerken (zur externen Qualitätssicherung) weiterverwendet werden. Bei Laborparametern sind medizinische Regelwerke zu hinterlegen, die über uni- bis multivariate Grenzbereiche Hinweise auf potenziell Patienten gefährdende Zustände abgeben. Im Bereich der Arzneimittelversorgung wiederum sind aus der semantischen Analyse die Bezeichnungen und Dosierungen applizierter bzw. verordneter Medikamente abzuleiten und an ein spezielles AMTS-Softwareprogramm weiter zu leiten. Dessen Ergebnis kann dann direkt den behandelnden Ärzten präsentiert werden.

Gerade bei den zwei Beispielen der Labor- und Arzneimitteldaten ist eine schnelle Bearbeitung der Daten sowohl in der semantischen Analyse als auch in den weiterverarbeitenden Softwaretools erforderlich. Ärzte müssen bspw. noch während des Verordnungsprozesses zügig darüber informiert werden, ob eine schädigende Interaktion zwischen allen angeordneten Medikamenten auftreten kann.

Weitere Szenarien werden sich mit der zunehmenden Entwicklung der sog. „Individualisierten Medizin" herauskristallisieren. Die durch Daten aus der Bioinformatik angereicherten klinischen Informationen gilt es dann, mit geeigneten Auswertungstools auf vorliegende Diagnosen hin zu untersuchen und mit intern wie extern vorliegenden Leitlinien oder gar Kasuistiken zu vergleichen, um dann zielführende Therapien abzuleiten.

10.5 Schlussbetrachtung

Die Ergebnisse aus der vorgestellten Studie zeigen schon einen Mehrwert in der Auswertung medizinischer Dokumentation auf Basis einer IT-gestützten semantischen Analyse auf. Allerdings lassen sie noch nicht den Schluss zu, dass Dokumente voll automatisiert, also ohne prüfenden und ggf. korrigierenden Blick des Fachpersonals, erschlossen werden können. Gerade der sensible Punkt einer richtigen Abrechnung in der akutstationären Versorgung bedarf eines sog. „Right-Codings“, d. h. falsch bzw. nicht vorgeschlagene Codes sollten vermieden werden.

Optimistisch stimmt die positive Einschätzung des eingesetzten Softwaretools durch medizinisches Fachpersonal, das sich vor allem eine verkürzte Zeitdauer in der Auswertung medizinischer Dokumentation erhofft. Auch zeigt sich, dass die Verlässlichkeit in der Ableitung von Diagnosecodes höher einzuschätzen ist als bei Prozedurcodes. Daher dürften zum jetzigen Stand Analysetools zur (semi-)automatischen Verschlüsselung von ICD-Codes erfolgreicher in die täglichen Prozesse implementiert werden können.

Literatur

Denecke K, Kohlhof I (2006) Informationsextraktion aus medizinischen Texten basierend auf einer multi-axialen Indexierung. In: Proceedings 51. GMDS-Jahrestagung, Leipzig

Faulstich LC, Müller F, Sander A (2010) Automatisierte Klinische Dokumentation aus Elektronischen Dokumenten. In: Proceedings 55. GMDS-Jahrestagung, Mannheim

Müller-Mielitz S (2013) Die eBelegstrukturanalyse als Basis eines Papiervermeidungskonzeptes. mdi 15(4):135

Plake C, Müller A, Neumann M, Stein M (2015) Semantische Analyse von OP-Berichten im klinischen Alltag. mdi 17(2):69–72

Sozialbesetzbuch (2016) Sozialgesetzbuch V in der gültigen Form, http://www.gesetze-im-internet.de/sgb_5/. Zugegriffen: 11. Mai 2016

Wingert F (1984) SNOMED – Systematisierte Nomenklatur der Medizin Hrsg. der amerikanischen Ausgabe R. A. Coté. Deutsche Ausgabe bearbeitet und adaptiert von F. Wingert. Springer, Berlin

Über die Autoren

Annett Müller ist ausgebildete Medizinische Dokumentarin, Fachwirtin im Sozial- und Gesundheitswesen sowie Fachpraxislehrerin Gesundheit und Pflege. Ihre berufliche Laufbahn startete sie 1998 in einem mittelständigen Softwareunternehmen – mit Schwerpunkt elektronische Patientenakte und elektronisches Archiv. Danach 2 Jahre Aufbau des Medizincontrollings und Einführung G-DRG im Bundeswehrkrankenhaus Leipzig. 2005 Entscheidung für die Teilselbstständigkeit mit Schwerpunkt Medizincontrolling, Prozessanalyse, Prozessoptimierung, Qualitätsmanagement sowie Aus- und Weiterbildung. Parallel mehr als 8 Jahre Ausbildungs- und dann Schulleiterin an einer Berufsfachschule für medizinische Dokumentation in Sachsen. Seit 2013 bei der DMI GmbH & Co. KG in der Geschäftsentwicklung sowie als Bereichsleiterin Medizinische Dokumentation tätig. Ehrenamtlich im Vorstand des Fachverbandes für Dokumentation und Informationsmanagement in der Medizin (DVMD e. V.) aktiv.

Markus Stein ist ausgebildeter Krankenpfleger und Diplom-Dokumentar (FH) der Biowissenschaften. Drei Jahre Erfahrung in der Klinischen Forschung eines großen pharmazeutischen Unternehmens. Danach mehr als 10 Jahre leitende Tätigkeit im Klinikum Ludwigshafen, u. a. Leitung stationäre Abrechnung und Dokumentation. Mehr als acht Jahre Leitung Patientenmanagement und

Patientenservice in den Privatkliniken ATOS und ETHIANUM in Heidelberg. Seit Oktober 2015 bei der RZV Rechenzentrum Volmarstein GmbH in der Geschäftsstelle Berlin als Strategischer Produktmanager im Geschäftsfeld Krankenhaus tätig. Langjähriger Vorsitzender des Fachverbandes für Dokumentation und Informationsmanagement in der Medizin (DVMD e. V.). Gründungsmitglied und Redaktionsleitung der Fachzeitschrift „mdi" für Medizinische Dokumentation und Medizinische Informatik (herausgegeben von DVMD und BVMI). Seit 2012 Präsidiumsmitglied der Deutschen Gesellschaft für Medizinische Informatik, Biometrie und Epidemiologie (GMDS).

Digitales Entscheidungsmanagement in der Medizin: Modellierung von Behandlungsempfehlungen in der Onkologie

11

Dennis Andrzejewski, Rüdiger Breitschwerdt und Eberhard Beck

Zusammenfassung

Die Entwicklung eines digitalen Entscheidungsmanagements für die Darstellung von Behandlungsempfehlungen ist ein erster Schritt um Ärzten die Möglichkeit zu geben, ihre eigenen Entscheidungsmuster zu überprüfen. Nachdem die Regeln, die bislang „in den Köpfen" der Ärzte vorhanden sind, beschrieben und modelliert sind, kann nun nachvollzogen werden wie der Arzt zu seiner patientenindividuellen Therapieentscheidung gekommen ist. Die therapeutischen Entscheidungen haben verschiedene Parameter, die Einfluss auf die Wahl der Therapie haben. Dieser Beitrag stellt eine Grundlage dar in Bezug auf die Abbildung von Therapieentscheidungen beim Mammakarzinom in Bezug auf die operative und systemische Therapie dar.

D. Andrzejewski (✉) · R. Breitschwerdt
Institut für eHealth und Management im Gesundheitswesen, Hochschule Flensburg, Kanzleistraße 91–93, 24943 Flensburg, Deutschland
E-Mail: andrzejewski@hs-flensburg.de

R. Breitschwerdt
E-Mail: breitschwerdt@hs-flensburg.de

E. Beck
Fachbereich Informatik und Medien, Technische Hochschule Brandenburg, Magdeburger Straße 50, 14770 Brandenburg an der Havel, Deutschland
E-Mail: beck@th-brandenburg.de

M.A. Pfannstiel et al. (Hrsg.), *Digitale Transformation von Dienstleistungen im Gesundheitswesen II,* DOI 10.1007/978-3-658-12393-2_11

Inhaltsverzeichnis

11.1 Einleitung und Problemstellung

Medizinische Behandlungspfade werden für Zertifizierungen und als Anleitung zum Vorgehen in Krankenhäusern und spezialisierten Einrichtungen verwendet und modelliert. Brustkrebs ist zudem die häufigste Krebserkrankung bei der Frau mit jährlich circa 70.000 Neuerkrankungen in Deutschland (Robert-Koch-Institute 2014). Um die bestmögliche Behandlung zu ermöglichen, wurden in Deutschland Brustzentren errichtet. Das erste zertifizierte Brustzentrum in Deutschland wurde in Tübingen errichtet. In diesen ist das Qualitätsmanagement-Handbuch ein essenzielles Werkzeug für die Zertifizierung nach DIN ISO 9001 und der unabhängigen Zertifizierungsstelle der Deutschen Krebsgesellschaft, OnkoZert. Doch wie sieht es mit den darin enthaltenen Entscheidungen und Behandlungsempfehlungen aus? Die interdisziplinäre S3 Leitlinie zur Diagnostik, Therapie und Nachsorge gibt eine Art Entscheidungskorridor vor und zeigt die Empfehlungen in Form von Statements auf. Zudem ist das medizinische Expertenwissen ein weiterer wesentlicher Entscheidungsrelevanter Faktor um die bestmögliche Therapie zu treffen.

Die Entscheidungsregeln für oder gegen eine therapeutische Maßnahme befinden sich derzeit „nur in den Köpfen" der Ärzte. Eine transparente Darstellung des medizinischen Expertenwissens und der Behandlungsempfehlungen, die die S3 Leitlinie vorgibt, findet derzeit nicht statt. Die Modellierung solcher Handbücher hat den Vorteil, die Prozessabläufe entsprechend zu standardisieren und somit die bestmögliche Behandlung auf Basis dieser Prozesse zu ermöglichen.

In dieser Arbeit werden die Abläufe der präoperativen und postoperativen Tumorkonferenz des Brandenburgischen Brustzentrums analysiert und die Entscheidungsgrundlagen und das digitale Entscheidungsmanagement dargestellt. Diese beiden Teilprozesse sind anschließend als Use Cases dargestellt. Mit der Darstellung der Entscheidungsregeln (auf Basis der S3 Leitlinie) kann die Begründung für oder gegen eine therapeutische Maßnahme nachvollziehbar gemacht werden. Die präoperative und postoperative

Tumorkonferenz sollten getrennt betrachtet werden, da es in der präoperativen Tumorkonferenz primär darum geht, die optimale operative Therapie (bzw. neoadjuvante Chemotherapie) für die Patientin zu finden. In der postoperativen Tumorkonferenz geht es dann um die optimale systemische Therapiefindung. Wenn der Prozess der Tumorkonferenz modelliert vorliegt, sollte dargestellt werden auf welcher Basis die Entscheidung getroffen wird und in einer weiteren Ebene soll dann die Entscheidungslogik darstellbar sein.

11.2 Material und Methoden

In diesem Abschnitt werden der Stand des Wissens, die Analyse der Prozesse und Entscheidungen, die Entscheidungsgrundlage beim Mammakarzinom und die Modellierungsgrundlagen dargestellt.

11.2.1 Stand der Forschung

Im Gesundheitssektor ermöglicht das Fortschreiten evidenzbasierter Erkenntnisse zunehmend wissenschaftlich valide Behandlungs- und Diagnoseschemata zur Qualitätssicherung und -verbesserung (sowie Kostensenkung) einzuführen. Die entwickelten Expertenstandards sind als Handlungsanweisungen in sog. Leitlinien wiedergegeben. Diese werden üblicherweise von medizinischen Fachgesellschaften herausgegeben und aktualisiert als abstrakte Entscheidungshilfen über die angemessene Vorgehensweise für Gesundheitsprobleme, z. B. Verletzungen oder Erkrankungen, unter Berücksichtigung wissenschaftlich nachgewiesener Belege und verfügbarer Ressourcen und Evidenzen. Im Rahmen der strukturierten Versorgung sind aus diesen zudem organisationsspezifisch Behandlungspfade zum Management bestimmter Patientenfallgruppen ableitbar (Legemann und Ollenschläger 2006) Ziel ist es letztlich, Abweichungen in der Behandlungsqualität zu reduzieren (Lenz und Reichert 2007). Leitlinien sind i. d. R. grafisch aufbereitet und mit Begleittext versehen und dienen u. a. auch der Einarbeitung neuer und Fortbildung erfahrener Kräfte (Schnabel et al. 2003). Solche Anwendungsfälle von Prozessorientierung im Gesundheitswesen werden – neben ihrem ökonomischen Potenzial – als bedeutend für die Patientensicherheit gesehen (Scharmer und Siegel 1997). Gleichwohl unterstreicht der Verein Deutscher Ingenieure dies für die Entwicklung zugehöriger unterstützender Technologien (Backhaus 2010), z. B. was eine IT-basierte Ausführbarkeit anbelangt. Hierzu können Applikationen des Prozessmanagements, etwa IT-gestützte Modellierung und Repräsentation (Berg und Toussaint 2003), beitragen, die Gesundheitsversorgung voranzubringen (Blobel 2008). In diesem Beitrag wird ein Konzept entwickelt, Leitlinien der Senologie – also der Wissenschaft der Brustkrebsheilkunde – und insbesondere Entscheidungssituationen entsprechend der Anforderungen eines Brustzentrums darzustellen.

11.2.2 Analyse der Prozesse und der Entscheidungen

Für diesen Beitrag wurden die Prozesse des Brandenburgischen Brustzentrums Brandenburg-Ludwigsfelde am Standort Brandenburg an der Havel analysiert, beschrieben, modelliert und validiert. Die Analyse der Abläufe wurde durch strukturierte Experteninterviews durchgeführt. Die so erfassten Abläufe wurden beschrieben und modelliert, anschließend folgte das aktive Begleiten der Prozessbeteiligten (Gantenberg 2013). Die Ergebnisse wurden mit den Prozessbeteiligten danach besprochen und abschließend validiert. Die Analyse der Entscheidungen der systemischen Therapie erfolgte ebenfalls durch strukturierte Experteninterviews, die aufgenommen, transkribiert und ausgewertet wurden (Andrzejewski 2014). Die Entscheidungen für die operative Therapie wurden von den drei Autoren aufgestellt und durch Professor Beck validiert, der ehemaliger Chefarzt der Klinik für Frauenheilkunde und Geburtshilfe der Städtisches Klinikum Brandenburg GmbH sowie stellvertretender Leiter des zertifizierten Brandenburgischen Brustzentrums Brandenburg-Ludwigsfelde war. Die für diesen Beitrag relevanten Prozesse sind der Ablauf der präoperativen Tumorkonferenz und der Ablauf der postoperativen Tumorkonferenz. Diese werden in den Ergebnissen dieses Beitrags mittels der Modellierungssprache Business Process Management Notation (BPMN) dargestellt, welche von der herausgebenden Object Management Group (OMG) als besonders leicht verständlich selbst für unerfahrene Leser oder Anwender von Modellierung gedacht ist (Object Management Group 2015a, b). Die Entscheidungen werden mittels DMN dargestellt, hierzu im Verlauf Näheres.

11.2.3 Entscheidungsgrundlage beim Mammakarzinom

Nachfolgend werden einige medizinische Fachbegriffe verwendet; falls Sie nicht mit diesen vertraut sind, empfehlen wir die Informationsseite der Deutschen Krebsgesellschaft (Deutsche Krebsgesellschaft 2016). Die Entscheidungen für oder gegen eine therapeutische Maßnahme beim Mammakarzinom werden auf Basis der interdisziplinären S3 Leitlinie für Diagnostik, Therapie und Nachsorge des Mammakarzinoms, sowie des medizinischen Expertenfachwissens getroffen. Die S3 Leitlinie (Kreienberg et al. 2012a) besteht aus mehr als 120 Statements, die unter anderem unterteilt werden in:

- Konsentierte und abgestimmte Empfehlungen und Statements zu Patientinneninformation und –aufklärung, Früherkennung, Mammografie-Screening und Frauen mit erhöhtem Risiko für Brustkrebs
- Konsentierte und abgestimmte Empfehlungen und Statements für lokoregional begrenzte Primärerkrankung zu generellen diagnostischen und therapeutischen Konzepten[1], prätherapeutische Diagnostik bei Patientinnen mit auffälligen bzw. suspekten

[1]Nachfolgend werden einige medizinische Fachbegriffe verwendet; falls Sie nicht mit diesen vertraut sind, empfehlen wir die http://www.krebsgesellschaft.de/basis-informationen-krebs/krebsarten/brustkrebs.html.

Befunden der Mamma, präinvasive Neoplasien, operative Therapie des invasiven Mammakarzinoms, pathomorphologische Untersuchung, adjuvante Strahlentherapie des Mammakarzinoms, systemische adjuvante Therapie (endokrine, Chemo-, Antikörpertherapie) und dem Management von primär lokal/lokoregional fortgeschrittenen Tumoren
- Das rezidivierte oder metastasierte Mammakarzinom – Definition und Prognose, Diagnostik und Therapie des lokalen/logoregionalen Rezidivs und Fernmetastasen Behandlung, Betreuung und Begleitung – generelles Konzept, psychosoziale Aspekte und Psychoonkologie, Supportivtherapie, Rehabilitation, Nachsorge mit Rezidiv- und Metastasendiagnostik und Therapiebegleitung, Palliativmedizin, komplementäre Therapie und Dokumentation

Die therapeutischen Entscheidungen für oder gegen eine Therapie werden in der präoperativen bzw. postoperativen Tumorkonferenz getroffen. Folgende Therapieformen sind möglich beim Mammakarzinom:

1. Operative Therapieverfahren, bestehend aus der brusterhaltenden Therapie, Mastektomie (Amputation der Brust), der Biopsie der axillären Sentinel-Lymphknoten, sowie der ggf. notwendigen axillären Dissektion. Des Weiteren kann ggf. eine Nachresektion durchgeführt werden, wenn die lokale Tumorfreiheit nicht erreicht wurde
2. Systemische Therapieverfahren, bestehend aus der neoadjuvanten (vor der Operation) und adjuvanten Chemotherapie, der adjuvanten antihormonellen Therapie und der adjuvanten Antikörpertherapie
3. Systematische Bestrahlung der Brust, bestehend aus der adjuvanten Bestrahlung der Brustdrüse, der Lymphabflussgebiete und ggf. der Brustwand. Es können dazu verschiedene Regionen der Brust bestrahlt werden.

Der/die betreuende Arzt/Ärztin trifft aufgrund von patientenbezogenen und tumorbezogenen Parametern eine therapeutische Entscheidung. In diesem Beitrag werden lediglich die operativen und systemischen Entscheidungen dargestellt.

11.2.4 Modellierungsgrundlagen

Die OMG definiert drei Aspekte der Modellierung von Prozessen: Den der Geschäftsprozesse (Business Process Model), die Entscheidungsanforderungen (Decision Requirements Level) und die Entscheidungslogik (Decision Logic Level) (Object Management Group 2015a). Basierend auf diesen Erkenntnissen wurden in unserem Projekt im ersten Schritt die Prozesse mit der Business Process Model Notation (BPMN) und im zweiten Schritt die Entscheidungsanforderungen und -logik mittels Decision Model Notation (DMN) modelliert. In diesem Abschnitt werden die beiden Notationen erläutert und die Kernelemente dargestellt.

BPMN wurde von der OMG spezifiziert, um Geschäftsprozesse zu modellieren. Die Kernelemente der Modellierungssprache bestehen aus Aktivitäten, Entscheidungspunkten in Form von sog. Gattern (Gateways), Ereignissen, Konnektoren, sowie Datenobjekten und Artefakten. Aktivitäten können als einfache Aufgabe oder als zugeklappter Subprozess modelliert werden. Es sind zudem verschiedene Gateways definiert: das datenbasierte, das ereignisbasierte, das parallele, das inklusive und das komplexe Gateway. Die BPMN-Spezifikation stellt für Ereignisse im Prozess Start-, Zwischen- und Endereignisse zur Verfügung. Es können des Weiteren verschiedene Artefakte und Datenobjekte modelliert werden, wie beispielsweise ein IT System oder ein Datenobjekt. Die genannten Elemente werden verbunden durch Konnektoren: Sequenzflüsse, Nachrichtenflüsse, gerichtete Assoziationen, beidseitige Assoziationen und ungerichtete Assoziationen. Die Kernelemente der BPMN werden in Abb. 11.1 vorgestellt.

2014 wurde von der Object Management Group die Beta Version der Decision Model Notation veröffentlicht. Die DMN soll eine Erweiterung für die Modellierung von Entscheidungen darstellen. Die Erstellung von Entscheidungsdiagrammen (Decision Requirements Diagram) und Entscheidungslogiken ist das Primärziel der Notation. Im September 2015 wurde die erste Version der Notation herausgegeben (Object Management Group 2015). Die DMN besitzt drei Elemente, die für die Entscheidungsmodellierung notwendig sind: das Entscheidungselement, das Input-Datenelement und das Wissensquellenelement. Verbunden werden die drei Elemente mit dem Informationsfluss und dem Autoritätsfluss. Die Kernelemente der DMN werden in der Abb. 11.2 dargestellt.

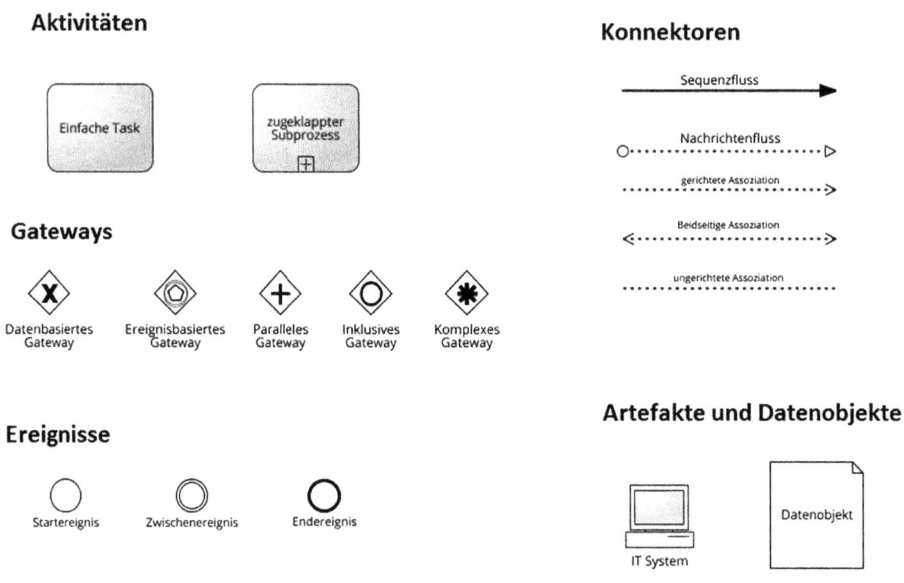

Abb. 11.1 BPMN-Kernelemente

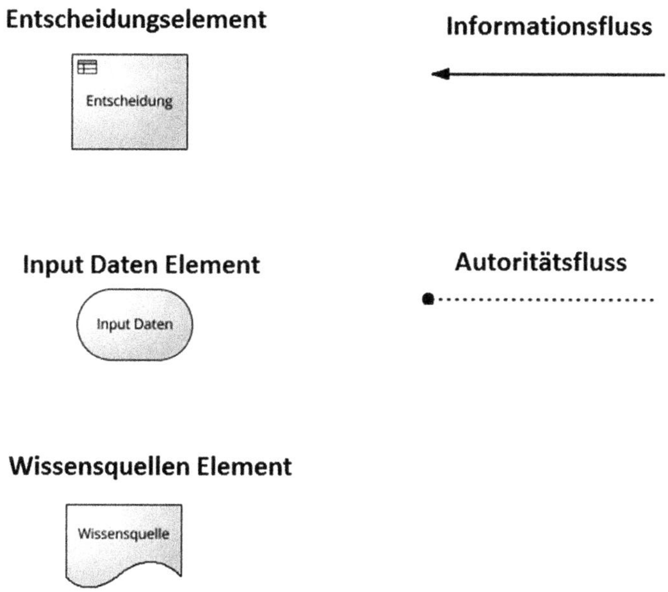

Abb. 11.2 DMN-Kernelemente

11.3 Ergebnisse

Die Abläufe der präoperativen und postoperativen Tumorkonferenz sind nahezu identisch und unterscheiden sich nur in den Entscheidungslogiken. In diesem Abschnitt werden die Prozesse der präoperativen und der postoperativen Tumorkonferenz sowie die dazugehörenden Entscheidungen in Form von Entscheidungsdiagrammen und logiken dargestellt.

11.3.1 Präoperative Tumorkonferenz

Die individuellen Ergebnisse der bis dato abgeschlossenen Diagnostik werden zu Beginn der Konferenz als „Fall-Bericht" präoperativ vom behandelnden Arzt vorgestellt und ggf. eine operative Therapie vorgeschlagen. Dieser Therapievorschlag wird dann von den anwesenden Experten diskutiert, ein Mehrheitsvotum formuliert und die dann beschlossene Therapie wird vom behandelnden Arzt dokumentiert. Dieser Prozess wird dargestellt in Abb. 11.3.

Betrachtet wird nun die Geschäftsregel-Task „operative Therapie vorschlagen", die die Verknüpfung von BPMN zu DMN ermöglicht: Basierend aus der Analyse der S3 Leitlinie und der Aufbereitung der Entscheidungsregeln durch die drei Autoren konnte das Entscheidungsanforderungsdiagramm (Decision Requirements Diagram) entwickelt werden. Die Input-Parameter, um die operative Therapie vorschlagen zu können sind

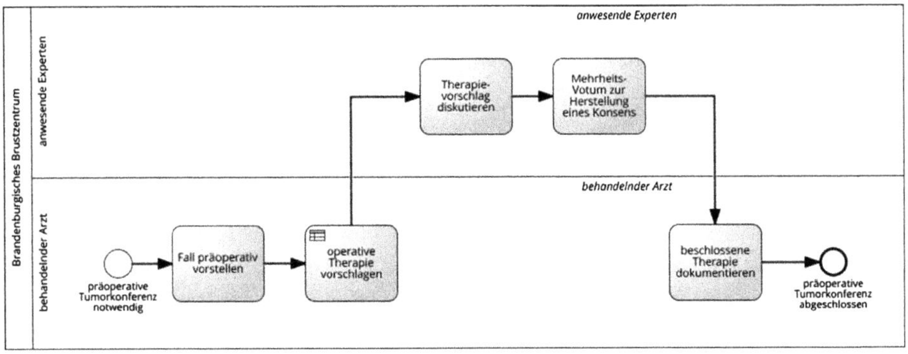

Abb. 11.3 Päoperative Tumorkonferenz

Karzinom, T-Klassifikation, Grading und Brust-Tumor Relation. Die Wissensquellen sind das medizinische Expertenwissen und die S3 Leitlinie. Das Entscheidungsanforderungsdiagramm wird in der Abb. 11.4 dargestellt.

Basierend auf dem Entscheidungsanforderungsdiagramm kann nun die Entscheidungstabelle erstellt werden. Dafür müssen die genannten Input-Parameter genauer betrachtet werden. Das Karzinom kann verschiedene „Ausrichtungen" annehmen – entweder nicht-invasiv, unifokal, multifokal, multizentrisch oder invasiv sein. Die zu betrachtende T-Klassifikation sei Tis, $T \leq 2$ cm oder $T > 2$ cm. Für die operative Therapie ist ein Grading von G1 relevant und die Brust-Tumor Relation kann günstig oder ungünstig sein. Als Therapievorschlag kann entweder eine brusterhaltende Therapie (BET), eine Mastektomie, eine Mastektomie mit Skin-Spearing oder eine BET und ggf. Nachresektion.

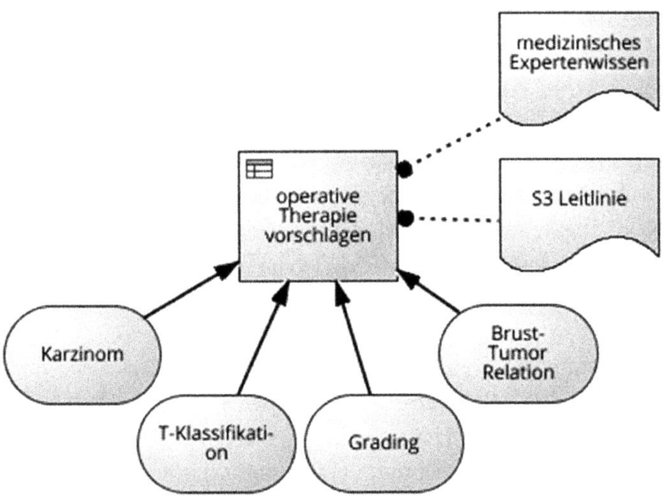

Abb. 11.4 Operative Therapie vorschlagen

Aus der Kombination der verschiedenen Input- Parametern ergeben sich die folgenden sieben Entscheidungsregeln – dargestellt in Tab. 11.1.

11.3.2 Postoperative Tumorkonferenz

Postoperativ wird der Fall ähnlich zur präoperativen Tumorkonferenz vom behandelnden Arzt vorgestellt. Eine systemische Therapie wird von diesem vorgeschlagen, der Therapievorschlag wird von den anwesenden Experten diskutiert und der Therapievorschlag im Konsens verabschiedet. Die beschlossene Therapie wird vom behandelnden Arzt dokumentiert. Der Prozess zur postoperativen Tumorkonferenz wird dargestellt in der Abb. 11.5.

Tab. 11.1 Darstellung der Entscheidungsregeln bei der operativen Therapie

Karzinom	T- Klassifikation	Grading	Brust- tumor relation	Therapievorschlag
Nicht-invasiv, uni/multifokal	Tis	–	Günstig	BET
Nicht-invasiv, uni/multifokal	Tis	–	Ungünstig	Mastektomie (Skin-Spearing)
Nicht-invasiv, multizentrisch	Tis	–	–	Mastektomie
Invasiv	$T \leq 2$ cm	–	Günstig	BET, ggf. Nachresektion
Invasiv	$T \leq 2$ cm	G1	Ungünstig	Mastektomie
Invasiv	$T > 2$ cm	G1	Günstig	BET, ggf. Nachresektion
Invasiv	$T > 2$ cm	G1	Ungünstig	Mastektomie
Invasiv, multizentrisch	–	–	–	Mastektomie

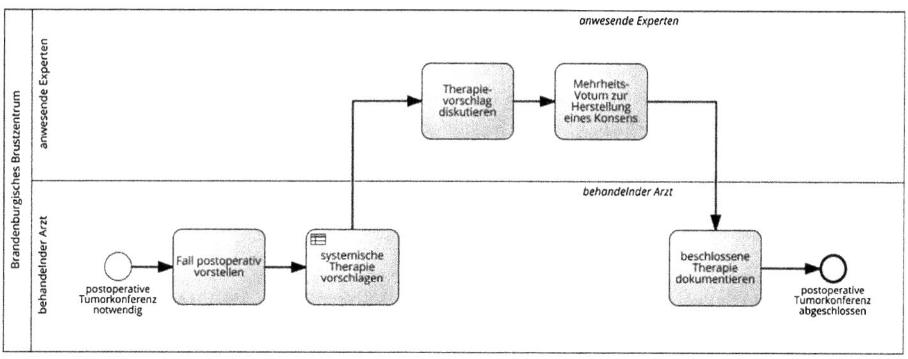

Abb. 11.5 Postoperative Tumorkonferenz

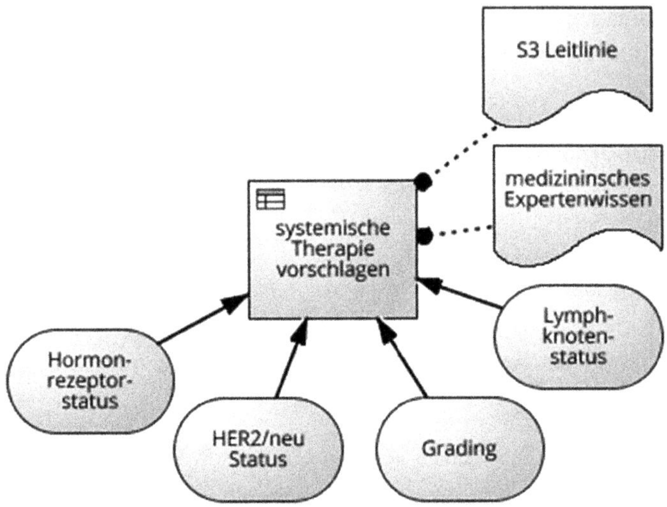

Abb. 11.6 Systemische Therapie vorschlagen

Betrachtet wird auch im Prozess der postoperativen Tumorkonferenz die Geschäftsregel-Task „systemische Therapie vorschlagen". Basierend aus der Analyse der S3 Leitlinie und der Aufbereitung der strukturierten Interviews aus Object Management Group (2015b) konnte das Entscheidungsanforderungsdiagramm entwickelt werden. Die Input-Parameter um eine systemische Therapie vorschlagen zu können sind Hormonrezeptorstatus, HER2/neu Status, Grading und Lymphknotenstatus. Die Wissensquellen sind auch in diesem Fall das medizinische Expertenwissen und die S3 Leitlinie. Das Entscheidungsanforderungsdiagramm wird in der Abb. 11.6 dargestellt.

Basierend auf dem Entscheidungsanforderungsdiagramm kann nun ebenfalls eine Entscheidungstabelle erstellt werden. Dafür müssen die genannten Input-Parameter genauer betrachtet werden. Der Hormonrezeptorstatus, der HER2/neu Status und der Lymphknotenstatus können entweder positiv oder negativ sein. Als Therapievorschlag kann entweder eine Chemotherapie, oder eine Chemo- und Antikörpertherapie, oder eine Chemo-, Antikörper- und antihormonelle Therapie, oder eine Chemo und antihormonelle Therapie oder eine antihormonelle Therapie infrage kommen. Aus der Kombination der verschiedenen Input- Parametern ergeben sich 25 Entscheidungsregeln – dargestellt in Tab. 11.2.

11.4 Schlussbetrachtung

Die Darstellung von medizinischen Entscheidungen ist von Herausforderungen begleitet – so beinhaltet die operative Therapie acht Entscheidungsregeln und die systemische Therapie besteht aus 24 Regeln. Die dargestellten operativen und

Tab. 11.2 25 Entscheidungsregeln

Hormon- rezeptor- status	Her2/neu status	Grading	Lymph- knoten- status	Therapievorschlag
Negativ	Negativ	G1	Negativ	Keine Therapie
Negativ	Negativ	G2	Negativ	Chemotherapie
Negativ	Negativ	G3	Negativ	Chemotherapie
Negativ	Negativ	G1	Positiv	Chemotherapie
Negativ	Negativ	G2	Positiv	Chemotherapie
Negativ	Negativ	G3	Positiv	Chemotherapie
Negativ	Positiv	G1	Negativ	Keine Therapie
Negativ	Positiv	G2	Negativ	Chemo- und Antikörpertherapie
Negativ	Positiv	G3	Negativ	Chemo- und Antikörpertherapie
Negativ	Positiv	G1	Positiv	Chemo- und Antikörpertherapie
Negativ	Positiv	G2	Positiv	Chemo- und Antikörpertherapie
Negativ	Positiv	G3	Positiv	Chemo- und Antikörpertherapie
Positiv	Negativ	G1	Negativ	Antihormonelle Therapie
Positiv	Negativ	G2	Negativ	Chemo- und antihormonelle Therapie
Positiv	Negativ	G3	Negativ	Chemo- und antihormonelle Therapie
Positiv	Negativ	G1	Positiv	Chemo- und antihormonelle Therapie
Positiv	Negativ	G2	Positiv	Chemo- und antihormonelle Therapie
Positiv	Negativ	G3	Positiv	Chemo- und antihormonelle Therapie
Positiv	Positiv	G1	Negativ	Antihormonelle Therapie
Positiv	Positiv	G2	Negativ	Chemo-, Antikörper und antihormonelle Therapie
Positiv	Positiv	G3	Negativ	Chemo-, Antikörper und antihormonelle Therapie

(Fortsetzung)

Tab. 11.2 (Fortsetzung)

Hormon-rezeptor- status	Her2/neu status	Grading	Lymph- knoten- status	Therapievorschlag
Positiv	Positiv	G1	Positiv	Antihormonelle Therapie
Positiv	Positiv	G2	Positiv	Chemo-, Antikörper und antihormonelle Therapie
Positiv	Positiv	G3	Positiv	Chemo-, Antikörper und antihormonelle Therapie

therapeutischen Therapieentscheidungen vermitteln den Eindruck, dass der Entscheidungsprozess in der Brustkrebstherapie trivial sei, was er keineswegs ist – da es in manchen Fällen keine geeignete Entscheidungsregel gibt. In all den Entscheidungsregeln ist der Wunsch der Patientin nicht aufgeführt, dieser ist nach S3 Leitlinie aber ausschlaggebend für die Therapiewahl beim Mammakarzinom. Die Therapieentscheidungsregeln geben also nur eine Empfehlung für die optimale Therapie sozusagen unter Laborbedingungen ab und dienen lediglich der Entscheidungsunterstützung des Arztes.

Die Entwicklung eines digitalen Entscheidungsmanagements für die Darstellung von Behandlungsempfehlungen ist ein erster Schritt, um Ärzten die Möglichkeit zu geben, ihre eigenen Entscheidungsmuster zu überprüfen. Nachdem die Regeln, die bislang „in den Köpfen" der Ärzte vorhanden waren, modelliert und beschrieben worden sind, kann nun nachvollzogen werden, wie der Arzt zu seiner Therapieentscheidung gekommen ist. Diese transparente Darstellung der Behandlungsempfehlungen birgt auch für Assistenzärzte den Vorteil, dass diese die Entscheidungen ebenfalls leichter nachvollziehen können. Die Analyse, Beschreibung und Darstellung der Prozesse anhand strukturierter Interviews und dem anschließenden Begleiten der Prozessbeteiligten war erwartungsgemäß eine gute Validierung des Vorgehens. Die Analyse der Entscheidungsregeln war etwas schwieriger, da Mediziner zumeist unterschiedliche Synonyme verwenden, beispielsweise tumorrelevante versus tumorbezogene Parameter oder Tumorbiologie versus Tumoreigenschaften. Eine abschließend vollständige Validierung durch eine größere Anzahl von Medizinern soll Gegenstand zukünftiger Forschung sein.

Literatur

Andrzejewski D (2014) Die Abbildung medizinischer Entscheidungsstrukturen in einem Workflow-System mittels BPMN und DMN, Masterthesis. Fachhochschule Brandenburg Fachbereich Informatik und Medien, Brandenburg an der Havel, S 52–68

Backhaus C (2010) Usability-Engineering in der Medizintechnik. Grundlagen – Methoden – Beispiele. VDI-Buch. Springer, Berlin

Berg M, Toussaint P (2003) The mantra of modeling and the forgotten powers of paper: a sociotechnical view on the development of process-oriented ICT in health care. Internat J Med Inform 69(2–3):223–234

Blobel B (2008) Wie kann Wirtschaftsinformatik helfen, E-Health voran zu bringen? Wirtschaftsinf 50(4):331–332

Deutsche Krebsgesellschaft (2016) Onko Internetportal Basis Informationen zu Brustkrebs/Mammakarzinom. http://www.krebsgesellschaft.de/basis-informationen-krebs/krebsarten/brustkrebs.html. Zugegriffen: 1. Apr. 2016

Gantenberg R (2013) Die Darstellung und der Vergleich von medizinischen Prozessen mittels Microsoft Visio 2013 und BPMN 2.0. Bachelorthesis. Fachhochschule Brandenburg Fachbereich Informatik und Medien, Brandenburg an der Havel, S 24–40

Kreienberg R, Albert US, Follmann M, Kopp I, Kühn T, Wöckel A, Zemmler T (2012) Interdisziplinäre S3 Leitlinie für die Diagnostik, Therapie und Nachsorge des Mammakarzinoms, Leitlinienprogramm Onkologie der AWMF, Deutschen Krebsgesellschaft e. V. und Deutschen Krebshilfe e. V. http://www.senologie.org/fileadmin/downloads/S3-Brustkrebs-v2012-OL-Langversion.pdf. Zugegriffen: 1. Apr. 2016

Lelgemann M, Ollenschläger G (2006) Evidenzbasierte Leitlinien und Behandlungspfade. Internist 47(7):690–698

Lenz R, Reichert M (2007) IT support for healthcare processes – premises, challenges, perspectives. Data Knowl Eng 61(1):39–58

Object Management Group (2015a) Decision Model Notation – Specification 1.0. http://www.omg.org/spec/DMN/1.0/PDF/. Zugegriffen: 1. Apr. 2016

Object Management Group (2015b) Business Process Model Notation – Specification 2.0. http://www.omg.org/spec/BPMN/2.0.2/PDF/. Zugegriffen: 1. Apr. 2016

Robert-Koch-Institute (2014) Breast cancer incidence in Germany, http://www.krebsdaten.de/Krebs/DE/Content/Krebsarten/Brustkrebs/brustkrebs_node.html. Zugegriffen: 1. Apr. 2016

Scharmer EG, Siegel E (1997) Fehlermöglichkeiten im Umgang mit Narkosegeräten und deren Vermeidung. Ein Überblick. Anaesthesist 46(10):880–889

Schnabel M, Kill C, El-Sheik M, Sauvageot A, Klose KJ, Kopp I (2003) Von der Leitlinie zum Behandlungspfad. Entwicklung eines prozessmanagementorientierten Algorithmus zur Akutversorgung polytraumatisierter Patienten. Chirurg 74(12):1156–1166

Österle H, Becker J, Frank U, Hess T, Karagiannis D, Krcmar H, Loos P, Mertens P, Oberweis A, Sinz EJ (2010) Memorandum zur gestaltungsorientierten Wirtschaftsinformatik. Schmalenbachs Zeitschrift für betriebswirtschaftliche Forschung 62(6):662–679

Über die Autoren

Dennis Andrzejewski ist seit Juni 2015 wissenschaftlicher Mitarbeiter an der Hochschule Flensburg. Er hat ein mit Master of Science abgeschlossenes Studium in der Informatik mit dem Schwerpunkt klinisch wissenschaftliches Datenmanagement. Seine Forschungsinteressen gelten den klinischen bzw. medizinischen Prozessmanagement und wissensbasierte Systeme in der Medizin.

Prof. Dr. Rüdiger Breitschwerdt lehrt seit 2014 Krankenhausmanagement und eHealth an der Hochschule Flensburg. Vorher forschte er als Senior Researcher im Bereich eHealth an der Universität Osnabrück, wo er 2013 zu einem mHealth-Thema in Wirtschaftsinformatik promovierte. Bis

2010 war er mehrere Jahre als Consultant im Projekt- sowie Software-Testmanagement bei einem marktführenden Lösungsanbieter für Medizintechnik und Klinische Informationssysteme tätig. Er absolvierte erfolgreich Studien in Wirtschaftsingenieurwesen (FH Südwestfalen) und Business Integration/MBA an der Julius-Maximilians-Universität Würzburg und u. a. der Boston University. Seine Forschungsinteressen gelten Prozessmanagement und mobilen Lösungen (mHealth) für das Gesundheitswesen.

Prof. Dr. Eberhard Beck hat nach dem Studium der Humanmedizin an der Friedrich-Alexander-Universität Erlangen-Nürnberg und dem University Collage Galway (Irland) die Facharztausbildung an der Universitäts-Frauenklinik Erlangen (zuletzt als Oberarzt, vorwiegend im operativen Bereich tätig) absolviert. Zwischen 1998 und 2001 Tätigkeit als Leitender Oberarzt und ständiger Vertreter der Ärztlichen Direktorin an der Städtischen Frauenklinik Stuttgart. Schließlich Chefarzt der Klinik für Frauenheilkunde und Geburtshilfe am Städtischen Klinikum Brandenburg. Seit 2007 Aufbau des Studiengangs Medizininformatik am Fachbereich Informatik und Medien der Fachhochschule Brandenburg. Seit 2010 Stiftungsprofessur für Medizinische Informatik an der Hochschule.

Innovative Dienstleistungen und Lösungen zu elektronischen Patientenakten und digitalen Signaturen – Aktueller Stand und Perspektiven für das deutsche Gesundheitswesen

12

Carl Dujat

Zusammenfassung

Krankenhäuser befassen sich aus vielerlei Gründen mit Alternativen zur papierbasierten Archivierung von Patientenakten. Digitale Archivierungs- und ePA-Systeme sind zwischenzeitlich in über 50 % der deutschen Krankenhäuser installiert worden. Diese Anzahl wird in den nächsten Jahren weiter zunehmen. Gründe hierfür sind, dass die Dokumenten- und Datenbestände in den einzelnen rechnerunterstützten Anwendungssystemen (Patientenmanagement-, Stations-, Ambulanzsysteme, Radiologie-, Laborinformationssysteme etc.) solche Umfänge annehmen, dass sie an ein digitales Archivsystem übergeben werden müssen, die Daten aus den verschiedenen rechnerunterstützten Anwendungssystemen in einem gemeinsamen System aus Gründen der Rationalisierung und Ökonomie zusammengeführt werden oder die konventionellen Archive durch Scannen ersetzt werden und damit zur Lösung der Raumprobleme in vielen Institutionen beitragen.

Inhaltsverzeichnis

C. Dujat (✉)
promedtheus Informationssysteme für die Medizin AG, Scheidt 1, 41812 Erkelenz, Deutschland
E-Mail: dujat@promedtheus.de

M.A. Pfannstiel et al. (Hrsg.), *Digitale Transformation von Dienstleistungen im Gesundheitswesen II,* DOI 10.1007/978-3-658-12393-2_12

12.1 Vorteile von digitaler Archivierung und Langzeitsicherung

In digitalen Archiven und ePA-Systemen können Daten und Dokumente aus verschiedensten Subsystemen „zielsicher" patienten- oder fallorientiert zusammengeführt und aufbewahrt werden. Digitale Archivierungssysteme dienen dabei der langfristigen und revisionssicheren Aufbewahrung sowohl originär elektronisch erzeugter als auch gescannter Dokumente in vielen archivwürdigen Formaten. Die einheitliche Ablage von Dokumenten in archivwürdigen Standardformaten prädestinieren Archivierungssysteme zudem auch als Plattform für den interinstitutionellen Austausch von Informationen. Schnittstellen für die Aufnahme und Wiedergabe von Informationen sind in Archivierungssystemen naturgemäß wesentlich einfacher und kostengünstiger zu realisieren als in den sogenannten Primärsystemen. Der Einsatz von Archivierungssystemen zur Übernahme „älterer" Daten und Dokumente entlastet die Primärsysteme und vermeidet hohe Kosten für eine ständige Nachrüstung dieser Systeme zum Erhalt des Antwortzeitverhaltens und zur Bereitstellung ausreichenden Speicherplatzes bei wachsendem Datenvolumen. Digitale Archivierungssysteme bieten aufgrund ihrer relativ einfachen und einheitlichen Ablagestruktur die Möglichkeit der Aufbewahrung essenzieller elektronischer Daten über mehrere IT-Generationen oder Migrationszyklen hinweg. Im Gegensatz dazu sind die informationserzeugenden und -verarbeitenden Primärsysteme zumeist sehr komplex.

Die digitale Archivierung wird in der Zwischenzeit nicht nur im Rahmen von Patientenbehandlungen, sondern auch bereits im Bestell-, Rechnungs-, Personal- und Vertragswesen sowie bei dem Rechnungs- und Posteingang, der E-Mail-Archivierung, im Rahmen von Klinischen Studien, für den Informationsaustausch mit niedergelassenen Ärzten und für Anfragen des Medizinischen Dienstes der Krankenversicherung (MDK) genutzt. Digitale Archive sollen nach den Wünschen der Nutzer nicht nur zum gezielten Präsentieren von Daten, Dokumenten, Bildern etc. genutzt, sondern auch auswertbar gemacht werden. Dieser Anforderung werden die objektorientierten Archive in der Regel nicht gerecht. Durch die zusätzliche Bereitstellung einer geeigneten Datenbasis (z. B. Data Warehouse) eröffnen sich vielfältige Möglichkeiten der Datenauswertung. Ziel muss es sein, ein elektronisches „Universalarchiv" zu entwickeln, welches alle Daten, Dokumente, Bilder, Signale, Filme und anderen digitalen Objekte einer Einrichtung aufbewahrt.

12.2 Einrichtungsübergreifende Patientenakten

Ausgehend von den etablierten Krankenhausinformationssystemen bewegt man sich in Deutschland momentan zunehmend hin zu IT-gestützten Versorgungsnetzen. Telemedizinische Anwendungen wie die Teleradiologie und Telepathologie sind bereits weit verbreitet. Von einer zielgerichteten einrichtungs- und sektorenübergreifenden Informationslogistik ist das Gesundheitswesen aber derzeit noch ein gutes Stück entfernt. Die aktuellen Trends sind die Weiterentwicklung und der systematische Einsatz von Standards, die Interoperabilität zwischen verschiedenen Anwendungssystemen, die Einführung von IHE-Archiven und elektronischen Signaturen, sowie das Outsourcing von digitalen Archiven und Dienstleistungen. Weitere bedeutende Themen der Zukunft werden der Datenschutz, die Beweis- und IT-Sicherheit, die Benutzerfreundlichkeit, die optimale Gestaltung der Behandlungsprozesse und die Mobilität beim elektronischen Daten- und Dokumentenzugriff sein.

Im Zuge der intersektoralen Versorgung und damit notwendigen interoperablen IT-Lösungen wird es zukünftig notwendig sein/werden, dass im Rahmen von Vernetzungsprojekten auch verschiedene ePA- und Archivierungsplattformen untereinander zu verknüpfen sind. Die Standardisierungsinitiative IHE (Integrating the Healthcare Enterprise), welche immer mehr an Bedeutung gewinnt, ermöglicht nicht nur eine interoperable Abbildung, Standardisierung und Unterstützung von medizinischen Behandlungsprozessen, sondern auch eine wesentliche Weiterentwicklung von ePA- und Archivsystemen (IHE-D 2014). Bei IHE handelt es sich nicht um einen Kommunikationsstandard, sondern um eine einheitliche Vorgabe/Beschreibung zur Nutzung von Standards wie z. B. HL7 und DICOM. Das IHE-Profil XDS (Cross-Enterprise Document Sharing) besteht aus einem Inhaltsverzeichnis (Document Registry) und einem Ablagesystem (Document Repository) für elektronische Objekte. Diese werden mit Hilfe von IHE-Transaktionen von verschiedenen Quellen (Document Source) beliefert. Abfragen von Dokumenten und Akten sind durch berechtigte Nutzer (Document Consumer) möglich (siehe Abb. 12.1). Der IHE-Ansatz ermöglicht es, unternehmensweite Dokumentensammlungen und Archive, unabhängig von den eingesetzten heterogenen und proprietären datenliefernden Anwendungssystemen, für alle anfallenden Informationsarten aufzubauen. Dadurch können proprietäre und heterogene Systemarchitekturen sukzessive in offene unternehmensweite Systeme überführt werden.

Vor dem Hintergrund des Einsatzes von Signaturen wird es dann notwendig sein, sicherzustellen, dass auch an oder mit einem Dokument gespeicherte Signatur- und Metainformationen in den sog. „Repositories“ abgelegt werden können.

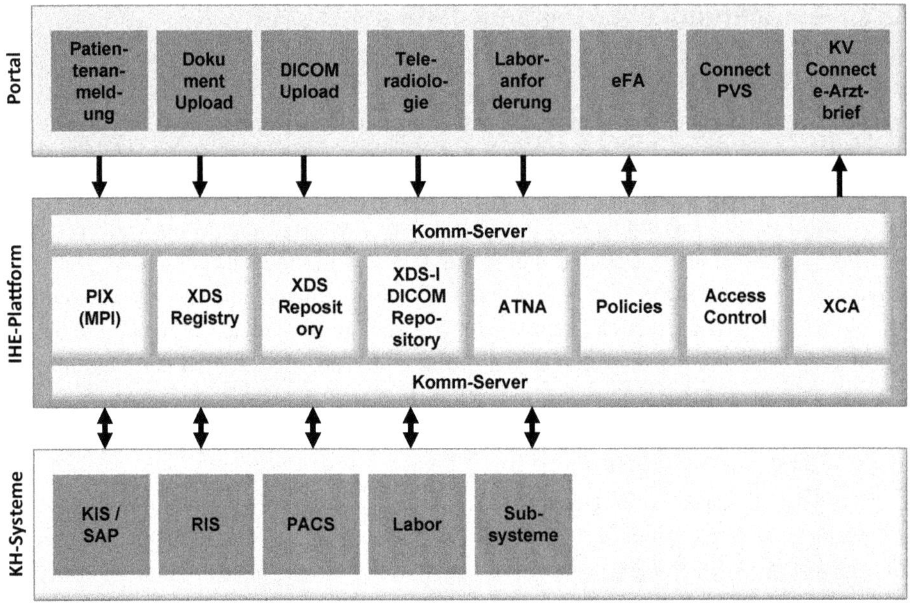

Abb. 12.1 Integration von lokalen Anwendungssystemen mit IHE-Architekturen. (Quelle: Dujat 2016)

12.3 Einrichtungsübergreifende Informationsverarbeitung

Derzeit beginnt der Weg hin zur einrichtungs- und sektorenübergreifenden Informationsverarbeitung. Ausgehend von den etablierten Krankenhausinformationssystemen bewegt man sich momentan zunehmend hin zu IT-gestützten Versorgungsnetzen.

Zuerst ist ein Konzept für elektronische Fallakten (eFA) entwickelt worden. Dieses ist bereits in den ersten Krankenhäusern zum routinemäßigen Einsatz gebracht worden und bietet die Möglichkeit, Patientendaten im Rahmen von medizinischen Fällen einrichtungs- und sektorenübergreifend aufzubewahren und zu nutzen. In weiteren eHealth-Anwendungen zur einrichtungs- und sektorenübergreifenden Kommunikation mit Gesundheitsakten und -archiven (Schmücker et al. 2012; Haas 2006) wird ebenfalls mit einem zentralen einrichtungsübergreifenden Register zur Verwaltung der Patienten und digitalen Objekte gearbeitet. Das Objektverzeichnis enthält die Verweise auf die Aufbewahrungsorte der digitalen Dokumente, Bilder und sonstigen Objekte. Die Aufbewahrung der Dokumente und Daten erfolgt in diesem Fall weitgehend dezentral, eine zentrale Archivierung ist auch denkbar. Voraussetzung ist der Aufbau eines einrichtungsübergreifenden Master Patient Indexes zur Vergabe von einheitlichen und eindeutigen Patientenidentifikationen. Derartige Systeme befinden sich noch weitgehend in der Entwicklungsphase. Beispiele sind die arztgeführte einrichtungsübergreifende

Elektronische Patientenakte (eEPA) und die Persönliche Elektronische Patientenakte (PEPA) in Deutschland, die Elektronische Gesundheitsakte (ELGA) in Österreich sowie das Elektronische Patientendossier in der Schweiz.

12.4 Digitale Signaturen und Langzeitsicherung

Bei der Umsetzung von rechtssicheren digitalen Lösungen für den Nachrichtenaustausch und die Archivierung spielen elektronische Signaturen und Zeitstempel eine zentrale Rolle. Diese ermöglichen die Sicherstellung der Vollständigkeit und Unveränderbarkeit elektronischer Dokumente auch über lange Aufbewahrungszeiträume von bis zu 30 Jahren und mehr. Die Beweiskraft elektronisch erzeugter und signierter Dokumente kann dabei recht einfach in einer zentralen digitalen Archivlösung sichergestellt bzw. erhalten werden, z. B. durch eine weitgehend unveränderbare Speicherung und durch Mechanismen einer Neusignierung. Strebt eine Organisation an, den Beweiswert ihrer digitalen Unterlagen zu erhöhen, steht ihr eine Bandbreite an Maßnahmen zur Verfügung. Die Wahl der geeigneten Mittel sollte stets auf Basis einer individuellen Risikobetrachtung und -abwägung erfolgen.

Im Allgemeinen sind für die spätere Bewertung des Beweiswertes eines digitalen Dokumentes die Art und Weise seiner Entstehung, Bearbeitung und Archivierung von großer Bedeutung. Die Konzeption und Einführung entsprechender Dokumentenmanagement- und Archivierungsprozesse sowie deren Dokumentation erlauben die Nachvollziehbarkeit des Dokumentenlebenszyklus für externe Dritte.

Zur Abfederung von Haftungsrisiken im Gesundheitswesen z. B. durch Behandlungsfehler, mangelhafte Patientenaufklärung oder mittelbar durch eine mangelnde Behandlungsdokumentation, können entsprechende Haftpflichtversicherungen abgeschlossen werden. Im Rahmen des Risiko-Managements und der Prämienkalkulation des Versicherers werden u. a. die Einhaltung rechtlicher Rahmenbedingungen zur Dokumentation sowie die Berücksichtigung vom „Stand von Wissenschaft und Technik", hier z. B. Mindestanforderungen an die IT-Sicherheit, betrachtet.

Für die sichere Gewährleistung von Authentizität (Urhebernachweis) und Integrität (Manipulationsschutz) digitaler Dokumente und Daten stehen ausgereifte Verfahren, wie die elektronische Signatur, Siegel und Zeitstempel zur Verfügung. Sie basieren auf starken State-of-the-Art-Kryptografie-Verfahren auf Basis des deutschen Signaturgesetzes und gemäß der neuen europäischen „Verordnung über die elektronische Identifizierung und Vertrauensdienste für elektronische Transaktionen im Binnenmarkt".

Der Signaturlebenszyklus umfasst dabei drei Phasen

1. Die Erzeugung einer elektronischen Signatur,
2. die Prüfung einer elektronischen Signatur sowie
3. das Langzeitmanagement signierter Daten im Archiv

Für das Erzeugen einer Signatur wird von dem zu signierenden elektronischen Dokument mittels einer mathematischen Funktion („Hash-Funktion") eine Prüfsumme fester Länge („Hash-Wert") ermittelt (siehe Abb. 12.2). Bei unverändertem Inhalt des Dokumentes führt die Hash-Wert-Berechnung immer zum selben Ergebnis. Der Hash-Wert wird mithilfe des privaten Schlüssels verschlüsselt und zusammen mit dem digitalen Zertifikat des Unterzeichners mit dem Ursprungsdokument verbunden. Sie bilden gemeinsam das elektronisch unterschriebene Dokument (siehe Abb. 12.2).

12.4.1 Ersetzendes Scannen und Signieren von Dokumenten

Elektronische Signaturen unterstützen auch das Scannen von Papierdokumenten sowie, bis auf wenige Ausnahmen, die anschließende Vernichtung des Originals. Wichtig hierbei ist, dass digitale Signaturen und Zeitstempel „unmittelbar" im Anschluss an die erfolgreiche Qualitätskontrolle und Stichprobenprüfung auf das zu archivierende „Scanprodukt" aufgebracht werden. Dies gilt im Verarbeitungsprozess allerdings nur, wenn keine Veränderungen mehr am Dokument erfolgen, da sonst die Signatur ungültig wird. Die gängige Rechtspraxis zeigt, dass das Risiko einer Nicht-Anerkennung eingescannter Patientenakten vor Gericht sehr gering ist. Mit der TR RESISCAN des BSI stehen Handlungsrichtlinien zur Verfügung, anhand derer Scanprozesse so gestaltet werden können,

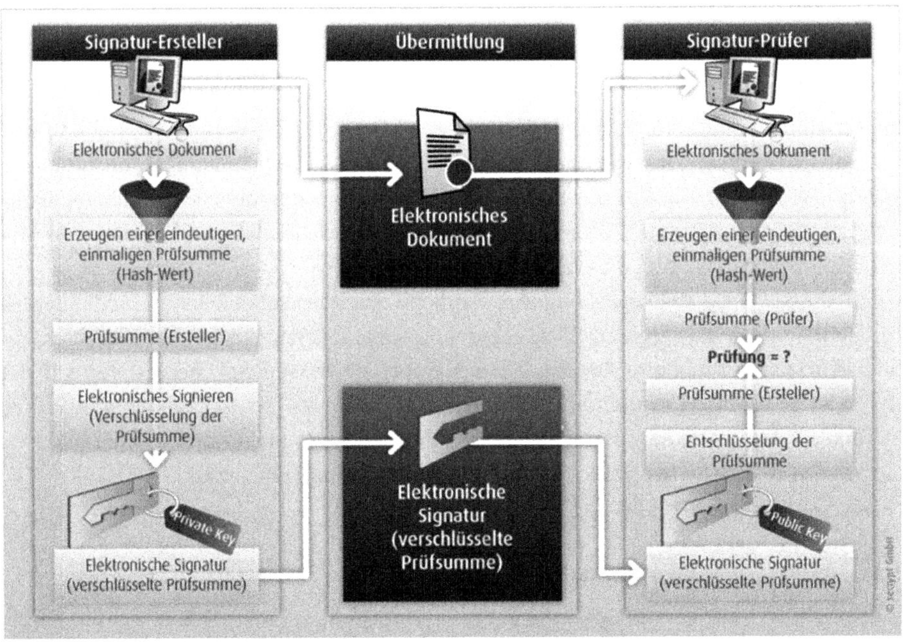

Abb. 12.2 Funktionsweise der digitalen Signatur. (Quelle: Dujat et al. 2016)

dass die entstehenden elektronischen Dokumente ein hohes Maß an Beweissicherheit bieten. Für die zu erbringenden Leistungen kommen zukünftig aufgrund der hohen Sicherheitsanforderungen ausschließlich Dienstleistungsunternehmen oder Krankenhäuser infrage, welche nach BSI TR-03138 (TR RESISCAN) zertifiziert sind und somit die Digitalisierung als rechtskonformes ersetzendes Scannen gewährleisten können. Ergänzend übernehmen die marktführenden externen Dienstleister eine Langzeitarchivierung der bei der Digitalisierung anfallenden Rohdaten gemäß der technischen Richtlinie des BSI TR-03125 (TR-ESOR) in einem zertifizierten Rechenzentrum/Langzeitarchiv an. Diese Rohdatenarchivierung wird als Ersatz für die von den Herstellern abgekündigte Technologie der hybriden Mikroverfilmung inzwischen bevorzugt bzw. ausschließlich angeboten. Zwischenzeitlich bieten diese Dienstleister auch zusätzlich die Möglichkeit an, die beim Kunden angefallenen und von ihm selbst digital erzeugten Daten in deren Rechenzentren zu übertragen und dort ebenfalls revisionssicher zu archivieren.

12.4.2 Langzeitmanagement signierter Daten im Archiv

Für elektronische Signaturen gelten genau die Aufbewahrungsfristen der Dokumentenarten, denen sie zugeordnet sind. Demnach ist bei einer Verjährungsfrist von 30 Jahren (dies trifft für viele Dokumente in Einrichtungen des Gesundheitswesens zu) ein automatisiertes beweiswerterhaltendes Langzeitmanagement im Sinne von Nachsignatur bzw. Signaturerneuerung für die digital signierten Dokumente zu gewährleisten. Dafür werden intelligente Hashbaum- und Zeitstempel-Verfahren nach dem ArchiSig-Konzept und dem internationalen Standard LTANS/ERS der IETF eingesetzt. Auf diese Weise lässt sich eine beweiswerterhaltende Langzeitspeicherung europaweit einheitlich umsetzen.

12.4.3 Signaturrelevante (digitale) Dokumente

Grundsätzlich wird in deutschen Krankenhäusern bereits eine Vielzahl von Dokumenten originär in digitaler Form erzeugt, zum großen Teil mit den dort eingesetzten Krankenhausinformations- (KIS) oder klinischen Arbeitsplatzsystemen (KAS) sowie weiteren IT-gestützten Dokumentationssystemen in klinischen Funktionsabteilungen (Radiologie, Kardiologie, Labor, Anästhesie, Intensivmedizin etc.) oder auch Verwaltungsbereichen (Finanzbuchhaltung, Patientenabrechnung, Einkauf, etc.).

Gemäß der Regelungen des Signaturgesetzes, diverser Einzelvorschriften und Empfehlungen – u. a. des Competence Center für die Elektronische Signatur im Gesundheitswesen – CCESigG e. V. (Seidel et al. 2010, 2016) – werden die meisten Dokumententypen zum Zweck ihrer Verkehrsfähigkeit oder zur Wahrung ihrer Authentizität mit Unterschriften oder Kürzeln versehen. Somit erhalten entsprechend unterzeichnete Dokumente den Status einer „Urkunde" gemäß ZPO.

In diesem Zusammenhang und auch aus Praktikabilitätsgründen ist es für die Bestimmung der Signaturrelevanz nicht nur von Bedeutung, ob ein klinisches Dokument aufgrund gesetzlicher Vorschriften eine Unterschrift tragen MUSS. Zur Orientierung sollen vielmehr die gelebte klinische Praxis sowie die übliche Form der Dokumentenerstellung und die gewünschte Erzeugung/Sicherstellung von Verkehrsfähigkeit und Authentizität betrachtet werden. Dies ist auch konform mit den aktuellen Empfehlungen des CCESigG (Seidel et al. 2016) und des GMDS-Praxisleitfadens (Schmücker et al. 2012). Dokumente, welche qua Gesetz/Vorschrift eine Unterschrift tragen müssen, werden natürlich entsprechend berücksichtigt.

12.4.4 Integration von digitalen Signaturen in klinische Systeme

Nahezu alle klinischen Dokumentationssysteme in (deutschen) Krankenhäusern sind heutzutage in der Lage, über integrierte Dokumentenerstellungs- und -management-Funktionalitäten klinische Dokumente zu erzeugen (zumeist über eine Integration von Textverarbeitungswerkzeugen wie MS-WORD), sie zu verwalten und in einem (gegebenenfalls proprietären) Textformat in ihren Datenbankstrukturen abzulegen.

Ebenso sind in diesen Systemen Basis-Workflows zur Dokumentenbearbeitung, -weiterleitung und -freigabe sowie auch ein grundlegendes Versionsmanagement abgebildet oder abbildbar. Bezüglich der Herstellung von Revisions- und Rechtssicherheit oder für eine stabile Langzeitarchivierung bieten diese Systeme derzeit zumeist keine eigenen oder eigenentwickelten Funktionalitäten. Hierzu werden üblicherweise digitale Archivierungssysteme verwendet, die sowohl über Schnittstellen als auch mittels Aufrufintegration angebunden sind. Dies bedeutet, dass ein Dokument nach dem Abschließen oder „Vidieren" (i. d. R. durch einen Arzt) über eine Schnittstelle an ein digitales Archiv übergeben wird. Im Zuge dieser Übergabe wird es gleichzeitig in ein langzeitstabiles Archivformat (PDF, PDF/A, JPEG, TIFF etc.) umgewandelt (siehe Abb. 12.3).

Sofern dieses Dokument eine Unterschrift tragen sollte/muss, ist ein elektronischer Signaturprozess idealerweise an genau dieser Stelle anzusiedeln, sodass das „Abschließen des Dokuments" und damit auch die revisionssichere Archivierung durch den Ersteller oder den letzten Bearbeiter mit dem „Aufbringen" einer digitalen Signatur ausgelöst und durchgeführt wird. Dieses Vorgehen ersetzt in der Regel papiergestützte Arbeitsschritte (Ausdruck, Unterschrift). Es erfordert lediglich die (leichte) Anpassung der Workflows in den führenden klinischen Applikationen sowie die Einbindung von Freigabe- und (Hintergrund-)Signaturprozessen (siehe Abb. 12.3).

Der Prozess der Arztbriefschreibung wird durch dieses Verfahren erheblich verschlankt, da ein vollständiger Dokumenten-Umlauf entfällt. Dies veranschaulicht die folgende Abbildung.

Grundsätzlich ist im Einzelfall für jede Dokumentenart zu klären, nach welchem Sicherheitsniveau eine elektronische Signatur zu erfolgen hat. Es ist aus arbeitsökonomischen

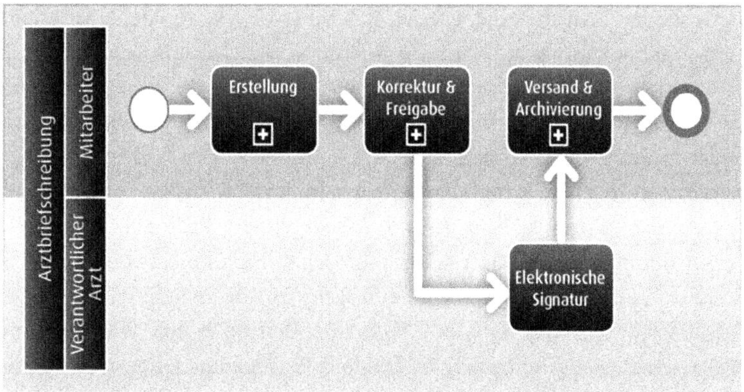

Abb. 12.3 Prozess der Arztbriefschreibung. (Quelle: Dujat et al. 2016)

Gründen darauf zu achten, dass ein Dokumentart möglichst immer in einem gleichartigen/ identischen Prozess/Workflow signiert wird.

12.5 Schlussbetrachtung

Das rechnerunterstützte Dokumentenmanagement und die digitale Archivierung haben den Einstieg in eine neue Dimension der rechnerunterstützten medizinischen Informationsverarbeitung ermöglicht. Durch einen hohen Digitalisierungsgrad und eine optimale Anpassung der Software an die medizinischen Behandlungsprozesse können beachtliche Verbesserungspotenziale für Patienten und Mitarbeiter erreicht werden. Die Entwicklungen sind aber bei Weitem noch nicht abgeschlossen, die Zukunft wird sich mit den Möglichkeiten von Persönlichen Elektronischen Patientenakten, Enterprise Content Management, IHE-basierten Aktensystemen (siehe Abb. 12.1), der Infrastruktur der Gesundheitstelematik und Big Data beschäftigen (müssen).

Bei der Umsetzung rechtssicherer digitaler Lösungen für den Nachrichtenaustausch und die Archivierung im Gesundheitswesen werden digitale Signaturen und Zeitstempel zukünftig eine zentrale Rolle spielen. Sie ermöglichen die Sicherstellung der Vollständigkeit und Unveränderbarkeit elektronischer Dokumente über Aufbewahrungszeiträume von 30 Jahren und mehr. Die Beweiskraft elektronisch erzeugter und signierter Dokumente (siehe Abb. 12.2) kann dabei mit den genannten Methoden recht einfach in einer zentralen digitalen Archivlösung sichergestellt bzw. erhalten werden, z. B. durch eine weitgehend unveränderbare Speicherung und durch Mechanismen einer Signaturerneuerung. Zudem werden elektronische Siegel, aber auch Fernsignaturen, z. B. das Auslösen einer Signatur über das Smartphone („Handy-Signatur“), voraussichtlich den Komfort zur Nutzung der digitalen Unterschrift erhöhen.

Für das Gesundheitswesen ergeben sich mit beiden Verfahren neue Möglichkeiten bei der digitalen Patientenaufnahme, beim Signieren von elektronischen Arztbriefen (siehe Abb. 12.3) oder beim Unterzeichnen von Laborbefunden. Aber auch für das beweiswerterhaltende Langzeitmanagement von digitalen Daten im Archiv stehen weiterhin geeignete Signaturverfahren zur Verfügung.

Derzeit wird die digitale Archivierung nicht nur im Rahmen von Patientenbehandlungen eingesetzt, sondern auch im Bestell-, Rechnungs-, Personal- und Vertragswesen sowie beim Posteingang, im Rahmen von klinischen Studien, für den Informationsaustausch mit niedergelassenen Ärzten und für Anfragen des Medizinischen Dienstes der Krankenversicherung (MDK). Digitale Archive sollen nach den Wünschen der Nutzer nicht nur zum gezielten Präsentieren von Daten, Dokumenten, Bildern etc. genutzt (siehe Abb. 12.1), sondern auch auswertbar gemacht werden. Diesen Anforderungen werden die objektorientierten Archive in der Regel nicht gerecht. Durch die zusätzliche Bereitstellung einer geeigneten Datenbasis (z. B. Data Warehouse) eröffnen sich vielfältige Möglichkeiten der Datenauswertung. Ziel muss es sein, ein elektronisches „Universalarchiv" zu entwickeln, welches alle Daten, Dokumente, Bilder, Signale, Filme und andere digitale Objekte inklusive der zugehörigen Signaturen und Nachweisdaten einer Einrichtung aufbewahrt.

Literatur

Dujat C (2016) Sind wir bald am Ziel? – Der lange Weg zur elektronischen Patientenakte. Management & Krankenhaus kompakt Supplement Ausgabe 4/2016 Seite 23. GIT, Darmstadt

Dujat C, Beß A, Michalek T, Urban A (2016) Elektronische Signaturen im Gesundheitswesen – Beweiswert und Effizienzsteigerung von digitalen Dokumentations- und Archivierungsprozessen. Eigenverlag secrypt Gmbh, promedtheus AG, Berlin

Haas P (2006) Gesundheitstelematik – Grundlagen Anwendungen Potenziale. Springer, Berlin

IHE-D (2014) Cookbook Einrichtungsübergreifende elektronische Bild- und Befunddokumentation Version 0.9. Eigenverlag, Berlin

Schmücker P, Dujat C, Seidel C (2012) gmds-Praxisleitfaden „Dokumentenmanagement, digitale Archivierung und elektronische Signaturen im Gesundheitswesen". Antares, Dietzenbach

Seidel C, Brandner A, Balfanz J, Bosk J, Braitsch H, Krön V, Mohr G, Schwartze J, Schmücker P (2016) Empfehlungen für den Einsatz elektronischer Signaturen und weiterer Sicherungsmechanismen in Dokumentations-, Kommunikations- und Archivierungsprozessen des Gesundheitswesens. Shaker, Aachen

Seidel C, Kosock H, Brandner A, Balfanz J, Schmücker P (2010) Empfehlungen für den Einsatz elektronischer Signaturen und Zeitstempel in Versorgungseinrichtungen des Gesundheitswesens. Shaker, Aachen

Über den Autor

Dr. sc. hum. med. Carl Dujat Diplom-Informatiker, ist nach über zehnjährigen leitenden Tätigkeiten im IT-Management zweier Universitätsklinika seit dem Jahre 1999 als Management- und IT-Berater im Gesundheitswesen und als Vorstandsvorsitzender der von ihm gegründeten Beratungsgesellschaft promedtheus Informationssysteme für die Medizin AG tätig. Er besitzt Diplom und Promotion der Universität Heidelberg in Medizinischer Informatik sowie das Zertifikat „Medizinische Informatik" von GI und GMDS. Seine beruflichen Schwerpunkte liegen heute in der strategischen IT-Beratung im Gesundheitswesen, v. a. für Krankenhäuser, der konventionellen und digitalen Archivierung („Elektronische Patientenakte"), der Durchführung von IT-Vergabeverfahren und im IT-Projektmanagement Darüber hinaus ist er aktives (z. T. auch Vorstands-)Mitglied in diversen wissenschaftlichen Fachgesellschaften, Berufsverbänden und Arbeitsgruppen (u. a. GMDS, bdvb, BVMI, CCESigG, IHE, Entscheiderfabrik).

IT-gestütztes leitliniengerechtes Versorgungsmanagement onkologischer Patientinnen und Patienten intersektoral und interprofessionell

13

Britta Böckmann

Zusammenfassung

Die positiven Effekte von Spezialisierung und Zentrenbildung für Patientinnen und Patienten mit onkologischen Erkrankungen sind sehr davon abhängig, dass die Ärztinnen und Ärzte sowie die Therapeutinnen und Therapeuten informationell zusammengeführt werden. Nur so können einheitliche Prozess- und Dokumentationsstandards eingehalten werden. Das gilt insbesondere für die Überführung von Leitlinien in die operative Praxis im Rahmen eines zwischen allen Sektoren und Berufsgruppen abgestimmten Versorgungsmanagements. Im Rahmen des hier beschriebenen Forschungsprojekts „Virtuelle onkologische Verbünde" wurden Konzepte und Prototypen entwickelt für eine IT-gestützte Versorgungsmanagement-Plattform auf Basis umfangreicher Analyse und Interviews mit zahlreichen Expertinnen und Experten.

Inhaltsverzeichnis

B. Böckmann (✉)
Fachbereich Informatik/Med. Informatik, Fachhochschule Dortmund, Emil-Figge-Str. 42, 44227 Dortmund, Deutschland
E-Mail: britta.boeckmann@fh-dortmund.de

M.A. Pfannstiel et al. (Hrsg.), *Digitale Transformation von Dienstleistungen im Gesundheitswesen II,* DOI 10.1007/978-3-658-12393-2_13

13.1 Einleitung

Die enge Zusammenarbeit eines Teams ist in vielen Bereichen der Schlüssel zum Erfolg. Das ist in der Onkologie nicht anders: Der Behandlungserfolg von Patientinnen und Patienten, die an Brust-, Darm- oder Prostatakrebs erkrankt sind, ist unter anderem abhängig von einem optimalen Therapie- und Versorgungsmanagement. Zur komplexen Aufgabe wird die Koordinierung, wenn die Versorgung von Patienten intersektoral aufgestellt ist: Niedergelassene Fachärzte, Kliniken, Tumorzentren und andere Gesundheitsprofessionen arbeiten im regionalen Verbund zusammen. Leitlinien sollen eine standardisierte Versorgung in der Onkologie ermöglichen. Jedoch stehen alle Beteiligten an der Behandlung von Krebspatienten vor der Herausforderung, die vorgegebenen Leitlinien in optimale Versorgungsprozesse umzusetzen und zu verankern. Dabei ist das Umfeld maximal komplex wie Abb. 13.1 zeigt – verschiedenste Einrichtungen und Berufsgruppen sind an der Behandlung beteiligt und wirken zusammen. Dabei nutzt jede Einrichtung eigene IT-Systeme, mit denen administrative und medizinische Informationen erfasst werden.

Besonders im Bereich der Onkologie stellen Leitlinien ein wichtiges Instrument der Qualitätssicherung und des Qualitätsmanagements dar. Hierzu zählt beispielsweise die Verwendung evidenzbasierter Leitlinien als Grundlage bei der Erstellung oder Aktualisierung von Disease-Management-Programmen (DMP) oder der Verwendung von aus Leitlinien extrahierten Qualitätsindikatoren im Rahmen der Zertifizierung von Organtumorzentren (AWMF 2015). Onkologische Leitlinien spielen aus diesem Grund eine zentrale Rolle für die Qualität der Krebsversorgung. Um für eine Zertifizierung der Zentren die erforderlichen Qualitätsindikatoren ableiten zu können, arbeitet die Deutsche Krebsgesellschaft eng mit den medizinischen Fachgesellschaften zusammen, welche für die Erstellung und Aktualisierung der Leitlinien verantwortlich sind (DKG 2015). Diese Leitlinien liegen allerdings als unstrukturierte bzw. teilstrukturierte PDF-Dokumente vor und können so nicht direkt von IT-Systemen für die Gestaltung und das Management abgeleiteter Prozesse verwendet werden.

Im Projekt „Virtuelle onkologische Verbünde" (Laufzeit vom Januar 2014 bis Juni 2015, Förderkennzeichen: 005-GW02-106A) wurde auf Basis von Interviews mit Experten unterschiedlicher Professionen – Leitern onkologischer Zentren, Ärzten,

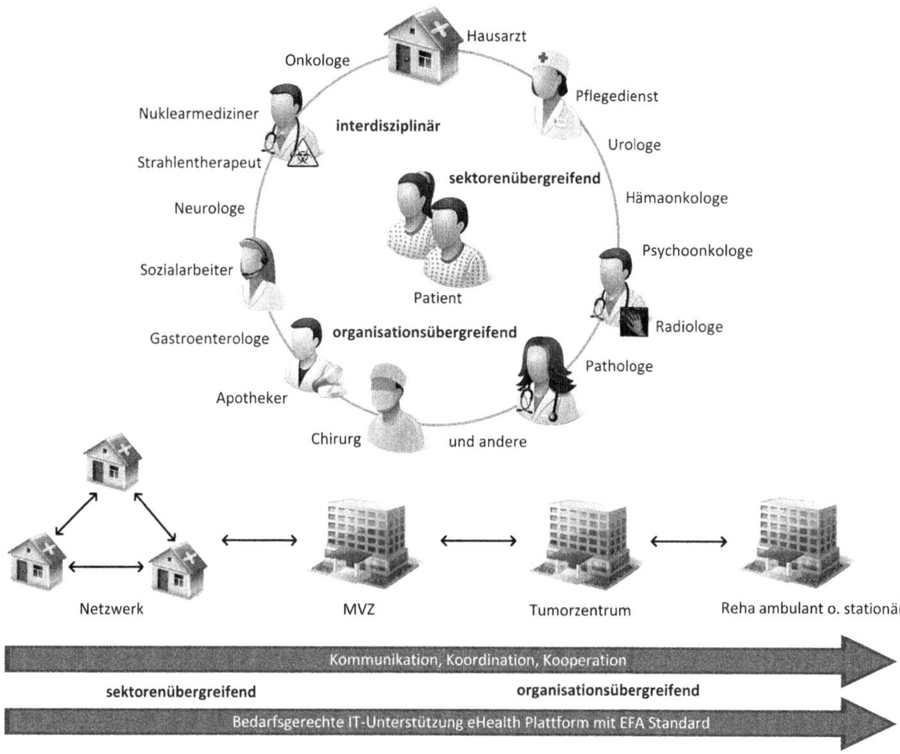

Abb. 13.1 Struktur und Beteiligte onkologischer Verbünde

Qualitätsmanagern, IT-Verantwortlichen – ein Konzept zum Aufbau einer IT-gestützten Plattform entwickelt, die ein leitliniengerechtes Versorgungsmanagement digital unterstützt und ermöglicht. Die vollständigen Ergebnisse finden sich im veröffentlichten Cookbook (Fachhochschule Dortmund 2015). Dieser Artikel fasst die wesentlichen Ergebnisse des Projekts zusammen.

13.2 Grundlagen

In diesem Kapitel werden die wesentlichen Voraussetzungen beschrieben, die dem hier vorgestellten Konzept zugrunde liegen.

13.2.1 Sektorübergreifendes Versorgungsmanagement

Mit dem sektorenübergreifenden Versorgungsmanagement wird der Steuerungsansatz in einer vernetzten Gesundheitsversorgung von definierten Patientengruppen/Populationen/

Einzelfällen nach Qualitäts- und Wirtschaftskriterien entlang des gesamten Behandlungspfades bezeichnet. Der Behandlungspfad reicht von Prävention, prä-, voll- und teilstationärer Behandlung, Rehabilitation, sozialpsychiatrische Dienste, Pflege, Palliativ- und Homecareversorgung bis zu veranlassten Leistungen wie Arznei-, Heil- und Hilfsmitteln (Weatherly 2007). So kann die vertikale Integration der Versorgung über mehrere Sektoren beschrieben werden. Davon wird die horizontale Integration unterschieden, die sich auf die Integration unterschiedlicher Leistungserbringer auf einer Versorgungsebene bezieht. Übergeordnetes Ziel des Versorgungsmanagements ist es, Versorgungsbrüche und Fehlallokationen entlang des sektorenübergreifenden Versorgungsgeschehens zu vermeiden.

Letztlich soll mit dem Versorgungsmanagement in einer vernetzten Gesundheitsversorgung eine verbesserte Prozess- und Ergebnisqualität erreicht werden (Szecsenyi 2003). Dies schließt die Steigerung der patientenorientierten Nutzeneffekte ein (Härtel 2012). Gleichzeitig versprechen sich die Kostenträger mit Versorgungsmanagement Ansätzen eine Steigerung der Wirtschaftlichkeit der Versorgung von Patientengruppen oder einzelner Hochkostenfälle (Laag 2013). Dies bedeutet, dass Managementprinzipien auf den transsektoralen Versorgungsprozess angewandt werden, um eine effiziente Allokation von Mitteln und Ressourcen zu erreichen, sodass jeder Patient die richtige „Art" und Menge an präventiven, kurativen medizinischen Leistungen erhält. Fragwürdige, unnötige und überflüssige Leistungen sollten somit bereits bei Implementierung erster managed care orientierter Versorgungsansätze in Modellvorhaben ausgeschlossen werden (Rüschmann et al. 2000; Güssow 2007).

Die Steuerung erfolgt dabei auf den folgenden Ebenen:

- Medizinisch-pflegerisch und psychosozial
  - Leitlinienbasierte Gesundheitsversorgung, Qualitätszirkelarbeit, Qualitätsmanagement, Versorgungsziele gemäß bio-psychosozialem Genesungsmodell der WHO
- Organisatorisch
  - Sektorenübergreifende Behandlungspfade über verschiedene Professionen hinweg, klare Verantwortlichkeiten und Ressourcen, zeitliche Abläufe und Überleitungs- und Entlassmanagement (Böckmann 2010)
- Strukturell
  - Versorgungsstrukturelle Gegebenheiten wie gemeinsame Geräte, Informationstechnologie, elektronische Patientenakten, Internet
- Wirtschaftlich
  - Gemeinsame Budgets, gemeinsamer Einkauf von Arzneimitteln, Hilfsmitteln, gemeinsame Geräte u. ä.
- Rechtlich

Für das deutsche Gesundheitswesen wurden – trotz unterschiedlicher versicherungsrechtlicher Rahmenbedingungen und Voraussetzungen – managed care orientierte Steuerungsinstrumente in Deutschland transformiert (Amelung 2004; Jacobs 2005). Es existiert eine Reihe von Evaluationskonzepten des sektorenübergreifenden Versorgungsmanagements in managed care orientierten Versorgungsformen.

13.2.2 Versorgungsmanagementplattform

Versorgungsmanagement (VM) soll eine nahtlose, aufeinander abgestimmte und nach Möglichkeit integrierte Behandlung, Rehabilitation und Versorgung im Gesundheitswesen sicherstellen (Frommelt 2010). Neben den strategischen, organisatorischen und rechtlichen Umsetzungen, stellt sich die Frage, wie Versorgungsmanagement auf Anwendungsebene durch Informations- und Kommunikationstechnologie (IKT) realisiert werden kann.

Aufgrund der gegebenen heterogenen Systemlandschaft im Gesundheitswesen bietet sich für eine übergreifende Komponente eine webbasierte Lösung an. Webbasierte medizinische Informationssysteme basieren auf einem SOA-Ansatz (Serviceorientierte Architektur) und ermöglichen u. a. einen Zugriff über Web-Browser ohne Integration in die jeweiligen Primärsysteme. Bei einem solchen System handelt es sich um eine eHealth-Plattform, die im Kontext des Versorgungsmanagements auch als eine VM-Plattform bezeichnet werden kann. VM-Plattformen sollen die bisherigen Systeme in den Versorgungskonzepten dahin gehend erweitern, dass die steigenden Anforderungen des Versorgungsmanagements abgedeckt werden und zusätzliche Funktionalitäten bereitgestellt werden können.

Begriffsdefinition
Als Plattform wird im Allgemeinen in der IT die Basistechnologie eines Computersystems bezeichnet, die das Rahmenwerk festlegt, wie ein System arbeitet und welche Anwendungsprogramme ausgeführt werden können.

Unter dem Begriff VM-Plattform sind die Hard- und Softwarekomponenten eines eigenständigen Computersystems zur IT-Unterstützung von Versorgungsmanagementprozessen zusammengefasst. Eine VM-Plattform ist eine auf Webtechnologien basierende Plattform, mit der über Internet-Transportprotokolle Nachrichten kommuniziert und Informationen abgefragt werden können. Ein direkter Zugriff auf Anwendungen der Plattform erfolgt über webbasierte Benutzeroberflächen oder über SOA-Nachrichten wie Web- oder REST-Services. Dabei ist eine VM-Plattform keine Erweiterung von Primärsystemen wie bspw. ein Zuweiserportal, sondern eine eigenständige Plattform. Zuweiser- oder Einweiserportale sind webbasierte Anwendungen, die von Krankenhäusern für ihre zuweisenden Ärzte zur Verfügung gestellt werden, um diesen nach der Behandlung darüber Ergebnisdokumente bereitzustellen (Haas 2006). VM-Plattformen erweitern diesen Funktionsumfang um Anwendungen für die übergreifende Versorgungssteuerung, -verwaltung und -dokumentation.

Einsatz und Funktion
Als eine zentrale Komponente in einem Versorgungsverbund sind der Einsatz und die Funktion der VM-Plattform entsprechend auf zentrale Steuerung und Verwaltung

ausgelegt. Eine VM-Plattform kann als übergreifendes Organisations- und Prozesssteuerungssystem dienen. Neben der Unterstützung der Versorgungskoordination, kann eine solche Plattform als sekundäre übergreifende Datenhaltungskomponente und Kommunikationsschnittstelle verwendet werden. Eine VM-Plattform erfüllt die entsprechenden IT-Anforderungen an ein Versorgungsmanagement, indem darüber zusätzliche Versorgungsdaten erfasst, visualisiert und ausgetauscht werden können und sich Prozesse zentral steuern lassen.

Eine VM-Plattform schließt dabei zwei wesentliche Lücken zwischen Primärsystemen und einer elektronischen Patientenakte (eEPA). Sie eröffnet die Möglichkeit, Informationen zu erfassen, die nicht aus den Primärsystemen kommen, sondern explizit zum Versorgungsmanagement gehören und über die Plattform können Daten zentral erfasst und gespeichert werden, die nicht im Standard der eEPA definiert sind und somit nicht darüber ausgetauscht werden können. Neben dem Erfassen und Speichern zusätzlicher Daten verfügt eine VM-Plattform über Organisations- und Prozesssteuerungsmodule, die eine einrichtungsübergreifende Versorgungssteuerung ermöglichen. Durch die Integration einer eEPA-Komponente in eine VM-Plattform wird eine Langzeitarchivierung von Patientendaten möglich, die dadurch über den Kontext der heterogenen Primärsysteme der ambulanten und stationären Einrichtungen hinaus zur Verfügung gestellt werden können. VM-Plattformen grenzen erst einmal nicht den Behandlerkreis ein und können prinzipiell in jeder Versorgungsform als ergänzendes System zum Einsatz kommen. Neben den grundlegenden Funktionen sind die Erweiterung und der Einsatz von VM-Plattformen je nach gegebener Versorgungsstruktur offen.

13.2.3 Formalisierung von Leitlinien

Um eine leitliniengerechte Versorgung mithilfe einer Versorgungsmanagement-Plattform gewährleisten zu können, muss das Leitlinienwissen in einer computerinterpretierbaren Form extrahiert und zur Verfügung gestellt werden. Dazu muss im ersten Schritt eine Formalisierung der Leitlinie durchgeführt werden.

Die Formalisierung erfolgt dabei auf Grundlage des HL7 Metamodells, welches eine standardisierte Ableitung von Behandlungspfaden ermöglicht (Böckmann und Heiden 2013). Dabei kann das Leitlinienwissen innerhalb dieses Modells in verschiedene Bereiche kategorisiert werden. Diese Kategorien sind (Heiden und Böckmann 2015):

- Deskriptive Leitlinien-Informationen
- Strukturelle Komponenten
- Bausteine zur Realisierung des Kontrollflusses
- Durchzuführende Aktivitäten
- Zuständigkeiten, Qualifikationen und Ressourcen
- Generische Parameter

Die Kategorisierung der extrahierten Informationen ermöglicht eine formalisierte Zuordnung der plattformunabhängigen Prozessfragmente auf das HL7-Metamodell. HL7 ist ein internationaler Kommunikationsstandard im Bereich des Gesundheitswesens und soll innerhalb eines onkologischen Netzwerks die Interoperabilität sowie den Wissenstransfer standardisieren. Die so extrahierten Prozessfragmente können in die Versorgungsmanagement-Plattform integriert und für ein effektives Prozessmanagement eingesetzt werden.

13.2.4 Die elektronische Fallakte (EFA)

Die EFA ist eine fallorientierte Kommunikationsplattform für alle an einem Behandlungsprozess beteiligten Leistungserbringer. Mehrere private Klinikketten gründeten Anfang 2006 in einem gemeinsamen Projekt mit der Deutsche Krankenhausgesellschaft (DKG) und dem Fraunhofer Institut für Software- und Systemtechnik ISST (ISST) die Projektinitiative der EFA.

> Ziel ist die Schaffung eines einheitlichen, bundesweit (und perspektivisch europaweit) gültigen Standards für eine Kommunikationsplattform, um die Zusammenarbeit zwischen dem stationären und dem ambulanten Sektor deutlich zu verbessern (Fallakte 2011).

Aus der Projektinitiative wurde 2009 der „Verein Elektronische FallAkte e. V." mit dem Ziel gegründet, unter diesem Dach die Weiterentwicklung und technisch-organisatorische Einführung des Standards gemeinsam voran zu treiben. Der Verein wird von Industrie-, Software- und Systemhäusern im Gesundheitswesen unterstützt (Fallakte 2011).

Seit 2008 ist die EFA-Spezifikation verfügbar und beschreibt eine interoperable Architektur, mit der Einrichtungen im stationären Sektor und dem ambulanten Bereich Patientendaten im Kontext kooperativer Behandlungsszenarien untereinander austauschen können. Daten sind, unter Beachtung des Datenschutzes, über verschiedene Zugangswege austausch-, integrier- und weiterverwendbar (Caumanns 2007). Mittels der EFA wird ein elektronisches Kommunikationsmedium für alle an einem Versorgungsprozess beteiligten Akteure bereitgestellt. Alle für die Abstimmung zwischen den Leistungserbringern relevanten Informationen eines Versorgungsprozesses, wie z. B. Arztbriefe, Therapiepläne und wesentliche Befunde werden dabei zu einer „FallAkte" zusammengefasst und verwaltet (Neuhaus und Wittekind 2007). Ein Fall bündelt mehrere kleine Abrechnungsfälle und Behandlungsepisoden, beginnt mit der initialen Diagnose und endet mit der partiellen oder vollständigen Heilung bzw. dem Tod des Patienten (Caumanns 2007).

Der vom Fraunhofer ISST entwickelte EFA-Standard stellt eine nationale Grundlage für eine einheitliche und gemeinsame Verwendung dar. Die EFA-Spezifikation wird bereits in einer Vielzahl diagnosespezifischer Pilotanwendungen eingesetzt und ist darüber hinaus als Mehrwertdienst in der Telematikinfrastruktur verankert. Hierdurch bietet er die Möglichkeit, eine patientinnen- und patientenorientierte sowie geschlechtergerechte Weiterentwicklung des Gesundheitswesens zu fördern. Indem die kooperierenden Einrichtungen und Ärztinnen und Ärzte ihre lokalen Daten selektiv anderen Partnern zur Verfügung stellen, ermöglichen sie ihnen, den gleichberechtigten Einblick in die für eine Behandlung relevanten Daten. Durch die Verfügbarkeit der Daten können Maßnahmen besser abgestimmt, individuell sinnvolle Arbeitsteilungen definiert und die Beratung der Erkrankten durch primäre Ansprechpartnerinnen und Ansprechpartner erleichtert werden.

Die EFA Spezifikation wurde seit 2011 regelmäßig weiterentwickelt. In der Version 2.0 hat die Fallakte durch konsequente Ausrichtung auf internationale Standards (IHE XDS etc.) auch die Unterstützung der Industrie erfahren.

Die klare Zweckbindung der EFA und der mit dem Fall einhergehende definierte Kreis von Behandlern und Mitbehandlern mit Zugriff auf die Akte, sind die wesentlichen Unterschiede zu anderen Standards und Konzepten.

13.3 Annahmen/Voraussetzungen

Da das Feld der unterschiedlichen Indikationen, der möglichen Organisationsformen von Behandlung und der infrage kommenden Ansätze sehr breit ist, werden hier die dem vorgestellten Konzept zugrunde liegenden wesentlichen Annahmen beschrieben.

13.3.1 Auswahl onkologischer Indikationen

Im Jahr 2012 sind nach Schätzung des Zentrums für Krebsregisterdaten insgesamt in Deutschland rund 477.950 Krebserkrankungen erstmalig diagnostiziert worden (RKI 2015). Davon traten bei Männern ca. 252.060 und bei Frauen 225.890 Erkrankungen auf (siehe Abb. 13.2). Etwas mehr als die Hälfte der Fälle betreffen entweder die Brustdrüse, die Prostata, den Darm oder die Lunge.

Zwischen 2000 und 2010 hat die Zahl der Krebsneuerkrankungen bei Männern insgesamt um 21 %, bei Frauen um 14 % zugenommen. Entscheidender Einflussfaktor hierfür war die Veränderung im Altersaufbau der Bevölkerung. Auf Basis dieser Statistik wurden die drei häufigsten Krebserkrankungen als Anwendungsszenarien gewählt, welche im Rahmen des Projektes „Virtuelle Onkologische Verbünde" analysiert wurden.

Ein weiterer Grund für die Auswahl dieser drei Anwendungsszenarien ist, dass für alle drei Erkrankungen S3-Leitlinien existieren, welche eine hochqualitative Unterstützung bei der Behandlung gewährleisten. Insbesondere für die drei genannten Diagnosen steigt die Anzahl der Krebszentren stetig an. Im Jahr 2010 gab es beispielsweise 200 von der deutschen Krebsgesellschaft zertifizierte Tumorzentren mit dem Schwerpunkt Brustkrebs. Im Jahr 2014 ist die Anzahl der Zentren auf 224 gestiegen und steigt stetig weiter (Krebsgesellschaft 2015). Dies zeigt, dass eine Unterstützung der Prozesse und Behandlungen, insbesondere bei den genannten drei Diagnosen, immer wichtiger wird.

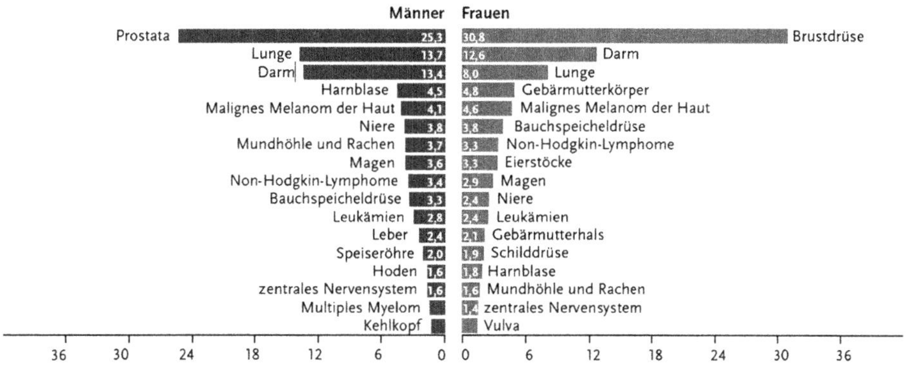

Abb. 13.2 Prozentualer Anteil der häufigsten Tumorlokalisationen an allen Krebsneuerkrankungen in Deutschland 2012. (Robert-Koch-Institut, Gesellschaft der epidemiologischen Krebsregister in Deutschland e. V.)

13.3.2 Der Aktenmoderator – Rolle im Kontext des Datenschutzes

Gegenstand der begleitenden Datenschutzbetrachtung waren die Prozesse und Use Cases in den „Virtuellen Onkologischen Verbünden" (VOV), mit deren Hilfe am Verbund beteiligte Ärztinnen und Ärzte sowie Pflegerinnen und Pfleger gemeinsam onkologische Fälle zum Zwecke der Diagnose und/oder der weiteren Behandlung ihrer Patientinnen und Patienten besprechen und organisieren. Hierzu steht eine auf der einrichtungsübergreifenden elektronischen Fallakte basierende gemeinsame Plattform zur Verfügung, mit deren Hilfe für den Fall relevante Informationen elektronisch zentral zusammengeführt werden können. Die zentrale Zusammenstellung dient der Vorbereitung und der Durchführung der Fallkonferenzen, Einschreibungsservice, Zweitmeinungsservice, Follow up und Telekonsile. Nachfolgend ist in Abb. 13.3 vereinfachend das Grundprinzip der Aktennutzung im Zusammenhang mit den Konferenzen grafisch zur Veranschaulichung skizziert.

Die Datenschützer in Nordrhein-Westfalen halten es für sinnvoll, die medizinische „Moderation einer Akte" durch eine Ärztin bzw. einen Arzt oder aber jemanden, der der ärztlichen Schweigepflicht unterliegt, durchzuführen. Dies ist bei onkologischen Verbünden in der Regel der leitende Arzt oder die leitende Ärztin der Tumorkonferenz. Da die Ausübung der Patientenrechte (Löschung/Sperrung, Verweigerung der Einwilligung bzw. Zurückziehen der Einwilligung) im Rahmen einer Akten-Anwendung Effekte bewirken können, die u. U. zu einer Inkonsistenz der Informationsbasis mit entsprechenden Folgen (bspw. fehlerhafte Behandlung aufgrund unzureichender Informationen, ärztliche Haftungsfragen) führen können, ist eine ärztliche bzw. medizinisch kompetente Beratung von besonderer Bedeutung.

Die moderierende Person kann neben der Koordination der an die VOV angeschlossenen Akteure zugleich auch der zentrale Ansprechpartner oder die zentrale

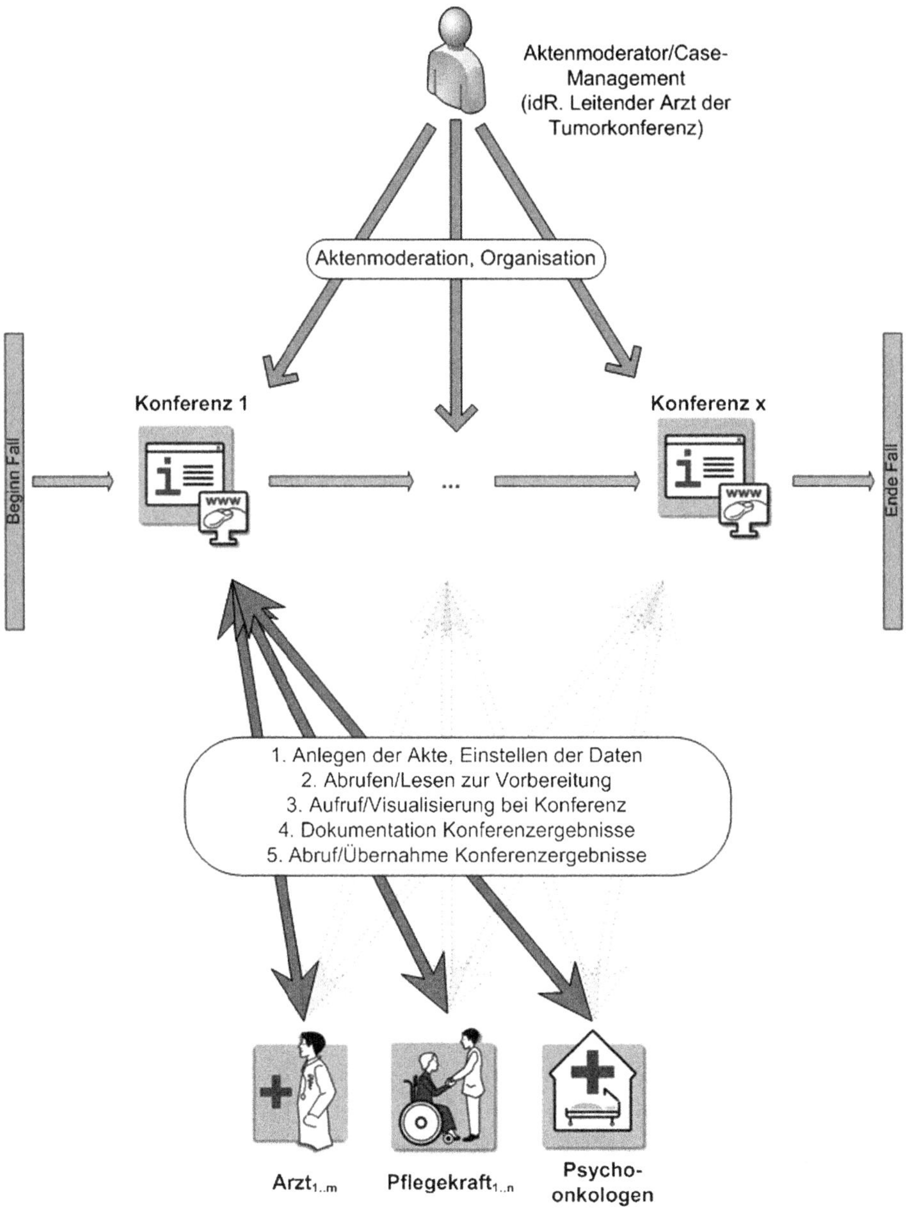

Abb. 13.3 Vereinfachte Darstellung der Aktennutzung bei onkologischen Konferenzen. (ZTG – Zentrum für Telematik und Telemedizin GmbH)

Ansprechpartnerin für die Auskunftserteilung an die Patientin bzw. an den Patienten sein und ebenso bei der Durchsetzung von erforderlichen Berichtigungen unterstützen.

Konkret werden die Verantwortlichkeiten eines Aktenmoderators in folgenden Aufgaben gesehen:

- Umsetzung der Betroffenenrechte (Löschung, Sperrung, Berichtigungen, Auskünfte etc.)
- Einrichtung und Pflege der Zugriffsberechtigungen
- Pflege der Datenbasis (Löschen nicht mehr erforderliche Daten → etwa bei Entfall des Zwecks wie Beendigung des Falls)
- Aufrechterhaltung bzw. Wiederherstellung eines gültigen und konsistenten Datenbestandes (offensichtlich unrichtige Daten sperren, Widersprüche erkennen und Maßnahmen ergreifen, etc.)

Diese Tätigkeiten erfordern die Sicherstellung der Verbindlichkeit und setzen eine medizinisch-fachliche Qualifikation voraus. Für die Konzeption der VM-Plattform wurde für den weiteren Verlauf des Projekts und die Konzeption des Cookbooks ein Aktenmoderator vorausgesetzt.

13.3.3 Einsatz der EFA

Das entscheidende Konzept bei der EFA ist die gebundene Lebensdauer an einen medizinischen Fall eines Patienten. Diese klare Zweckbindung der EFA und der mit dem Fall einhergehende definierte Kreis von Behandlern und Mitbehandlern mit Zugriff auf die Akte, sind die wesentlichen Unterschiede zu anderen Standards und Konzepten.

Die Fallakte ist so definiert, dass sie für indikationsbezogene Versorgungskonzepte geeignet ist, bei denen der Fallbezug implizit klar ist. In einen Versorgungskonzept in der Onkologie kann bspw. durch Abgrenzung der medizinischen Voraussetzungen ein Datenset von Akteninhalten, durch die Kontrolle der in die Behandlung eingebundenen Ärzte, bestimmt werden. Die Indikation für die Akte lässt auch eine klare Definition eines Behandlerkreises zu und schränkt somit den Zugriff auf die Inhalte ein. Die EFA ist durch die Zweckbindung und die daraus resultierende klare Regelung von Zugriffen aus Sicht von Datenschutz und Datensicherheit anerkannt (ZTG 2011). Bei Betrachtung von Versorgungskonzepten, die nicht über den Datenaustausch zu einem Fall hinausgehen, ist ein fallbezogener Austausch durch die EFA ausreichend. Für die Konsultation im Kontext der Teleradiologie bspw. erstellt der Arzt/die Ärztin einen Befund i. d. R. auf Basis von fallbezogenen Anforderungen und Bildern (Böckmann 2010). Für den Einsatz der EFA in Versorgungskonzepten, deren Indikation die Speicherung von Inhalten über die Laufzeit eines medizinischen Falls hinaus indiziert, reicht die EFA nicht aus. Langfristige Fallverläufe können zwar mit der EFA abgebildet werden, sobald aber nicht direkt fallrelevante Informationen für die Versorgung erforderlich sind, können diese auch nicht über die EFA zur Verfügung gestellt werden. Die dauerhafte Speicherung der Daten obliegt ausschließlich den Primärsystemen. Beispielsweise kann für eine umfangreiche Diagnostik von onkologischen Erkrankungen die Patientenhistorie von entscheidender Bedeutung sein. In solchen Fällen müssen fallübergreifend Informationen zur Verfügung gestellt werden können.

Weiter definiert die EFA nicht, wie eine onkologische Akte strukturiert sein muss, um die Anforderungen an ein intersektorales und interprofessionelles Versorgungsmanagement abzudecken.

Zusammenfassend folgt daraus, dass die EFA aufgrund ihrer Definitionen für die fallbezogene Kommunikation datenschutzrechtlich unbedenklich und die Integrationshürde zu den Primärsystemen verhältnismäßig gering ist. Da in der Onkologie durchgängig eine intersektorale und interprofessionelle Versorgungssteuerung auf Leitlinienbasis erforderlich ist, wird ein prozessorientierter fallübergreifender Ansatz zusätzlich benötigt, der mit der hier vorgestellten Architektur beschrieben wird. Die EFA wird dabei gemäß ihrer Zweckbestimmung hinsichtlich eines fallbezogenen Datenaustauschs als Kommunikationsdrehscheibe zwischen der Versorgungsmanagementplattform und den Primärsystemen eingesetzt.

13.3.4 Datenmodell

Die zu modellierende Akte sollte auf den Prozessen der fallorientierten Dokumentation basieren und auf Referenzmodellen des internationalen Kommunikations- und Datenmodellstandards HL7-V3 aufbauen. Die Dokumentation fokussiert die Formulierung von Befunden und Dokumenten eines Patienten oder einer Patientin und stellt somit für alle beteiligten Parteien der Patientenbehandlung einen direkten Überblick über die Ergebnisse der Behandlungen dar.

HL7 ist der weltweit am meisten verbreitete Standard zum Austausch elektronischer Gesundheitsinformationen und stellt durch standardisierte Referenzmodelle und Schnittstellen die Voraussetzung für eine intersektorale Kommunikation bereit (Hinchley 2007). Aus einer Erhebung zu elektronischen Gesundheitsakten-Architekturen in Europa erzielte HL7 neben dem Kommunikationsstandard DICOM und dem IHE-Profil XDS höchste Resultate als Standard und technisches Rahmenwerk zur Realisierung einer elektronischen Gesundheitsakte (Vogl et al. 2009).

HL7 Modelle in der Version 3 leiten sich alle aus dem generischen Reference Information Model (RIM) ab. Dieses stellt lediglich sechs Basisklassen zur Verfügung, über die alle Anforderungsanalyse Objekte, Attribute und Relationen für die Akteure, Aktivitäten sowie Informationsinhalte aller im Gesundheitswesen denkbaren Szenarien spezifiziert werden können. Für konkrete Anwendungsszenarien sind somit die generischen Klassen zu spezialisieren und auszugestalten. Die Objektmodelle von HL7 V3 können demzufolge für die Strukturierung und Definition der Informationen des Datenmodells dienen und so die Grundlage für die Erfassung und Kommunikation der administrativen

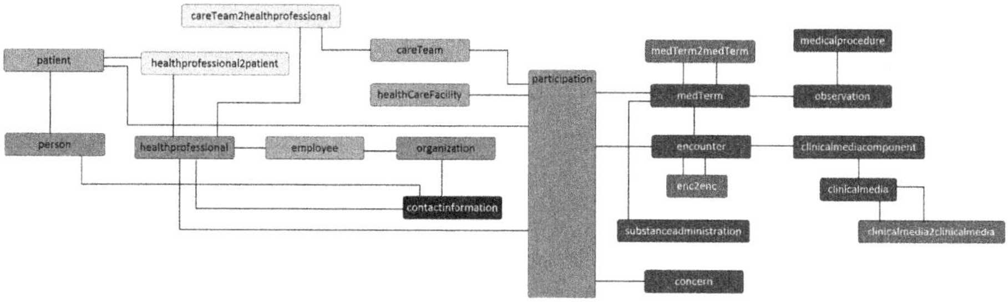

Abb. 13.4 Auszug aus der Gliederung des Datenmodells in Entitäten/Rollen – Participations – Acts/Act-Relationships

und medizinischen Daten liefern. Durch die funktionale Interoperabilität (Top-Down-Design) von HL7 V3 ist der Standard abwärtskompatibel zu der weit verbreiteten Vorgängerversion 2.x (Hinchley 2007). Allein in Deutschland ist eine mehr als dreistellige Zahl von Kommunikationsservern auf HL7 Version 2.x im Einsatz (Victor et al. 2006). Diese Kompatibilität ist eine wichtige Voraussetzung zur Akzeptanz sowie Integration und Kommunikation mit den neu entstehenden eEPA-Konzepten.

In Folge des hohen Vernetzungsgrads in Versorgungskonzepten müssen international verständliche und standardisierte Ordnungs-, Begriffs- und Klassifikationssysteme wie z. B. LOINC und ICD mit der Akte kompatibel und verwendbar sein. Dadurch wird eine eindeutige und sektorübergreifende Klassifikation medizinischer Fachtermini gewährleistet. Unter der Anwendung eines OID[1]-Konzepts, muss ein weltweit etabliertes und verwendetes System zur eindeutigen Identifikation von Objekten eingesetzt werden, um einen standardisierten und effizienten Austausch von Gesundheitsinformationen zwischen institutionsübergreifenden Einrichtungen zu ermöglichen.

Aufbau Datenmodell

Das Datenmodell ist grundsätzlich nach dem Prinzip des RIMs aufgebaut. Wesentliche von HL7 V3 vorgeschriebene Attribute sind die structural attributes (dt.: Beschreibungsmerkmale). Die im Datenmodell grün gekennzeichneten Klassen repräsentieren die Entitäten. Diese Entitäten können durch die gelb gekennzeichneten Klassen (Rollen) eingenommen werden. Dieser Teil entspricht der Person/Location Administration. Um alle Arten von medizinischen Aktivitäten (Act) zu repräsentieren, dienen die rot eingefärbten Klassen, die selbst wiederum durch Beziehungen in Verbindung stehen können (orangene Klassen, Act-Relationship). Alle med. Aktivitäten können über die eine hellblaue Klasse Participation mit Rollen bzw. letztendlich mit Entitäten in Verbindung gesetzt werden. Die dunkelblauen Klassen bilden administrative Elemente wie Adressen o. ä. ab und sind nicht direkt aus dem RIM abgeleitet. Somit ergibt sich der in Abb. 13.4 dargestellte Auszug des grundlegenden Datenmodells.

[1]Object Identifier

13.4 Datenschutzkonzept

Ein Datenschutzkonzept muss immer individuell auf das jeweilige Vorhaben abgestimmt sein und gehört zu jeder Implementierung, die den digitalen Austausch und die digitale Verarbeitung personenbezogener Daten vorsieht. Aus der Erfahrung heraus ist es sinnvoll, die Datenschutzbeauftragten frühzeitig in solche Projekte einzubinden. Im Rahmen des Forschungsprojekts VOV wurde anhand der Konzeption der VM-Plattform und der Beschreibung exemplarischer Prozesse ein Strukturkonzept erarbeitet, das als Grundlage für ein individuelles Datenschutzkonzept zur Umsetzung einer VOV-Plattform dienen kann.

Bei Datenverarbeitungsverfahren (hier: Plattform der VOV) ist vor ihrem Einsatz die Umsetzung des Datenschutzes auszuarbeiten, um gleichzeitig sowohl die informationelle Selbstbestimmung der Betroffenen zu wahren als auch um den beabsichtigten fachlichen Zweck des Verfahrens (z. B. leitliniengerechtes Versorgungsmanagement, Durchführung onkologischer Konferenzen,…) in ausreichendem Maße zu erreichen.

Dabei stehen die Beschreibung des geplanten Datenverarbeitungsverfahrens mit seinen fachlichen Anforderungen (hier z. B. durch die in Expertengesprächen ermittelten Prozesse in den VOV), die Darstellung der datenschutzrechtlichen Rahmenbedingungen, also des materiell-rechtlichen Rahmens zum Datenschutz, sowie die im Anschluss aus diesen beiden Analysen folgende Ausarbeitung der spezifischen Datenschutzanforderungen konkret für das geplante Vorhaben im Vordergrund.

Abgeschlossen wird die Analyse mit einer Beschreibung des Verfahrens/der Verfahrensidee. Im Falle sehr kritischer Daten empfiehlt sich zusätzlich eine Bedrohungs- und Risikoanalyse, um konzeptionelle Risiken des Verfahrens/der Verfahrensidee identifizieren und beurteilen zu können.

Ausgehend von der oben dargestellten Vorgehensweise lässt sich folgende Gliederungsstruktur ableiten, die hier beispielhaft sein soll. Dabei stehen die Gliederungspunkte auch für leitende Fragestellungen, die sinnvollerweise in einem Datenschutzkonzept erörtert und beantwortet werden sollten:

1. Einleitung (Benennung des Datenverarbeitungsvorhabens)
2. Beschreibung des Vorhabens/der Lösung
    2.1. Ziele
    2.2. Zweckbestimmung der Datenerhebung, -verarbeitung oder -nutzung/Beschreibung des Vorhabens/der Lösung
    2.3. Akteurinnen/Akteure
    2.4. „betroffene“ Daten, z. B.
        2.4.1. Welche Daten werden verarbeitet inkl. Schutzniveau?
        2.4.2. Wie werden die Daten verarbeitet?
    2.5. Rechtsgrundlage der Speicherung/Verarbeitung
    2.6. Verantwortliche Stelle(n)

3. Datenschutzrechtliche Rahmenbedingungen
4. Datenschutzbezogene Anforderungen
    4.1. Erforderlichkeit
    4.2. Verhältnismäßigkeit (z. B. besondere Arten pers. bez. Daten, automatisierte Verarbeitung)
    4.3. Zweckbindung
    4.4. Wahrung der Vertraulichkeit
    4.5. Betroffenenrechte
    4.6. Aufbewahrungsfristen
    4.7. Aspekte aus Anlage zu § 9 Satz 1 BDSG
5. Vorgesehene/implementierte Datenschutzmechanismen, z. B.
    - Anonymisierung
    - Pseudonymisierung
    - Trennung von personenidentifizierenden Merkmalen
    - Verschlüsselung
    - Rollen- und Rechtekonzept für Datenzugriff
6. Konzeptuelle Risikobetrachtung

Dieses Konzept wird dann anschließend mit den entsprechenden Verantwortlichen für Datenschutz diskutiert und freigegeben.

13.5 Lösungsarchitektur

Das Lösungskonzept, welches in Abb. 13.5 abgebildet ist zeigt die Kombination der verschiedenen Komponenten sowie den Informationsaustausch zwischen diesen, um ein interdisziplinären Informationsaustausch für ein onkologisches Versorgungsnetz zu realisieren. Dabei steht die Versorgungsmanagement-Plattform im Mittelpunkt und kann durch verschiedene Informationssysteme, wie beispielsweise Krankenhausinformationssysteme, Arztpraxisinformationssysteme oder sonstigen Informationssystemen angesteuert werden. Die in diesen Informationssystemen erfassten Informationen können über einen parametrierbaren Link an die Versorgungsmanagement-Plattform weitergeleitet werden. Die Versorgungsmanagement-Plattform beinhaltet zusätzlich die generischen Bausteine des extrahierten Leitlinienwissens, welche für die Patientenbehandlung ebenfalls herangezogen werden können Abschn. 13.2.3. Für eine interdisziplinäre Patientenbehandlung ist der Informationsaustausch zwischen den einzelnen Leistungserbringers unumgänglich. Aus diesem Grund kann eine EFA an die Versorgungsmanagement-Plattform angebunden werden. Die Fallakte beinhaltet alle für die Behandlung relevanten Dokumente, welche zwischen den Akteuren z. B. im Rahmen einer Tumorkonferenz ausgetauscht werden können. Der Zugriff auf die EFA kann dabei nicht nur über die Versorgungsmanagement-Plattform, sondern auch direkt über das jeweilige Informationssystem erfolgen.

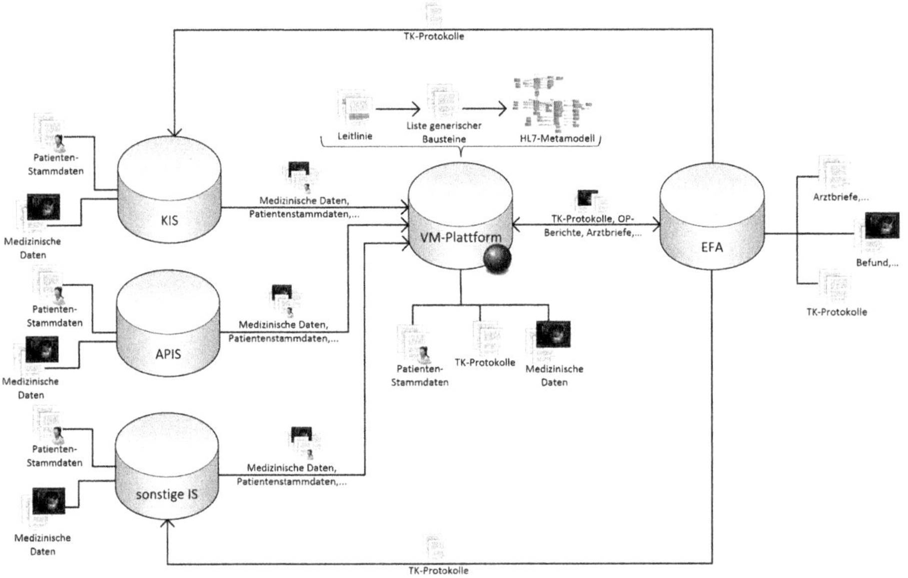

Abb. 13.5 Architekturkonzept Versorgungsmanagement-Plattform virtuelle onkologische Verbünde

13.5.1 Formalisierte Leitlinien

Um das Leitlinienwissen innerhalb der Versorgungsmanagement-Plattform effizient nutzen zu können, müssen die entsprechenden Leitlinien im Vorfeld formalisiert werden. Diese wurde im Rahmen des Forschungsprojekts VOV mitHilfe des von an der Fachhochschule Dortmund entwickelten Tools „PathGuide“ durchgeführt, welches eine standardisierte Ableitung von Behandlungspfaden (Böckmann und Heiden 2013) ermöglicht. Die genaue Vorgehensweise zur Formalisierung der Leitlinien wurde bereits in Abschn. 13.2.3 beschrieben. Das Ergebnis dieser Formalisierung sind Prozessfragmente, die in der VM-Plattform als Basis zur Steuerung des Patienten genutzt werden.

13.5.2 Elektronische Fallakte

Im folgenden Kapitel werden die Umsetzungsempfehlungen und die Fragestellungen im Rahmen der Implementierung der EFA erläutert. Die Empfehlungen basieren auf den im Projekt VOV gesammelten Erfahrungen.

Rahmenbedingungen und Affinity Domain

Das Tumorzentrum sollte die Rahmenbedingungen für einen EFA-Betrieb in Form einer Affinity Domain zur Verfügung stellen. Innerhalb der Affinity Domain werden die

Rahmenbedingungen und Datenschutzerklärungen festgelegt. Dabei agiert das Tumorzentrum als Fallmanager und Aktenmoderator, der die angelegte elektronische Fallakte sperren, verwalten und schließen darf. Innerhalb der Affinity Domain muss dabei immer definiert sein, wer der Fallmanager ist. Alternativ zum Tumorzentrum können auch niedergelassene Ärzte und Ärztinnen als Fallmanager aktiv sein, wenn dies so definiert ist. Dabei können verschiedene Aufgaben, die nur durch den Fallmanager durchzuführen sind, delegiert werden. Bei einer Delegation müssen die „Spielregeln" vertraglich festgelegt werden, wer wann auf welche Daten zugreifen darf. Verantwortlichkeiten müssen klar festgelegt werden. Genaues Auditing ist bei diesem Vorgehen Pflicht. Auftragsdatenverarbeitung wird Datenschutzrechtlich akzeptiert, jedoch muss dabei darauf geachtet werden, dass die Schweigepflicht durch die Akteure nicht verletzt wird.

Zeitpunkt der Anlage der EFA

Eine EFA wird verwendet, wenn mehrere Einrichtungen oder Ärzte gemeinsam fallbezogen in die Behandlung des Patienten eingebunden sind. Zweck ist die Schaffung eines gemeinsamen Wissensstandes zur Koordination der gemeinsamen Behandlung des aktuellen Falles. Die Dokumentation in der EFA wird von Ärzten geführt. Jede der beteiligten Einrichtungen hat die Hoheit über die aus ihrer jeweiligen Behandlungsdokumentation in die einrichtungsübergreifende Dokumentation eingespeisten Informationsobjekte.

Option 1: Anlage der EFA durch den stationären Leistungserbringer

Eine Option ist, dass das Tumorzentrum als Fallmanager agiert, da erst durch die Untersuchungen innerhalb des Zentrums die gesicherte Indikation bestätigt werden kann. Aus diesem Grund sollte auch dort die EFA für den Patienten bzw. für die Patientin angelegt werden. Durch dieses Vorgehen ist das Tumorzentrum der Aktenmoderator und kann die Daten welche z. B. bei Tumorkonferenzen anfallen direkt in die EFA einstellen. So stehen diese Daten, über die Grenzen des Tumorzentrums, allen Mitbehandlern zur Verfügung. Die Patienteneinwilligung zur Erstellung einer EFA wird erst im Tumorzentrum durch den Patienten unterschrieben.

Der Nachteil bei dieser Option ist, dass die Daten, die durch den ambulanten Leistungserbringer anfallen, z. B. bei einer Voruntersuchung, erst dann dem stationären Leistungserbringer zur Verfügung stehen, sobald die EFA angelegt wurde. Diese Daten müssten dann durch den ambulanten Leistungserbringer in die Fallakte eingestellt werden, damit das Tumorzentrum diese einsehen kann

Option 2: Anlage der EFA durch den ambulanten Leistungserbringer

Damit Daten direkt zwischen allen Mitbehandlern ausgetauscht werden können, ist eine weitere Option, dass der niedergelassene Arzt bzw. die niedergelassene Ärztin bereits bei der Verdachtsindikation die EFA anlegt. Dadurch wäre der ambulante Leistungserbringer der Aktenmoderator und könnte alle Daten aus der ambulanten Voruntersuchung direkt in die EFA einstellen. Der Vorteil bei diesem Vorgehen ist, dass alle Daten direkt bei der

Erhebung in die EFA eingestellt werden können. So kann der stationäre Leistungserbringer auf alle Daten der Voruntersuchungen und ambulanten Dokumentation zugreifen. Die Patienteneinwilligung zur Erstellung einer EFA wird direkt bei dem ambulanten Leistungserbringer durch den Patienten unterschrieben.

Ein Nachteil dieser Option ist, dass evtl. Fallakten angelegt werden, die nicht für die weitere Behandlung benötigt werden, da sich die Indikation evtl. nicht bestätigt. Ein weiteres Problem ist, dass das Tumorzentrum nicht der Aktenmoderator der EFA ist, obwohl das Tumorzentrum maßgeblich die weitere Behandlung steuert. Eine Änderung des Tumorzentrums als Aktenmoderator wäre notwendig.

Vermeidung von Doppelanlagen einer EFA

Doppelanlage von Fallakten müssen durch die Affinity Domain vorgegeben werden. Eine Vergabe eines Kontexts wie z. B. „es darf nur eine EFA pro Indikation existieren" muss definiert werden.

13.5.3 VM-Plattform

Eine Versorgungsmanagementplattform für die Onkologie zeichnet sich dadurch aus, dass ein interdisziplinäres Team (Akteure) strukturierte Daten erfasst und austauscht. Um den Prozess im Rahmen der onkologischen Behandlung unterstützen zu können, muss abgegrenzt werden, welche Aufgaben eine VM-Plattform in der Onkologie übernehmen kann und welche Aufgaben in den Primärsystemen und der EFA liegen sollten.

Zugriffsmanagement/Benutzermanagement

Da während einer onkologischen Behandlung nicht nur die ärztliche Berufsgruppe auf Daten der Behandlung zugreifen müssen, sondern auch andere medizinische Fachkräfte und nicht medizinische Fachkräfte (z. B. Organisation der Tumorkonferenzen) reicht der Einsatz einer EFA für die intersektorale Kommunikation alleine nicht aus. Es ist notwendig, dass mehrere Mitglieder des onkologischen Verbundes ggf. mit abgestuften Zugriffsrechten auf Falldaten zugreifen können. Damit organisatorische und fachliche Unterstützung in den Prozessen erfolgen kann, sollte die VM-Plattform über ein Benutzermanagement und ein Rechtesystem verfügen, welches allen Akteuren erlaubt, im Rahmen Ihrer Zuständigkeit auf die Plattform und damit auf die berechtigten Fälle und Daten zuzugreifen.

Beispielprozess: Einweisung eines Patienten in ein Krankenhaus

Die Prüfung, ob alle Daten für eine Einweisung in ein Krankenhaus durch einen ambulanten Leistungserbringer dokumentiert wurden, kann z. B. durch ein Sekretariat durchgeführt werden. Hier können bereits organisatorische Prozesse geplant und durchgeführt werden, wie z. B. Terminierung von Untersuchungen im Krankenhaus. Dazu muss nicht auf die verschiedenen Dokumente der elektronischen Fallakte zugegriffen werden, sondern Checklisten und Daten zur Einweisung geprüft werden. Dies kann über eine VM-Plattform durchgeführt werden.

Strukturierte Dokumentation
Die strukturierte und formalisierte Erfassung von Daten zum Behandlungsfall und zum Patientenstamm sind eine der zentralen Aufgaben einer VM-Plattform. Dies ist die Basis für alle weiteren Prozessunterstützungen, Auswertungen, Wiederverwendbarkeit von Daten und Wissenskomponenten.

Beispielprozess: Dokumentation Tumorkonferenzprotokoll
Das Tumorkonferenzprotokoll mit den Konferenzteilnehmern und Empfehlungen der Tumorkonferenz kann direkt in der VM-Plattform erstellt werden. Das erstellte Formular kann von den Teilnehmern der Konferenz innerhalb der Plattform eingesehen werden. Sobald das Protokoll freigegeben wird, sollte es als strukturiertes Dokument in die EFA eingestellt werden, sodass es auch in den Primärsystemen zur Verfügung steht.

Prozesssteuerung
Eine zentrale Aufgabe der VM-Plattform ist die Prozesssteuerung, Kommunikation und Prozessunterstützung. Dies kann durch verschiedene Techniken realisiert werden.

Ein einfaches Beispiel für eine Prozessunterstützung ist eine indikationsabhängige Checkliste bei der Anmeldung von Patienten zur Tumorkonferenz. Die Checkliste prüft, ob alle Daten durch den ambulanten Leistungserbringer für die Anmeldung zu einer Tumorkonferenz eingegeben wurden. Dies gewährleistet, dass der Fall korrekt und vollständig während der Tumorkonferenz bearbeitet wird. Welche Inhalte verpflichtend sind und wie diese Checklisten und Prozessunterstützungen aussehen sollen, muss der Verbund individuell entscheiden.

Wissenskomponente
Die Wissenskomponenten im Sinne der formalisierten Leitlinie werden in die Plattform in Form eines Versorgungspfads integriert. Der große Vorteil der Integration dieser Komponenten in die Versorgungsmanagementplattform ist, dass eine VM-Plattform über die Einrichtungsgrenzen hinweg zur Verfügung steht und somit eine einrichtungsübergreifende leitlinienbasierte Behandlung gewährleistet werden kann.

Zum Beispiel können diagnoseabhängige Maßnahmenlisten generiert werden, die laut Leitlinie am und mit dem Patienten bzw. der Patientin durchgeführt werden sollten. Die Dokumentation dieser Maßnahmen kann innerhalb der Plattform dokumentiert werden.

13.6 Fallbeispiel

Die Funktionsweise der konzipierten VM-Plattform zur leitliniengerechten Versorgung und Steuerung von Patienten wird in diesem Abschnitt anhand eines Fallbeispiels erläutert.

Dabei zeigt Abb. 13.6 den Gesamtzusammenhang auf.

Zoe Vierstein (34 Jahre) (alle Namen sind frei erfunden) entdeckt morgens unter der Dusche eine Verhärtung in der rechten Brust. Sie vereinbart gleich einen Termin bei

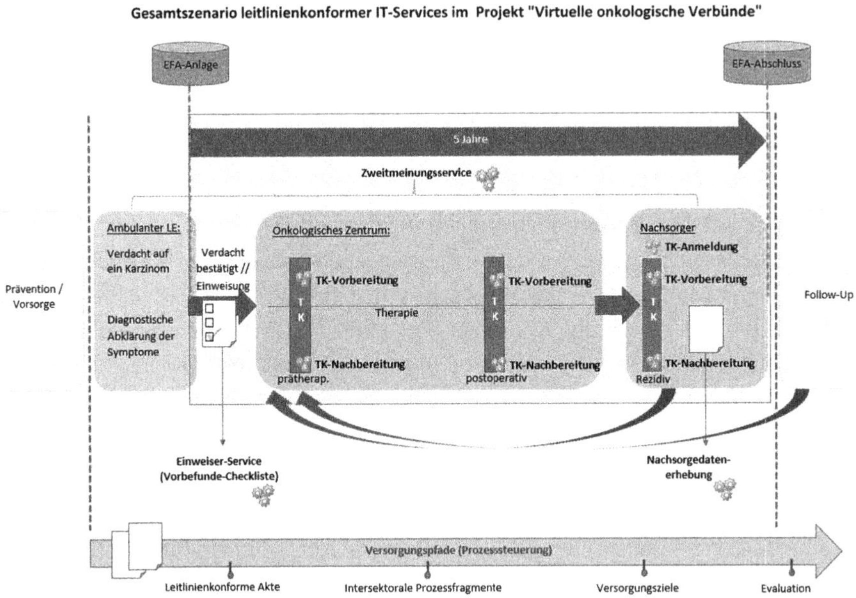

Abb. 13.6 Gesamtszenario IT-Services

Basisdiagnostik laut Leitlinie	
Empfehlungsgrad **A**	Laut Leitlinie gelten als notwendige Basisuntersuchungen : - klinische Brustuntersuchung: Inspektion, Palpation von Brust und Lymphabflussgebieten - Mammographie - Ultraschall Ergibt die klinische Brustuntersuchung einen auffalligen Befund, soll die Diagnostik durch bildgebende Verfahren und ggf. eine histologische Untersuchung komplettiert werden.
Level of Evidence **1a**	(NICE 2009b; NZGG 2009)

Abb. 13.7 Ausschnitt der S3-Leitlinie „Basisdiagnostik“. (AWMF 2015)

ihrem Gynäkologen Dr. Markus Winter für den nächsten Tag. Dieser führt nach einer Anamnese im Rahmen der Basisdiagnostik leitlinienkonform (siehe Abb. 13.7) eine klinische Untersuchung der Brust (Inspektion, Palpation) sowie auf Grund des jungen Alters der Patientin eine Sonografie als bildgebende Methode durch.

Nach Abschluss der Untersuchungen sowie der Auswertung der Ergebnisse äußert Dr. Winter den Verdacht „Mamma CA im oberen äußeren Quadranten der rechten

Brust". Die in dieser ambulanten Behandlung anfallenden Daten, wie beispielsweise Patientenstammdaten, Sonografiebefunde sowie Anamnesedaten und Arztbriefe erfasst Dr. Winter anschließend in seinem Arztpraxisverwaltungssystem (APIS). Zusätzlich legt er für die Patientin eine EFA für diese Verdachtsdiagnose an und fügt alle wichtigen Behandlungsinformationen hinzu. Das Anlegen der Fallakte kann dabei über die Versorgungsmanagement-Plattform realisiert werden, welche an die EFA angeschlossen ist. Die mitbehandelnden Institutionen werden per Mail über das Anlegen der Fallakte sowie die Ablage der entsprechenden Dokumente informiert. Dieser Workflow sowie die entsprechenden anfallenden Daten sind in Abb. 13.8 dargestellt.

Um jedoch diese Verdachtsdiagnose eindeutig bestätigen zu können, überweist Dr. Markus Winter Frau Vierstein an das Elisabeth Krankenhaus mit zertifiziertem Brustzentrum zur weiteren Diagnostik (siehe Abb. 13.8). Zur Vorbereitung kann die dort diensthabende Ärztin Dr. Lisa Sommer sich im Vorfeld die entsprechenden Patienteninformationen zu diesem Fall, über die sie im Vorfeld per Mail informiert wurde, innerhalb

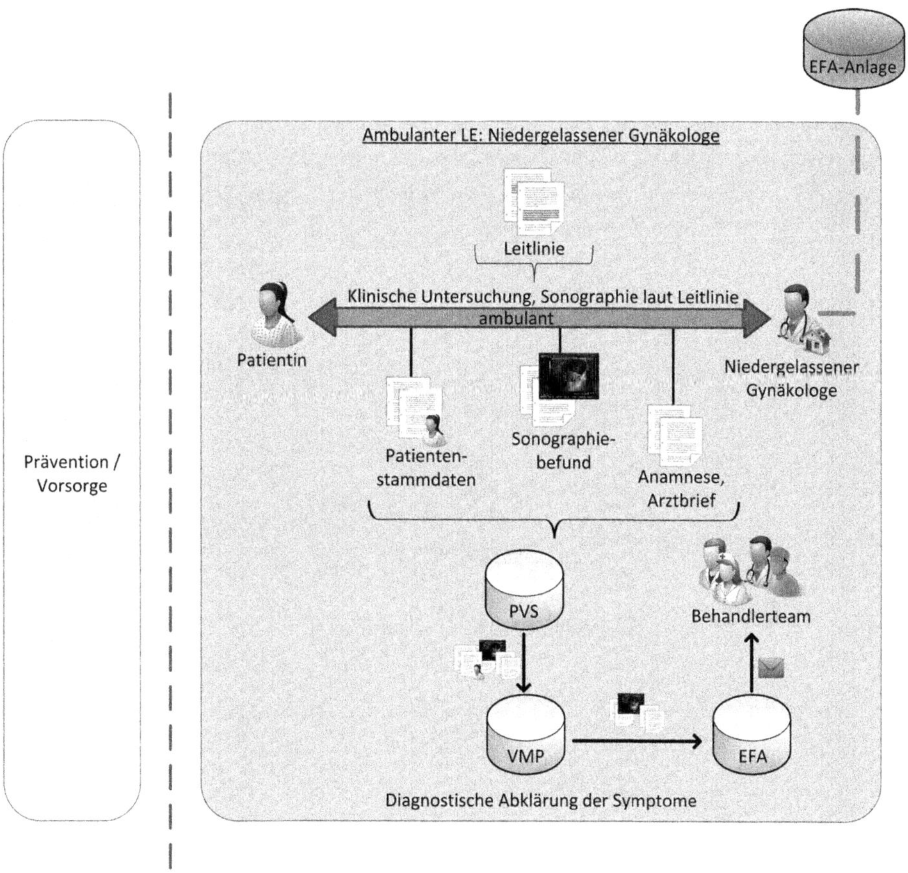

Abb. 13.8 Diagnostische Abklärung der Symptome durch den ambulanten Leistungserbringer

der EFA anzeigen lassen. Diese kann mithilfe der Versorgungsmanagement-Plattform aufgerufen werden.

Im Rahmen einer ambulanten Behandlung zur leitlinienkonformen Sicherung der Diagnose wird mit der Patientin eine ultraschallgesteuerte Stanzbiopsie durchgeführt.

Nach Auswertung der pathologischen Befunde und der Besprechung dieser Ergebnisse im Rahmen einer interdisziplinären Tumorkonferenz kann die Diagnose „Mamma CA im oberen äußeren Quadranten der rechten Brust“ bestätigt und eine Therapieempfehlung für Frau Vierstein ausgesprochen werden. Anschließend kann das Tumorkonferenz-Protokoll mitHilfe der Versorgungsmanagement-Plattform erstellt werden. Ebenso werden die Ergebnisse der Untersuchung, wie Biopsie-Befunde, OP-Berichte und Patienteneinwilligungen in der EFA abgelegt (vgl. Abb. 13.9).

Aufgrund der Therapieempfehlungen wird die Patientin Frau Vierstein am nächsten Tag stationär im Elisabeth Krankenhaus aufgenommen. Das behandelnde Ärzteteam, bestehend aus einer Gynäkologin sowie einem Onkologen, schlägt Frau Vierstein laut Leitlinie (vgl. Abb. 13.10) eine Mastektomie mit anschließender Bestrahlungstherapie vor. Zusätzlich wird, um eventuell bestehende Metastasen zu bekämpfen, die Durchführung einer Chemotherapie empfohlen.

Nach Durchführung der Operation werden ebenfalls alle Ergebnisse sowie entstandenen Dokumente innerhalb der EFA abgelegt und können so zur Besprechung der interdisziplinären post-operativen Tumorkonferenz herangezogen werden.

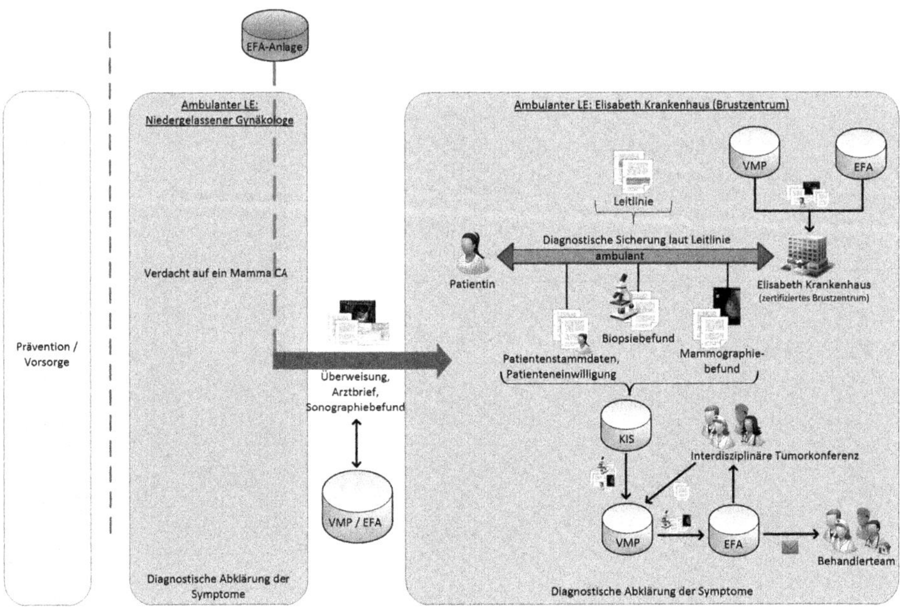

Abb. 13.9 Diagnostische Sicherung durch einen ambulanten Leistungserbringer

Therapieentscheidung und Optionen laut Leitlinie

Für die benignen und prakanzerosen Lasionen existieren lokale Behandlungskonzepte. Die Therapieentscheidung bzw. -empfehlung ist im Rahmen der interdisziplinaren Tumorkonferenz zu treffen. Das radiologische Ausmas der zu exzidierenden Lasionen, die histopathologischen und die anamnestischen Informationen sowie der personliche Wunsch der Patientin sind die Basis der Entscheidung uber die Therapie bzw. Nachkontrollen (Albert, US et al. 2008).
Die Therapieoptionen umfassen die therapeutische Exzision nach vorhergehender interventioneller radiologischer Diagnostik, die therapeutische Nachresektion nach offener, diagnostischer Exzision, die postoperative Radiotherapie und die medikamentose Therapie. Operative Optionen sind brusterhaltende und ablative Verfahren, ggf. in Kombination mit der Sentinel-Lymphknotenbiopsie und primaren oder sekundaren plastisch rekonstruktiven Eingriffen.

Abb. 13.10 Ausschnitt aus der S3-Leitlinie „Therapieentscheidung und Optionen"

13.7 Bewertung

Da das hier vorgestellte Konzept einer auf der EFA basierenden VM-Plattform im Rahmen des Forschungsprojekts nicht in einem realen onkologischen Zentrum vollständig realisiert und umgesetzt werden konnte, fand die Evaluation in Form von Interviews mit denjenigen Experten und Expertinnen statt, die auch für die Anforderungen befragt wurden.

Auf Basis der prototypischen Implementierung wurden Mock-Ups und Benutzeroberflächen entwickelt, die im Rahmen von persönlichen Besuchen und/oder Webkonferenzen besprochen wurden. Die in der Anforderungsanalyse als am dringlichsten bezeichneten Workflows rund um die Tumorkonferenz standen dabei im Mittelpunkt. Die Rückkopplung mit den Experten und Expertinnen zeigte, dass eine VM-Plattform, die über den patientenbezogenen Datenaustausch auch die organisatorischen und medizinischen Prozesse in integrierter Form unterstützt, der richtige Weg ist. Die Herangehensweise, im ersten Schritt die Leitlinien zu formalisieren und zur inhaltlichen Grundlage der Prozesse zu machen, wurde besonders positiv bewertet. Alle befragten Expertinnen und Experten bezeichneten die tatsächliche Berücksichtigung von Leitlinien in der täglichen Praxis spätestens dann als problematisch, wenn der Patient oder die Patientin die Klinik verlässt. An den Schnittstellen zwischen dem ambulanten und stationären Betrieb werden die größten Defizite verortet.

Im Verlauf des Projekts hat sich aber auch gezeigt, dass die Notwendigkeit, das Thema der IT-Unterstützung strategisch und ganzheitlich anzugehen, oft nicht gesehen wird oder die entsprechenden Ressourcen nicht vorhanden sind. So beklagen viele Anwender die momentan notwendige redundante Erfassung von Informationen in verschiedenen IT-Systemen ebenso wie die aus medizinischer Sicht unzureichende Unterstützung in Form von Wissen, das z. B. aus Leitlinien zur Verfügung gestellt wird. Der Fokus liegt in der Regel auf Systemen, die für eine Zertifizierung notwendige Dokumentation abdecken, nicht auf prozess- und wissensbasierter Konzeption.

Eine VM-Plattform, wie sie hier beschrieben ist, können Kliniken am Markt nicht fertig erwerben. Mehrere einzelne Komponenten müssen ausgewählt werden, die zusammenwirken und über Schnittstellen verbunden werden. Welche Systeme hier passen, hängt von den vorhandenen IT-Systemen in der Klinik und bei den kooperierenden Einrichtungen ebenso ab wie von den Anforderungen. Ein Datenschutzkonzept ist zu erstellen und umzusetzen. Diese Schritte erfordern Planung und Zeit, sodass der einzig sinnvolle Weg in eine Realisierung über eine Aufnahme des Themas im Rahmen einer eHealth-Strategie einer Klinik führt.

13.8 Schlussbetrachtung

Es wurde ein Konzept zum Aufbau einer VM-Plattform zur Unterstützung leitliniengerechter Versorgung in der Onkologie vorgestellt. Anhand konkreter Anwendungsbeispiele und Use Cases wurde gezeigt, dass eine solche integrierte IT-Unterstützung von Dokumentation, Datenaustausch und Prozessen großen Zuspruch bei onkologischen Zentren erfährt. Es bleibt abzuwarten, ob solche Lösungen von Krankenhäusern in Zukunft vermehrt implementiert werden. Die Akzeptanz wäre sicher gegeben, da die neue Generation, die mit dem technischen Fortschritt groß geworden ist, den Technikeinsatz größtenteils als Selbstverständlichkeit betrachtet und gleichzeitig auch die politischen Vorgaben stark in Richtung Qualitätsmanagement und intersektorale Kommunikation ausgerichtet sind. Eine zentrale Rolle in der Umsetzung spielt ein fundiertes Datenschutzkonzept und eine initiale Erfassung der konkreten Anforderungen und Voraussetzungen.

Dem steht die chronische Unterfinanzierung in Krankenhäusern gegenüber, die oft nur 1–2 % ihres Budgets in Informationstechnologie investieren. Die prozessorientierte Vernetzung des Krankenhauses in angrenzende Sektoren ist oft noch nicht Bestandteil einer IT-Strategie der Einrichtungen, sondern bestenfalls Inhalt einzelner Pilotprojekte. Hier muss die strategische Kompetenz in den IT-Abteilungen, aber auch der Leitungsebene gestärkt werden, sodass auch eHealth Bestandteil der strategischen Entwicklung und Ausrichtung wird. Die Onkologie kann dabei aufgrund ihrer Komplexität, aber auch der starken Verankerung in Fachgesellschaften und Leitlinien eine Vorreiterrolle übernehmen.

Literatur

Amelung VE (2004) Managed Care – Neue Wege im Gesundheitsmanagement, Vergütungssysteme, 5. Aufl. Gabler, Wiesbaden, S 174–194

AWMF (2015) Arbeitsgemeinschaft der Wissenschaftlichen Medizinischen Fachgesellschaften e. V. http://leitlinienprogramm-onkologie.de/Informationen-zum-Leitlinienprogramm.32.0.html. Zugegriffen: 30. März 2016

Böckmann B (2010) IT Unterstützung für transsektorale Behandlungspfade – Möglichkeiten und Grenzen unter Einbeziehung von Erfahrungen im Gesundheitsnetz Prosper. In: Hellmann W, Eble S (Hrsg) Ambulante und Sektor übergreifende Behandlungspfade, 1. Aufl. Medizinisch Wissenschaftliche Verlagsgesellschaft (MWV), Berlin, S 197–209

Böckmann B, Heiden K (2013) Extracting and transforming clinical guidelines into pathway models for different hospital information systems. Health Information Science and Systems 2013. http://hissjournal.biomedcentral.com/articles/10.1186/2047-2501-1-13. Zugegriffen: 30. März 2016

Caumanns J (2007) Gesundheit. In: Beck R, Caumanns J, Großmann J, Meissen U, Schiller J, Schulz SE, Wollina M (Hrsg) IT und Internet als kritische Infrastruktur. Lorenz-von-Stein-Institut für Verwaltungswissenschaften, Kiel, S 42–44

DKG (2015) Deutsche Krebsgesellschaft. http://www.krebsgesellschaft.de/deutsche-krebsgesellschaft/leitlinien/leitlinienprogramm-onkologie.html. Zugegriffen: 30. März 2016

Fachhochschule Dortmund (2015) „COOKBOOK" Virtuelle onkologische Verbünde. http://www.fh-dortmund.de/de/fb/4/personen/lehr/boeckmann/medien/VOV_Cookbook_09.pdf. Zugegriffen: 30. März 2016

Fallakte (2011) Verein elektronische FallAkte e. V. http://www.fallakte.de/. Zugegriffen: 30. März 2016

Frommelt P (2010) Vom klinischen zum therapeutischen Milieu. In: Lösslein H (Hrsg) NeuroRehabilitation: Ein Praxisbuch für interdisziplinäre Teams. Springer, Berlin, S 14–16

Güssow J (2007) Potenzial prozessorientierter Organisationsstrukturen im Gesundheitswesen. In: Braun GE, Selbmann HK (Hrsg) Disease Management und Gesundheitsförderung im therapeutischen Prozess im Akutkrankenhaus. DUV, Wiesbaden, S 70–93

Haas P (2006) Gesundheitstelematik: Grundlagen, Anwendungen, Potenziale, Domänenontologie und Datenschema. Springer, Berlin, S 445

Härtel J (2012) Patientenzentriertes Versorgungsmanagement. In: Härtel J (Hrsg) Disease Management Programme, Schriftenreihe Versorgungsforschung. eRelation AG – Content in Health, Bonn, S 285–289

Heiden K, Böckmann B (2015) Identifikation und Evaluation von generischen Templates zur semantischen Ableitung von Wissen aus medizinischen Leitlinien. German Medical Science GMS Publishing House, Düsseldorf, S 214

Hinchley A (2007) Understanding HL7 series, understanding Version 3: a primer on the HL7 version 3 healthcare interoperability standard – normative edition. Mönch Publishing, München

Jacobs S (2005) Managed Care und integrierte Versorgung in den USA – Erfahrungen und Lehren für die Diskussion in Deutschland, Managed Care Instrumente. GRIN Verlag GmbH, Norderstedt, S 4–6

Krebsgesellschaft (2015) Deutsche Krebsgesellschaft. http://www.krebsgesellschaft.de/deutsche-krebsgesellschaft/zertifizierung/zentrumssuche.html. Zugegriffen: 30. März 2016

Laag (2013) Zwischen Kollektivsystem und Pay For Performance: Das BraVo Kennzahlensystem der BARMER GEK für Arztnetze. http://presse.barmer-gek.de/barmer/web/Portale/Presseportal/Subportal/Infothek/Studien-und-Reports/Publikationsreihe-Gesundheitswesen-aktuell/Gesundheitswesen-aktuell-2013/Gesundheitswesen-aktuell-2013-Pankratz-Arztnetze,property=Data.pdf. Zugegriffen: 30. März 2016

Neuhaus PJ, Wittekind CF (2007) Klassifikation maligner Tumoren des Gastrointestinaltrakts II, Minimaldokumentation. Springer, Berlin, S 77

RKI (2015) Robert Koch Institut (RKI) – Gesellschaft der epidemiologischen Krebsregister in Deutschland e. V. http://www.krebsdaten.de/Krebs/DE/Content/Publikationen/Krebs_in_Deutschland/kid_2015/krebs_in_deutschland_2015.pdf?__blob=publicationFile. Zugegriffen: 30. März 2016

Rüschmann HH, Roth A, Krauss C (2000) Vernetzte Praxen auf dem Weg zu managed care, Zielsetzung und Erfolgskriterien. Springer, Berlin, S 13

Szecsenyi (2003) Qualität greifbarer machen: Qualitätsindikatoren der AOK für Ärztenetze. Zeitschrift für Managed Care and Care Management 6(1):18–20

Victor F, Bärwolff H, Hüsken V (2006) IT-Systeme in der Medizin: IT-Entscheidungshilfen für den Medizinbereich: Konzepte, Standards und optimierte Prozesse, Web-Technologien in der Medizin. Vieweg+Teubner, Wiesbaden, S 67–96

Vogl R, Laucher C, Penz R, Schirmer PS, Schabetsberger T, Ammenwerth E (2009) Eine Erhebung zu elektronischen Gesundheitsakten-Architekturen in Europa. In: Semler SC, Steyer G (Hrsg) Telemedizinführer Deutschland – Tagungsband 2007. AKA Verlag, Heidelberg, S 15–25

Weatherly JN (2007) Leuchtturmprojekte Integrierte Versorgung und Medizinische Versorgungszentren – Innovative Modelle der Praxis. In: Weatherly JN, Seiler R, Meyer-Lutterloh K, Schmid E, Lägel RE, Amelung VE (Hrsg) Schriftenreihe des Bundesverbandes Managed Care. Medizinisch Wissenschaftliche Verlagsgesellschaft (MWV), Berlin, S 11–15

ZTG (2011) Elektronische Akten im Gesundheitswesen: Nutzen, Ausprägungen und Datenschutz: Ergebnisse des bundesweiten Arbeitskreises EPA/EFA. Zentrum für Telematik im Gesundheitswesen (ZTG), Bochum

Über die Autor

Prof. Dr. Britta Böckmann ist seit dem 1.3.2006 als Professorin für Medizinische Informatik an der Fachhochschule Dortmund tätig. Ihre Forschungsschwerpunkte sind Telemedizin und Telematik, digitales Versorgungsmanagement für integrierte Versorgung und transsektorale Behandlungspfade. Vor der Berufung war sie bis Februar 2006 als Vorstandsmitglied von TietoEnator für Vertrieb und Marketing im Gesundheitswesen verantwortlich. In dieser Rolle gestaltete sie insbesondere die Innovationen in der Produktentwicklung mit, aber auch die Entwicklung einer Marktstrategie im Rahmen von Akquisitionen und Mergern. Bis 2001 war Frau Böckmann bei PriceWaterhouseCoopers als Senior Managerin in der Beratung verantwortlich für Organisationsentwicklung und IT-Strategie im Gesundheitswesen. Zurzeit ist Britta Böckmann zusätzlich in folgenden Funktionen tätig: Vorsitzende des wissenschaftlichen Beirats der DGTelemed, Leiterin der AG Telemedizin der GMDS, Leiterin der Arbeitsgruppe med. Informatik am Institut für med. Informatik, Epidemiologie und Biometrie der Universität Duisburg-Essen.

Individualisierung durch Digitalisierung am Beispiel der stationären Pflegeversorgung – Organisations- und informationsökonomische Aspekte

14

Michael Schneider, Jürgen Besser und Jürgen Zerth

Zusammenfassung

Immer mehr Ältere werden zukünftig von immer weniger informell und professionell Pflegenden versorgt werden müssen. In anderen Branchen gehören intelligente technische Systeme längst zum Alltag. Im Bereich der (stationären) Pflege steht diese Entwicklung noch am Anfang. Gleichzeitig werden hohe Erwartungen an den Technikeinsatz in der pflegerischen Versorgung gestellt. Der folgende Beitrag versucht im Versorgungskontext der stationären Pflege systematisch Ansatzpunkte einer am Wertschöpfungsprozess orientierten Digitalisierung des Pflegeprozesses zu identifizieren und die Folgen für den Pflegeprozess zu analysieren. Der Beitrag endet mit Praxisbeispielen und den Herausforderungen, denen die Digitalisierung der (stationären) Pflege gegenübersteht.

M. Schneider (✉) · J. Besser · J. Zerth
International Dialog College and Research Institute (IDC), Wilhelm Löhe Hochschule für angewandte Wissenschaften, Fürth, Deutschland
E-Mail: michael.schneider@wlh-fuerth.de

J. Besser
E-Mail: juergen.besser@wlh-fuerth.de

J. Zerth
E-Mail: juergen.zerth@wlh-fuerth.de

M.A. Pfannstiel et al. (Hrsg.), *Digitale Transformation von Dienstleistungen im Gesundheitswesen II,* DOI 10.1007/978-3-658-12393-2_14

Inhaltsverzeichnis

14.1 Herausforderungen an die (stationäre) Pflege

Die Situation stationärer Pflegeeinrichtungen ist gegenwärtig von einem Mix unterschiedlicher Herausforderungen gekennzeichnet. Kurz gefasst sind fünf Themenkomplexe zu identifizieren, mit denen Anbieter von Langzeitpflege konfrontiert sind:

1. Pflege im Sinne von Langzeitpflege befindet sich in den meisten industriellen Ländern in einem Kontext eines „Quasi-Marktes" (vgl. Winkelmann et al. 2014). Die Nachfrage nach Versorgungsangeboten muss sich zwischen Angeboten professioneller Pflegeanbieter einerseits und der Selbstproduktion durch den Einzelnen bzw. dessen sozialem Netzwerk andererseits entscheiden. Gleichzeitig sind die Anbieter Teil eines regulierten Wettbewerbsmodells, in dem diese direkt mit einer Vielzahl an Konkurrenten um Vertragsabschlüsse mit den Nachfragern konkurrieren, Kostenträger allgemein oder Krankenversicherungen im Speziellen aber keine steuernde Rolle einnehmen (vgl. etwa Bode et al. 2011).
2. Langzeitpflege sieht sich einer veränderten soziodemografischen Struktur der Nachfrager ausgesetzt, einerseits werden die typischen Nutzer von Pflegeangeboten durchschnittlich älter, andererseits verschwimmen Aspekte von Versorgung und medizinischer Betreuung im Kontext altersbezogener Krankheitsbilder, da durch den Bedeutungsgewinn chronischer Erkrankungsmuster die funktionellen und gesundheitlichen Einbußen der Bewohner stationärer Pflegeeinrichtungen zunehmen (vgl. etwa Kleina und Horn 2015). Ein Blick auf die stationäre Pflege macht beispielsweise deutlich, dass fast jeder zweite Gepflegte pro Jahr einen Krankenhausaufenthalt zu verzeichnen hat, diese Pflegebedürftigen selbst wieder mit 1,9 Fällen je Patient pro Jahr im Krankenhaus (vgl. dazu explizit Schwinger et al. 2016, S. 302–304).

3. Mit der Veränderung des gerade beschriebenen Case-Mixes an Pflegebedarfen entwickelt sich parallel der Care-Mix sowohl zwischen den professionellen Pflegenden (formale Pflege) und den ehrenamtlich Pflegenden (informelle Pflege) weiter aus (vgl. Görres et al. 2016). Die wachsende Komplexität und Fallschwere gerade in der Langzeitpflege macht die Bedeutung von Kompetenzzuwachs im Care-Mix in unterschiedlichen Untersuchungen deutlich. Es lässt sich ein zunehmend ein Zusammenhang zwischen Pflegequalität und dem Qualitätsniveau der Pflegekräfte ableiten, was im Hinblick auf die Wechselwirkungen zwischen Gepflegten im stationären Kontext und Krankenhausaufenthalte (vgl. 3) die Bedeutung einer qualitativ hochwertigen Versorgung im Zeitverlauf verdeutlicht (vgl. Görres et al. 2016, S. 11–12).
4. Die Abnahme informell (Töchterpflegepotenzial) und professionell Pflegender (Fachkräftemangel) führt dazu, dass in Abhängigkeit des Versorgungskontextes der Einsatz des Personals neu überdacht werden muss, auch um die Attraktivität als Arbeitgeber zu stärken. Neben neuen Modellen der Arbeitsteilung, veränderten Aufgabenzuschnitten, Arbeitsteilungsmodellen und -zeitmodellen und Kooperationsformen (vgl. Kuhlmey et al. 2014, S. 661 ff. und Zerth 2016) kann auch der gezielte Einsatz von Technik dazu beitragen.
5. Langzeitpflegeangebote sind in den meisten Fällen als Kategorie einer sozialen, persönlichen Dienstleistung einzuordnen und sind daher mit den Herausforderungen des Dienstleistungsmanagements konfrontiert, insbesondere auch dem Wandel von Organisationsmodellen, veränderten Aufgabenzuschnitten, Arbeitsteilungsmodellen und Kooperationsformen (vgl. etwa Schallermair 1999; Zerth 2016 oder auch Teti 2015). Pflegende werden zunehmend Steuerungsaufgaben, wie Case- oder Care-Management übernehmen (vgl. Görres und Reif 2014, S. 581).

Die skizzierten Herausforderungen stehen in vielfältiger Hinsicht interdependent zueinander, sodass es im vorliegenden Beitrag zweckmäßig erscheint, den Fokus auf die veränderte Form der Organisationsentwicklung von Pflegeangeboten stationärer Altenhilfe zu legen. Dabei können Aspekte der Digitalisierung als Treiber einer Organisationsveränderung verstanden werden (vgl. ähnlich Reulke 2015 oder Rosenberg und Hosten 2015).

14.2 Digitalisierung in der (stationären) Pflege: Status quo

Insbesondere in Reaktion auf den demografischen und epidemiologischen Wandel wird seit einigen Jahren darüber nachgedacht den daraus entstehenden Herausforderungen mit Technik zu begegnen. Informations- und Kommunikationstechnologien finden seit den 1990er Jahren in der Pflege Anwendung. Bislang beschränkt sich der flächendeckende Einsatz auf Pflegeplanungs- und Pflegedokumentationssysteme. Die Sammlung und Verarbeitung von Informationen und Daten entlang des Pflegeprozesses zur Abbildung des Leistungsgeschehens nimmt in allen Versorgungskontexten der Pflegearbeit in den vergangenen Jahren zu. Dem intelligenten Einsatz innovativer technischer Lösungen kommt zukünftig bei einer bedarfsgerechten Pflege eine zentrale Bedeutung zu. Technische Lösungen sollen helfen Freiraum zu schaffen, um die Selbstbestimmung und die Lebensqualität Pflegebedürftiger zu erhöhen und professionell Pflegende und Angehörige zu entlasten. Technische Assistenzsysteme, die Aspekte der Pflegearbeit adressieren finden in verschiedenen Versorgungskontexten, von der häuslichen Versorgung bis zur Intensivmedizin Anwendung, in professionellen und informellen Pflegearrangements, statt. Unter zahlreichen Bezeichnungen unterschiedlichster Anwendungen werden häufig sehr ähnliche Ansätze und/oder Produkte verstanden. Beispielhaft seien einige nach Versorgungskontext gegliedert genannt, wobei deren Einsatz in der Regel nicht auf einen bestimmten Versorgungskontext beschränkt ist. (vgl. auch im Folgenden Weiß et al. 2014, S. 6–8; Hülsken-Giesler 2015, S. 10–13; Matt 2015, S. 30 f.; Weber 2015, S. 14–16):

- Häusliche Versorgung: „Ambient Assited Living-Anwendungen" stellen in der häuslichen Umgebung primär auf die Lebensqualität und ein unabhängiges Leben ab. AAL-Anwendungen adressieren häufig Aspekte der Sicherheit und der Alltagsbewältigung. Darunter fallen beispielsweise eine automatische Herdabschaltung, ein automatisches Nachtlicht oder ein mobiles Notrufsystem.
- Ambulante Pflege: Beispiele für den Einsatz technischer Assistenzsysteme in der ambulanten Pflege sind intelligente Notrufsysteme oder Ortungssysteme, die insbesondere bei Demenzerkrankten zum Einsatz kommen. Unter den Produktbereich des Telecare oder Telenursing fallen beispielsweise innovative Kommunikations- und Videotechnologien, die es erlauben z. B. Vitalparameter ortsunabhängig zu erheben.
- Stationäre Pflege: In der stationären Pflege existieren technische Lösungen, die sich häufig konkret an versorgungsintensive Bewohner, wie Menschen mit Demenz, richten. Trittmatten, die an das hausinterne Notrufsystem angebunden, in Verbindung mit dynamischen Lichtkonzepten und lokalen Ortungssystemen ermöglichen Gepflegten sich freier im Pflegeheim zu bewegen und Pflegekräfte werden entlastet. Ein weiteres Beispiel ist der computergestützte Einsatz einer Augenerkennungssoftware für Pflegebedürftige im Wachkoma mit deren Hilfe die Kommunikation verbessert wird.

Mit dem Einsatz technischer Lösungen in der Pflege werden zahlreiche Ziele gleichzeitig verfolgt, wie beispielsweise die Kostendämpfung im Gesundheits- und Sozialmarkt, die Unterstützung formaler und informeller Pflege, insbesondere in Ergänzung und als partieller Ersatz nicht ausreichender Pflegekräfte bis hin zu Lösungen die professionell Pflegende und Angehörige entlasten sollen. Doch gerade der Technikeinsatz in der Pflege wirft neben technischen auch zahlreiche rechtliche, ethische, gesundheitswissenschaftliche und ökonomische Fragestellungen auf, wie beispielsweise 1) wer hat den Nutzen, 2) wer trägt die Kosten 3) wer trägt das Risiko (Weber 2015).

Im Folgenden soll deshalb der Fokus sehr eng gelegt werden. Im Mittelpunkt steht die stationäre Pflege, genauer gesagt der Pflegeprozess, also der Point of Care in stationären Pflegeeinrichtungen. Im Zentrum steht die Frage an welchen Stellen eine am

Wertschöpfungsprozess orientierte Digitalisierung ansetzen kann und wie sich diese auf den Pflegeprozess auswirkt.

14.3 Ökonomie der stationären Pflege

14.3.1 Stationäre Pflege als soziale Dienstleistung im organisationsökonomischen Kontext

Zunächst gilt es festzuhalten, dass stationäre Pflege insbesondere in der deutschen Ausprägung Teil des Bereichs der Langzeitpflege ist. Langzeitpflege wird üblicherweise im Vergleich zur Akutpflege, die primär als Teil des medizinischen diagnostisch-therapeutischen Kontexts verstanden wird, als Versorgungsleistung interpretiert, die einer „Pflegebedürftigkeit" Rechnung trägt (vgl. diesbezüglich Kuhlmey und Blüher 2015). Pflegebedürftigkeit in diesem Sinne setzt an einer Reduktion der persönlichen Leistungskompetenz an, die aufgrund physischer oder psychischer Einschränkung für einen bestimmten Zeitraum oder dauerhaft fremde Hilfe erforderlich macht. Der Anknüpfungspunkt der Pflegebedürftigkeit weist auf den Charakter von Pflegeleistungen als soziale Dienstleistungen hin. Schallermair kennzeichnet soziale Dienstleistungen als „bilateral personenbezogene Dienstleistungen", die an einer Hilfebedürftigkeit ansetzen (Schallermair 1999, S. 19). In diesem Sinne lässt sich die Pflegeleistung als prozessorientierte Dienstleistung im Sinne von Picot et al. beschreiben, die den Nutzen aus der direkten Teilnahme am Erleben derselben umschrieben haben (Picot et al. 2012, S. 464).

Aus organisationsökonomischer Sicht ist zunächst die Frage der Einbindung des externen Faktors Patient hinsichtlich der möglichen Standardisierungspotenziale und der notwendigen Integration der individuellen Erfordernisse des gepflegten Menschen zu charakterisieren. Eine Orientierung am Produktivitätsmodell von Grönroos und Ojasalo kann als Heuristik für die ökonomischen Beziehungen dienen, muss jedoch noch um die Bedingungen des sozialen Dienstleistungskontextes ergänzt werden (vgl. etwa Grönroos und Ojasalo 2004; vgl. auch Weiß et al. 2014) (siehe Abb. 14.1). Nach diesem wird die Frage der Einbindung des externen Faktors mit der prozess- und produktivitätsseitigen Wirkung verbunden (vgl. Bornewasser et al. 2016, S. 53–57):

1. Der Dienstleister produziert eine Dienstleistung selbstständig und isoliert von Kunden, d. h. es liegt eine selbstbestimmte Komponente vor. In der Pflege könnten dies beispielsweise die Kapazitätsplanung oder die (nachträgliche) Pflegedokumentation sein.
2. Die Dienstleistung wird als Team-Produktion verstanden, wobei ein relationales Beziehungsbild zwischen Kunden und Dienstleister zu unterstellen ist. Im stationären Pflegekontext wird damit die sowohl die Behandlungspflege als auch die Grundpflege adressiert.

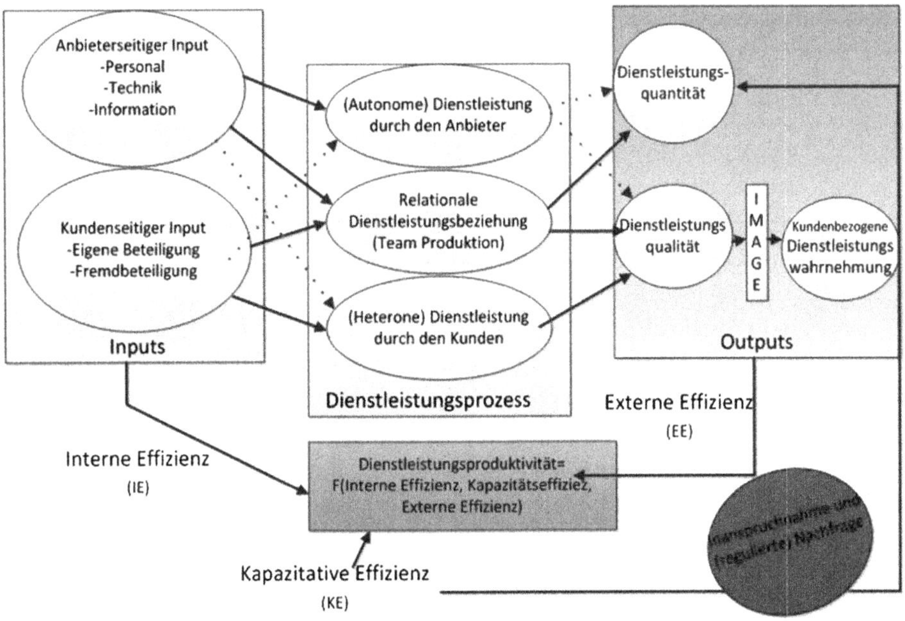

Abb. 14.1 Produktivitätsmodell von Dienstleistungen. (Quelle: Eigene Darstellung in Anlehnung an Weiß et al. 2014, S. 21)

3. Die Dienstleistung wird vom Kunden selbständig produziert, wobei in der Regel die Dienstleistung Folge einer relationalen Beziehung ist, d. h. der Kunde produziert die Dienstleistung in einer gesteuerten oder angeleiteten Weise heteronom. Da Pflege am Ende auf die Förderung einer selbstbestimmten Lebensführung hinausläuft, sind hier alle Aktivitäten des Gepflegten aufzuführen, die dieser gemäß dieser Zielsetzung (noch) angeleitet oder selbstständig ausführen kann.

Mit der Analyse des Zusammenspiels interner und externer Komponenten der Wertschöpfung geht der Untersuchungsgegenstand der Wertschöpfungskonfiguration einher (vgl. etwa Fließ 2006, S. 48). Im Hinblick auf die Bedeutung von Digitalisierungseffekten in der stationären Pflege ist deshalb notwendig, die dominierende Wertschöpfungskonfiguration adäquat zu identifizieren. Nur so lassen sich systematisch Ansatzpunkte in den Wertschöpfungsprozessen identifizieren an denen eine Digitalisierung produktivitätssteigernd wirkt.

14.3.2 Wertschöpfung in der stationären Pflege

Stationäre Pflegeanbieter verfolgen wie andere Unternehmen auch das Ziel Ihre Nettowertschöpfung zu maximieren (vgl. Schallermair 1999, S. 219 ff.) Im Allgemeinen wird darunter die Differenz aus Kundennutzen und Gesamtkosten verstanden. Die Gesamtkosten setzen sich aus den Produktions-, den Koordinations- und den Motivationskosten zusammen (vgl. Stauss und Bruhn 2007, S. 5). Die Anordnung wertschöpfender Aktivitäten wird als Wertschöpfungskonfiguration bezeichnet, die eine Konfiguration der unternehmerischen Wertschöpfung modelliert und damit die Grundlage für eine systematische Analyse unternehmerischer Wertschöpfungsprozesse ermöglicht (Woratschek und Becher 2006, S. 272).

Wertschöpfende Aktivitäten können nach Barnard zwei verschiedenen Prinzipien – dem Prinzip des Nacheinander („efforts in series") und dem Prinzip der Gleichzeitigkeit („simultaneity of effort") – folgen (vgl. Barnard 1938, S. 132). Stabell und Fjeldstad griffen diese Prinzipien auf und ergänzen diese um das Prinzip der Wiederkehr (iterativ). Zusätzlich zum bekanntesten Vertreter der Wertschöpfungskonfiguration, der Wertkette nach Porter, entwickelten sie für den Dienstleistungsbereich zwei weitere Wertschöpfungskonfigurationen: den Wertshop und das Wertnetz (vgl. Stabell und Fjeldstad 1998, S. 413 ff.; Porter 2000, S. 63–96). Je nach Prinzip des Wertschöpfungsprozesses stehen in den verschiedenen Wertschöpfungskonfigurationen die Transformations-, die Problemlösungs-, oder die Intermediationsfunktion im Vordergrund (vgl. Woratschek et al. 2006, S. 259 f.). Abb. 14.2 fasst die Hauptunterschiede der verschiedenen Wertschöpfungskonfigurationen zusammen.

Die Inanspruchnahme einer stationären Pflegeversorgung folgt in der Regel anderen Settings, die sich vor allem im Pflegemix zwischen ehrenamtlichen Pflegenden und professionell Pflegenden unterscheiden. Im Zeitraum ambulanter Pflege, insbesondere in der eigenen Häuslichkeit des Gepflegten, übernimmt die informelle Pflege die primäre Kapazitäts- und Leistungsvorhaltung, die sich aber gerade im Kontext gemeinsamer Wohnbeziehungen zwischen informell Pflegenden und Gepflegten primär als relationale

Wertschöpfungskonfiguration / Kriterium	**Wertkette**	**Wertshop**	**Wertnetzwerk**
Wertschöpfungslogik	Transformationsfunktion	Problemlösungsfunktion	Intermediationsfunktion
Ablauf des Wertschöpfungs-prozesses	sequenziell	zyklisch, iterativ, unstetig	parallel
Primäre Aktivitäten	• Eingangslogistik • Operationen • Ausgangslogistik • Marketing/Vertrieb • Kundendienst	• Akquisition • Problemfindung • Lösungsalternativen • Entscheidung • Ausführung • Evaluation	• Netzwerkpromotion • Netzwerkservices • Netzwerkinfrastruktur
Kostentreiber	• Mengeneffekte • Kapazitätsauslastung	• Individualisierung • Problemlösungs-kompetenz	• Mengeneffekte • Kapazitätsauslastung
Werttreiber		• Reputation	• Mengeneffekte • Kapazitätsauslastung

Abb. 14.2 Wertschöpfungskonfigurationen im Überblick. (Quelle: Eigene Darstellung in Anlehnung an Stabell und Fjeldstad 1998, S. 415; Schafmeister 2004, S. 179)

Beziehung gemäß Abb. 14.1 beschreiben lässt. Der ambulante Pflegedienst trägt nur punktuell und vornehmlich komplementär zur Wertschöpfung bei. Mit dem Eintritt in eine stationäre Versorgung ändert sich dieses Bild komplett, da nun der Gepflegte in die organisierte Dienstleistungsumgebung des professionellen Anbieters integriert wird. Dadurch verschiebt sich die Verantwortungsrolle hin zu professionellen Pflegekräften, gleichwohl bleibt die vornehmlich soziale Mitbetreuungsrolle der pflegenden Angehörigen bestehen (vgl. Dräger 2015, S. 125–126; vgl. auch Naiditch et al. 2013). Grund für einen Gepflegten ein bestimmtes Pflegeheim auszuwählen ist die Reputation einer Einrichtung, weshalb aus Heimsicht versucht werden sollte durch Screening- und Signalling-Aktivitäten (vgl. Picot et al. 2012, S. 96) Reputation aufzubauen und dadurch Verhaltensunsicherheit abzubauen. Bei der Aufnahme eines Bewohners in ein Pflegeheim handelt es sich um einen typisch reaktiven Prozess, der in der Regel durch Angehörige, den Bewohner selbst oder einen einweisenden Arzt angestoßen wird.

Die eigentliche Kernleistung eines Pflegeheimes stellt der Pflegeprozess dar, der sich durch das Pflegeprozessmodell nach Fichter und Meier beschreiben lässt. Danach werden in einem ersten Schritt Informationen gesammelt, um Probleme und Ressourcen des Bewohners zu erkennen. Im Anschluss werden individuelle Pflegeziele festgelegt, Maßnahmen abgleitet, durchgeführt und evaluiert (zum Pflegeprozessmodell vgl. Fiechter und Meier 1981, S. 31). Ziele des Pflegeprozesses sind: 1) Im Bereich der körperfunktionsorientierten Unterstützung versuchen Pflegende, körperliche Ressourcen zu mobilisieren. Der Grad der Komplexität der einzelnen Aufgabe ergibt sich aus den Bedürfnissen und Fähigkeiten des Patienten. 2) Die psychosoziale Unterstützung, die vor allem der Begleitung von Patienten mit chronischen Erkrankungen, Erkrankungen mit unklarer Prognose oder prekärem Krankheitsverlauf dient. 3) Im Bereich der edukativen Unterstützung geht es um die Schulung, Anleitung und Beratung der Patienten und ihres Umfeldes (vgl. Stratmeyer und Düsenberg 2010, S. 51 f.). Aus dem Pflegeprozess wird im Folgenden zwischen der Durchführung der Maßnahmen, also täglich stattfindende Pflegemaßnahmen (Durchführungskomponenten) und den eigentlichen Planungsmaßnahmen (Planungskomponenten) unterschieden.

Ziel der Pflegeplanungsmaßnahmen, wie beispielsweise bei der Aufnahme eines Bewohners in das Pflegeheim sowie bei regelmäßig stattfindenden Assessmentverfahren ist die Sammlung relevanter Informationen für den Pflegeprozess, beispielsweise in Bezug auf die Krankheitsgeschichte oder die Sozial- und Familienanamnese. Im Idealfall werden neben dem Bewohner selbst auch pflegende Angehörige befragt. Diese Informationen interpretieren und konkretisieren die Pflegefachkräfte und leiten daraus handlungsrelevante Informationen zu Problemen und Ressourcen des Bewohners ab. Sowohl die Bewohner als auch die Angehörigen spielen als Koproduzenten für die Qualität der Informationssammlung und -bewertung deshalb eine entscheidende Rolle (vgl. hierzu in Analogie Linke 2010, S. 314). Eine vollständige Aufnahme aller benötigten Informationen zum Bewohner ist nicht nur Grundvoraussetzung für einen effizienten Aufnahmeprozess und effiziente Assessmentverfahren, sondern auch Grundlage für die weitere Pflegeplanung. Beim Blick auf den gesundheitswissenschaftlichen wie gesundheitsökonomischen Wirkungskontext stationärer Pflege gewinnt also die Bedeutung der Integrativität, d. h. der Einwirkungsgrad des Nachfragers, im Pflegeprozess des Gepflegten wie der komplementär pflegenden Angehörigen, eine besondere Bedeutung. Insbesondere die Integrativität ist somit sowohl im Kontext des Gepflegten als auch der unmittelbaren Bezugspersonen zu interpretieren. Somit ergibt sich als Managementaufgabe, die unmittelbar mit dem Integrativitätsgrad zusammenhängt, die Steuerung extern-induzierter Prozessinformationen, die vom Kunden bzw. dessen Sekundärnachfragern induziert werden (vgl. etwa Fließ 2006, S. 38). Die Prozessschritte der Informationssammlung wie auch der Festlegung von Problemen und Ressourcen des Bewohners, die Ableitung der Pflegemaßnahmen und die Evaluation kann als hoch individuell und hoch integrativ beschrieben werden. Das Standardisierungspotenzial ist eher als gering zu bewerten.

Bei der Durchführung der Maßnahmen fallen Leistungserstellung und -verzehr zusammen und der Bewohner bringt an vielen Stellen des Wertschöpfungsprozesses seinen Körper und Informationen mit in den Leistungserstellungsprozess aktiv oder passiv ein. Die Integrativität ist deshalb auch bei der Durchführung der Pflegemaßnahmen als hoch einzustufen. Da die Durchführung der Pflegemaßnahmen ein sich täglich wiederholendes Ereignis darstellt sinkt die Verhaltensunsicherheit mit der Dauer des Aufenthaltes bei Annahme eines unveränderten Gesundheitszustandes. Die Individualität ist geringer als bei den Planungskomponenten, da moderne Prozesssteuerungskonzepte und damit Standardisierungsbemühungen längst auch implizit den Pflegeprozess tangieren, wie beispielsweise im Kontext der Standardisierungsdebatte oder in der Diskussion um Pflegediagnosen und Pflegestandards. Steuerungsgrundsätze sind aber bislang noch nicht konsequent genug an Aspekten des pflegerischen Handelns orientiert (Görres und Reif 2014, S. 582 f.). Die Individualität bei der Durchführung der Maßnahmen ist geringer als in den Planungskomponenten des Pflegeprozesses zu bewerten.

Da der Pflegeprozess zyklisch, iterativ und unstetig abläuft und die Problemlösung aus Sicht des Bewohners im Vordergrund steht, kann der Pflegeprozess als Wertshop interpretiert werden. Die Wertschöpfung basiert auf dem Wissen und damit der Problemlösungskompetenz der Pflegefachkräfte. Abb. 14.3 zeigt die dominierende Wertschöpfungskonfiguration des Pflegeprozesses, abgeleitet aus den konstitutiven Merkmalen für Dienstleistungen.

Die Verhaltensunsicherheit über die Rolle des Gepflegten wird somit vor allem über die Pflegeplanung versucht aufzufangen, wo gemäß Abb. 14.1 der autonome Gestaltungsanteil gegenüber dem relationalen dominiert. Mit der Durchführung der Pflegemaßnahmen ist aber gleichzeitig die kontinuierliche Anpassung der Pflegeplanung verknüpft und somit ist in der traditionellen Form die Informationsgewinnung über den Prozess Teil des relationalen Dienstleistungsprozesses. Wenn es beispielsweise durch Digitalisierung gelingen kann, die Information über den Durchführungsoutput von der Durchführung zu trennen, etwa durch sensorgestütztes Monitoring, liegt bei der Durchführungsebene im Gegensatz zur Pflegeplanungsebene zunächst ein höheres Standardisierungspotenzial vor.

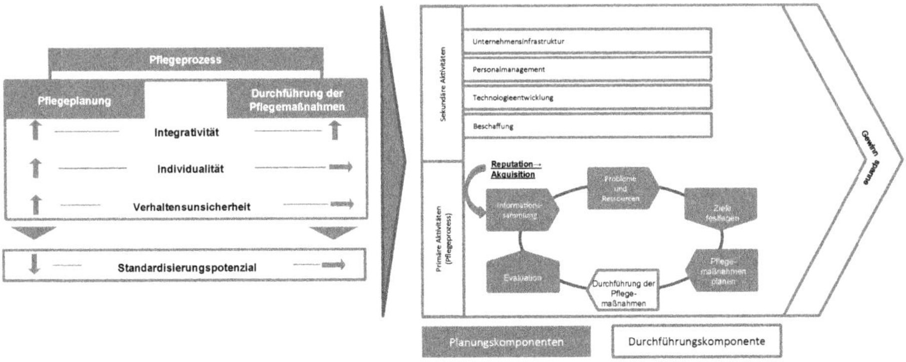

Abb. 14.3 Der Pflegeprozess als modifizierter Wertshop. (Quelle: Eigene Darstellung in Anlehnung an Stabell und Fjeldstad 1998, S. 422; Schafmeister 2004, S. 179)

14.4 Wertschöpfungsorientierte Digitalisierung

14.4.1 Individualisierung vs. Standardisierung von Dienstleistungen

Die bereits dargestellte hohe Integrativität des Pflegeprozesses befördert die Notwendigkeit systematischer Informationsgewinnung über den Gepflegten. Durch die stationäre Organisationsform wird mit der Zeit des Zusammenlebens eine höhere Wahrscheinlichkeit über ein breites Wissen über die Bedürfnisse der Pflegebewohner unterstellt. Somit gehen ökonomisch Informationsgewinnungskosten mit Informationsgewinnungsnutzen einher. Je intensiver die Interaktion zwischen dem Bewohner und den Pflegekräften ist, umso eher hat die stationäre Pflegeeinrichtung die Möglichkeit, über organisatorische und prozessuale Standards die Informationsgewinnungskosten zu optimieren. Standardisierungsmaßnahmen greifen im Pflegekontext daran an, die Information über den gegenwärtigen und die Prognose über den künftigen Pflegestatus zu erfassen. Standardisierung in diesem Sinne bedeutet nun, Prozessroutinen im Durchführungskontext zu integrieren. Dabei kann sich die Standardisierung auf die Potenzialebene, wie beispielsweise durch einen standardisierten Personaleinsatz sowie auf die Prozessebene beziehen, etwa durch den Einsatz von Pflegestandards. Davon zu unterscheiden sind Standards auf der Ergebnisebene (Outputorientierung) (vgl. Woratschek 1998, S. 26, 35). Der Dienstleistungsprozess im Pflegeheim steht dabei vor der Herausforderung, wie viel standardisierte, d. h. vorstrukturierte und mit Ähnlichkeitsmerkmalen versehene Aufgabenzuordnen möglich sind und welche Aufgaben weiterhin durch hohe Veränderlichkeit und geringe Ähnlichkeit individualisiert erbracht werden müssen. Je standardisierter die Aufgabenplanung und -durchführung möglich ist, desto höher ist die Ressourcen- und Prozesseffizienz (vgl. ähnlich Picot et al. 2012, S. 446 ff.).

Dabei bliebt ein Spannungsverhältnis zwischen Standardisierungsmöglichkeit und Individualisierungsnotwendigkeit bestehen (van Well 2001, S. 2). Ein Weg den Widerspruch zumindest teilweise aufzulösen ist standardisierbare Teilleistungen, wie beispielsweise bestimmte Maßnahmen in der Durchführung der Pflege systematisch zu identifizieren und abgrenzen zu können (Aufgabensegmentierung) (vgl. Picot et al. 2012, S. 467–468). Ceteris paribus entstehen bei gegebenen Kapazitäten Freiräume, die dazu genutzt werden können, um 1) die Outputmenge zu erhöhen, also beispielsweise mehr Bewohner zu versorgen 2) andere Teilleistungen zu individualisieren, wie beispielsweise in der Pflegeplanung oder 3) Kosteneinsparungen zu realisieren (vgl. Woratschek 1998, S. 26). Je höher das Standardisierungspotenzial und je eher die Versorgung eines Bewohners planbar ist, umso besser lassen sich aus Sicht des Pflegeheims Ressourcen und Kapazitäten planen und Skaleneffekte realisieren. Abb. 14.4 fasst die Konsequenzen der Standardisierung zusammen.

Es stellt sich nun die Frage, ob es gerade durch die Digitalisierung gelingt, Teilleistungen im Pflegeprozess als standardisierbar zu identifizieren. Dabei können zwei potenzielle Effekte unterschieden werden, einmal der unmittelbare Standardisierungseffekt, der sich in einer höheren Strukturiertheit und geringeren Veränderlichkeit der Aufgabe niederschlägt und ein abgeleiteter Kapazitätseffekt, der mit einer möglichen höheren Arbeitsproduktivität einhergeht. Lassen sich mithilfe der Standardisierung Freikapazitäten schaffen, so können diese entweder reduziert oder zu einer Veränderung der

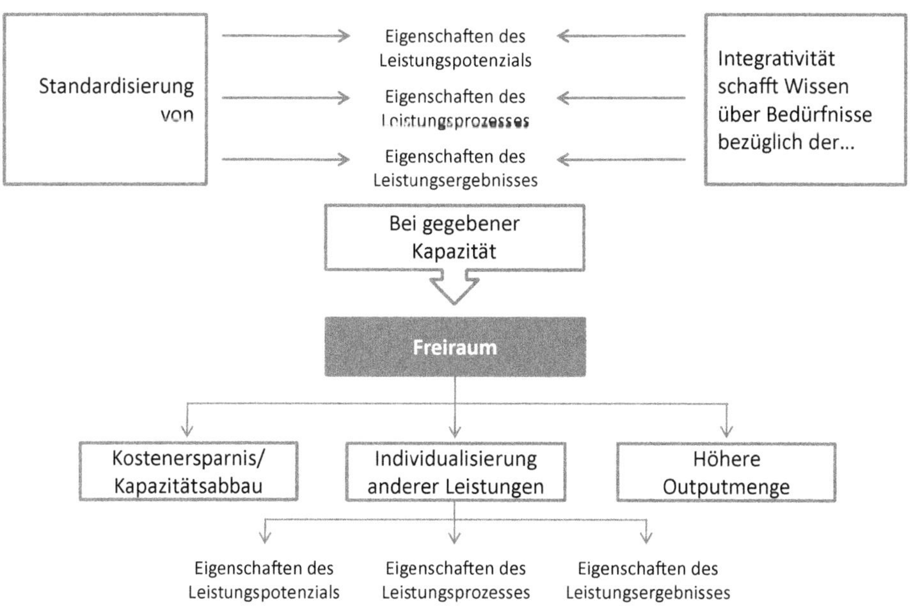

Abb. 14.4 Konsequenzen der Standardisierung. (Quelle: Darstellung nach Woratschek 1998, S. 34)

Dienstleistungsbeziehung Pflegender Gepflegter in Form erweiterter Individualisierung nach Standardisierung genutzt werden.

14.4.2 Ansatzpunkte der Digitalisierung in der stationären Pflege

Orientiert man sich an der Wertschöpfungskonfiguration des Pflegeprozesses und interpretiert diesen als Wertshop (vgl. Abb. 14.3) ergeben sich insbesondere zwei Ansatzpunkte, an denen eine Digitalisierung aus Sicht des Bewohners effizienzförderlich wirken kann:

1. Durchführungskomponenten: täglich stattfindende Pflegeroutinen
2. Planungskomponenten: Pflegeplanungsmaßnahmen, der im weiteren Sinne auch die Evaluation des Pflegeprozesses zugeschrieben werden kann.

Abb. 14.5 zeigt mögliche Ansatzpunkte der Digitalisierung im Wertshop Pflegeprozess. Dabei wird gemäß der Diskussion der Interaktionsbeziehung zwischen Informationsgewinnung im Pflegeplanungskontext und der Informationseinbettung in der Durchführungsebene wieder Bezug genommen. Differentiator der Abbildung ist die Bedeutung der extern-steuernden Prozessinformation über den 1) Status als auch über die 2) Aktivitäten des Gepflegten in seiner Rolle als externer Faktor.

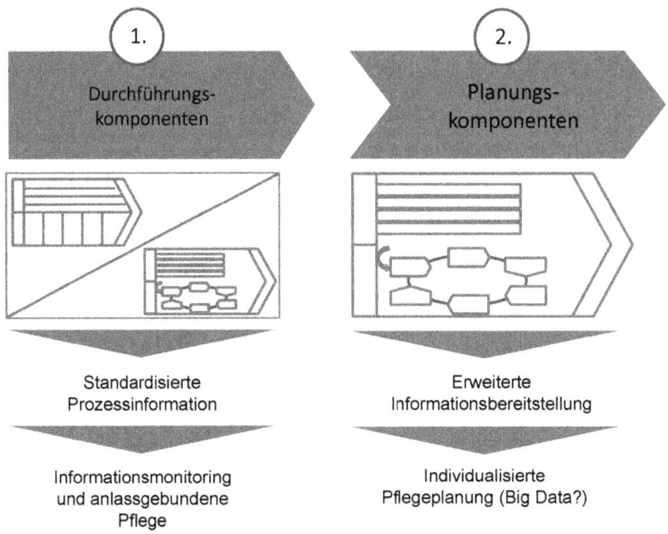

Abb. 14.5 Ansatzpunkte einer wertschöpfungsorientierten Digitalisierung. (Quelle: Eigene Darstellung)

14.4.2.1 Standardisierte Prozessinformation: Informationsmonitoring und anlassgebundene Pflege

Die Pflege eines einzelnen Pflegebedürftigen ist gemäß der herrschenden Literatur selten ein bewusst gestalteter und transparenter Prozess (vgl. Geraets und Selbmann 2014, S. 613). Pflegeroutinen, als unmittelbare Folge der Pflegeplanung werden im Status quo häufig durch die Pflegekraft angestoßen, indem Pflegekräfte beispielsweise in Routinedurchgängen die Lagerung oder die Trinkmenge eines Bewohners überprüfen und dokumentieren. Neben dem hohen Dokumentationsaufwand ist aus Sicht der Pflegekraft bei Beginn der Maßnahme nicht eindeutig ersichtlich, ob die Maßnahme zum richtigen Zeitpunkt, also bedarfsorientiert, durchgeführt wird damit einen Beitrag zur Wertschöpfung leistet. Ein Beispiel für eine wenig effiziente Maßnahme wäre das Reichen von Getränken und die Kontrolle der Trinkmenge eines Bewohners, obwohl der Bewohner selbstständig ausreichend Flüssigkeit zu sich genommen hat, wenn zur selben Zeit ein anderer Patient das gleiche Bedürfnis hat, aber nicht zeitgleich versorgt werden kann. Da jedoch die patientenbezogene Prozessinformation im Status quo entweder zu lückenhaft dokumentiert ist bzw. erst durch den Durchführungsanlass salient wird, ist das Standardisierungspotenzial durch das geringe Potenzial zur Strukturierung gering ausgeprägt. Gerade die Gefahr der unzureichenden prozesssteuernden Information durch die kontinuierlichen Informations- und Medienbrüche bei der Kontrolle etwa des Trinkverhaltens des Patienten sind daher Grund für eine patientengetriebene Veränderlichkeit und somit leistungsseitige Verhaltensunsicherheit. Hier entstehen Transaktions- und Organisationskosten, die einerseits durch die kontinuierlichen Informationsbrüche (schriftliche Dokumentation einerseits, persönlich Kontrolle andererseits) verursacht sind, andererseits die Koordinationsaufgabe für die Pflegekraft stark beanspruchen. Welche Lösung ließe sich nun mit einer Digitalisierung verändern?

Gemäß der zwei Dimensionen von Digitalisierung, die zielgerichteten Information zum richtigen Zeitpunkt (Ablauforganisation) mit einem effizienten Ressourcenaufwand (Aufbauorganisation) zu verknüpfen, können beispielsweise mobile sensorgestützte Monitoringlösungen, die personenadjustiert, körpernah getragen werden, wirksam werden (zur Rolle technologiebasierter Assistenzsysteme siehe Koczula et al. 2012, S. 33 ff.).

Als Einsatzfeld für sensorgestützes Monitoring physiologischer und biochemischer Parameter galt lange Zeit ausschließlich die Intensivmedizin. Einige Monitoring-Methoden und -Parameter, wie der arterielle Blutdruck oder das EKG werden mittlerweile standardmäßig auch außerhalb der Klinik angewandt. Neue und erweiterte mobile Lösungen vergrößern die Einsatzmöglichkeiten enorm und können gegenüber Single-Shot-Anwendungen einen hohen Mehrwert darstellen (Huang und Buschmann 2012, S. 189).

Das Tragen körpernaher Sensorik im Bereich der stationären Pflege verändert die Prozessinformation und nimmt damit unmittelbaren Einfluss auf die Prozesseffizienz. Das kann einerseits bedeuten, dass Prozesse in gewohnter Qualität mit geringerem Ressourceneinsatz ablaufen oder, dass sich die Qualität der Prozesse mit höchstens gleichem Ressourceneinsatz erhöht. Ein sensorgestütztes System könnte beispielsweise die

Information übermitteln dass ein Patient exsikkiert ist und deshalb etwas trinken muss. Die Wirkung im Sinne der Standardisierungsdiskussion lässt sich wie folgt umschreiben. Eine (technologisch) wirksame Sensorlösung würde ein kontinuierliches Monitoring des Patienten hinsichtlich der vorher zu definierten Zielfunktion, etwa Exikkosemonitoring ermöglichen und somit die oben beschriebenen Informationsbrüche glätten und im Idealfall die externe steuernde Prozessinformation über den Dehydrierungsstatus standardisieren, da die Information weitgehend aus der relationalen Dienstleistungsbeziehung in eine heteronome Dienstleistung überführt worden ist (Abb. 14.1). Diese Prozessstandardisierung der Ablauforganisation geht mit möglichen Veränderungen der Aufbauorganisation einher, da die entörtlichte Informationsgewinnung die Bedeutung der Exikkosemessung im Hinblick auf die Durchführungskomponente der Pflegeleistung reduziert hat. Die Pflegekraft hat somit die Möglichkeit bedarfs- und nicht routineorientiert zu handeln. Diese Form der Digitalisierung hat einen direkten Einfluss auf die kapazitive Effizienz. Aus Sicht des Pflegepersonals entsteht zunächst zeitlicher Freiraum innerhalb der gegebenen Aufbauorganisation. Die Nutzung dieses Freiraums ist nun ambivalent interpretierbar, einerseits durch eine Intensitätsanpassung der Pflegeleistungen, etwa die Übernahme zusätzlicher zu betreuender Pflegender, durch eine Individualisierung von Teilleitungen im Pflegeprozess bei unveränderlicher zu betreuender Patientenzahl oder einer Reduktion der Kosten.

Der kapazitative Effekt ist noch um weitere Funktionen der Standardisierung, etwa im Sinne von Gaitanides, zu ergänzen, noch weitere Funktionen der Standardisierung, die auch für das Pflegeheim von hoher Relevanz sein können. Beispielhaft seien hier nur die Integrationsfunktion, die Entlastungsfunktion, die Kontrollfunktion und die Sicherheitsfunktion genannt. (vgl. Gaitanides 1983, S. 188 f.).

Sollte die Standardisierungsfunktion wie beschrieben wirksam sein, kommt mit dem veränderten Monitoring noch eine Dimension der Dienstleistungsqualität hinzu. Im Status quo, etwa durch ein Ein- und Ausführprotokoll der Trinkmengen oder durch die Exikkosekontrolle im Pflegezimmer im Kontext des Durchführungsprozess werden inputorientierte Informationen erhoben und müssen von der Pflegekraft hinsichtlich der Outputwirkung abgeschätzt werden. Die Sensorlösung zeigt jedoch sowohl der Pflegekraft als auch dem Gepflegten über ein zu definierendes Dehydrierungsmaß ein Outputmaß (vgl. Abb. 14.1) an.

Somit entsteht neben dem Potenzial für die interne sowie für die kapazitative Effizienz auch das Potenzial für die externe Effizienz. Die durch die standardisierte Monitoringfunktion ermöglichte anlassgezogene Pflegeleistung durch die Pflegekraft erhöht nun den Raum für den heteronomen Raum der Dienstleistung, also beispielsweise die Mitwirkung des Bewohners bei Therapie- oder Pflegemaßnahmen. In dieser Hinsicht kann letztendlich eine beidseitige Zielerfüllung sowohl für Gepflegten als auch für Pflegende erreicht werden. Wenn etwa durch eine Standardisierung die Autonomie des Gepflegten erhalten bzw. gar erhöht werden kann und gleichzeitig für die Pflegekräfte durch die Standardisierung und geringere Verhaltensunsicherheit Entlastungseffekte auftreten, ist das Potenzial zur dauerhaften Erhöhung der Dienstleistungsqualität (vgl. Abb. 14.1) zu konstatieren. Die Entlastungsfunktion meint, dass durch ein standardisierte und den Bedürfnissen der Bewohner orientierte Pflegemaßnahmen die Koordinationskosten sinken und Pflegekräfte physische und emotional entlastet werden können. Das gilt nicht nur für die unmittelbare Pflegehandlung, sondern auch für Dokumentationstätigkeiten. Cieslik et al. stellen heraus, dass ständig mitlaufende Aufgaben wie die Kontrolle, die Protokollierung und die Auswertung der Trinkmenge von Bewohnern als Stressor wahrgenommen werden (Cieslik et al. 2012, S. 98). So stellen Ortungs- und Lokalisierungssysteme, Angebote technikunterstützer Ansprache oder Kommunikationssysteme eine emotionale Entlastung der Pflegenden in Aussicht. Darüber hinaus können die Daten Teil der internen und externen Qualitätssicherung werden, sofern es gelingt diese mit gängigen Dokumentationssystemen zu verbinden (Kontrollfunktion).

14.4.2.2 Erweiterte Informationsbereitstellung: Individualisierte Pflegeplanung und Ausblick auf Big Data

Auffällig in der Pflege ist die traditionell einseitige Orientierung an dem Konzept der Inputsteuerung, die in Richtung einer Resultatssteuerung weiterentwickelt werden muss. Die Output- und Outcomeforschung steht in den letzten Jahren verstärkt im Interesse der Gesundheits- und Pflegewissenschaften. Während bei der Outputorientierung die eigentliche Versorgungsleistung (z. B. Beratungsleistung, Verweildauer) gemessen wird, interessiert in der Outcomeforschung die Wirkung einer Versorgungsleistung (z. B. die Wirkung einer pflegerischen Intervention). Beide Forschungsbereiche fördern die Effektivität evidenzbasierten pflegerischen Handelns, das insbesondere von drei Komponenten abhängt: a) der Abstimmung von Pflegekonzepten und effektiven Steuerungsinstrumenten der Problemerfassung, Dokumentation und Evaluation, b) einer bedarfsgerechten und problemangemessenen pflegerischer Intervention, c) Transfer von Forschungsergebnissen in den Pflegealltag. (Görres und Reif 2014, S. 583 ff.).

Die bisherige Interpretation der Digitalisierung etwa im Sinne personenbezogener Sensorik gründet auf der optimierten und zeit- und ortsentzerrten Informationsbereitstellung, indem Digitalisierung als Standardisierung der Volatilität der externen steuernden Prozessinformation im laufenden Pflegeprozess wirksam wird. Eine Pflegeplanung, die im Sinne einer Langzeitpflege ansetzt, kann jedoch neben der direkten prozesssteuernden Effektivitätswirkung auch eine prädiktive Organisations- und Prozessplanung unterstützen. Eine Messung patientenseitiger Vitalparameter, wie etwa bei der Exikkosemessung erzeugt mit der Zeit eine Information über den Versorgungszustand des Gepflegten und outcomeorientierte Daten im Längsschnitt, die ein Lernen über den Gepflegten sowie bei Abgleich mit externen, weiteren Datensätzen vergleichbarer Gepflegten eine Phänotypisierung denkbar machen. In einem erweiterten Kontext lassen sich damit Ansätze des Data-Mining und der damit zusammenhängenden datengestützten Ressourcensteuerung ableiten (vgl. etwa Kolker 2012).

Sensorgestützte Monitoringsysteme könnten im Rahmen von Data-Mining-Strategien einen Beitrag zur Erforschung eines effektiven, evidenzbasierten Pflegeprozesses leisten (vgl. grundsätzlich Groves et al. 2013). Derartige Strategien im Sinne von „Big Data“

stehen am Anfang könnte pflegebezogen auf der Meta-Ebene durch Mustererkennung und Phänotypisierung die Entwicklung evidenzbasierter Pflege und Pflegestandards vorantreiben. Pflegeforschungseinrichtungen erhielten über die Daten Zugang zu Informationen, die ihnen neue Erkenntnisse bringen können und ihnen ansonsten verschlossen blieben. Zur Funktionsfähigkeit brauchen diese Programme große Datenmengen. Voraussetzung ist die Bereitschaft persönliche Daten in großen Mengen zur Verfügung zu stellen und in deren Analyse und Weiterverarbeitung durch Dritte einzuwilligen. An dieser Stelle sind Fragen zur organisatorischen und institutionellen Einbettung und Rahmung derartiger Datenentwicklungsphänomene zu diskutieren, die über den vorliegenden Beitrag deutlich hinausgehen würden.

14.5 Digitalisierung in der stationären Pflege: Praxisbeispiele

Zur Verdeutlichung der Digitalisierungswirkungen gerade im Hinblick auf das Zusammenspiel zwischen Pflegeplanung und Pflegedurchführung können nachfolgend einige Ansatzpunkte von technologiegetriebenen Dienstleistungsstrategien aufgegriffen werden:

- Beispiel Dekubitusprävention (Aktivitätsmessung):
  Nach dem Expertenstandard zur Dekubitusprophylaxe wird zur Vermeidung von Dekubitus das regelmäßige Umlagern als feste Handlungsroutine empfohlen. Demnach sollen Bewohner, vor allem in der Nacht, nach einem festen zeitlichen Rhythmus umgelagert werden, unabhängig von eigenen (Mikro-)Bewegungen und der damit reduzierten Notwendigkeit. Ein Sensorsystem, dass diese Bewegungen der Bewohner erfasst, kann das Lagerintervall nach jeder registrierten Bewegung automatisch wieder neu starten und damit unnötige Lagerungshandlungen vermeiden.
- Beispiel Exsikkose:
  Die ausreichende Versorgung der Bewohner mit Flüssigkeit ist ein wichtiger Indikator für die Qualität der Pflege. Gegenüber dem MDK wird die ausreichende Flüssigkeitsversorgung eines Bewohners durch sog. Ein- und Ausfuhrprotokolle dokumentiert. Als diagnostisches Verfahren kommt im Pflegealltag der Hautfaltentest zum Einsatz. Beide Verfahren dokumentieren nur Symptome und Beobachtungen, objektive, nachvollziehbare und quantifizierbare Messwerte, die belastbare Auskunft über den Verlauf und tatsächlichen Zustand geben, fehlen bis jetzt.
  Nichtinvasive Sensoren zur Messung des Hydratationszustandes des Körpers erlauben eine Verlaufs- und Zustandsbeschreibung. Die Festlegung individueller Schwellenwerte trägt der Diversität der der Bewohner Rechnung, deren Unterschreiten löst eine Intervention der Pflegekraft aus.
- Beispiel Sturzprävention und -erkennung:
  Stürze im Pflegeheim sind ein kaum zu verhinderndes Ereignis. Die neuste Auflage des Expertenstandards weist darauf hin, dass Fixierungen grundsätzlich ein

ungeeignetes Mittel darstellen, sodass potenziell sturzgefährdende Situationen und Aktionen des Bewohners nicht auszuschließen sind.
Digitale Lösungen zur Sturzprävention bleiben, besondere Gefahrenmomente (bspw. den nächtlichen Toilettengang) zu detektieren und in der Folge die Assistenz einer Pflegekraft zu ermöglichen. Gleiches gilt für das Sturzereignis selbst.
Durch eine sichere Sturzerkennung entfallen v. a. nächtliche Zimmerkontrollen, gleichzeitig verkürzt sich die Reaktionszeit der Pflege bei einem tatsächlichen Sturzereignis.

- Beispiel Lokalisation:
Im Besonderen Menschen mit Demenz leiden erkrankungsbedingt unter erhöhter körperlicher Unruhe, der sich durch einen starken Bewegungsdrang auszeichnet. Ergänzt durch eine Störung des Biorhythmus (Tag- Nachtumkehr) sowie der zeitlichen wie örtlichen Desorientierung kommt es zu kaum vorhersehbaren oder nachvollziehbaren Bewegungsverhalten. Außerhalb beschützender Bereiche müssen die Türen einer Einrichtung prinzipiell offen sein, sodass sich eine Vielzahl potenzieller Aufenthaltsbereiche innerhalb und außerhalb der Einrichtung ergeben.
Die Anwesenheitskontrolle und ggf. Suche von Personen ist sowohl aus Nachfrager wie Anbieterperspektive nicht wertschöpfende Tätigkeit und sollte in beiderseitigem Interesse minimiert werden.
Ortungstechnologien, die den Aufenthaltsort einer Person innerhalb wie außerhalb der Einrichtung anzeigen oder über ein Geofencing monitoren können, verhindern bzw. verkürzen die dafür benötigte Zeit und stellt sie für andere Tätigkeiten zur Verfügung.

14.6 Digitalisierung der stationären Pflege: Herausforderungen

Die Digitalisierung der stationären Pflege steht erst am Anfang. Es existieren zahlreiche Herausforderungen von der frühen Phase der Entwicklung bis zu einer flächendeckenden Implementierung digitaler Lösungen in der (stationären) Pflege.

- Technikakzeptanz: Technischer Lösungen in der Pflege stellen tiefe Eingriffe mit unklaren Folgen für die Arbeitsteilung zwischen Pflegekräften und Bewohnern dar. Das Kernelement der Pflegearbeit ist Beziehungsarbeit. Die Akzeptanz neuer Technologien durch die potenziellen Nutzer, also die Pflegekräfte, ist elementar für deren Einführung. Immer wieder wird auf die begrenzte Technikakzeptanz (vgl. Haubner und Nöst 2012, S. 8 ff. und Zerth (2016)) und Technikbereitschaft (zur Technikbereitschaft siehe ausführlich Neyer et al. 2012) bei Pflegenden verwiesen. Empirische Hinweise deuten darauf hin, dass sich dieses Phänomen über das Bildungsniveau erklären lässt (vgl. Hülsken-Giesler 2015, S. 12). Offen ist inwiefern Akademisierungstendenzen oder Weiterbildungsmaßnahmen die Technikakzeptanz Pflegender positiv beeinflussen.
- Technikkompetenz: Da die Wertschöpfung in der Wertschöpfungskonfiguration des Wertshops auf der Problemlösungskompetenz der Pflegekräfte beruht ist es

entscheidend, dass die Pflegekräfte nicht nur Experten in der Durchführung der Pflegemaßnahmen sind, sondern auch die Kompetenz erwerben generierte Daten bewerten zu können, um diese mit die Pflegeplanung einfließen zu lassen. Es ist unstrittig, dass der durch Technik getriebene Bildungs- und Qualifikationsprozess bislang unzureichend stattgefunden hat (vgl. Hülsken-Giesler 2015, S. 12; Haubner und Nöst 2012, S. 23 f.).

- Unzureichende Studienlage: Empirische Wirkungsnachweise sowie aussagekräftige gesundheitsökonomische Evaluationsstudien zur intelligenten Technik fehlen bislang (vgl. Hülsken-Giesler 2015, S. 12).
- Mangelnde multidisziplinäre Forschung: Bei der Einführung technischer Lösungen in den Pflegealltag sind neben der technischen Machbarkeit insbesondere auch ethische, rechtliche und ökonomische Fragestellungen zu klären. Maßgebend für den späteren Markterfolg eines Produktes ist deshalb eine frühzeitige Einbindung aller Wissenschaftsdisziplinen in den Forschungsprozess.
- Mangelnde partizipative Technikentwicklung: Die mangelnde Integration von Pflegekräften und Angehörigen in den Entwicklungsprozess von Assistenztechnologien verwundert, da sie nicht nur für deren Anwendung und Wartung verantwortlich sind (lead user), sondern auch häufig die Rolle der Marktimplementierer inne haben (Haubner und Nöst 2012, S. 3). Durch eine Integration der Nutzer in die Entwicklung könnten außerdem die differenzierten Altersbilder stärker in die Entwicklung technischer Innovationen miteinbezogen werden (zur Nutzerorientierten Technikentwicklung in Gesundheitssektor siehe auch Shire und Leimeister 2012).
- Unklare Geschäftsmodelle: In der frühen Entwicklungsphase eines Produktes sind die Rollen der potenziellen Nutzer (bspw. Bewohner), der Nachfrager (bspw. Angehöriger) und die der Finanzierung (Wohnungswirtschaft, Kommunen, Pflegebedürftiger, Angehöriger, Pflegekassen, Pflegedienste) häufig ungeklärt. Darüber hinaus handelt es sich bei technischen Lösungen in der Pflegearbeit häufig um Produkt-Dienstleistungskombinationen deren Wertschöpfungspotenzial weniger im physischen Produkt als vielmehr in der dazugehörigen Dienstleistung liegt (zum Begriff der hybriden Wertschöpfung siehe ausführlich Möslein et al. 2010, S. 23 ff.).
- Fehlende Standardisierung und Interoperabilität: Bislang entwickelte Technologien stellen meist Insellösungen dar. Die fehlende Standardisierung und Interoperabilität stellen ein entscheidendes Hindernis im Akzeptanz und Adoptionsprozess dar (Koczula et al. 2012, S. 32).

14.7 Schlussbetrachtung

Der Pflegeprozess folgt der Wertschöpfungskonfiguration des Wertshops, in der die Problemlösung das wertschöpfende Element ist. Es konnten zwei Ansatzpunkte einer am Wertschöpfungsprozess orientierten Digitalisierung identifiziert werden: 1) Im Rahmen der Durchführung der Pflege: Mittels körpernaher Sensoriken können standardisierte Prozessinformationen erhoben werden. Die permanente Verfügbarkeit von Informationen durch Sensorlösungen ermöglicht es, verstärkt dort pflegerisch aktiv zu werden wo tatsächlicher pflegerischer Bedarf vorhanden ist. Durch die bedarfsgerechte, anlassgebundene Pflege steigen die Prozesseffizienz und die Qualität des Pflegeprozesses. Der Pflegeprozess wird individualisiert. 2) Im Rahmen der Pflegeplanung: Durch die im Pflegeprozess gewonnen Daten steigt der Informationsgehalt über den Bewohner für die Pflegeplanung. Ein Lernen über das „Verhalten“ des Bewohners bis hin zu einer Prädiktion über eine Phänotypisierung werden möglich. Die Digitalisierung führt zu einer Individualisierung der Pflegeplanung. An beiden identifizierten Ansatzpunkten führt die Digitalisierung zur Individualisierung.

Literatur

Barnard C (1938) The functions of the executive. Havard University Press, Cambridge

Bode I, Laurent G, Nyssens M (2011) Quasi-marketization in domiciliary care: varied patterns, similar problems? Int J Sociol Soc Policy 31(3–4):225–235

Bornewasser M, Frenzel S, Tombeil A-S (2016) Ansatzpunkte zur Bestimmung der Produktivität von Dienstleistungen im Krankenhauskontext. In: Pfannstiel M, Rasche C, Mehlich H (Hrsg) Dienstleistungsmanagement im Krankenhaus. Nachhaltige Wertgenerierung jenseits der operativen Exzellenz. Springer, Heidelberg, S 47–68

Cieslik S, Klein P, Compagna D, Shire K (2012) Das Szenariobasierte Design als Instrument für eine partizipative Technikentwicklung im Pflegedienstleistungssektor. In: Shire K, Leimeister J (Hrsg) Technologiegestützte Dienstleistungsinnovation in der Gesundheitswirtschaft. Springer Gabler, Wiesbaden, S 85–110

Dräger D (2015) Die Einbindung der Angehörigen von Pflegebedürftigen. In: Jacobs K, Kuhlmey A, Greß S, Schwinger A (Hrsg) Pflege-Report 2015. Schattauer, Stuttgart, S 121–145

Fiechter V, Meier M (1981) Pflegeplanung. Recom, Basel

Fließ S (2006) Prozessorganisation in Dienstleistungsunternehmen. Kohlhammer, Stuttgart

Gaitanides M (1983), Prozeßorganisation. Vahlen, München

Geraets M, Selbmann H-K (2014) Konzepte des Qualitätsmanagements. In: Schaeffer D, Wingenfeld K (Hrsg) Handbuch Pflegewissenschaft. Beltz Juventa, Weinheim, S 599–616

Görres S, Reif K (2014) Neue Steuerungsaufgaben in der Pflege. In: Schaeffer D, Wingenfeld K (Hrsg) Handbuch Pflegewissenschaft. Beltz Juventa, Weinheim, S 581-598

Görres S, Seibert K, Stiefler S (2016) Perspektiven zum pflegerischen Versorgungsmix. In: Jacobs K, Kuhlmey A, Greß S, Klauber J, Schwinger A (Hrsg) Pflege-Report 2016. Schattauer, Stuttgart, S 3–17

Grönroos C, Ojasalo K (2004) Service productivity. Towards a conceptualization of the transformation of inputs into economic results in services. J Bus Res 57(4):414–423

Groves P, Kayyali B, Knott D, Van Kuiken S (2013) The 'big data' revolution in healthcare. Accelerating value and innovation, Center for US health system reform business technology office, McKinsey & Company. http://www.mckinsey.com/search?q=the%20big%20data%20revolution%20in%20healthcare. Zugegriffen: 11. Apr. 2016

Haubner D, Nöst S (2012) Pflegekräfte – Die Leerstelle bei der Nutzerintegration von Assistenztechnologien. In: Shire K, Leimeister J (Hrsg) Technologiegestützte Dienstleistungsinnovation in der Gesundheitswirtschaft. Springer Gabler, Wiesbaden, S 3–30

Huang J, Buschmann J (2012), Mobiles Monitoring – Quo vadis? Körperkerntemperatur und Pulsoximetrie werden kontinuierliche mobile Vitalparameter. In: Shire K, Leimeister J (Hrsg) Technologiegestützte Dienstleistungsinnovation in der Gesundheitswirtschaft. Springer Gabler, Wiesbaden, S 187-212

Hülsken-Giesler M (2015) Neue Technologien in der Pflege: Wo stehen wir – was ist zu erwarten? In: Bundesanstalt für Arbeitsschutz und Arbeitsmedizin (Hrsg) Intelligente Technik in der beruflichen Pflege – Von den Chancen und Risiken einer Pflege 4.0. Eigenverlag, Dortmund, S 10–13

Kleina T, Horn A (2015) Gesundheitsförderung bei Pflegebedürftigkeit – Potenziale und Herausforderungen in der stationären Langzeitversorgung. In: Jacobs K, Kuhlmey A, Greß S, Schwinger A (Hrsg) Pflege-Report 2015. Schattauer, Stuttgart, S 97–107

Koczula G, Schultz C, Gövercin M (2012) Die Rolle von technologiebasierten Assistenzsysteme bei der ganzheitlichen Versorgung pflegebedürftiger Patienten – Herausforderungen einer flächendeckenden Implementierung. In: Shire K, Leimeister J (Hrsg) Technologiegestützte Dienstleistungsinnovation in der Gesundheitswirtschaft. Springer Gabler, Wiesbaden, S 31–56

Kolker A (2012) Healthcare management engineering: what does this fancy term really mean? Springer, Heidelberg

Kuhlmey A, Blüher S (2015) Pflegebedürftigkeit: Herausforderung für spezifische Wohn- und Versorgungsformen – eine Einführung in das Thema, In: Jacobs K, Kuhlmey A, Greß S, Klauber J, Schwinger A (Hrsg) Pflege-Report 2016. Schattauer, Stuttgart, S 275–328

Kuhlmey A, Höppner K, Schaeffer D (2014) Neue Aufgabenzuschnitte, Arbeitsteilung und Kooperationsformen. In: Schaeffer D, Wingenfeld K (Hrsg) Handbuch Pflegewissenschaft. Beltz Juventa, Weinheim, S 661–679

Linke C (2010) Managementgesellschaften im Rahmen der integrierten Versorgung. PCO, Bayreuth

Matt H (2015) Exkurs: Vorsprung durch intelligente Technik – Ein innovatives Pflegekonzept. In: Bundesanstalt für Arbeitsschutz und Arbeitsmedizin (Hrsg) Intelligente Technik in der beruflichen Pflege – Von den Chancen und Risiken einer Pflege 4.0. Eigenverlag, Dortmund, S 30–31

Möslein K, Adamczyk S, Velamuri V (2010) Wertschaffende Eigenschaften und Kategorien hybrider Wertschöpfung. In: Leimeister J, Krcmar H, Halle M, Möslein K (Hrsg) Hybride Wertschöpfung in der Gesundheitsförderung. Josef Eul, Köln, S 19–44

Naiditch M, Triantafillou J, Di Santo P, Carretero S, Durrett E (2013) User perspectives in Long-term care and the role of informal carers. In: Leichsenring K, Billings J, Nies H (Hrsg) Long-term care in Europe. Improving policies and practice. Palgrave, Houndsmill, S 45–80

Neyer F, Felber J, Gebhardt C (2012), Entwicklung und Validierung einer Kurzskala zur Erfassung von Technikbereitschaft. In: Diagnostica (2015), 58, pp. 87-99

Picot A, Dietl H, Franck E, Fiedler M, Royer M (2012) Organisation. Theorie und Praxis aus ökonomischer Sicht, 6. Aufl. Schäffer Poeschel, Stuttgart

Porter M (2000) Wettbewerbsvorteile – Spitzenleistungen erreichen und behaupten. Campus, Frankfurt a. M.

Reulke K (2015) Digitalisierung, E-Health, Telemedizin… Was ist was? Public Health Forum 23(3):133–135

Rosenberg B, Hosten N (2015) Telemedizin in der grenzüberschreitenden Gesundheitsversorgung am Beispiel transnationaler Teleradiologie. Public Health Forum 23(3):141–143

Schafmeister G (2004) Wertschöpfungskonfigurationen bei Sportdienstleistungen – unter besonderer Berücksichtigung von problemlösenden Unternehmen. In: Meyer A (Hrsg) Dienstleistungsmarketing. Gabler, Wiesbaden, S 169–190

Schallermair C (1999) Ökonomische Merkmale sozialer Dienstleistungen und deren Beschäftigungspotentiale am Beispiel der stationären Altenpflege. PCO, Bayreuth

Schwinger A, Jürchott K, Tsiasioti C, Rehbein I (2016) Pflegebedürftigkeit in Deutschland. In: Jacobs K, Kuhlmey A, Greß S, Klauber J, Schwinger A (Hrsg) Pflege-Report 2016. Schattauer, Stuttgart, S 275–328

Shier K, Leimeister J (2012) Gesundheit, Dienstleistungen und Technologie. In: Shire K, Leimeister J (Hrsg) Technologiegestützte Dienstleistungsinnovation in der Gesundheitswirtschaft. Springer Gabler, Wiesbaden, S XIII–XXXII

Stabel C, Fjeldstad Ø (1998) Configuring value for competitive advantage: on chains, shops and networks. Strateg Manag J 19(5):413–437

Stauss B, Bruhn M (2007) Wertschöpfungsprozesse bei Dienstleistungen – Eine Einführung in den Sammelband. In: Bruhn M, Stauss B (Hrsg) Wertschöpfungsprozesse bei Dienstleistungen – Forum Dienstleistungsmanagement. Gabler, Wiesbaden, S 3–28

Stratmeyer P, Düsenberg A (2010) Das Krankenhaus im Wandel: Prozessorientierung im Krankenhaus. In: Hellmann W, Hoefert H, Wichelhaus D (Hrsg) Ärztliche Karriere im Krankenhaus. medhochzwei, Heidelberg, S 44–66

Teti A (2015) Wohnen im Alter: Versorgungsformen in der Pflege. In: Jacobs K, Kuhlmey A, Greß S, Schwinger A (Hrsg) Pflege-Report 2015. Schattauer, Stuttgart, S 15–26

Weber K (2015) Technikeinsatz in der Pflege und Gesundheitsversorgung – Normative Aspekte. In: Bundesanstalt für Arbeitsschutz und Arbeitsmedizin (Hrsg) Intelligente Technik in der beruflichen Pflege – Von den Chancen und Risiken einer Pflege 4.0. Eigenverlag, Dortmund, S 14–15

Weiß P, Platz S, Crezelius S, Große C, Hogreve J, Albrecht K, Zolnowski A (2014) Methoden und Instrumente zur Messung und Verbesserung der Produktivität industrieller Dienstleistungen in KMU. In: Möller K, Schultze W (Hrsg) Produktivität von Dienstleistungen. Springer, Heidelberg, S 1–51

Well v B (2001), Standardisierung und Individualisierung von Dienstleistungen. Deutscher Universitäts-Verlag, Stuttgart

Winkelmann J, Rodrigues R, Leichsenring K (2014) To make or to buy long-term care II: lessons from Quasi-markets in Europe. European Centre for Social Welfare Policy and Research. Policy brief October 2014. S 1–13

Woratschek H (1998) Preisbestimmung von Dienstleistungen: Markt- und nutzenorientierte Ansätze im Vergleich. Deutscher Fachverlag, Frankfurt a. M.

Woratschek H, Becher M (2006) Controlling-Konzept für Destinationsmanagementorganisationen: Welche Implikationen ergeben sich aus dem wertschöpfungsorientierten Dienstleistungsmarketing? In: Kleinaltenkamp M (Hrsg) Innovatives Dienstleistungsmarketing in Theorie und Praxis. Gabler, Wiesbaden, S 267–289

Woratschek H, Roth S, Schafmeister G (2006) Dienstleistungscontrolling unter Berücksichtigung verschiedener Wertschöpfungskonfigurationen: Eine Analyse am Beispiel der Balanced Scorecard. In: Bruhn M, Stauss B (Hrsg) Forum Dienstleistungsmanagement: Dienstleistungscontrolling. Gabler, Wiesbaden, S 253–274

Zerth J (2016) E-health, insbesondere Telemedizin als Teil einer veränderten Arbeitsteilung im Gesundheitswesen: eine gesundheitsökonomische Einordnung. Recht und Politik im Gesundheitswesen (RPG) 22(1):25–30

Über die Autoren

Dr. Michael Schneider studierte nach abgeschlossener Krankenpflegeausbildung Gesundheitsökonomie an der Universität Bayreuth und promovierte zum Thema „Wertschöpfungsorientierte Arbeitsteilung im Krankenhaus" bei Prof. Dr. Dr. h.c Peter Oberender. Nach Abschluss seines Studiums arbeitete er am Institut für angewandte Gesundheitsökonomie und in der strategischen Unternehmensplanung eines Krankenhausträgers, bevor er im April 2013 an die Wilhelm Löhe Hochschule als Lehrbeauftragter wechselte. Seine Forschungsschwerpunkte sind Dienstleistungs- und Organisationsmodelle im Gesundheits- und Sozialmarkt.

Jürgen Besser studierte Sportwissenschaften und Gerontologie an der Universität Erlangen-Nürnberg. Seit Juli 2010 ist er als wissenschaftlicher Mitarbeiter am Forschungsinstitut IDC der Wilhelm Löhe Hochschule in Fürth beschäftigt. In dieser Zeit erwarb er berufsbegleitend den MBA in Health Care Management der Universität Bayreuth. In seiner Forschungsarbeit beschäftigt er sich hauptsächlich mit der Entwicklung technischer Assistenzsysteme, im Besonderen mit der Frage unter welchen Bedingungen die wirtschaftliche Anschlussverwertung gelingen kann.

Prof. Dr. Jürgen Zerth studierte Volkswirtschaftslehre mit den Schwerpunkten Gesundheitsökonomie und Sozialpolitik und war u. a. an der Universität Bayreuth über 10 Jahre Geschäftsführer der Forschungsstelle für Sozialrecht und Gesundheitsökonomie. Nach einer Lehrstuhlvertretung an der FAU Erlangen Nürnberg hat er 2010 das Forschungsinstitut der Diakonie Neuendettelsau übernommen, das er bis zur Gründung der Wilhelm Löhe Hochschule in Fürth 2012 geleitet hat. Seit 2012 hat Zerth die Professur Wirtschaftswissenschaften mit Schwerpunkt Gesundheitsökonomie an der WLH inne und leitet gleichzeitig das Forschungsinstitut IDC. Bevorzugte Forschungsgebiete sind Gesundheits- und Institutionenökonomie, Ökonomie der Prävention und der Langzeitpflege, Wettbewerbs- und Industrieökonomie im Gesundheitswesen.

Hilfe, die Silver Surfer kommen!? Die Generation 60+ und ihr verändertes Kommunikationsverhalten im Web

15

Andréa Belliger

Zusammenfassung

Im Jahr 2060 wird jeder Dritte in Deutschland über 65 Jahre alt sein. Damit rückt im Blick auf die zunehmende digitale Transformation des Gesundheitswesens das Thema „Internet & Alter" in den Fokus. Heute nutzen bereits weit über die Hälfte der über 65-Jährigen einen Computer und das Internet, zunehmend auch mobil. Auch in den sozialen Netzwerken und im Bereich digitale Gesundheit tummeln sich Senioren, insbesondere ältere Frauen. Heutige Senioren lassen sich grob in zwei Gruppen unterteilen: die Silver Surfer und die Offliner. Die Silver Surfer weisen eine hohe Medienkompetenz und eine positive Grundhaltung den Vorteilen der Digitalisierung gegenüber auf. Ihr Nutzungsverhalten ist identisch mit dem der Restbevölkerung. Die zweite Gruppe, die Offliner, ist zum größeren Teil nicht vernetzt und aufgrund körperlicher oder geistiger Einschränkungen nicht oder nur eingeschränkt in der Lage, digitale Tools und Dienstleistungen zu nutzen. Bei dieser Gruppe rücken im Blick auf digitale Kommunikation drei Ansatzpunkte in den Fokus: E-Inklusion, neue Technologie-Designansätzen und die Unterstützung der pflegenden und betreuenden Angehörigen und Freunde.

A. Belliger (✉)
Pädagogische Hochschule Luzern, Sentimatt 1, 6003 Luzern, Schweiz
E-Mail: andrea.belliger@phlu.ch

M.A. Pfannstiel et al. (Hrsg.), *Digitale Transformation von Dienstleistungen im Gesundheitswesen II,* DOI 10.1007/978-3-658-12393-2_15

Inhaltsverzeichnis

15.1 Einleitung

Es gibt da eine Facebook-Seite mit dem Namen „Residenz Seniorenheim". Dort tun Senioren, was man gemeinhin als „Foodporn" bezeichnet. Sie fotografieren ihr Essen und stellen es auf Facebook. Auch Jürgen tut das. Jürgen ist ein Rentner in einem Altersheim in Nürnberg und postet jeweils seine kargen Mahlzeiten mit entsprechenden Fotografien. Sein Abendessen etwa vom 24. Juni 2015 mit dem Titel „Abendmahl, 24. Juni 2015: 2 Scheiben Brot, 2 Scheiben Wurst, 2 Scheiben Käse, 3 Stück Butter, ½ Tasse Kamillentee" oder das Bild zu seinem Mittagessen vom 14. Juni gleichen Jahres mit dem Titel „4 Würstchen mit Essig, eine Scheibe Brot." Das passt dem Seniorenheim ganz und gar nicht. Wegen seiner Facebook-Aktivitäten muss Jürgen nun das Heim verlassen (Quelle: Watson 2015). Das ist der erste Senioren-Shitstorm überhaupt und damit ist es endgültig an der Zeit, sich dem bisher völlig vernachlässigten Thema „Internet & Alter" zu widmen.

15.2 Mediennutzung im Alter – etwas Zahlenmaterial

Dass Senioren durchaus ein Thema sind, mit dem man sich bei der Beschäftigung mit der Thematik der Digitalisierung des Gesundheitswesens beschäftigen sollte, zeigt allein schon der Blick in die Statistik.

15.2.1 Altersentwicklung

Der Anteil der Bevölkerung im Seniorenalter ist nirgendwo in Europa so hoch wie in Deutschland, wo nach Angaben des Statistischen Amtes der Europäischen Union, kurz Eurostat, 20,6 % der Menschen im Alter von 65 Jahren und darüber sind. Im Jahr 2060, dann wenn die ersten NetGeneration-Kinder, also jene Generation, die im und mit dem Internet aufgewachsen ist, pensioniert werden, wird nach Ergebnissen der 13. koordinierten Bevölkerungsvorausberechnung bereits jeder Dritte in Deutschland mindestens 65 Jahre alt sein (Statistisches Bundesamt 2015). Ein ähnliches Bild zeigt sich für die Schweiz: In den nächsten Jahren ist bei allen Entwicklungsszenarien eine markante und rasche Alterung der Bevölkerung zu erwarten (BFS 2014). Bei den Personen ab 65 Jahren wird ein sehr starkes Wachstum von rund 84 % zu verzeichnen sein, da zwischen 2020 und 2035 die geburtenstärksten Babyboom-Jahrgänge allmählich ins Rentenalter kommen. Die starke Zunahme der Anzahl Personen ab 65 Jahren in den nächsten 30 Jahren wird aber nicht nur auf die Anzahl Personen, die das Rentenalter erreichen, zurückzuführen sein, sondern auch auf die zunehmend höhere Lebenserwartung der 65-Jährigen und Älteren. Demzufolge wird die Schweiz 2045 insgesamt 2,7 Mio. Personen über 65 Jahren zählen, was einem Bevölkerungsanteil von 26,5 % entspricht, dies gegenüber einem Anteil von 17,6 % Ende 2014.

15.2.2 Computer- und Internetnutzung im Alter

Und spätestens seit Jürgen aus dem Seniorenheim wissen wir, dass diese Senioren auch online und medienkompetent sind. Die zunehmende Digitalisierung unserer Gesellschaft zieht auch Seniorinnen und Senioren immer mehr in den Bann: So nutzten 2014 in Deutschland bereits 57 % der über 65-Jährigen einen Computer und fast die Hälfte das Internet. Damit ist der Anteil jener, die den Computer nutzen, seit 2010 um rund 8 % gestiegen, der Anteil Internetnutzer in dieser Altersgruppe gar um 10 %, wobei Männer ab 65 Jahre mit 56 % deutlich häufiger online waren als gleichaltrige Frauen (36 %). Die Entwicklung bei der Computer- und Internetnutzung von Senioren weist damit eine deutlich höhere Dynamik auf als bei anderen Altersgruppen. Dies ist zum einen zurückzuführen auf den generellen Rückstand gegenüber der Gesamtbevölkerung, den diese Altersgruppe bei der Nutzung dieser Medien hat, aber auch auf die Verbreitung von einfacher zu bedienenden Endgeräten wie Tablets. Rund zwei Drittel der Senioren nutzen das Internet täglich oder nahezu täglich. In der Altersgruppe der 65- bis 74-Jährigen war der Anteil derjenigen, die das Internet noch nie genutzt hatten, in Deutschland mit 42 % deutlich geringer als im EU-Durchschnitt (53 %). Dieser Anteil hat in den vergangenen zehn Jahren bereits stark abgenommen und diese Entwicklung wird sich weiter fortsetzen. Wenn es um die Nutzungsart geht, so nutzen Senioren das Internet das Schreiben und Empfangen von E-Mails (über 90 %), die Informationssuche (84 %), online

Einkäufe (66 %), Reisedienstleistungen (65 %), Online-Nachrichten und -Zeitungen (65 %) oder Internet-Banking (43 %) (Statistisches Bundesamt 2015).

Einer Studie von Pro Senectute, der größten Fach- und Dienstleistungsorganisation für Altersfragen in der Schweiz, und dem Zentrum für Gerontologie der Universität Zürich zufolge nutzen 2014 56 % der über 65-Jährigen das Internet (Gesamtbevölkerung: 88 %), was einer Zunahme von 47 % im Vergleich zu 2010 entspricht (Seifert und Schelling 2015). Das Alter nimmt entscheidenden Einfluss auf die Nutzung: Je älter die Senioren werden, desto mehr nimmt die Nutzung ab. Während bei den 69-jährigen Männern noch 91 % online sind, sind es bei den über 85-jährigen nur noch 30 %. Nicht zu unterschätzen ist bei den Senioren auch die genderspezifische Nutzung. Während Dreiviertel der Senioren online sind, sind es bei den Seniorinnen nur 53 %. Dieser große Unterschied im Nutzungsverhalten von Männern und Frauen findet sich heute nur noch in dieser Alterskategorie und wird sich vermutlich in den nächsten Jahren nivellieren.

15.2.3 Mobiladoption unter Senioren

Während jüngere Haushalte mittlerweile besser mit mobilen als mit stationären Computern ausgestattet sind, ist es in Haushalten mit Senioren noch umgekehrt. Haushalte der Generation 65+ besaßen 2014 in Deutschland zu gut 47 % einen stationären Computer und zu 42 % ein mobiles Gerät. Ähnlich ist die Situation bei Festnetz- und Mobiltelefonen. Auch hier waren Anfang 2014 die Haushalte von älteren Menschen besser mit Festnetz- als mit Mobiltelefon ausgestattet; bei den jüngeren Haushalten war es umgekehrt. In 96 % der Haushalte der Altersgruppe von 65-Jährigen und Älteren gab es mindestens ein Festnetztelefon, während knapp 86 % dieser Haushalte mobil telefonieren konnten. 10 % der Menschen ab 65 Jahren nutzten 2014 einen mobilen Computer mit einem berührungsempfindlichen Bildschirm, wie eine Umfrage im Auftrag des Digitalverbands Bitkom ergeben hat (Bitkom 2015a). In der Gruppe der 65- bis 74-Jährigen sind es 14 %, bei den 65- bis 69-Jährigen sogar 18 %. Dabei sind die männlichen Senioren den tragbaren Geräten gegenüber deutlich aufgeschlossener als die weiblichen: Während nur 7 % der Frauen ab 65 angaben, ein Tablet zu verwenden, waren es mit 13 % fast doppelt so viele Männer. Am häufigsten nutzen Senioren ihr Tablet, um im Internet zu surfen (84 %), private Fotos oder Videos anzuschauen (77 %) oder um E-Mails zu lesen und zu schreiben (76 %). Etwa die Hälfte der Senioren nimmt auch selbst Fotos und Videos mit dem Tablet auf oder benutzt Navigations- und Kartendienste (je 51 %). Zu den beliebtesten Anwendungen auf dem Tablet gehören außerdem das Online-Shopping und das Lesen von Zeitungen oder Zeitschriften (je 45 %). Damit ist das mobile Nutzungsverhalten recht ähnlich zum stationären. Der Anteil von Smartphone vs. Tablet-Nutzung variiert extrem pro Nutzungsinhalt. User tendieren zu größeren Bildschirmen für mehr konsum- oder surforientierte Kategorien wie online Shopping oder Zeitungslektüre. Das Smartphone dominiert mehr funktionale oder zeit- bzw. ortsabhängige Aufgaben wie beispielsweise Social Media-Updates oder das Abrufen des Wetterberichts (Comscore 2015).

In der Schweiz zeigt sich die Situation folgendermaßen: 93 % aller Senioren (97 % Gesamtbevölkerung) verfügten 2014 über ein Mobiltelefon (NZZ 2015). Durchschnittlich nutzen 46 % der Senioren das Internet mobil mit Smartphone oder Tablet. Die jüngeren Senioren besitzen Smartphone und Tablet häufiger. Ab einem Alter von 75 Jahren findet das Tablet aber aufgrund der Benutzerfreundlichkeit mehr Anklang als das Smartphone.

15.2.4 Social Media-Nutzung im Alter

„Facebook wird immer älter!“, „Alterndes Netzwerk: Senioren stürmen Facebook“, diese und weitere Schlagzeilen beherrschten Anfang 2014 die Medien und es stimmt, die Anzahl der älteren Nutzer steigt stetig (Istrategylabs 2014). Senioren sind auf Social Media-Plattformen tatsächlich aktiver, als man annimmt, wie eine Studie des Pew Research Centers aus dem Jahr 2014 zeigt (Pew Research Center 2014a). 46 % der US-amerikanischen Senioren nutzen dieser Studie zufolge Social Network-Sites wie Facebook. Und ein Resultat lässt besonders aufhorchen: Ältere Frauen nutzen SocialMedia-Sites häufiger als Männer. 52 % der weiblichen Internetnutzer über 65 nutzen soziale online Netzwerke, bei den gleichaltrigen Männern sind es lediglich 39 % (Pew Research Center 2014b).

Aktuelles und wirklich zielgruppenspezifisches Zahlenmaterial für Europa zu bekommen, ist schwierig. Der „2015 Europe Digital Future in Focus“ Report, basierend auf Datenmaterial von Comscore (2015), einem weltweit agierenden Anbieter von Digital Media Analytics, beinhaltet nur wenige Kennzahlen und Trends zum digitalen Verhalten von Senioren. Social Media-Kanäle werden laut der Social Media-Studie von Bitkom aus dem Jahr 2011 von 55 % der über 50 jährigen aktiv genutzt (Bitkom 2011). Facebook wird am häufigsten genannt, denn mehr als 53 % der über 50-Jährigen sind bei Facebook angemeldet und mehr als 43 % nutzen diesen Social Media-Kanal aktiv. Die Nutzungsmotive dieser älteren Nutzer sind dieser Studie zufolge der Austausch und Kontakt mit Familie und Freunden, Information über Tagesgeschehnisse, Information zu Marken und Produkten und das Suchen bzw. Finden von Produkten und Dienstleistungen.

Die ebenfalls etwas in die Jahre gekommene PwC-Studie „Social Media Deutschland“ aus dem Jahr 2012 stellt die Nutzung der Social-Media-Plattformen von Senioren dar (PwC 2012). Zu den Top 5 Plattformen gehören demnach Facebook, Xing, Wer-kennt-wen, StayFriends und YouTube. Zu demselben Ergebnis kommt der Branchenverband Bitkom. Senioren nutzen somit die gleichen Plattformen wie die restliche Bevölkerung. Speziell für diese Altersgruppe konzipierte Netzwerke finden wenig Anklang wie aus dem Bericht des Arbeitskreises „Media“ der Universität Ulm hervorgeht (Arbeitskreis Media 2012). Online-Telefonie als Spezialform von Social Media wird auch von älteren Menschen intensiv genutzt, insbesondere um mit der Familie in Kontakt zu bleiben. Das hat eine repräsentative Umfrage des Digitalverbands Bitkom

2015 ergeben (Bitkom 2015b). Fast jeder dritte Internetnutzer ab 65 Jahren verwendet demnach Angebote wie Skype, Face Time oder Google Hangouts. Selbst bei den Internetnutzern ab 80 Jahren ist es noch jeder Vierte. Dabei sprechen sie mit ihren Kindern (61 %), rufen Enkel oder Urenkel an (37 %) oder reden online mit Freunden oder Bekannten (51 %).

15.2.5 Beurteilung von Chancen und Risiken

Die On- und Offliner unter den Senioren sind sich einig, wozu das Internet gut ist. Was die Onliner am meisten tun und die Offliner interessieren würde, sind E-Mails schreiben, Informationen und Fahrpläne heraussuchen. Auch die Bedenken sind ähnlich: Für die Onliner sind es die Sicherheit, die Angst vor technischen Problemen und die geringe Glaubwürdigkeit der Informationen aus dem Internet. Offliner bleiben offline wegen der komplizierten Nutzung, Sicherheitsbedenken und dem Lernaufwand.

Aus Sicht der Senioren schafft das Internet Sicherheit durch Information und Vernetzung. Gleichzeitig ist die Sicherheit aber das größte Bedenken und Hemmschwelle.

Ältere Menschen, die im Internet aktiv sind und sich mit neuen Technologien beschäftigen, fühlen sich selbstbewusster, haben höhere kognitive Fähigkeiten und sind sozial aktiver. Zu diesem Ergebnis kommt eine Erhebung der University of Exeter im Rahmen des EU-Projektes „Ages 2.0" aus dem Jahr 2014 (Ages 2.0 2014). Technisch, insbesondre in den sozialen Netzwerken aktive Senioren sind deutlich fitter und selbstbewusster (Seifert und Schelling 2015). Das Tool Skype wird in dieser Beziehung speziell hervorgehoben: Durch Videoanrufe lässt sich ein hoher Grad an mentaler Gesundheit verbunden mit einer maximalen Schwächung des Einsamkeitsgefühls erreichen.

Den Chancen der Digitalisierung für mehr Unabhängigkeit und Lebensqualität, stehen die Risiken gegenüber. All jene, die aus unterschiedlichsten Gründen diese digitalen Kompetenzen nicht haben, die Smartphones und Tablets nicht bedienen können, werden davon nicht profitieren. Die Gefahr des „digital divide" ist besonders im Blick auf die ältere Generation groß. Sobald aber Senioren online sind, werden Internet und online soziale Netzwerke zu einem integralen Bestandteil des Alltags.

15.2.6 Nutzung von online und digitalen Gesundheitsangeboten

Und wie steht es um die Nutzung von Angeboten im Bereich E-Health, Digital Health und mobile Health? Rund 40 Mio. Menschen in Deutschland nutzen das Internet zu Gesundheitsthemen (ePatient Survey 2015). Sie suchen nach Ernährungstipps, nach Informationen zu Medikamenten oder über Krankheiten. Insbesondere ältere Menschen nutzen verstärkt das Internet, um sich über Gesundheitsthemen zu informieren. Zwei von drei Internetnutzern ab 65 Jahren (68 %) suchen medizinischen Rat im Netz. Selbst bei den Nutzern ab 80 Jahren sind es noch 57 %. Das ist das Ergebnis einer repräsentativen

Bitkom-Umfrage aus dem Jahr 2014 (Bitkom 2014). Auffällig sind die Unterschiede zwischen den Geschlechtern: Frauen holen sich mit 77 % deutlich häufiger Gesundheitstipps im Internet als Männer (61 %). Interessant ist in dieser Hinsicht auch das Faktum, dass Personen, die Pflege- und Betreuungsaufgaben übernehmen – dies sind in erster Linie Frauen –, innerhalb bestimmter Indikationen aktiver in der Nutzung des Internets sind als selbst Betroffene oder chronisch kranke Personen (ePatient Survey 2015). Rund jeder zehnte ältere Internetnutzer (9 %) tritt zudem online mit seinen Ärzten in Kontakt. Diese Tendenzen werden sich gemäß einer Xerox-Studie aus dem Jahr 2014 noch verstärken (Xerox 2014). Sie zeigt auf, dass es in den USA gerade die älteren Internetnutzer, die sogenannten Babyboomer im Alter zwischen 54 und 64 sind, die bereits heute mit medizinischen Leistungserbringern online oder über Patientenportale kommunizieren oder dies gerne tun würden (83 %). In Anbetracht dessen, dass in den USA bis ins Jahr 2013 täglich 10.000 Personen das Rentenalter 65 erreichen, besteht hier ein großes Potenzial für die Einführung neuer Kommunikationsangebote und Bedarf an spezifischem Technologiedesign.

Im Juni 2015 hat eine hochrangige, nur alle 10 Jahre stattfindende Konferenz des Weißes Hauses zum Thema Altern, the White House Conference on Ageing, stattgefunden, bei der u. a. auch das Thema „Alter und Digitalisierung" behandelt wurde (White House 2015). Die Konferenz kam zum Schluss: „Don't assume that seniors are technophobic!" Der Blick auf das uns vorliegende Zahlenmaterial bestätigt diese Aussage auch für Europa, wobei sich aber auch deutlich zeigt, dass Senioren, wenn es um die Mediennutzung geht, eine sehr heterogene Gruppe sind.

15.3 „Alt sein" im 21. Jahrhundert – ein Bruch mit Stereotypen

Aber was bedeutet es heute eigentlich „alt" zu sein? In den letzten zwei Jahrhunderten hat sich unsere Lebenserwartung verdoppelt (Gross 2014) und unsere Vorstellung vom Leben im Alter wird gerade gründlich umgekrempelt (Changing Attitudes 2015). Noch in der Industriegesellschaft unterschied die Gesellschaft einzig zwischen Kindheit und Erwachsensein. Erst in den 1950er-Jahren erkannten und definierten Gesellschaft und Wissenschaft die Lebensphasen „Jugend" und „Senioren-Alter". In den Nachkriegsjahren kam mit den stetig älter werdenden Menschen eine weitere hinzu, die des „hohen Alters". Und seit ein paar Jahren nun die „Emerging Adults", Menschen in ihren Zwanzigern, offiziell zwar erwachsen, die sich aber ganz und gar nicht so verhalten (GDI 2011). Und auch das „Senioren-Alter" ist nicht mehr homogen, sondern differenziert sich weiter aus. Wir kennen heute Trends wie Perma-Youth (permanent Junge), Retro-Alte und Ageing-Hipster (GDI 2015) und diese „neuen Alten", die so genannte „Generation Gold" (GDI 2005), sind zum Wirtschaftsfaktor, zur „Silver Economy" (European Commission 2015) geworden. Die Populärkultur, insbesondere die Filmindustrie, bereitet unsere Gesellschaft schon seit einiger Zeit auf diesen Wandel vor. Es gibt in letzter Zeit auffallend viele erfolgreiche Filme mit „Alten" und alternden Schauspielern: Al Pacino und seine Seniorenganovenbande in „Stand Up Guys“, die Alters-WG um Heiner Lauterbach oder Richard Gere als Pensionär in „The Second Best Marygold Hotel“, um nur ein paar zu nennen.

Mit den Babyboomern erreicht eine geburtenstarke Generation das Pensionsalter, die so aktiv, gesund und technologieaffin ist wie keine zuvor. Eine Generation, die gar nicht erst als „alt“ abgestempelt werden will und das Alter neu definiert. Die Generali Altersstudie (Generali 2013) bestätigt dies: Senioren heute fühlen sich im Schnitt 10 Jahre jünger als sie biologisch tatsächlich sind, sie haben eine hohe Lebenszufriedenheit, leben in finanziellem und sozialem Wohlstand und verfügen über Wille und Fantasie, um die gewonnenen Jahre für sich und die Gesellschaft anders zu gestalten als mit abgegriffenen „Seniorenaktivitäten“. Heutige Senioren sind leistungswillig, kompetent und bereit zum Engagement.

Ein Alterssegment 55+, wie es heute im Marketing und PR auch im Gesundheitswesen sowohl im 1. wie auch im 2. Gesundheitsmarkt, immer noch gängig ist, zementiert ein Stereotyp, das so nicht mehr existiert. Dringend nötig ist deshalb eine neue Sicht auf das Thema Alter. Es wird künftig eine sehr differenzierte Wahrnehmung geben müssen zwischen dem biologischen und dem gefühlten Alter. Die immer stärkere Segmentierung und Heterogenität dieses Lebensabschnittes, die Tendenz hin auf eine „alterslose“ Gesellschaft (GDI 2015) und eine Angleichung an andere Lebensalter macht eine heterogene, differenzierte Ansprache nötig.

15.4 Gesundheitskommunikation und Healthcare Marketing für Senioren

Was bedeutet diese Entwicklung für unser Gesundheitswesen, für die Kommunikation im Bereich Health & Care, für Healthcare Marketing?

Beim Blick auf das gegenwärtige Internet-Nutzungsverhalten von Senioren lassen sich ganz grob zwei Gruppen unterschieden: die Silver Surfer und die Offliner.

Die Silver Surfer sind eine heterogene Gruppe tendenziell eher jüngerer, gut ausgebildeter, finanziell meist gut situierter Senioren, die eher gesund und noch weitgehend selbstständig im eigenen Haushalt leben. Diese Gruppe weist eine hohe Medienkompetenz und eine positive Grundhaltung den Vorteilen der Digitalisierung gegenüber auf. Ihr Nutzungsverhalten ist identisch mit dem der Restbevölkerung bzw. übertrifft dieses noch.

Die zweite Gruppe, die Offliner, eher ältere, weniger wohlhabende, häufig auch mit Krankheiten oder Behinderungen konfrontierte Personen, sind zum größeren Teil nicht vernetzt und aufgrund körperlicher oder geistiger Einschränkungen nicht oder nur eingeschränkt in der Lage, digitale Tools und Dienstleistungen zu nutzen. Auch sie sind eine sehr heterogene Gruppe, die dem Internet ablehnend bis interessiert gegenübersteht. Interessant ist das Faktum, dass ein Drittel der Offliner sind nur halbe Offliner sind. Sie haben indirekt Internetzugang über Partner, Kinder, Enkel und Freunde. Ein Großteil der verbleibenden Offliner, zumeist in einem Alter von über 80 Jahren, sind ältere bildungsferne Frauen mit geringer Computeraffinität (ePatient Survey 2015).

15.4.1 Die Anforderungen der Offliner: E-Inklusion, Prescribe Design und Unterstützung der Care Giver

Bei der Gruppe der mehrheitlich über 80-Jährigen, bei den Offlinern, sind im Blick auf digitale Kommunikation drei Ansatzpunkte im Fokus: eine Strategie der E-Inklusion, das Überdenken von Technologie-Designansätzen in Richtung „Prescribe Design" und der Support von pflegenden und betreuenden Angehörigen und Freunden, den „Care Givern".

Das Thema E-Inklusion, die Teilhabe aller an der Informationsgesellschaft, ist heute auf allen politischen Agenden zu finden. Im August 2010 verabschiedete die Europäische Kommission die Digitale Agenda für Europa (Digitale Agenda für Europa 2010). Deren Ziel ist die bestmögliche Nutzung des sozialen und wirtschaftlichen Potenzials der Informations- und Kommunikationstechnologien. Zu den 101 Schlüsselaktionen gehören auch die Förderung der digitalen Kompetenzen und Integration im Sinne eines chancengleichen, barriere- und diskriminierungsfreien Zugangs zu Informations- und Kommunikationstechnologien sowie digitalen Inhalten und Angeboten, der kompetente Umgang mit diesen Technologien, aber ebenso Pluralismus und Heterogenität im digitalen Raum im Hinblick auf eine Integration aller. Ziel ist es, den gesellschaftlichen Ausschluss, der Offlinern droht, zu verhindern, denn die Offliner unter den Senioren werden mit der fortschreitenden Verlagerung von Information und Online-Services ins Internet nicht nur von gesellschaftlichen Entwicklungen ausgeschlossen, sondern sie haben häufiger Schwierigkeiten, bei technischen Entwicklungen mitzuhalten etwa beim Wechsel von analogem zu digitalem TV. Es zeichnet sich ab, dass Offliner die künftigen Vulnerablen sein werden. Jede Klinik, jedes Seniorenheim, aber grundsätzlich jeder Leistungserbringer und Dienstleister im Gesundheitswesen müsste sich heute strategisch Gedanken zur E-Inklusion ihrer Kunden und dieser Patientengruppe machen.

Ein zweiter Punkt im Blick auf die Offliner unter den Senioren gilt dem Thema Gerontechnologie und insbesondere dem Ansatz des „Prescribe Design". Gerontechnologie ist ein interdisziplinärer Ansatz und ein relativ junges Forschungsgebiet, das Gerontologie und Technologie verbindet mit dem Ziel der Gestaltung altersgerechter Lebenswelten. Als Designansatz im Rahmen von Gerontechnologie bietet „Prescribe Design", ein in Europa noch kaum bekanntes neues Themen- und Fachgebiet, einen neuen Designansatz für Geräte, Apps, Plattformen etc., also im weitesten Sinne für die Gestaltung von Schnittstellen und Interfaces in der Mensch-Technologie-Interaktion im Gesundheitswesen.

Lange Zeit hat man versucht, Technologie „seniorengerecht" zu designen, etwa spezielle Smartphones für Senioren wie das Minimal-Handy „John's Phone" (www.johnsphones.com), das telefonieren kann. Nicht mehr, nicht weniger. Kein Menu, keine Kamera, keine Ruftöne, Bilder, Maps oder Apps, von WLAN ganz zu schweigen. Der mitgelieferte Stift schreibt nur auf Papier. Als Adressbuch dient ein Block eingelassen im Gehäuse. Zur Not speichern die Taste 0 bis 9 je eine Telefonnummer. Damit kann John's Phone weniger als ein Festnetztelefon. Als 2013 auf der Technologiemesse IFAS das

Senioren-Smartphone Doro Liberto (www.dorodeutschland.de) vorgestellt wurde, hat die Autorin dieses Artikels dieses natürlich sofort für ihre Mutter, damals gerade 70 geworden, gekauft. Sie hat es kein einziges Mal benutzt, stattdessen ist sie noch heute mit dem bestimmt 15 Jahre alten Klapp-Nokia und dem viel schickeren iPad unterwegs. Fazit: Mobiltelefone für Senioren sagen mehr über das Bild, das sich Marketingexperten von alten Menschen machen aus, als über alte Menschen. Was wir brauchen sind – und das eigentlich unabhängig vom Alter – neue Kommunikationsinterfaces, eine neue Art von Design, einen neuen Denkansatz bei der Gestaltung von Mensch-Technik-Schnittstellen, denn die Verständlichkeit, Bedienbarkeit und Lesbarkeit digitaler Dienste erscheint den Nutzern immer noch das größte Problem (ePatient Survey 2015). Und gerade darum geht es beim „Prescribe Design". Das Patientenportal der Mayo Clinic (apple.co/1pOgblt) ist ein gutes Beispiel dafür: Simpel, klar strukturiert, alle notwendigen Informationen, die der Kunde benötigt auf einen Blick. Mobil, lokal, personalisiert, „social", vernetzt – gutes „Prescribe Design", das den Menschen ins Zentrum rückt. Das Manifest des „Prescribe Design" listet die Grundzüge der Philosophie als „menschenzentriertes partizipatives Design" im Gesundheitswesen auf (Prescribe Design 2015).

Wenn es um die Kommunikation mit den Offlinern unter den Senioren geht, gibt es einen weiteren wichtigen Fokuspunkt in der Ansprache: die so genannten „Care Giver", also jene Personen, Angehörige und Freunde, die als Betreuungs- und Pflegepersonen im sozialen Netzwerk der Senioren zu finden sind. Eine Gruppe, die bisher in der digitalen Healthcare-Kommunikation noch wenig Beachtung fand. In den USA betreuen aber bereits heute 30 % der US-Amerikaner Angehörige und beachtliche Zahlen zeigt auch die Studie „Die Rolle der Angehörigen bei Gesundheitsfragen" von Spirit Link und BSKOM aus dem Jahr 2015 (Spirit Link 2015). Dieser Studie zufolge fühlen sich Menschen in Deutschland zwischen 30 und 60 in hohem Maße für die Gesundheit ihrer Eltern verantwortlich (89 %), beeinflussen deren Therapietreue (64 %) und sind an Kauf- und Therapieentscheidungen beteiligt (55 % bzw. 46 %). Diese aktive Rolle von Angehörigen äußert sich auch darin, dass sich 88 % zu Erkrankungen der Eltern informieren, 70 % davon bereits nach Auftreten von Symptomen und noch vor der Diagnose durch den Arzt. Die Studie zeigt, dass nach dem Arzt (54 %) Gesundheitsseiten im Web (35 %) und allgemeine Webseiten (26 %) die wichtigsten Informationsquellen darstellen. Weitere Anlaufstellen sind andere Angehörige (24 %), Apotheken (19 %), Freunde (19 %) und Social Media (12 %). Trotz der vielfältigen Informationsmöglichkeiten wünscht sich die Mehrheit der Befragten mehr Informationsmaterial.

Familie und Freunde sind – wenn es um Gesundheit und Krankheit geht – ganz offensichtlich das Vermögen der Zukunft: Familie ist da, wo man füreinander einsteht, ein Netz von „strong & weak ties" (Granovetter 1973), ganz engen tragenden und weitergehenden, losen Beziehungen.

Dies bedeutet, dass „Care Giver" zu einer neuen wichtigen Anspruchsgruppe werden, wenn es um Kommunikation im Gesundheitswesen geht. Dieser Peer-to-Peer-Ansatz in der Versorgung braucht digitale Unterstützungssysteme, Communities und Vernetzungsangebote. Das professionelle Gesundheitssystem, Health Professionals und Experten, müssen bereit sein ihre Care Teams zu öffnen, einen „Skill Mix 2.0" unter Einbezug sozialer Netzwerke – online und offline – zuzulassen. Integrierte Versorgung muss in diesem Sinne über die gegenwärtige Vernetzung von Leistungserbringern hinaus weiter gedacht werden als Vernetzung zwischen öffentlicher, privater und Familienpflege (vgl. dazu Beyond Silos 2015).

15.4.2 Die Anforderungen der Silver Surfer: Kommunikation, Partizipation und Transparenz

Um die Onliner unter den Senioren, die Silver Surfer, müssen wir uns wenig Sorgen machen. Sie haben die gleichen Forderungen ans Gesundheitswesen wie der Rest der Bevölkerung: offene Kommunikation, Transparenz und Partizipation (Belliger und Krieger 2014).

15.5 Schlussbetrachtung

Im Jahr 2060, dann wenn die ersten NetGeneration-Kinder, also jene Generation, die im und mit dem Internet aufgewachsen ist, pensioniert werden, wird bereits jeder Dritte in Deutschland über 65 Jahre alt sein. Im Blick auf die zunehmende digitale Transformation des Gesundheitswesens rückt damit das Thema Internet & Alter vermehrt in den Fokus. 2014 nutzen in Deutschland bereits 57 % der über 65-Jährigen einen Computer und fast die Hälfte das Internet zum Recherchieren nach Informationen, Lesen der Zeitung, Betrachten von Fotos, Senden von E-Mails oder für Online-Shopping – und dies zunehmend auch mobil. Auch in den sozialen Netzwerken tummeln sich Senioren, insbesondere ältere Frauen. Sie nutzen diese Kommunikationstools für den Austausch und Kontakt mit Familie und Freunden. Und fast jeder dritte Internetnutzer ab 65 Jahren verwendet heute Videotelefonie-Angebote wie Skype. Aus Sicht der Senioren schafft das Internet Sicherheit durch Information und Vernetzung. Gleichzeitig ist die Sicherheit aber das größte Bedenken und Hemmschwelle. Ältere Menschen, die im Internet aktiv sind und sich mit neuen Technologien beschäftigen, fühlen sich selbstbewusster, haben höhere kognitive Fähigkeiten, sind sozial aktiver. Den Chancen der Digitalisierung für mehr Unabhängigkeit und Lebensqualität stehen die Risiken gegenüber. All jene, die aus unterschiedlichsten Gründen diese digitalen Kompetenzen nicht haben, werden davon nicht profitieren. Sobald aber Senioren online sind, werden Internet und soziale Online-Netzwerke zu einem integralen Bestandteil des Alltags. Auch bei der Nutzung von Angeboten im Bereich der digitalen Gesundheit sind Senioren heute bereits aktiv. Zwei von drei Internetnutzern ab 65 Jahren suchen medizinischen Rat im Netz. Selbst bei den Nutzern ab 80 Jahren sind es noch 57 %. Rund jeder zehnte ältere Internetnutzer tritt zudem online mit seinen Ärzten in Kontakt. Das vorliegende Zahlenmaterial zeigt einerseits, dass ältere Menschen heute in keiner Weise technophob sind, es zeigt aber andererseits auch, dass Senioren, wenn es um Mediennutzung geht, eine sehr heterogene Gruppe sind. Die immer stärkere Segmentierung und Heterogenität dieses Lebensabschnittes, die Tendenz hin auf eine „alterslose" Gesellschaft und eine Angleichung an andere Lebensalter macht eine differenzierte Ansprache nötig. Beim Blick auf das gegenwärtige Internet-Nutzungsverhalten von Senioren lassen sich ganz grob zwei Gruppen unterschieden: die Silver Surfer und die Offliner. Die Silver Surfer sind tendenziell eher jüngere, gut ausgebildete, finanziell meist gut situierte Senioren, die eher gesund und noch weitgehend selbstständig im eigenen Haushalt leben. Diese Gruppe weist eine hohe Medienkompetenz und eine positive Grundhaltung den Vorteilen der Digitalisierung gegenüber auf. Ihr Nutzungsverhalten ist identisch mit dem der Restbevölkerung bzw. übertrifft diese noch. Sie fordern vom Gesundheitswesen mehr Kommunikation, Transparenz und Partizipation. Die zweite Gruppe, die Offliner, eher ältere, weniger wohlhabende, häufig auch mit Krankheiten oder Behinderungen konfrontierte Personen, sind zum größeren Teil nicht vernetzt und aufgrund körperlicher oder geistiger Einschränkungen nicht oder nur eingeschränkt in der Lage, digitale Tools und Dienstleistungen zu nutzen. Bei dieser Gruppe der Offliner rücken im Blick auf digitale Kommunikation drei Ansatzpunkte im Fokus: eine Strategie der E-Inklusion, das Überdenken von Technologie-Designansätzen in Richtung „Prescribe Design" und der Support von pflegenden und betreuenden Angehörigen und Freunden, den „Care Givern".

Literatur

Ages 2.0 (2014) Activating and guiding the engagement of seniors through Social Media. Final Report. http://www.ages2.eu/sites/default/files/page/Ages-final-report-EN.pdf. Zugegriffen: 26. März 2016

Altersstudie G (2013) Wie ältere Menschen leben, denken und sich engagieren. Fischer Taschenbuch, Frankfurt a. M. (Hrsg. vom Generali Zukunftsfonds und dem Institut für Demoskopie Allensbach.)

Arbeitskreis Media (2012) Facebook für Ältere, hrsg. vom AK Media des Zentrums für Allgemeine Wissenschaftliche Weiterbildung der Universität Ulm. http://vts.uni-ulm.de/docs/2013/8576/vts_8576_12680.pdf. Zugegriffen: 26. März 2016

Belliger A, Krieger D (2014) Gesundheit 2.0. Das ePatienten-Handbuch. transcript, Bielefeld

Beyond Silos (2015) Taking integrated care one step further… http://beyondsilos.eu/project/. Zugegriffen: 26. März 2016

Bitkom (2011) Soziale Netzwerke. Eine repräsentative Untersuchung zur Nutzung sozialer Netzwerke im Internet. https://www.bitkom.org/Bitkom/Publikationen/Studie-Soziale-Netzwerke.html. Zugegriffen: 26. März 2016

Bitkom (2014) Senioren suchen Gesundheits-Rat. https://www.bitkom.org/Presse/Presseinformation/Senioren-suchen-Gesundheits-Rat-im-Web.html. Zugegriffen: 26. März 2016

Bitkom (2015a) 1,6 Millionen Senioren nutzen Tablet-Computer. http://www.bitkom-research.de/WebRoot/Store19/Shops/63742557/54C2/6238/219A/99A6/61D8/C0A8/2ABB/89F3/Tablet_Nutzung_Senioren_final.pdf. Zugegriffen: 26. März 2016

Bitkom (2015b) Jeder dritte ältere Onliner telefoniert. https://www.bitkom.org/Presse/Presseinformation/Jeder-dritte-aeltere-Onliner-telefoniert-via-Internet.html. Zugegriffen: 26. März 2016

Bundesamt für Statistik (2014) Internetzugang der Haushalte und Internetnutzung der Bevölkerung in der Schweiz. Erhebung zu den Informations- und Kommunikationstechnologien 2014 in Privathaushalten. http://issuu.com/sfso/docs/823_1400?e=2969314/13730938. Zugegriffen: 26. März 2016

Changing Attitudes Towards Seniors as Learners (2015) Creating an understanding of seniors as digital storytellers. In: Proceedings of EDULEARN15 Conference, Barcelona, Spain, 6–8 Juli 2015

Comscore (2015) Digital Future in Focus, 2015 Germany. https://www.comscore.com/ger/Insights/Blog/2015-Europe-Digital-Future-in-Focus. Zugegriffen: 26. März 2016

Digitale Agenda für Europa (2010) Titel (der Internetseite)??? http://eur-lex.europa.eu/legal-content/DE/TXT/?uri=URISERV%3Asi0016 und http://ec.europa.eu/digital-agenda/en/living-online/ehealth-and-ageing. Zugegriffen: 26. März 2016

ePatient Survey (2015) 4. Nationaler ePatient Survey 2015. http://epatient-rsd.com/wp-content/uploads/2015/05/EPatient_Survey_2015_Pressemappe.pdf. Zugegriffen: 26. März 2016

European Commission (2015) Growing the European Silver Economy. http://ec.europa.eu/research/innovation-union/pdf/active-healthy-ageing/silvereco.pdf#view=fit&pagemode=none. Zugegriffen: 26. März 2016

GDI (2005) Generation Gold. Wie sich Werte, Wünsche und Lebensstile zwischen 50 und 80 verändern, GDI-Studie Nr. 18. http://gdi.ch/de/Think-Tank/Studien/ProductDetail/47. Zugegriffen: 26. März 2016

GDI (2011) Die Super-Opportunisten. Warum Twenty-Somethings das Experimentieren zum Lebensstil machen. GDI-Studie Nr. 37. http://www.gdi.ch/de/Think-Tank/Studien/ProductDetail/3. Zugegriffen: 26. März 2016

GDI (2015) Digital Ageing. Unterwegs in die alterslose Gesellschaft, GDI-Studie Nr. 44. http://www.gdi.ch/de/Think-Tank/Studien/Digital-Ageing/681. Zugegriffen: 26. März 2016

Granovetter M (1973) The strength of weak ties. Am J Sociol 78(6):1360–1380

Gross P (2014) Wir werden älter. Vielen Dank. Aber wozu?, 4. Aufl. Herder, Freiburg

Istrategylabs (2014) 3 Million teens leave Facebook in 3 years. The 2014 Facebook demographic report. http://istrategylabs.com/2014/01/3-million-teens-leave-facebook-in-3-years-the-2014-facebook-demographic-report. Zugegriffen: 26. März 2016

NZZ (2015) Internetnutzung via Smartphone nimmt zu. Schweizer telefonieren mit dem Handy seltener als früher. http://www.nzz.ch/panorama/alltagsgeschichten/schweizer-nur-noch-17-minuten-pro-tag-am-handy-1.18530315. Zugegriffen: 26. März 2016

Pew Research Center (2014a) Older adults and technology use. http://www.pewinternet.org/2014/04/03/older-adults-and-technology-use. Zugegriffen: 26. März 2016

Pew Research Center (2014b) Usage and adoption. http://www.pewinternet.org/2014/04/03/usage-and-adoption. Zugegriffen: 26. März 2016

Prescribe Design (2015) Our North star design challenges. designing the future of healthcare. http://prescribedesign.com/portfolio/northstar/. Zugegriffen: 26. März 2016

PwC (2012) Social media Deutschland. the winner takes it all. http://on-operations.com/wp-content/uploads/2012/05/Social-Media-Deutschland-2012-final.pdf. Zugegriffen: 26. März 2016

Seifert A, Schelling HR (2015) Digitale senioren. Nutzung von Informations- und Kommunikationstechnologien (IKT) durch Menschen ab 65 Jahren in der Schweiz im Jahr 2015, hrsg. von Pro Senectute. http://www.prosenectute.ch/de/angebote/fuer-fachpersonen/studien/digitale-senioren.html. Zugegriffen: 26. März 2016

Spirit Link (2015) 89 Prozent der erwachsenen Deutschen fühlen sich für die Gesundheit ihrer Eltern verantwortlich. http://www.angehoerigenstudie.de. Zugegriffen: 26. März 2016

Statistisches Bundesamt Deutschland (2015) Die Generation 65+ in Deutschland. https://www.destatis.de/DE/PresseService/Presse/Pressekonferenzen/2015/generation65/Pressebroschuere_generation65.pdf?__blob=publicationFile. Zugegriffen: 26. März 2016

Watson (2015) Senioren-Foodporn: Rentner postet Minimahlzeiten auf Facebook und fliegt aus dem Altersheim. http://www.watson.ch/Best%20of%20watson/International/154833172-Senioren-Foodporn–Rentner-postet-Minimahlzeiten-auf-Facebook-%E2%80%93-und-fliegt-aus-dem-Altersheim. Zugegriffen: 26. März 2016

White House (2015) Conference on ageing (13.7.2015). http://www.whitehouseconferenceonaging.gov. Zugegriffen: 26. März 2016

Xerox (2014) Annual Xerox EHR survey. Americans open to viewing test results, handling healthcare Online. http://news.xerox.com/news/Xerox-EHR-survey-finds-Americans-open-to-online-records. Zugegriffen: 26. März 2016

Über die Autorin

Prof. Dr. Andréa Belliger ist als Prorektorin Mitglied der Hochschulleitung der Pädagogischen Hochschule Luzern. Sie forscht, lehrt und berät zudem Organisationen zu Fragen von Trends und Veränderungen im gesellschaftlichen Kommunikationsverhalten, insbesondere in den Bereichen Gesundheit (eHealth, Digital Health), Bildung (eLearning, Knowledge Management) und Verwaltung (eGovernment). Sie hält Vorträge und Workshops, konzipiert Personalentwicklungs- und Weiterbildungsmaßnahmen, entwickelt Lehrpläne und Curricula und unterstützt Organisationen bei den entsprechenden Entwicklungsarbeiten. Frau Belliger ist als VR in zwei Schweizer Unternehmen in den Bereichen Gesundheitswesen und eLearning strategisch tätig und berät nationale und internationale Gremien und Unternehmen zu Fragen der digitalen Transformation.

Digitalisierung in der Pharmaindustrie

16

Gerald Huber, Markus Dachtler und Daniel Edinger

Zusammenfassung

Digitalisierung in der Pharmaindustrie bedeutet im Wesentlichen sich mit der Umwelt zu vernetzen. Dies betrifft auch die Verbindung zum Patienten, die nicht nur auf die Abgabe eines Medikamentes beschränkt ist. Mit eHealth, mHealth und Telemedizin ergeben sich zahlreiche neue Möglichkeiten, dem Patienten einen ganzheitlichen Therapieansatz zur Verfügung zu stellen. Dabei werden große Datenmengen erfasst und in aggregierter Form den verschiedenen Stakeholdern wieder zur Verfügung gestellt. Für die Forschung & Entwicklung in der Pharmaindustrie birgt dies große Potenziale, neue therapeutische Strategien zu implementieren und so die Kostensenkung im Gesundheitswesen, die Entwicklung neuer Therapieansätze sowie eine ganzheitliche Patientenversorgung voranzutreiben. Risiken der Digitalisierung, wie datenschutzrechtliche Aspekte bei der Datenverwertung von Patienten und gesunden Personen, müssen adressiert werden, jedoch sind die zahlreichen Vorteile des Daten-Sharings im Pharmabereich wie auch in anderen Industrien vorherrschend.

G. Huber (✉)
ratiopharm GmbH, Graf-Arco-Straße 3, 89079 Ulm, Deutschland
E-Mail: gerald.huber@ratiopharm.de

M. Dachtler
Gen-Plus GmbH & Co. KG, Staffelseestraße 6, 81477 München, Deutschland
E-Mail: markus.dachtler@gen-plus.de

D. Edinger
ratiopharm GmbH, Graf-Arco-Straße 3, 89079 Ulm, Deutschland
E-Mail: daniel.edinger@ratiopharm.de

M.A. Pfannstiel et al. (Hrsg.), *Digitale Transformation von Dienstleistungen im Gesundheitswesen II,* DOI 10.1007/978-3-658-12393-2_16

Inhaltsverzeichnis

16.1 Einleitung

Bereits 1970 beschrieb Michael Crichton in seinem Roman „Five Patients" einen im Flugzeug sitzenden Patienten, der unter Thoraxschmerzen zu leiden hatte und entwickelte dabei erste telemedizinische Aspekte (Crichton 1970). Damals nur in Ansätzen realisierbar, zeigt es doch die Dynamik der Pharma-Evolution der letzten Jahre und lässt die Geschwindigkeit der Umwandlung und der Entwicklung des Pharmamarktes in den kommenden Jahren erahnen (Tab. 16.1).

Treiber dieser technischen Innovation ist im 5. Kondratieff-Zyklus, der die Informationstechnologie umschreibt, begründet (Kondratieff 1926; Schumpeter 1961). Die IT-Branche und andere Hightech-Branchen, wie die Nanotechnologie, Gentechnologie und Biotechnologie revolutionierten die Datenverarbeitung, die Informations- und Kommunikationstechnik sowie die industriellen Prozesse. Die Gesellschaft befindet sich mitten im Wandel von einer Dienstleistungsgesellschaft zu einer Wissens- und Informationsgesellschaft. Begleiterscheinungen dieses Wirtschaftszyklus sind die Globalisierung sowie die globale digitale Vernetzung. Zahlreiche Wissenschaftler sehen den nächsten Wirtschaftszyklus, den 6. Kondratieff-Zyklus, in der Fortentwicklung von Elektronik und Information sowie dem Trend zur Miniaturisierung in der Gesundheitsbranche. Arzneistoffe werden aufgrund von präziseren Kenntnissen zukünftig weitaus zielgerichteter und personalisierter im Patienten zur Wirkung kommen. Die Abschn. 16.2 (Pharma 3.0) und Abschn. 16.3 (Big Data in Pharma) führen in diese Thematik näher ein.

Die Digitalisierung in Pharma lässt sich im Wesentlichen in 3 Kompetenzfelder unterteilen (Gigarenzer 2016):

- eHealth
- mHealth
- Telemedizin

Tab. 16.1 Werteveränderung in Pharma durch Digitalisierung. (Quelle: Eigene Darstellung 2016)

Heute	Morgen
von B2B	zu B2C
von Medikamenten	zu Gesundheitsdienstleistung
von Produkterfahrung	zu Patientenerfahrung
von Macht und Vertrauen zum Arzt	zu Mitwirkung des Patienten
von Service Arzt/Krankenhaus/Apotheke	zu Service überall

eHealth befasst sich dabei mit der Anwendung von elektronischen Geräten. Diese sind bisher schon weit verbreitet, aber stehen nahezu allein als sogenannte stand-alone Geräte in Arztpraxen und Gesundheitszentren oder als „home-use Applikation" beim Patienten (z. B. Blutdruckmessgerät). Eine Vernetzung der Geräte und Nutzung der digitalen Daten, z. B. zur Auswertung von Krankheitsverläufen findet momentan praktisch nicht statt. In diesem Zusammenhang sind noch viele Fragen zu klären, wie beispielsweise, wem diese Gesundheitsdaten gehören und wie diese ausreichend vor Missbrauch geschützt werden können. Der Abschn. 16.4 beschäftigt sich ausführlich mit der Thematik eHealth.

Unter mHealth fasst man die mobilen eHealth-Lösungen zusammen. Hierzu gehören die momentan den Markt schnell erobernden sogenannten Wearables, also tragbare Geräte, die mit Sensoren ausgestattet sind, um beispielsweise Puls, Blutdruck, Blutzucker, Körpertemperatur und Schrittzahl zu messen. Diese Wearables, dazu gehören im weitesten Sinn auch mit Sensoren bestückte Kleidungsstücke („smart clothes"), sind häufig über Bluetooth mit Smartphones verbunden, um die digitalen Gesundheitsdaten zu speichern und weiterzuverarbeiten. Entsprechend wächst momentan die Zahl von mehr oder weniger sinnvollen Medical Apps rasant an. Bei der Entwicklung dieser mHealth Devices zur Selbstvermessung steht häufig das kommerzielle Interesse im Vordergrund. Nur selten fließen wissenschaftliche Aspekte ein. Wie zuvor bei eHealth sind auch diese Geräte meist nicht vernetzt, d. h. die aufgenommenen Daten verweilen beim Anwender. Zahlreiche Unternehmen arbeiten derzeit an Geschäftsmodellen zur kommerziellen Verwertung dieser Daten, z. B. zur Entwicklung und Aufstellung von Gesundheitsprogrammen. Wie in Abschn. 16.5 näher beschrieben, bieten diese Daten bzw. die Verwertung der Daten ein großes Potenzial bei der Optimierung der Behandlungsmethoden und der Patienteninformationen und werden zukünftig die „Währung" der Pharmabranche werden.

Im Gegensatz zu den beschriebenen mHealth-Applikationen, die zur Selbstvermessung dienen, ist die Telemedizin den professionellen Medizinern vorbehalten. Dabei werden insbesondere folgenden Themen großes Potenzial zugeordnet: Der telemedizinische Austausch zwischen Ärzten untereinander etwa zur Diagnoseoptimierung von aus der Ferne durchgeführten Operationen, sowie die telemedizinische Überwachung des Gesundheitszustandes eines Menschen (Rohleder 2015). In jüngster Zeit wird die

Telemedizin verstärkt zur Ausbildung von Ärzten herangezogen. Mittels sogenannten Virtual-Reality (VR)-Brillen können junge Ärzte beispielsweise die Operationen erfahrener Kollegen mitverfolgen und zwar weltweit. Das Thema Telemedizin wird in Abschn. 16.6 genauer erörtert.

Das Abschn. 16.7 befasst sich mit den Chancen der Digitalisierung im Pharmabereich, was speziell auf Pharmaforschung und -entwicklung zutrifft. Abschn. 16.8 zeigt am Fallbeispiel 3-D-Druck in Pharma die Zusammenhänge nochmals auf. Abschn. 16.9 befasst sich abschließend mit den Risiken der Digitalisierung im Pharmabereich sowie mit Trends im Umgang mit den Risiken.

16.2 Von Pharma 1.0 zu Pharma 3.0

Der Begriff „Pharma 3.0" wurde ursprünglich von Ernst & Young für eine Sammlung von Reports geprägt, um eine neue Ausrichtung des Gesundheitswesens zu signalisieren (Kumli 2010). Der Weg von Pharma 1.0 zu Pharma 3.0 beschreibt dabei die Evolution der Pharmabranche. Pharma 1.0 war geprägt von Blockbuster Medikamenten geschützt durch Patente. Die heutige Pharmawelt (Pharma 2.0) ist geprägt von Kostensenkungsprogrammen, Erhöhung der operativen Effektivität und diversifizierten Produktmarktmodellen. Gründe für diese Maßnahmen sind das sogenannte „Patent cliff", also der Ablauf vieler Blockbuster-Patente in den vergangenen bzw. in den kommenden Jahren sowie die fehlende Pipeline in vielen Pharmafirmen, um die entstehende Lücke auffüllen zu können. Pharma 3.0 zeigt auf, dass sich die Pharmabranche von der ausschließlichen Lieferung eines Medikamentes für eine spezifische Krankheit wandelt in Richtung ganzheitlicher Bereitstellung von Medikation und Information und somit zur optimalen Beeinflussung des Therapieerfolges beitragen wird. Entscheidend für die Genesung eines Patienten ist nicht mehr „die Pille" alleine, sondern die gewählte Therapiestrategie, die neben der Tablette auch Zusatzleistungen, wie Infrastruktur, Informationen, Dienstleistung und Datenkonnektivität enthalten kann.

Während in den letzten Dekaden enorme Entwicklungskosten in die Behandlung von Krebs und Aids geflossen sind, scheinen sich die Gesundheitssysteme und die Bevölkerung nun zunehmend mit dem rasanten Anstieg von chronischen Krankheiten zu beschäftigen. Chronische Krankheiten gelten als die Haupttodesursache in den USA und sind extrem kostenintensiv. Nach neuesten Berichten des Deutschen Zentrums für Diabetesforschung leiden in Deutschland bereits 6 Mio. Menschen an Diabetes Typ II (DZD 2016). Zur Behandlung chronischer Krankheiten bedarf es nicht nur der Einnahme von Medikamenten, vielmehr können und müssen diese Krankheiten durch ein gesundes Verhalten im täglichen Leben gemanagt werden. Pharmaunternehmen müssen ihren Fokus dahin gehend erhöhen, um in diesen sich schnell verändernden Gesundheits-Ökosystemen nicht ins Hintertreffen zu gelangen. Es ist daher eine große Veränderung im Werteangebot analog in den kommenden Jahren zu erwarten.

Die alleinige Bereitstellung von Medikamenten ist heute nicht mehr ausreichend. Konsumenten suchen eine engere Bindung zu Pharmafirmen. Merck bietet beispielsweise die MerckEngage Webseite und App als Gesundheitsschulung für Patienten an. Die Seite liefert zahlreiche Informationen und Ratschläge für Patienten und Pflegekräfte zur Verbesserung der gesundheitlichen Kondition. Bei einer Umfrage von 2000 amerikanischen Konsumenten, gaben 74 % der Befragten an, dass Pharmaunternehmen Informationen und Serviceleitungen zu ihren Produkten komplementär im Internet anbieten sollen (Accenture 2014). Allerdings zeigte die Untersuchung auch, dass das bereits angebotene, zusätzliche Dienstleistungsangebot der Pharmaindustrie den Konsumenten bisher wenig erreicht, die Konnektivität zum Patienten also noch nicht hergestellt werden konnte. Grund hierfür ist das „nur Lese"-Stadium dieser Webseiten (Schachinger 2011). Demnach besuchen die Healthcare-Surfer mit 3–4 Mio. Nutzern je Monat überwiegend die servicestarken Gesundheitsportale und Patientenforen, während die Webseiten der klassischen Gesundheitsakteure nur wenige tausendmal besucht werden.

Es wird also in Zukunft darum gehen, nicht nur zu zeigen, dass ein Medikament wirkt, sondern wie gut das Medikament mit dem Patienten interagiert und dessen Bedürfnisse und Präferenzen reflektiert. Pharma 3.0 beschreibt diese Business Modelle, wobei digitale Information dabei die Währung ist. Der Unternehmenserfolg von Pharmafirmen wird zukünftig davon abhängen, inwieweit relevante digitale Informationen aus unterschiedlichsten Quellen am besten aggregiert und für alle zur Verfügung gestellt werden können.

Während früher pharmazeutische Unternehmen damit beschäftigt waren geistiges Eigentum in Patenten zu schützen (siehe Pharma 1.0), verlangt Pharma 3.0 Daten offen in Kollaborationen zu teilen. Forschung und Entwicklung wird externalisiert und Pharmafirmen werden entlang der Wertschöpfungskette mit diversifizierten externen Instanzen kooperieren müssen, um zukünftig ergebnisorientierte, Kunden-konnektive Lösungen anbieten zu können. Dies verlangt zum Teil radikale und noch in der jüngsten Vergangenheit nicht vorstellbare Kooperationen. So kooperiert beispielsweise Bayer mit Nintendo bei einem Blutzuckermessgerät für Kinder und kombiniert die Blutzuckermessung mit einem Abenteuerspiel. Der Spieler bekommt dabei extra Punkte für regelmäßige Blutzuckerkontrolle und honoriert Werte im Normalbereich mit weiteren Bonuspunkten.

Zusammenfassend kann man sagen, dass in heutigen Business Modellen von Pharmafirmen alles Wissen in der Wertschöpfungskette von Forschung und Entwicklung bis zur Pharmakovigilanz generiert und über das Medikament bzw. Medizinprodukt eingepreist wird. In einem Ökosystem, das Stakeholder für die erfolgreiche Therapie honoriert, können Pharmafirmen das eigene Know-how durch Allokation in Service und Lösungen umsetzen und so Kundenbindung erzeugen.

16.3 Big Data in Pharma

Bis zum Jahr 2000 waren die meisten Daten analog. Inzwischen findet eine massive Substitution der Daten von analog auf digital statt. 2007 hatte davon bereits die Hälfte eine IP-Adresse und heute werden in 2 Tagen so viele Daten generiert wie im gesamten Jahr 2003 (Philipp Evans 2013).

Die Verarbeitung von großen Datenmengen lässt die Digitalisierung der Gesellschaft erst voranschreiten. Big Data birgt dabei große Chancen insbesondere auch für die Pharmabranche. So lassen sich durch die Analyse der großen Datenmengen möglicherweise Krankheitsmuster erkennen und daraus die optimale Therapiestrategie ableiten. Aus diesen Erkenntnissen heraus kann vermutet werden, dass Krankheiten und deren Verläufe besser vorhergesagt werden können, sich neue Therapie-Algorithmen ableiten lassen und zukünftig ein personalisiertes aktives Gesundheitsrisikomanagement betrieben werden kann.

Dabei wird eine entscheidende Rolle spielen, wie Information in werthaltiges Wissen transformiert werden kann. Gesundheitsdaten sind heutzutage stark unstrukturiert und quantitativ exponentiell wachsend. Daten werden kontinuierlich durch Sensoren, Gesundheitsmonitoring und medizinische Instrumente erzeugt. Dabei ist die erzeugte Datenmenge heute schon so groß, so dass ein Arzt oder eine Krankenschwester die generierten Daten aktuell nicht mehr verwalten bzw. bewerten kann. Gesundheitsdaten von Patienten liegen heute unstrukturiert in Krankenhäusern, Arztpraxen, nicht vernetzten medizinischen Sensorsystemen und Smartphones. 80 % der Daten sind dabei unformatiert und nicht selektiert und in hunderten von unterschiedlichen Formaten, wie Laborresultaten, Images und in medizinischen Transkripten abgespeichert. IBM schätzt dabei das Einsparvolumen für die nationalen Gesundheitsversorgungen konservativ auf über 200 Mrd. US$ ein (IBM 2013). Schon aufgrund dieser Tatsache lässt sich der Trend der Fortentwicklung der Digitalisierung in der Gesundheitsbranche nicht verhindern.

Als ein Beispiel von Big Data zur Prävention von Krankheiten sei das Google Projekt Baseline genannt (Rich McCormick 2014). Google sammelt basierend auf freiwilliger Teilnahme medizinische Daten von gesunden sowie kranken Menschen und generiert dabei eine riesige Datenbank von medizinischen Informationen. Dabei soll Ärzten ermöglicht werden, Trends in der Gesundheit frühzeitig zu erkennen und somit Medizin mehr in Richtung Prävention als zur Heilung auszubauen.

Auch der Ausbruch von Krankheiten kann durch das Sammeln und Auswerten von Big Data besser vorhergesagt werden. Ganz analog zu Heuschnupfen-Alarmen durch Digitalisierung von Pollenflügen lassen sich auch Grippewellen in Zukunft noch besser vorhersagen.

Eine weitere mögliche Anwendung von Big Data ist die Untersuchung des Arzneimittel-Einnahmeverhaltens der Patienten. Aus der Analyse der Daten könnten beispielsweise neue Faktoren gefunden werden, warum Medikamente nicht eingenommen werden und Vorhersagen getroffen werden, welche Auswirkung eine Nichteinnahme eines spezifischen Medikaments für die betreffende Person hat.

Die Herausforderung von Pharmafirmen wird in Zukunft sein, die enorme digitale Datenmenge zu sammeln, zu filtern, zu analysieren und zu verknüpfen. Dabei ist auch immer die Gefahr, dass unnütze Information gesammelt und verarbeitet wird. Solange Pharmafirmen nicht in der Lage sind, Daten richtig zu lesen, zu analysieren und interessante, aggregierte Daten mit Patienten und Partnern zu teilen, sind diese Datensammlungen nutzlos. Gelingt es aber entsprechende Algorithmen zu programmieren, werden diese digitalen Daten äußerst wertvoll und zu einer neuen „Währung“ für die Pharmaindustrie.

16.4 eHealth

Die Herausforderungen im Bereich Life Science und Gesundheitswesen zwingen die Pharmaindustrie und verwandte Industriezweige zu dramatischen Veränderungen in der Zukunft. Als eine der Hauptherausforderungen sind sicherlich die steigenden Kosten im Gesundheitssektor zu nennen. Diese Kostensteigerung ist wiederum begründet durch Faktoren, wie u. a. die alternde Gesellschaft, die drastische Zunahme an chronisch Kranken, die Behandlung von seltenen Krankheiten, sogenannten Orphan Diseases sowie steigende Kosten in Forschung und Entwicklung, um neue Therapieansätze zu finden.

Die Digitalisierung im Pharmabereich wird allgemein als der Schlüssel gesehen, den anstehenden Herausforderungen entgegenzutreten. Die Beispiele in dem Kapitel Big Data zeigen bereits einige Möglichkeiten dazu. Viele weitere Beispiele sind auch in den folgenden Kapiteln beschrieben. Ein sehr kosteneffizientes Beispiel sei nachfolgend erwähnt: Wenn alle Gesundheitsdaten eines Patienten vernetzt vorliegen, kann man auch die verschiedenen angewandten Therapien sehr gut nachvollziehen und eine erfolgsabhängige Bezahlung an Krankenhäuser, Gesundheitszentren und Ärzten sicherstellen. Dem Patienten wird so der Vorteil einer Transparenz von Gesundheitsdaten aufgezeigt, und er profitiert individuell von einer Digitalisierung im Gesundheitswesen. Neben finanziellen Anreizen dürfte noch mehr die Kontrolle der Therapiemaßnahme überwiegen. Mehr denn je ist heute der Patient verunsichert, ob die empfohlene Therapie bzw. Operation wirklich notwendig ist oder eher durch wirtschaftliche Interessen der Leistungserbringer bestimmt ist.

Letzteres lässt sich natürlich auch für Pharmafirmen übertragen. Bringt ein Medikament die erhoffte Heilung könnte man über Bonuszahlungen nachdenken. Einige Pharmafirmen denken hier in die gleiche Richtung. Dabei müssen sie sich über die Wirksamkeit eines Medikamentes sehr sicher sein, letztendlich sogar bezogen auf den individuellen Patienten. Genetische Analysen und Patientensegmentierung bereits während der Entwicklungsphase könnten die Konsequenz sein. Novartis verfolgt mit seinem neuen Herz-Kreislauf Medikament (Entresto®) so einen Ansatz.

Betrachtet man den eHealth Umsatz von England für den Bereich Diabetes so lag dieser im Jahr 2014 bei 6,9 Mio. US$ und im Jahr 2015 bereits bei 9,2 Mio. US$. Für 2020 wird laut Statista ein Umsatz von 33,6 Mio. US$ prognostiziert (Statista 2016). Für den globalen digitalen Gesundheitsmarkt wird ein jährliches Wachstum von 21 % vorhersagt.

Die Digitalisierung im Pharma-Bereich kann also für die Pharmazeutische Industrie durchaus als Chance gesehen werden, wenn man sich den Herausforderungen früh genug stellt und sich mit anderen Industriezweigen vernetzt.

16.5 mHealth

Die Smartphones haben die letzten Jahre die Welt verändert und werden zukünftig auch die Gesundheitsbranche revolutionieren. Smartphones sind allgegenwärtig, man ist immer und überall verbunden und Smartphones sind zu einem persönlichen Begleiter für eine Vielzahl der Menschen geworden. Als Reaktion darauf stieg die Zahl der von Pharmafirmen veröffentlichen Gesundheits-Apps allein innerhalb eines Jahres von 2013 auf 2014 um über 60 % (Deloitte 2014).

Chronisch Kranke werden ihren Gesundheitszustand über Hightech-Kleidung und Wearables mit neuen Biosensoren überwachen und somit seltener einen Arzt aufsuchen. Die reguläre Überwachung des Patienten kann dabei von medizinisch geschultem Personal übernommen werden und der Arzt muss nur in Notfällen eingreifen. Gerade ländliche Gebiete, in denen die Versorgung bereits heute kaum noch gewährleistet werden kann, können von diesem Trend profitieren. Mit Zunahme der digitalen Daten verändert sich die Pharmawelt immer rapider. Das Investment von US Ventures in das digitale Gesundheitswesen vervierfachte sich in den letzten vier Jahren auf ein Volumen von über 5 Mrd. US$ in 2014 (Kunst 2015). Zudem betreten neue Spieler wie Google, IBM, Samsung und Apple den Pharmasektor mit teilweise riesigen Budgets für Forschung und Entwicklung, die den Etat vieler klassischer Pharmaunternehmen um ein Vielfaches übersteigen. So investierte Google ein Drittel der zwei Milliarden US-Dollar in Risiko-Fonds des Konzerns für die Gesundheitsforschung. Hinzu kommen Investitionen in Google Genomics, einen Cloud-Dienst für die Speicherung von DNA-Daten von Forschern. In Zusammenarbeit mit dem Pharmaunternehmen AbbVie investierte Google für die Bekämpfung von altersbedingten Krankheiten in das Start-up-Unternehmen Calico 1,5 Mio. US$ (Deutsche Gesundheitsnachrichten 2015).

Mit den Smartphones und den mHealth Applikationen zeigt sich, wie Grenzen aufgehoben werden und der Pharma- und Elektroniksektor sich immer näher kommen. Miniaturisierung, neue Sensorsysteme und die Vernetzung der digitalen Daten dürften diesen Trend in den kommenden Jahren weiter beschleunigen.

16.6 Telemedizin

Heutzutage gibt es noch die Trennung zwischen mHealth und Telemedizin. Dabei versteht man unter mHealth die Nutzung von mobilen eHealth Lösungen wie mit Sensoren bestückte Kleidungsstücke („smart clothes"), Wearables und Medical Apps. Telemedizin dagegen ist den professionellen Medizinern vorbehalten. Es ist zu erwarten, dass diese

Grenzen zukünftig immer mehr verwischen. In naher Zukunft werden die Patienten online über einen Videolink mit dem Arzt kommunizieren, die über mHealth-Sensoren gesammelten Daten in einem Gesundheitsreport einsehen können und Rezepte online ordern.

Intra- und extrazelluläre Nanosensoren, die unterhalb der Haut injiziert werden, liefern weitere diagnostische Daten, die zu jedem beliebigen Zeitpunkt über ein mHealth Device ausgelesen werden können. Beispiele für solche Nanosensoren sind Tumordetektoren. Die Nanosensoren werden in das Gebiet des Tumors platziert und der Arzt kann somit das exakte Stadium des Tumors detektieren und über die Zeit verfolgen. Andere Nanosensoren messen bestimmte Indikatoren zur Vorhersage von Herzversagen. Durch die kontinuierliche Überwachung hilft es gefährdeten Patienten, Notfallsituationen zu vermeiden und gleichzeitig müssen diese Patienten auch seltener den Arzt für aufwendige Untersuchungen konsultieren. Eine weitere Anwendung von Nanosensoren ist, das Infektionsrisiko von Implantaten zu überwachen und frühzeitig Alarmsignale zu übertragen.

Die moderne Videoübertragung und besserer Satellitenempfang auch in entlegenen Gegenden der Erde ermöglicht bereits heute kleinere Operationen ohne die physische Anwesenheit eines Arztes durchzuführen. Moderne Frachtschiffe beispielsweise haben einen kleinen Operationssaal, ein Arzt ist jedoch nicht mehr an Bord. Im Fall eines kleineren Notfalles kann der Arzt über Robotermaschinen den Patienten versorgen, obwohl der Patient tausende Kilometer entfernt auf hoher See ist.

Die genannten Beispiele zeigen nur einen kleinen Einblick in zahlreiche Möglichkeiten, die das moderne Telemonitoring in der Medizin leisten kann. Wie eingangs erwähnt soll die Telemedizin dabei den Ärzten vorbehalten bleiben. Darauf legen auch aktuelle Anbieter von Telemonitoring-Komplettlösungen viel wert, so der kaufmännische Leiter von Vitaphone, Admir Kulin. „Mit der TeleArzt – Betreuung bekommen die Patienten ihren Arzt in der Tasche, nicht Google“ (Müller-Jung 2015).

16.7 Digitalisierung in Pharma F&E

Unumstritten betrifft die Digitalisierung alle Bereiche der Pharma-Wertschöpfungskette und andere Unternehmensfunktionen wie beispielsweise Finance und Controlling und Human Resources. Während die Digitalisierung bei letzteren teilweise schon weit fortgeschritten ist, gibt es in vielen Unternehmen erhebliche Einsparpotenziale durch eine weitere Digitalisierung der Daten im administrativen Bereich, wie etwa bei der Digitalisierung der Briefeingänge (in großen Unternehmen sind das über 1000 Briefe pro Tag) oder der Digitalisierung von Personalakten, die in vielen Unternehmen noch in herkömmlichen Aktenordnern verwaltet werden.

Im Bereich Pharmaproduktion wird sich analog zu anderen Industriezweigen die Industrie 4.0 durchsetzen. Auf dieses Thema soll hier nicht näher eingegangen werden und es wird auf die einschlägige Literatur verwiesen.

Bei der Pharmazulassung wurde durch die Einführung von eCTD-Formaten die Digitalisierung der umfangreichen Zulassungsdokumentation schon vor Jahren sehr erfolgreich eingeführt.

Im Bereich Forschung und Entwicklung birgt die Digitalisierung von Daten ein enormes Potenzial. Die Bündelung aller biomedizinischer Daten könnte z. B. bei der Vervollständigung der molekularen Charakterisierung von Krebserkrankungen helfen. Die weltweit größte Datenbank von Krebsgenomen ist das sogenannte Cancer Genomics Hub (CGHub), welches Wissenschaftlern ermöglicht, statistische Auswertungen einer großen Datenmenge von Krebsgenomen zu analysieren, um gezielt Möglichkeiten ausfindig zu machen, die molekulare Komplexität von Krebserkrankungen zu attackieren.

Über den Zugang einer global vernetzten Datenbank erhoffen sich die Wissenschaftler, neue Medikamente schneller entwickeln zu können, ein besseres Verständnis über die Wechselwirkungen von verschiedenen Medikamenten zu erhalten und unerwünschte Nebenwirkungen reduzieren zu können. Man geht sogar davon aus, dass klinische Studien mit Millionen von Daten simuliert werden können, ohne diese am Menschen testen zu müssen. Diese Art von Vorhersage wird aber in der Pharmaindustrie noch sehr skeptisch gesehen und die Erfolge bzw. Misserfolge der Zukunft werden uns die Grenzen und Individualität der Vorhersagbarkeit des menschlichen Organismus aufzeigen.

Über die Risiken von Cyber-Angriffen auf Medizinprodukte wird noch näher in Abschn. 16.9 eingegangen. In einer digitalen Welt müssen Medizinprodukte genauso präventiv geschützt werden wie die Menschen selbst. Ein Herz ist ein vitales Organ und wenn ein Patient einen Herzschrittmacher benötigt, um zu überleben, wird der Herzschrittmacher ebenso vital wie das Herz selbst. Bisher ist die Risikominimierung hauptsächlich damit beschäftigt, Fehler (Bugs) und Angriffsmöglichkeiten in der Software ausfindig zu machen. Vielmehr sollte man jedoch nach den eigentlichen Ursachen forschen, nämlich welcher Angriff hat zum Systemabsturz des Herzschrittmachers geführt. In diesem Zusammenhang kann man durchaus von einem digitalem Pathogen sprechen, denn der Körper unterscheidet nicht mehr zwischen einem Virus auf Kohlenstoffbasis und einem digitalen Virus. Anstatt den Angriff nur abzublocken, müssen Systeme gefunden werden, digitale Pathogene anzugreifen, sehr ähnlich der Funktionsweise des menschlichen Immunsystem. Auf Basis von Chips könnte eine digitale Immunität geschaffen werden und noch ein Level weiter ein digital gesteuertes humanes Immunsystem mit regelmäßigen Softwareupdates.

16.8 Fallbeispiel: 3-D-Druck in Pharma

In diesem Artikel wurde bereits mehrfach auf die notwendige Veränderung der Pharmabranche eingegangen. Zukünftig wird nicht das Unternehmen im Markt erfolgreich bleiben, das sich nur mehr um die Entwicklung und Produktion von Arzneimitteln beschäftigt, sondern das Unternehmen, das sich mit dem Patienten vernetzt und komplexe Therapielösungen anbietet, die der Patient als Serviceleistung auch einfordert.

Das wird künftig eine komplexe Patienten-individuelle Lösung sein müssen, die den Kunden mit allen relevanten und auch gewünschten Informationen versorgt, um eine optimale Therapie zu gewährleisten und ihm damit auch eine „Wohlfühlsituation" bietet. Wie aber könnte so eine Lösung aussehen? Hierzu soll dieses Fallbeispiel eine Möglichkeit aufzeigen:

Noch vor wenigen Jahren wurde die Tablette aus dem 3-D-Druck von vielen belächelt und selbst heute halten viele Wissenschaftler den 3-D-Druck im Pharmabereich als nicht realisierbar und für Science Fiction. Als Hauptgrund werden oft niedrige Stückzahlen und hohe Stückkosten genannt.

Die rasante Entwicklung lässt jedoch erahnen, dass in wenigen Jahren diese Technologie weitverbreitet eingesetzt wird. Schon heute ist mit Spritam® das erste Medikament aus dem 3-D-Drucker von der FDA (US Zulassungsbehörde) zugelassen worden.

Zukünftig bietet der 3-D-Druck eine ideale Plattform für Pharmafirmen, um mit dem Patienten in Verbindung zu treten und personalisierte, individuelle Dosierungen zu drucken. Noch heute wird einer schlanken Frau oftmals das gleiche Medikament in der gleichen Dosierung verabreicht wie einem stämmigen Mann. Andere Parameter wie beispielsweise genetische Informationen, aber auch aktuelles Wohlbefinden oder Ernährungsverhalten werden noch völlig missachtet. Individuelle Vorschädigungen von Organen finden häufig nur unzureichend Berücksichtigung in der Dosierung von Arzneimitteln. Kombiniert mit Nanosensoren und mHealth Applikationen wie zu vor beschrieben, könnte der 3-D-Druck die Pharmabranche revolutionieren. Vitalwerte werden fortlaufend übermittelt und in Folge wird das benötigte Medikament nach Bedarf gedruckt. Da die Medikation unmittelbar eingenommen wird, lassen sich vermutlich auch zahlreiche Wirkstoffe in einer Zubereitung mischen und die Haltbarkeit spielt nur noch eine untergeordnete Rolle, da das Medikament frisch gedruckt und sofort verabreicht werden könnte. Ein Massenprodukt, wie Kritiker bemängeln, ist dann nicht mehr notwendig. Aber auch die hohen Qualitätsanforderungen, die für die Herstellung eines Medikamentes gelten und auch gesetzlich verpflichtend sind, sehen Kritiker als schwierig an im Hinblick auf eine künftige individuelle Herstellung von Tabletten im 3-D-Druck-Verfahren, da die Herstellung eines Medikaments ausschließlich Fachpersonal vorbehalten ist. Im Zeitalter von autonom fahrenden Autos und vernetzten Drohnen fehlt es nicht an Fantasie, um auch hier eine potenzielle Lösung erahnen zu können?

Aber ist das alles finanzierbar? Unumstritten werden heute zu viele Medikamente verschrieben und gelegentlich wird auch die falsche Medikation verabreicht. Deshalb wandert auch ein Großteil der Medikamente ungenutzt in den Müll. Es muss ein radikales Umdenken stattfinden. In einem neuen Gesundheitsökosystem wie beschrieben lässt sich die Anzahl der Tabletten nach eigenen Einschätzungen deutlich reduzieren bzw. zielgerichteter einsetzen. Zudem werden weitere Kosten dadurch gesenkt, dass unerwünschte Nebenwirkungen, die wiederum mit neuen Medikamenten behandelt werden, reduziert werden. Ein weiterer Trend ist die vorherige Prüfung, ob ein bestimmtes Medikament überhaupt beim Patienten die erwünschte Wirkung erzielt. Wenn bei einer bestimmten genetischen Disposition absehbar ist, dass die Medikation nicht anschlagen wird, sollte man den Einsatz des Medikamentes gänzlich zu überdenken.

Insgesamt dürften die Todesfälle bedingt durch falsche Medikation so deutlich gesenkt werden. Ohne Frage, die Pharmarevolution wird teuer, aber ökonomisch auf Dauer unumgänglich. Pharmafirmen wie auch die Politik sind gefragt, diese Pharmawende anzugehen und das erforderliche Umfeld hierfür zu schaffen.

16.9 Risiken der Digitalisierung von Pharma

Trotz allem Enthusiasmus über die enormen Potenziale, die mit der Digitalisierung in Pharma realisiert werden können, muss man sich auch der Risiken bewusst sein und diese Risiken bewerten. Für derartige Risikobewertungen eignet sich beispielsweise sehr gut die Monte-Carlo-Simulation (Dachtler 2016).

Gesundheitsdaten sind im höchsten Maße sensibel und das Risiko des Datenmissbrauchs muss durch besonders hohe und spezielle Sicherungssysteme in jedem Fall gewährleistet werden. Es muss klar geregelt werden, wem welche Daten gehören und wer Zugang zu diesen Daten besitzt. Das wird heutzutage noch sehr unzureichend gehandhabt. Dem Patienten muss der Verwendungszweck von Daten transparent gemacht werden. Als Beispiele seien die Verwertung von patientenbezogenen Gesundheitsdaten, z. B. auf Smartphones, wie auch die Kriterien von Algorithmen, die z. B. zur Entscheidungsfindung eines Therapieansatzes genutzt werden, genannt. Idealerweise wäre der Zugang zu Patientendaten nur über den Patienten selbst möglich. Der Patient bestimmt, wem er welche Daten über seinen Gesundheitszustand, über die Diagnosen und seine Behandlung zugänglich macht.

Andererseits zeigt ein Trend, dass jüngere Menschen in höherem Maße bereit sind, Daten zu teilen, als der ältere Teil der Bevölkerung. Das Teilen von Daten wird mehr und mehr zum Regelfall, denn zur Ausnahme. Die Kommunikation der Vorteile einer vernetzten Datenwelt, auch und insbesondere im Gesundheitssektor ist ein wichtiger Bestandteil in diesem Prozess. Vielleicht lässt sich ein Vergleich mit dem Carsharing anstellen. War bisher der Besitzstand eines eigenen Autos ein Statussymbol, das es zu verteidigen galt, sehen immer mehr Menschen die (persönlichen) Vorteile des Carsharings. Durch die Digitalisierung in der Automobilindustrie und damit vernetzte und autonom fahrende Automobile wird der Besitz eines eigenen Autos, das ohnehin die meiste Zeit nur ungenutzt steht, überflüssig. Vielmehr wird der Konsument on demand ein Auto anfordern, das ihn dann autonom zu seiner Wohnung fährt und ihn sicher an das Ziel bringt. Sind alle Gesundheitsdaten in Zukunft vernetzt, wird der Patient genau die Daten wählen, die für seine personalisierte Behandlung notwendig sind. Vielleicht überwiegt letztendlich der Vorteil gegenüber dem Risiko. Tatsächlich lässt sich durch den Trend „Social Media“ beobachten, dass sich eine exponentiell wachsende Zahl von Patienten sowie medizinisches Fachpersonal vernetzt, um Informationen kollaborativ auszutauschen (Schachinger 2011).

Internetsicherheit in der Gesundheitsbranche ist ebenfalls ein Risikofaktor und je mehr medizinische Technologie verwendet wird, umso mehr erhöht sich das Sicherheitsrisiko. Herzschrittmacher, Infusionspumpen und CT Instrumente sind vor Hackern nicht mehr sicher. Kritische Sicherheitslücken können zu Ausfällen von Medizinprodukten führen mit zum Teil fatalen Folgen bis zum Tod des Anwenders. Schnell wird klar, welche Risiken hier lauern und es müssen neue Wege gegangen werden, diese Risiken der Digitalisierung im Griff zu halten (s. hierzu auch Abschn. 1.7).

Ein digitalisiertes Krankenhaus, dessen IT-Systeme durch einen feindlichen Angriff lahmgelegt werden, könnte schon heute viele Menschenleben kosten. Ein digitaler Angriff auf global vernetzte Krankenhäuser könnte tausende von Menschenleben gefährden.

Ein weiteres Risiko besteht in der Verschärfung der gesundheitlichen Ungleichheit aufgrund des sozialen Status. Zwar dämpft die Digitalisierung Versorgungsungleichheiten mithilfe der Telemedizin ein, jedoch führt digitale Ungleichheit auch zur gesundheitlichen Ungleichheit (Dockweiler 2015). Sozial schwache Personen haben aufgrund der fehlenden Verfügbarkeit von mHealth Applikationen und anderer Technologien geringeres Wissen über die eigene Gesundheit und Krankheit.

Die beschriebenen Risiken sind nicht allumfassend und sollen nur beispielhaft mögliche Risiken aufzeigen. Jedoch zeigt sich, dass diese Risiken sich nur kollaborativ angehen lassen und auch hier werden die Pharmafirmen neue Partnerschaften mit bisher pharmafremden Industriezweigen eingehen müssen. Letztendlich werden die Chancen der Digitalisierung im Pharmabereich deutlich überwiegen und neue Healthcare Ökosysteme sind unumgänglich.

16.10 Schlussbetrachtung

Der Pharmamarkt befindet sich im Wandel und die Digitalisierung hat die Gesundheitsbranche erreicht. Dies stellt die Protagonisten vor große Herausforderungen, die es zukünftig zu bewältigen gibt. Alte Gesetzmäßigkeiten der Pharmaindustrie lassen sich in der vernetzten, digitalen Welt nur schwer aufrechterhalten. Vielmehr besteht die Gefahr für die Pharmahersteller, zukünftig nur noch Zulieferer für andere Wirtschaftszweige der Electronic Commerce und Cloud Computing zu sein, die es rechtzeitig verstanden haben, sich mit der Umwelt zu vernetzen. Der Schlüssel für den weiteren Erfolg von Pharmafirmen ist also im breiten Austausch von Daten und in der Konnektivität zu den Endverbrauchern zu sehen. Für die Pharmaindustrie bedeutet das, dass es künftig nicht mehr ausreicht, nur ein Medikament zur Verfügung zu stellen, sondern ein ganzheitliches Therapiekonzept anzubieten, das neben der eigentlichen Medikation eine Infrastruktur zur Verfügung stellt, die zusätzliche Dienstleistungen und Datenkonnektivität beinhaltet. In Zukunft wird nämlich der mündige Patient entscheiden, wer die für ihn geeignetste Versorgung anbietet.

Literatur

Accenture (2014) Patients expect pharmaceutical companies to provide services that help them manage their health, accenture survey finds. https://newsroom.accenture.com/industries/health-life-sciences/patients-expect-pharmaceutical-companies-to-provide-services-that-help-them-manage-their-health-accenture-survey-finds.htm. Zugegriffen: 4. Apr. 2016

Crichton M (1970) Five Patients, Episode No. 4: Sylvia Thompson, an airline passenger who suffers chest pains. Ballantine Books, New York

Dachtler M (2016) Monte-Carlo-Simulation in der Pharmaindustrie. http://www.gen-plus.de/#!MonteCarloSimulation-in-der-Pharmaindustrie/e0xtc/57049c8b0cf27cb8ad1ac46a. Zugegriffen: 4. Apr. 2016

Deloitte (2015) Number of unique health apps published by pharmaceutical companies in 2013 and 2014. Statista GmbH, Hamburg

Deutsche Gesundheits Nachrichten (2015) Google investiert Milliarden in Gesundheits-Projekte. http://www.deutsche-gesundheits-nachrichten.de/2015/03/23/google-investiert-milliarden-in-gesundheits-projekte/. Zugegriffen: 14. Apr. 2016

Deutschen Zentrums für Diabetesforschung (2016) Zahlen. https://www.dzd-ev.de/diabetes-die-krankheit/zahlen/. Zugegriffen: 4. Apr. 2016

Dockweiler C, Razum O (2015) Digitalisierte Gesundheit: neue Herausforderungen für Public Health. https://www.researchgate.net/profile/Christoph_Dockweiler/publication/287974865_Digitalisierte_Gesundheit_neue_Herausforderungen_fur_Public_Health/links/567ad55908ae19758381 1c48.pdf. Zugegriffen: 31. März 2016

Evans P (2013) How data will transform business. https://www.ted.com/talks/philip_evans_how_data_will_transform_business/transcript?language=en. Zugegriffen: 4. Apr. 2016

Gigarenzer G, Schlegel-Matthies K, Wagner GG (2016) Digitale Welt und Gesundheit. eHealth und mHealth – Chancen und Risiken der Digitalisierung im Gesundheitsbereich. http://www.svr-verbraucherfragen.de/wp-content/uploads/2016/01/Digitale-Welt-und-Gesundheit.pdf. Zugegriffen: 31. März 2016

IBM (2013) Big data in healthcare: tapping new insight to save lives. http://www.ibmbigdatahub.com/infographic/big-data-healthcare-tapping-new-insight-save-lives. Zugegriffen: 4. Apr. 2016

Kumli F (2010) Pharma 3.0 life sciences network. http://de.slideshare.net/zaki78/ersnt-young-pharma-30-business-model. Zugegriffen: 4. Apr. 2016

Kunst M, Singh A, Shieh G (2015) Getting the dose right: a digital prescription for the pharma industry. http://bain.com/Images/BAIN_BRIEF_%20Getting_the_dose_right.pdf. Zugegriffen: 31. März 2016

McCormick R (2014) Google is collecting medical data to paint a picture of perfect human health. http://www.theverge.com/2014/7/25/5935413/google-project-baseline-collect-medical-data-for-human-health. Zugegriffen: 4. Apr. 2016

Müller-Jung J (2015) Telemedizin – Sie können ihren Arzt langsam hochfahren. http://www.telearzt.com/wp-content/uploads/2015/10/TeleArzt-FAZ_nur-vitaphoneArtikel.pdf. Zugegriffen: 11. Apr. 2016

Nikolai D Kondratieff (1926). Die langen Wellen der Konjunktur. In: Archiv für Sozialwissenschaft und Sozialpolitik. Band 56, S. 573 -609.

Rohleder B (2015) Digitalisierung in der Medizin und Pharmabranche. https://www.bitkom.org/Presse/Anhaenge-an-PIs/2015/11-November/Bitkom-Pressekonferenz-Digitalisierung-in-der-Medizin-und-Pharmabranche-05-11-2015-Praesentation-final.pdf. Zugegriffen: 31. März 2016

Schachinger A (2011) Was ist Health 2.0? Der Einfluss digitaler Innovationen auf dem Gesundheitsmarkt, 6. Aufl. Marketing Review, St. Gallen

Schumpeter, Joseph A. Konjunkturzyklen: eine theoretische, historische und statistische Analyse des kapitalistischen Prozesses. Vandenhoeck & Ruprecht, Göttingen 1961.
Statista (2016) Revenue of the ehealth solutions for diabetes segment in the United Kingdom (UK) from 2014 to 2020 (in million U.S. dollars). Statista GmbH, Hamburg

Über die Autoren

Dr. Gerald Huber PhD, MBA ist promovierter Fachapotheker mit Schwerpunkt pharmazeutische Technologie und hat zusätzlich ein Studium in Betriebswirtschaftslehre sowie englisch/amerikanischer BWL. Sein Qualifikationsprofil ergänzen zahlreiche, zertifizierte Weiterbildungen im Bereich geriatrische Pharmazie, Ernährungsberatung sowie Naturheilverfahren und Homöopathie. Dr. Huber ist Dozent an der Hochschule in Neu-Ulm und unterrichtet in den Studiengängen „Informationsmanagement im Gesundheitswesen" und „Betriebswirtschaft im Gesundheitswesen". Er ist Mitglied des Prüfungsausschusses für Pharmazeutische Technologie der Landesapothekerkammer Baden-Württemberg. Er ist im Vorstand der Forschungsgemeinschaft der Arzneimittelhersteller (FAH) und hält zahlreiche Patentanmeldungen. Gerald Huber ist Geschäftsführer der ratiopharm GmbH mit Sitz in Ulm. Ratiopharm gehört seit 2010 zum Konzernverbund der Teva. Dr. Gerald Huber verfügt über mehr als 20 Jahre Erfahrung in verschiedenen strategischen Managementpositionen im Bereich Business Intelligence, Produktion, Vertrieb, Trendforschung und neuen Technologien. Frühere berufliche Stationen waren Boehringer-Ingelheim, Hoffmann La Roche, Losan Pharma und Cardinal Health.

Dr. Markus Dachtler MBA, PMP studierte Chemie (Universität Tübingen) und Betriebswirtschaft (HS Neu-Ulm). Nach seiner Promotion in analytischer Chemie in 2000 arbeitete er zunächst als Wissenschaftler bei Unilever R&D Vlaardingen, Holland. Von 2004–2015 war Herr Dachtler bei der ratiopharm GmbH mit Sitz in Ulm in verschiedenen Positionen beschäftigt. Ratiopharm gehört seit 2010 zum Konzernverbund der Teva. Im Juni 2015 erwarb Herr Dachtler die Gen-Plus GmbH & Co KG mit Sitz in München. Die Gen-Plus ist ein mittelständisches CRO-Unternehmen, das sich mit innovativen Formulierungs- und Technologiekonzepten beschäftigt. Dr. Dachtler gibt regelmäßig Vorlesungen und Seminare im Bereich Pharma-Business. Er publizierte mehr als 20 Veröffentlichungen in internationalen Journalen und hat mehrere Patente angemeldet. In seiner wissenschaftlichen Karriere erhielt Herr Dachtler zahlreiche Auszeichnungen, u. a. den Richard R. Ernst Preis.

Dr. Daniel Edinger studierte Pharmazie an der Ludwig Maximilians Universität München und promovierte am „Center for System-Based Drug Research" im Exzellenzcluster nim (nanosystems initiative munich). Seit 2013 ist Dr. Edinger im Bereich Forschung & Entwicklung bei der ratiopharm GmbH mit Sitz in Ulm tätig. Ratiopharm gehört seit 2010 zum Konzernverbund der Teva. Begonnen hat er seine Tätigkeit im Unternehmen im Bereich „Strategic Product Research". Seit 2015 arbeitet er im Management der Forschung & Entwicklung und verantwortet den Bereich Contract Development. Er betreut Sonderprojekte für die Geschäftsführung in Kooperation mit externen Partnern aus der Industrie und in Zusammenarbeit mit Behörden und Universitäten. In seiner wissenschaftlichen Karriere publizierte Herr Edinger zahlreiche Artikel in wissenschaftlichen Journalen, verfasste ein Patent im Bereich Drug Delivery und erhielt zahlreiche Auszeichnungen.

Entwicklung und Design einer Mobile-Learning-Applikation für die Schulung afrikanischer Krankenhausmitarbeiter

17

Ronald Robertson

Zusammenfassung

Durch die rapide Entwicklung mobiler Technologien kann Mobile Learning (M-Learning) einen wertvollen Beitrag zur Digitalisierung von Schulungen im Gesundheitsbereich beitragen. Dabei können besonders afrikanische Teilnehmer profitieren, die oft unter schlechten infrastrukturellen Bedingungen auf Lerninhalte zugreifen möchten und aufgrund beruflicher Verpflichtungen stets flexibel agieren müssen. In diesem Kapitel soll die Entwicklung einer Applikation mit der Zielsetzung einen M-Learning-Kurs in Form einer mobilen Applikation für afrikanische Krankenhausmitarbeiter beschrieben werden. Für die Entwicklung sollten neben den technischen Erfordernissen ebenfalls Erkenntnisse aus Literatur und Praxis aus dem Bereich M-Learning einfließen, sowie der Status mobiler Technologien im afrikanischen Raum berücksichtigt werden.

Inhaltsverzeichnis

R. Robertson (✉)
Fakultät Gesundheitsmanagement, Hochschule Neu-Ulm, Wileystraße 1, 89231 Neu-Ulm, Deutschland
E-Mail: ronald.robertson@hs-neu-ulm.de

M.A. Pfannstiel et al. (Hrsg.), *Digitale Transformation von Dienstleistungen im Gesundheitswesen II,* DOI 10.1007/978-3-658-12393-2_17

17.1 Einleitung

Der Einzug mobiler Technologien in die Unterstützung verschiedener Prozesse im Gesundheitswesen bereitet einige Vorteile sowohl für Mitarbeiter als auch Führungskräfte. Besonders in Entwicklungsländern genießen Smartphones aufgrund der geringen Kosten im Vergleich zu Laptops und PCs eine hohe Beliebtheit, wie beispielsweise im kenianischen M-Pesa-Bezahlsystem gesehen werden kann. Das Angebot von Schulungen für Krankenhausmitarbeiter in einer mobilen Form hat daher die Möglichkeit eine breite Zahl von Interessenten gleichzeitig zu schulen und bestimmte infrastrukturelle Herausforderungen wie lange Busfahrten und Fußwege zu einer Chance für die Entwicklung neuer Fähigkeiten für Mitarbeiter aus unterschiedlichen Abteilungen zu fördern. In dem hier vorgestellten Projekt wird die Umsetzung einer bis zu dem damaligen Zeitpunkt ausschließlich in einem E-Learning Format angebotenen Schulung in ein M-Learning fähiges Konzept vorgestellt sowie die Implementierung des Konzeptes in ein bestehendes Blended-Learning-Kurskonzept.

17.2 Eingrenzung M-Learning zu E-Learning und Blended Learning

Zunächst soll ein Verständnis über M-Learning, E-Learning und Blended Learning geschaffen werden um mögliche gedankliche Überschneidungen mit den einzelnen Elementen zu klären. Allgemein können die drei genannten Lernformate als Umsetzung des Distance Learning verstanden werden. Distance Learning oder auch Distance Education genannt (Karadeniz 2009), beschreibt die zeitliche und räumliche Trennung von Lehrenden und Studenten, wobei die Trennung durch den Einsatz von Telekommunikationstechnologien nach multimedialer Aufbereitung übertragen werden soll (Schlosser und Simonson 2006).

In Abb. 17.1 können verschiedene Elemente für den Aufbau einer flexiblen Struktur für ein Distance-Learning-Konzept gesehen werden. In dieser Ansicht stellt E-Learning die zentrale Komponente dar, die in den Varianten Computer Based Learning implementiert in offline Medien, internetgestütztes Online Learning und M-Learning umgesetzt werden kann. Die Mischform aus Präsenzunterricht und selbst gesteuertem Lernen bspw. durch Printmaterialien zusammen mit E-Learning Komponenten wird dabei als Blended Learning bezeichnet. In dieser Arbeit werden als E-Learning ausschließlich elektronische

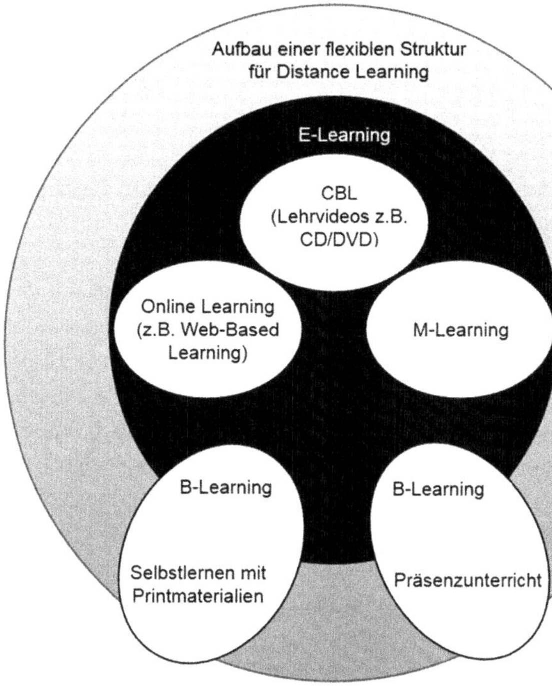

Abb. 17.1 Aufbau einer flexiblen Struktur für Distance Learning. (Quelle: Eigene Darstellung in Anlehnung an Karadeniz 2009)

Darstellungen von Lerninhalten ausgerichtet für größere Bildschirme wie Desktop PCs und Laptops bezeichnet.

Mobile Learning wird in dieser Arbeit als die Umsetzung und Bereitstellung von Lerninhalten auf mobilen Endgeräten verstanden. Bei dieser generellen Beschreibung die in der Literatur oft aufzufinden ist, muss berücksichtigt werden, dass jede M-Learning Implementierung immer von den vier Eigenschaften Technologie, Pädagogik, Kontext und Sozialer Interaktion geprägt sind (Crompton 2013).

Forschung in verschiedenen Bereichen des M-Learning ist momentan noch nicht sehr ausgereift und so können nur wenige allgemeingültige Aussagen über Standards bei der Modellierung eines M-Learning Systems getroffen werden. Laut Udanor et al. (Udanor et al. 2010) zeichnet sich ein M-Learning System durch folgende Komponenten aus:

- Zeit- und ortsunabhängiger Zugriff auf Kursmaterialien
- Limitierter Zugriff ausschließlich für registrierte Kursteilnehmer
- Bereitstellung von Kursmaterialien in verschiedenen Formaten bspw. Audio, Video, Text und Bild
- Das Material kann wiederverwendet werden

Diese Merkmale sollten alle in die spätere Entwicklung der HMHP Mobile Applikation einfließen und waren teilweise bereits in der E-Learning Umsetzung des Kurses implementiert.

17.3 Kontextspezifisches Beispielprojekt aus dem Bereich M-Learning

In diesem Abschnitt soll anhand des Beispiels eines Pharmakonzerns der Einsatz von M-Learning im spezifischen Kontext des Gesundheitswesens gezeigt werden. Hier wurde ebenfalls eine Fortbildung für Mitarbeiter mit M-Learning durchgeführt, da diese im asiatisch-pazifischen Raum im Außendienst tätig waren und damit nur selten am Standort des Konzerns geschult werden konnten. Dazu wurden 1600 Mitarbeiter mit BlackBerry Bold Smartphones ausgestattet sowie dem Applet „CellCast Widget" sodass Inhalte, die zentral von den Koordinatoren der Schulung zur Verfügung gestellt wurden, für die Smartphones der Teilnehmer zugänglich waren. Die Koordinatoren der Schulung konnten dabei über ein zentrales Informationssystem überprüfen ob bestimmte Schulungen von den Mitgliedern durchgeführt wurden und gezielt direkt mit Teilnehmern Kontakt aufnehmen, welche im Rückstand mit bestimmten Lerneinheiten waren (Quinn 2011).

Einer der Erfolgsfaktoren für den Einsatz von Mobile Learning in diesem Kontext war hier die hohe Anzahl an Reisen und Wartezeiten wo sie z. B. auf Ärzte warteten, um neue Produkte vorzustellen. Diese Leerlaufzeiten in denen die Mitarbeiter nicht im Büro verbringen konnten, wurden mit dem Mobile Learning Angebot gefüllt um bspw. gesetzlich vorgeschriebenen Compliance Weiterbildungen, welche in Summe jährlich 50 Arbeitsstunden ausmachten, zu absolvieren. Neben gesetzlichen Weiterbildungen konnten auch firmeninterne Trainingsprogramme wie z. B. Produktschulungen oder Einführungen für neue Mitarbeiter im Außendienst mobil durchgeführt werden. Insgesamt wurde diese Form einer Schulung sowohl von Mitarbeitern als auch Verantwortlichen als großer Erfolg gesehen und so wurden die mobilen Trainingseinheiten wesentlich öfters besucht als das vergleichbare Angebot für Desktop PCs. Laut Angaben des Pharmaunternehmens konnte neben einer Verbesserung der Ergebnisse in den Trainings ebenfalls eine Erhöhung der Arbeitszufriedenheit und der Produktivität durch den Einsatz von M-Learning gemessen werden. Nach diesem erfolgreichen Einsatz plant der Konzern das Training weiter zu verbreiten und in Zukunft für bis zu 10,000 Mitarbeiter im Außendienst anzubieten (Quinn 2011).

17.4 Design und Entwicklung der Applikation HMHP Mobile

Nachdem ein Einblick in M-Learning und dem Einsatz dieser Lernform in der Praxis gegeben wurde, soll nun im praktischen Teil dieses Kapitels die Entwicklung und das Design der „Hospital Management for Health Professionals Mobile Applikation" beschrieben werden. Im Kontext der hier beschriebenen Entwicklung wurde ebenfalls eine Weiterbildung, diesmal jedoch im universitären Bereich in ein M-Learning kompatibles Format umgesetzt. Diese Weiterbildung sollte für Graduierte Studenten mit mindestens zwei Jahren Arbeitserfahrung entwickelt werden. Inhalt der App sollten Grundlagen im Krankenhausmanagement sein, die bereits in dem Blended-Learning-Kurs „Hospital Management for Health Professionals (HMHP)" der Hochschule Neu-Ulm unterrichtet wurden. Dieser Blended-Learning-Kurs wurde 2013 zusammen mit Krankenhausmitarbeitern aus fünf verschiedenen afrikanischen Ländern durchgeführt und wurde gefördert durch die Deutsche Gesellschaft für internationale Zusammenarbeit (GIZ). Die Teilnehmer erhielten dabei zunächst eine Schulung, wo ihnen die neue Online Lernumgebung vorgestellt wurde und sie erstmalig persönlichen Kontakt mit den späteren Dozenten und Tutoren des Kurses hatten.

Danach folgte eine fünf-monatige Online Phase in der die Grundlagen gegliedert in fünf Module durchgeführt wurden. Die dabei vermittelten Inhalte wurden zuvor von den jeweiligen Dozenten in PowerPoint Präsentationen entwickelt sowie mit technischer Unterstützung auditiv und visuell aufbereitet. Mit dem Autorentool Articulate Storyline wurden diese Inhalte in ein gebündeltes Lernprodukt gefasst, sodass sie auf einer E-Learning Plattform wie bspw. Moodle für die Teilnehmer übertragen werden konnten. Für den Einsatz der Inhalte in afrikanischen Ländern wurde es als essenziell betrachtet die Kursinhalte parallel zur Online Plattform ebenfalls in einer offline Version in Form einer DVD bereitzustellen. Neben der reinen Inhaltsvermittlung, enthielt die Online Phase weitere Elemente aus dem Bereich E-Learning und so wurde zur regelmäßigen Teilnahme an Forumsdiskussionen aufgerufen und es gab einen monatlich stattfindenden Chat, indem die Teilnehmer die Inhalte des aktuellen Moduls mit den Dozenten besprechen konnten.

Im Anschluss an der Online Phase wurde ein ein-wöchiger Workshop veranstaltet indem die Teilnehmer weitere Präsenzunterrichtseinheiten erhielten und ihre erlernten Fähigkeiten im Bereich Krankenhausmanagement im Rahmen verschiedener Aufgaben und Projekte anwenden konnten. Der Kurs wurde von allen Teilnehmern abgeschlossen und insgesamt sehr positiv aufgenommen, wobei insbesondere das aktive Tutorenteam und die angebotene offline Version zu den wesentlichen Erfolgsfaktoren gehörten.

17.4.1 Ausgangssituation für die mobile Applikation

Die M-Learning App sollte als Ergänzung zu dem bestehenden Blended-Learning-Kurs entwickelt werden und damit neben dem für Desktop-PCs optimierten E-Learning Kurs angeboten werden. Daher war bei der Entwicklung das Ziel, die bestehenden Lerninhalte, die für Desktop PCs ausgerichtet waren, in mobile Lerninhalte zu transformieren, die sowohl dem Design und der Benutzbarkeit eines mobilen Endgerätes gerecht werden. Als mobiles Endgerät wird in diesem Zusammenhang die Darstellung auf einem Smartphone verstanden, welche im Vergleich zu einem Laptop oder einem Tablet, die auch als mobile Endgeräte gesehen werden können, größere Einschränkungen in der zur Verfügung stehenden Bildschirmgröße vorweist.

Da der Vorgänger der mobilen Applikation ein e-Learning Kurs ausgerichtet für Desktop PCs war, der in der E-Learning Authoring Software „Articulate Storyline“ umgesetzt wurde, musste grundsätzlich entschieden werden zu welchem Grad eine Umgestaltung der existierenden Lerninhalte notwendig war.

Nach Paul Clothier (Clothier 2014) kann die Umsetzung von existierenden E-Learning Inhalten zu M-Learning Inhalten in insgesamt neun Stufen umgesetzt werden, die in Abb. 17.2 dargestellt sind. Die erste Stufe wäre dabei die reine Bereitstellung der existierenden E-Learning Inhalte ohne weitere Aufbereitung für den mobilen Einsatz. Aufgrund

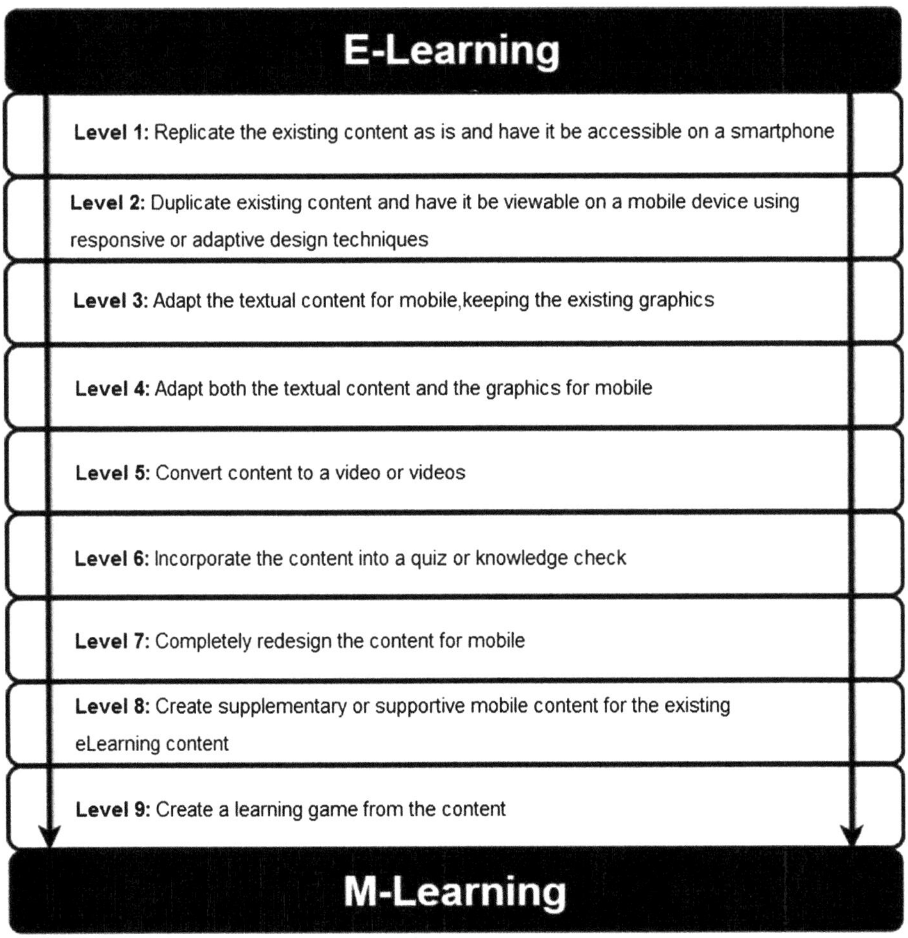

Abb. 17.2 Levels of Adaptation of eLearning for mobile. (Quelle: Eigene Darstellung in Anlehnung an Clothier 2014)

des E-Learning Ausgangsmaterials war eine Umgestaltung bis hin zur Stufe 7 und damit eine komplette Neugestaltung des Inhalts für die mobile Darstellung notwendig, welche in den folgenden Unterkapiteln näher erläutert wird.

17.4.2 Entwicklung der Applikation

Nach dem erfolgreichen Abschluss des ersten HMHP Kurses, sollte in den zukünftigen Durchläufen neben der Online und Offline E-Learning Version eine zweite Version im M-Learning Format entwickelt werden und den Teilnehmern als Ergänzung zur Verfügung gestellt werden. Dabei sollte die App wie bei der E-Learning Version den Inhalt der fünf-monatigen Online Phase enthalten, die in Abschn. 17.4.1 vorgestellt wurde. Diese konnten bis jetzt zwar über einen mobilen Browser aufgerufen werden, jedoch war die Darstellung der Lerninhalte stark beeinträchtigt, sowie die Navigation eingeschränkt und reagierte nur spärlich auf Eingaben der Benutzer.

Ziel der Entwicklung war daher einer Webanwendung die sämtlich Inhalte des HMHP Kurses integrieren konnte. Zusätzlich sollte die App in der Lage sein, die Inhalte offline für die Smartphones der Teilnehmer zur Verfügung zu stellen. Daraus ergab sich die Frage, welche Web-Technologien die geforderten Voraussetzungen erfüllen. Grundsätzlich musste auch geklärt werden für welche mobilen Betriebssysteme die Applikation ausgerichtet wird. In Ländern mit mittlerem bis niedrigen Einkommen ist das mobile Betriebssystem Android stark verbreitet und so betrug 2015 der Marktanteil dieses Betriebssystems 89 % im gesamten afrikanischen Smartphone Markt (IDC Research Inc. 2015). Ein Grund für diese hohe Verbreitung liegt im Vertriebsmodell des Betriebssystems und so können preisliche Low-End Geräteherstellern wie Huawei, das Betriebssystem für ihre Geräte einsetzen. Dies wäre beim iOS Betriebssystem, welches ausschließlich auf Apples iPhones installiert werden darf und Microsoft Windows Phone welches sein Betriebssystem nur ausgewählten Partnern zur Verfügung stellt (Immler 2012), nicht in diesem Ausmaß möglich. Eine Umfrage bei ehemaligen Teilnehmern des HMHP Kurses, die aus Kenia, Tansania, Kamerun und Malawi stammten, spiegelte diese Situation wieder und so benutzten 12 der 19 Teilnehmer das Betriebssystem Android.

Neben der Art des Betriebssystems musste eine Entscheidung bezüglich der Art der Programmierung getroffen werden. Eine Möglichkeit wäre die Entwicklung einer reinen nativen Applikation z. B. in der Programmiersprache Java gewesen. Bei der nativen Programmierung wird in einer bestimmten Programmiersprache eine Applikation geschrieben, wodurch letztendlich nur bestimmte Betriebssysteme, die mit dieser Programmiersprache kompatibel sind, die Applikation verwenden können. Eine native App die bspw. in Java für Android Smartphones entwickelt wird, ist somit für Smartphones mit dem iOS oder dem Windows Phone Betriebssystem nicht nutzbar. Daher müsste bei der Entwicklung entweder die Betriebssysteme von bestimmten Teilnehmern vernachlässigt werden, wodurch diese keine Möglichkeit hätten die Inhalte des Kurses mobil aufzurufen oder parallel für verschiedene Plattformen eine spezielle App zu programmieren mit dementsprechendem Aufwand. Der Vorteil dieser Programmierart wäre, dass potenziell die volle Kontrolle auf die Geräte Hardware gegeben ist und daher bspw. das integrierte Mikrofon des Smartphones oder die Kamera genutzt werden könnten, sowie auf spezielle Design Richtlinien, wie bspw. dem Material Design von Android, Rücksicht genommen werden könnte.

Die zweite Möglichkeit wäre die Entwicklung einer Web-Applikation mithilfe Web-Standards wie HTML, CSS und JavaScript. Dies hätte zur Folge gehabt, dass die Applikation ausschließlich online zur Verfügung steht und somit die parallele offline Variante nicht möglich gewesen wäre. Die Möglichkeit sämtliche Inhalte beim ersten Aufruf der Applikation auf dem lokalen Speicher des Smartphones zu speichern, war in Anbetracht der Größenverhältnisse der Inhalte nicht möglich.

Die Lösung für dieses Problem war die Entwicklung einer Hybrid Mobile App. Diese Mischform zeichnet sich dadurch aus, dass die Vorteile der nativen Programmierung und der Webprogrammierung genutzt werden konnten. Dabei wird die Applikation zunächst in reinem Web-Code entwickelt und im zweiten Schritt mithilfe eines Wrapper Programmes in eine Art Hülle gepackt um für das Betriebssystem wie eine native Applikation zu wirken. Wie bei der nativen Programmierung kann die App je nach dem verwendeten Wrapper auf dem Smartphone des Benutzers installiert werden und auf die Inhalte kann offline zugegriffen werden.

Da die App aus teilweise urheberrechtlich geschütztem Inhalte bestand, der lediglich für Teilnehmer des Kurses bestimmt war, konnte die Applikation nicht über den iOS App Store oder dem Google Playstore vertrieben werden und musste bei den Teilnehmern lokal als externe Anwendung installiert werden. Dies wird jedoch durch spezielle Einschränkungen der Betriebssysteme größtenteils verhindert und so war lediglich die Installation der nativen Applikation für Teilnehmer mit Android Smartphones möglich.

Eine weitere Einschränkung der nativen offline Applikation war die Größe, welche eine bestimmte Mindestgröße von 50 MB nicht überschreiten durfte. Dadurch konnten Video- und Audioaufnahmen aus der E-Learning Version die Aufnahme von Audio und Video Dateien in der nativen App nicht möglich waren.

Abb. 17.3 zeigt, wie die Teilnehmer auf die HMHP-Mobile-Applikation zugreifen konnten. Es wurden zwei Versionen der App entwickelt, wobei die erste Version nur über mobile Webbrowser aufgerufen werden konnte und sämtliche Audio und Videodateien enthielt und die zweite Version als native Applikation auf den Smartphones der Kursteilnehmer installiert werden konnte und die gesprochenen Texte in einer transkribierten Form den Teilnehmern zur Verfügung standen. Damit konnte dem ursprünglichen Gedanken einer Online und Offline Version gerecht werden.

17.4.3 Design der Applikation

Nachdem im vorherigen Kapitel die Entwicklung der beiden Applikationsformen beschrieben wurde, soll hier die Entstehung des Designs beider Applikationen erläutert werden.

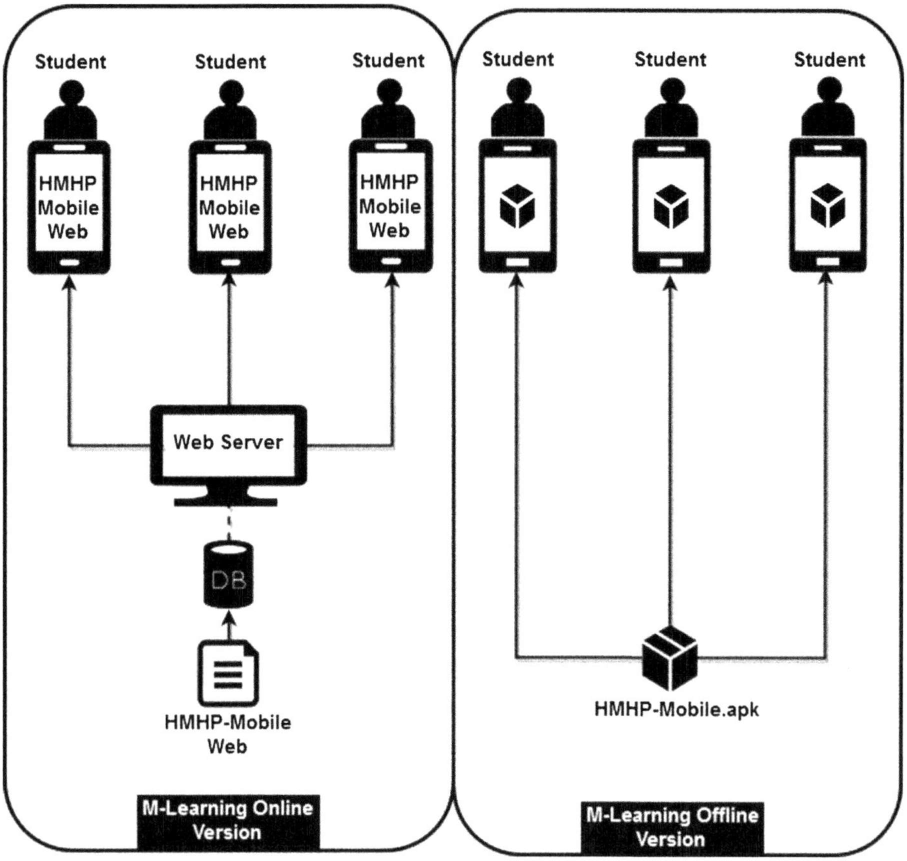

Abb. 17.3 Distribution der Online- und Offline-Version der HMHP Mobile Applikation. (Quelle: Eigene Darstellung)

Da der erste Kurs rein für Desktop PCs und Laptops ausgerichtet wurde, ist die Darstellung für kleinere Bildschirme nicht weiter berücksichtigt worden. Teilnehmer die trotzdem probierten über ihre Smartphones auf den Online Kurs zuzugreifen, mussten sich mit zwei User-Interfaces auseinandersetzen die zu dem Zeitpunkt nicht für den Einsatz auf mobile Bildschirme vorgesehen waren. Das erste Interface war die E-Learning Plattform GC-21 der GIZ auf der sich die Teilnehmer anmeldeten um im zweiten Schritt auf die Inhalte des Kurses auf dem zweiten Interface, dem Articulate Storyline Player, die Lerninhalte abzuspielen.

Diese Interfaces waren jedoch nicht „responsiv". Unter einem Responsive-Webdesign versteht man die Gestaltung einer Website, sodass sich die Inhalte automatisch auf verschiedene Bildschirmgrößen anpassen. Davor wurden Webinhalte in der Regel für größere Bildschirme konzipiert und enthielten wesentlich mehr Inhalte auf einer Seite, die bei einer Darstellung auf kleineren Bildschirmen eingeengt wurden um dort auf dem

Platz der zur Verfügung steht zu passen. Dieses Prinzip wurde 2010 durch einen Internetartikel von Ethan Marcotte geprägt und erlang eine hohe Bedeutung in der Web-Programmierung, aufgrund der hohen Diversität an Bildschirmen auf denen momentan Web-Inhalte dargestellt werden im Bereich von 2 Zoll Feature Phones bis hin zu über 50 Zoll Smart-TVs (Marcotte 2010).

Das User Interface der M-Learning Applikation wurde daher mit dem Framework JQuery Mobile erstellt, da dieses diverse Werkzeuge bietet um das Design einer Webapplikation für mobile Endgeräte zu entwickeln. Da unabhängig davon ob Teilnehmer auf die Applikation direkt über die native Applikation auf die Lerninhalte zugreifen oder über einen mobilen Webbrowser auf die Applikation zugriffen musste ein Menu geschaffen werden zur Navigation, da dies nun nicht mehr von dem Lernmanagementsystem Moodle übernommen wurde.

Abb. 17.4 zeigt das Menu der HMHP-Mobile Applikation. Hier können die Teilnehmer von den einzelnen Modulen über die Units zu den Lessons hin navigieren. Insgesamt sind in der Applikation fünf Module mit jeweils drei Units, die wiederum vier Lessons enthalten. So sind insgesamt 60 Lessons in der Applikation umgesetzt und können sowohl online als auch offline abgerufen werden.

Im ersten Screenshot (v.l.n.r.) ist die Übersicht einer Lesson dargestellt in der spezielle Lerninhalte wie Übungen und Lernfragen farblich hervorgehoben sind. Der zweite und dritte Screenshot zeigen jeweils Auszüge aus der gleichen Inhaltsseite über das Thema „Tasks of Accounting", wobei der zweite Screenshot aus der offline nativen Applikation und der dritte Screenshot aus der online Web-Applikation stammt (Abb. 17.5). Bei der nativen Version ist eine Textbox geöffnet worden in der der User bei

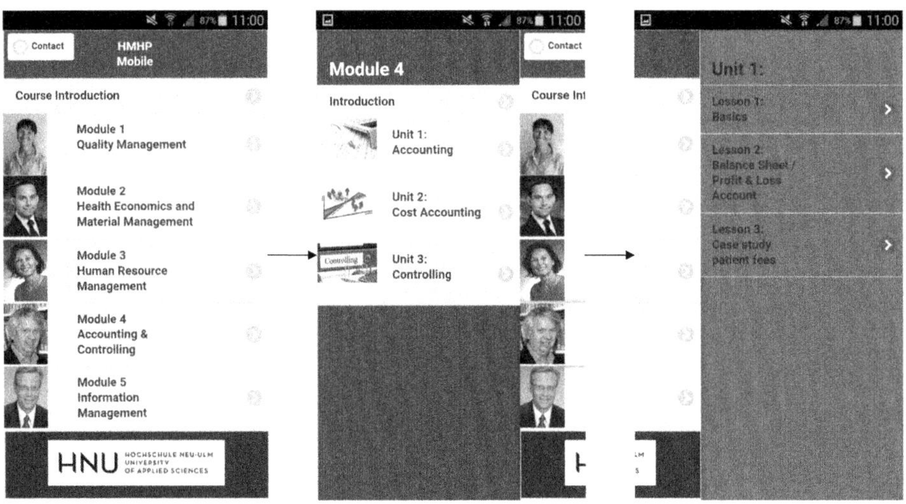

Abb. 17.4 Navigation innerhalb der HMHP Mobile Applikation (on- und offline). (Quelle: Eigene Darstellung)

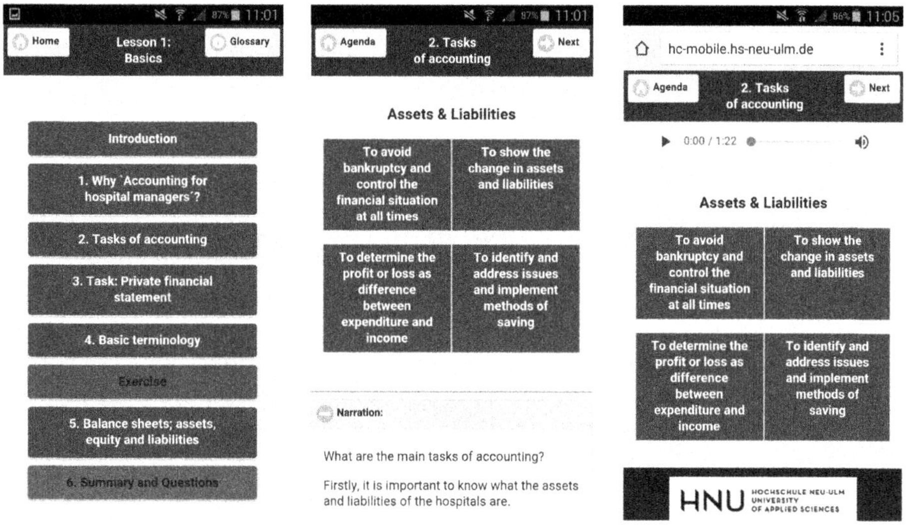

Abb. 17.5 Auszug verschiedener mobiler Lerninhalte. (Quelle: Eigene Darstellung)

Bedarf die zugehörigen Erläuterungen des Dozenten aufrufen kann. In der Online-Version ist dies ebenfalls möglich wobei dort die Erläuterungen über einen mobilen Audioplayer abgespielt werden.

17.4.4 Einsatz der Applikation

Die Mobile Learning Applikation wurde im nächsten Durchlauf des HMHP Kurses bei der Schulung von lokalen Krankenhausmitarbeitern in der Nähe von Nairobi, Kenia eingesetzt. Da zu diesem Zeitpunkt lediglich die Android Version der Offline-Applikation einsatzfähig war, konnte diese nur von einem Teil der Teilnehmer eingesetzt werden. Die Web-Applikation konnte plattformunabhängig von jedem der Teilnehmer benutzt werden. Der Einsatz dieser Variante war jedoch durch die oft schlechte Internetverbindung gehindert.

Da im gesamten Kurs zu über 60 % die Offline Angebote des Kurses von den Teilnehmern genutzt wurden, muss für zukünftige Einsätze die Distribution der Offline Variante der Applikation für alle Plattformen möglich sein umso eine mögliche digitale Trennung der Teilnehmer zu verhindern. Darüber hinaus wurde eine Verbindung zur Lernplattform Moodle, auf der ein Großteil der Kursaktivitäten lief, vermisst. Auf die Verbindung zu Moodle wurde zu dieser Zeit bewusst verzichtet, da die Plattform nicht ausreichend für den mobilen Einsatz bereit war.

Positiv wurde die Gestaltung der Inhalte empfunden und die Wahl zwischen einer Audio und einer Text Version der Inhalte sowie die mögliche Flexibilität die durch die

App geboten wurde. Die intuitive Navigation der Applikation wurde als ein weiteres positives Merkmal hervorgehoben und wurde in die spätere Neugestaltung der Navigation innerhalb der Moodle-Plattform übernommen.

17.5 Ausblick

Durch die Erfahrungen aus dem ersten Einsatz der Applikation konnten diverse Aspekte aufgenommen werden, welche bei einer Neugestaltung der Applikation mit aufgenommen werden können. Zunächst sollte die Offline Variante wie im vorherigen Unterkapitel beschrieben Plattformunabhängig für den Kurs zur Verfügung stehen.

Daneben sollte bei einer Neugestaltung der Applikation das Ziel sein, von der reinen Inhaltsdarstellung abzuweichen und die Applikation mit der Zielstellung ein mobiles Lern-Managementsystem zu schaffen, dass auf die speziellen Bedürfnisse des HMHP Kurses angepasst ist, entwickelt werden. Dabei können externe IT-Anwendungen einbezogen werden um beispielsweise einen Chat in mobiler Form abzudecken oder ein Forum anzubieten.

17.6 Schlussbetrachtung

In diesem Kapitel wurden anhand eines praktischen Beispiels die Entwicklung und der Einsatz einer Schulung für Krankenhausmitarbeiter in mobiler Form beschrieben. Diese M-Learning-Applikation wurde in diesem Beispiel als eine Form der Umsetzung eines Distance-Learning-Konzeptes eingesetzt und neben einem bestehenden E-Learning-Kurs ausgerichtet für Desktop-PCs sowie normalen Präsenzeinheiten. Die Nutzer hatten mit der M-Learning App den Vorteil, die Lerninhalte besser in ihren Alltag als Krankenhausmitarbeiter zu integrieren und flexibel auf Lerninhalte bei Bedarf zuzugreifen. Dazu konnten die in Afrika üblichen langen Arbeitswege, in denen normalerweise Leerlaufzeiten entstehen, sinnvoll überbrückt werden, wie auch in einem anderen gezeigten Praxisbeispiel gesehen wurde. Bei der Entwicklung der Applikation wurden die Herausforderungen bei der Umsetzung von E-Learning-Inhalten in mobiler Form sowie eine adäquate Bereitstellung der Applikation für den afrikanischen Kontext berücksichtigt.

Abschließend kann durch die Darstellung der Entwicklung und des Einsatzes der M-Learning-Applikation gesagt werden, dass die reine Neugestaltung der inhaltlichen Komponente eines Kurses noch nicht den maximalen Ertrag einer Schulung in mobiler Form erbringen kann. Dafür müssen sämtliche Komponenten der Schulung mit in die Applikation bezogen werden, um Medienbrüche zwischen der M-Learning App und der E-Learning-Version zu vermeiden. Ein Teilnehmer muss neben dem Aufruf der Inhalte auch die Möglichkeit besitzen Kommunikationswerkzeuge wie Foren und Chats während seines Lernerlebnisses mobil nutzten zu können. Dabei muss wieder in Betracht gezogen werden, die geringe mobile Bandbreite im afrikanischen Raum, wodurch diese Nutzung wieder eingeschränkt wird.

Literatur

Clothier P (2014) Adapting eLearning for mobile – learning from wonderful mistakes, learning solutions magazine. http://www.learningsolutionsmag.com/articles/1498/adapting-elearning-for-mobile-learning-from-wonderful-mistakes. Zugegriffen: 31. März 2016

Crompton H (2013) Mobile learning – new approach, new theory. In: Berge ZL, Muilenburg L (Hrsg) Handbook of mobile learning. Routledge, New York, S 48–56

Franke F, Ippen J (2015) Apps mit HTML5, CSS3 und JavaScript – Für iPhone, iPad und Android, 3. Aufl. Rheinwerk, Bonn

IDC Research Inc. (2015) Middle East and Africa smartphone market to top 155 million units in 2015 as sub-$200 segment surges. https://www.idc.com/getdoc.jsp?containerId=prAE25737515. Zugegriffen: 4. Apr. 2016

Immler C (2012) Der App-Entwickler Crashkurs für Android, iOS und Windows Phone. Franzis, München

Karadeniz Ş (2009) Flexible design for the future of distance learning. Procedia Soc Behav Sci 1(1):358–363. http://dx.doi.org/10.1016/j.sbspro.2009.01.066

Marcotte E (2010) Responsive webdesign. http://alistapart.com/article/responsive-web-design. Zugegriffen: 4. Apr. 2016

Quinn CN (2011) Designing mLearning – tapping into the mobile revolution for organizational performance. Pfeiffer, San Francisco

Schlosser LA, Simonson MR (2006) Distance education – definitions and glossary terms, 3. Aufl. Information Age Publishing, North Carolina

Udanor CN, Nwodoh TA (2010) A review of m-learning models. Ind J Comput Sci Eng 1(4):427

Über den Autor

Ronald Robertson Jahrgang 1991, absolvierte den Bachelor Studiengang Informationsmanagement im Gesundheitswesen an der Hochschule Neu-Ulm (HNU) und ist momentan Masterstudent im Studiengang Advanced Management der HNU. Seit seinem Bachelorabschluss arbeitet er an der Fakultät Gesundheitsmanagement der HNU und ist dort im Afrika-Zentrum als wissenschaftlicher Mitarbeiter tätig. In seiner Tätigkeit koordiniert er unter anderem das DAAD geförderte Projekt „Capacity Building Blended Learning" zusammen mit einer kenianischen Partneruniversität und organisierte E-Learning bezogene Konferenzen und Workshops mit universitären Teilnehmern aus verschiedenen Ländern Afrikas.

Cross Market Innovation: Erschließung neuer Dienstleistungsmärkte am Beispiel von mHealth

18

Andreas Schmidt

Zusammenfassung

Die zunehmende Verbreitung von Smart Watches, Wearables und Fitness-Apps sind Vorboten des noch als Randerscheinung wahrgenommenen mHealth. Durch mobile Anwendungen ist ein proaktives „Checking & Tracking" des eigenen Gesundheitszustands ebenso möglich wie die spontane Inanspruchnahme von professionellen Angeboten zur Information, Prävention und Therapie akuter und chronischer Erkrankungen. mHealth verändert das Verständnis konventioneller medizinischer Behandlung in positiver Weise als kundenorientierte und jederzeit verfügbare Serviceleistung dauerhaft. Werden die Potenziale der Technologie richtig genutzt lassen sich nachhaltige Verbesserungen in der medizinischen Versorgung und Volksgesundheit erreichen. Die Akteure der Gesundheitswirtschaft sehen sich mit einer unumkehrbaren Entwicklung konfrontiert, die als disruptive Innovation neue Chancen, aber auch eine massive Transformation mit sich bringt. Die Digitalisierung verschiebt den Wettbewerb von einer regionalen, fachlich und regulatorisch begrenzten Konkurrenz unter Medizinern auf einen globalen, interdisziplinären und branchenübergreifenden Kampf um Kunden, Wettbewerbsvorteile und Legitimation. Technologieunternehmen nutzen ihre Kompetenzen in der automatisierten Mustererkennung, Auswertung von Big Data und Algorithmen zur optimierten Diagnose und Therapie. Google, Apple und Microsoft könnten in Zukunft die Wettbewerbsregeln durch gleichzeitig wirksame und effiziente digitale Angebote zu ihren Gunsten ändern. Wenngleich eine ärztliche Untersuchung nicht ohne weiteres durch eine App zu ersetzen ist, so ist ein Leugnen der

A. Schmidt (✉)
Management, Professional Services & Sportökonomie, Universität Potsdam, Karl-Liebknecht-Str. 24–25, 14476 Potsdam, Deutschland
E-Mail: andreas.schmidt@uni-potsdam.de

M.A. Pfannstiel et al. (Hrsg.), *Digitale Transformation von Dienstleistungen im Gesundheitswesen II*, DOI 10.1007/978-3-658-12393-2_18

bevorstehenden Revolution ebenso wenig hilfreich wie blinder Aktionismus. Bevor Kliniken und Krankenkassen in ihrem Nutzen fragwürdige mobile Anwendungen entwickeln, nur um nicht den Trend zu verpassen, sollte ein Blick über die Markt- und Branchengrenzen geworfen werden. Eine Erschließung grenzüberschreitender Anwendungsfelder durch Innovationen (Cross Market Innovation) ermöglicht vorhandene Ressourcen und Kompetenzen, wie Fachwissen und Anwendungsexpertise, in neuer Weise zu nutzen und zu verwerten. Sinnvolle Konzepte eröffnen neue Kundenpotenziale und eine nachhaltige Wertschöpfung. Durch Erweiterung der eigenen Geschäftsgrundlage können zum einen das Risiko diversifiziert und zum anderen neue Einnahmequellen gesichert werden. Die Berücksichtigung alternativer Perspektiven auf Dienstleistungen und Märkte, etwa im Hinblick auf Kundenprobleme, Erlösmodelle oder neue Märkte, ergeben wichtige Impulse für die Gestaltung digitaler Gesundheitsdienstleistungen.

Inhaltsverzeichnis

18.1 Disruptiver Wandel in der Gesundheitswirtschaft

Sozialer Austausch über WhatsApp und Co, Streaming von Musik und Lesen von E-Books, Shopping-Apps, mobile Tickets für Zug und Flug, Wetter-App und natürlich Self-Tracker zur Erfassung und Auswertung von Fitness, Schlafrhythmus und Vitalfunktionen: Mobile Anwendungen sind nicht mehr aus dem Alltagsleben wegzudenken. Sie verschaffen jederzeit und ortsunabhängig Zugang zu kontextrelevanten Informationen, erleichtern den Kauf von Produkten und Dienstleistungen und nehmen lästige Aufgaben ab. Generationenübergreifend wird direkt oder über soziale Medien kommuniziert. Dabei ist die ständige Verfügbarkeit für Freunde und Familie ebenso selbstverständlich wie Echtzeitkommunikation mit Serviceanbietern. Die Erledigung von Korrespondenz oder die Planung des Arzttermins integrieren sich durch das Smartphone als ständiger Begleiter in das individuelle Leben – nicht andersherum. Daraus erwächst zusehends die

Erwartungshaltung in gleicher Weise das wohl wertvollste Gut, die Gesundheit, kontinuierlich überwachen und Unterstützung augenblicklich in Anspruch nehmen zu können.

Diese Entwicklung manifestiert sich in mehreren Trends, die zusammengenommen eine dauerhafte Veränderung darstellen. Die kontinuierliche Überwachung des Gesundheitszustands durch intelligente Armbänder, im Schuh integrierte Schrittzähler, GPS-Unterstützung und der komplementären App hilft über den Kalorienverbrauch, Stimmungsverlauf, Schlafzyklen und Vitalfunktionen das eigene Selbst zu erfassen. „Quantified Self" ist von einer Bewegung zu einem Massenphänomen avanciert bei dem der Bewegungs- und Gesundheitsalltag vermessen und optimiert wird. 70 % nutzen Gesundheits- und Fitness-Apps täglich oder mehrmals am Tag. Über Lifestyle-Funktionen hinaus werden Apps heute zum Recherchieren und Identifizieren von Beschwerden und zur Erinnerung an die Medikamenteneinnahme genutzt (Mobiquity 2014).

Durch die gesammelten Daten kann die Behandlung von Patienten deutlich verbessert werden. Weil Ärzte zumeist nur epistrophische Versorgungsmöglichkeiten haben, also nur in Episoden und dann zumeist bei akuten, „katastrophenhaften" Fällen, ermöglichen mHealth-Lösungen Gründe und Begleitumstände von medizinischen Notfällen zuverlässig abzulesen. Das pausenlose Monitoring verhilft auch zu einer Früherkennung und somit Prävention einer Eskalation zu einem Notfall (Wicklund 2015a). Die Qualität von Akutbehandlungen und langfristigen Therapien kann durch den zweckgerechten Einsatz mobiler Anwendungen helfen. Daneben ist aber auch eine Verbesserung der Patientensituation zu konstatieren. Chronische Erkrankungen können besser bewältigt werden, weil Patienten ortsunabhängig überwachbar sind, in ihrem gewohnten Umfeld verbleiben und sogar aktiv und selbstwirksam die eigene Krankheit managen können (Javitt 2014). Darüber hinaus sind individualisierte Gesundheitsdienstleistungen und gänzlich neue Angebote, wie qualifizierte und abrechenbare Fernkonsultationen, denkbar (Wicklund 2015b). Selbst psychotherapeutische Therapien per App sind erwiesener Maßen wirkungsvoll und werden bereits vorgenommen, obwohl gerade diese durch ein besonderes Vertrauensverhältnis zwischen Therapeut und Patient gekennzeichnet sind (Luxton et al. 2011). Durch die Entlastung und Verbesserung der Versorgungsstrukturen lassen sich Einspar- und Einnahmepotenziale ausmachen. Die Ausführungen machen deutlich, dass es sich nicht nur um einen unumkehrbaren Wandel, sondern auch um eine vorteilhafte Gelegenheit der Expansion der Geschäftsgrundlage und nachhaltigen Verbesserung des nationalen und globalen Gesundheitswesens handelt.

Diese Chancen werden auch außerhalb des Gesundheitssektors wahrgenommen und laden branchenfremde Unternehmen ein, den noch hinter seinen technischen Möglichkeiten zurückliegenden Markt für sich zu erschließen. So beginnt unter anderem Apple seine Reputation, technologisches Know-how und erfolgreichen mobilen Produkte einzusetzen und gleichzeitig neue Ressourcen durch interdisziplinäre Forschungskooperationen auszubauen, um diese Opportunität wahrzunehmen und innovative mHealth-Produkte zu etablieren (Wicklund 2015c). Somit werden nicht einfach nur Marktpotenziale für bestehende Anbieter blockiert. Vielmehr findet ein aggressives Abwerben qualifizierten Expertenwissens statt, das als Kompetenzerweiterung und

Vorteilsquelle im Wettbewerb eingesetzt wird. Schließlich werden durch die Kombination medizinischer und technologischer Expertise überlegene mHealth-Apps erstellt. Auf diese Weise kann der Marktneuling als Vorreiter Qualitäts- und Preisstandards als Marktzugangsbarrieren aufbauen und durch eine proprietäre Plattform dauerhaft verteidigen. Solche Appropriationsregime, die Apple durch die Produktplattform um iPhone und iPad zur dauerhaften Erlösquelle aufgebaut hat, degradieren etablierte medizinische Anbieter zu Zuschauern in der eigenen Arena. Denn ein Aufbau der notwendigen Fähigkeiten zur Realisierung eigener marktreifer Lösungen dauert aufgrund des technologischen Nachholbedarfs zu lange. Auf kurzem Wege diesen Nachteil durch Akquisitionen von Wissen und Technologie aufzuholen, verbietet im konkreten Fall die ungleich stärkere Finanzkraft des Milliardenkonzerns Apple. Anders als in anderen Branchen sind die Leistungsbereiche in der Gesundheitswirtschaft stark voneinander abgegrenzt, sodass regulierte ambulante und stationäre Angebote einerseits und Finanzierungsformen zwischen sozialer Krankenversicherung und zahlenden Kunden andererseits den Handlungsspielraum der Akteure beschränken (Bliesener et al. 2015, S. 95).

18.2 Cross Market Innovation

Das skizzierte Szenario nimmt vorweg, was in anderen Bereichen, etwa dem Zeitungs- und Verlagswesen, bei der Konvergenz zweier Branchen bereits passiert ist. Die Digitalisierung von Nachrichtenmedien lies etablierte und Jahrzehnte nachhaltig funktionierende Geschäftsmodelle obsolet werden sowie Einnahmequellen erodieren. Der Trend der Kommodifizierung der Informationsverbreitung durch das Internet zu einem kostenlosen, ubiquitär verfügbaren Gut, wurde von Medienunternehmen zu spät ernst genommen. Es wurde verpasst wertvolle Kompetenzen des Qualitätsjournalismus weiterzuentwickeln und für Opportunitäten durch neue Technologie für alternative Verwertungsmöglichkeiten zu nutzen. Um ein ähnliches Schicksal für weite Teile der Gesundheitsbranche zu verhindern, sollten die Trends der Digitalisierung zum eigenen Vorteil genutzt werden, um durch Verbesserung und Erweiterung des medizinischen Serviceangebots zu wachsen. Einzigartige, auf medizinischen Expertenwissen beruhende Ressourcen und über Jahre erlangte Kernkompetenzen in der Diagnose und Therapie von Krankheiten ermöglichen die Entwicklung neuer digitaler Produkte. Die Besinnung auf die eigenen Stärken verhindert auf fremden Terrain kämpfen und imitierend den Technologieunternehmen folgen zu müssen. Proaktive Unternehmen kombinieren die bestehenden Stärken mit den Opportunitäten des Wandels und definieren durch neue Leistungsangebote die Wettbewerbsarena neu.

In einem ersten Schritt könnten bestehende Dienstleistungen durch Digitalisierung einer breiteren Kundschaft zugänglich gemacht werden. Beispielsweise wären unternehmensinterne Leistungen, wie labormedizinische Dienste eines Krankenhauses, im Sinne eines Profitcenters als digitales Marktangebot zweitverwertbar. Eingesandte Blutproben könnten binnen Stunden nach Posteingang analysiert und die Ergebnisse per App dem Kunden ohne Verzögerung zugänglich gemacht werden. Dieser profitiert von einer schnellen Gewissheit und einer digitalisierten Historie seiner Blutwerte. In einem weiteren Schritt können neue, bisher unberücksichtigte Märkte außerhalb des Gesundheitssystems erschlossen werden. Eine umfassende Analyse des Blutes kann zum Beispiel in der Marathonvorbereitung ambitionierter Freizeitsportler eine hohe Zahlungsbereitschaft begründen. Das Potsdamer Start-up Metabolomic Discoveries bietet über sein Produkt Kenkodo für diese Zielgruppe die professionelle Analyse eines Bluttropfens zur Leistungsoptimierung an (Metabolomics 2016).

18.2.1 Bestimmungsgründe und inhaltliche Abgrenzung des Konzepts

Der hier vorgeschlagene Ansatz der Cross Market Innovation hat die Innovation und Neudefinition von Dienstleistungen auf Basis efolgreicher, in neuem Kontext anwendbarer Ressourcen zum Gegenstand, um neue Märkte oder Marktnischen zu erschließen. Das Konzept vereint theoretische und praktische Anteile, wobei aus theoretischer Sicht insbesondere die Felder des Innovationsmanagement und Business Developments als Bestandteile des strategischen Managements Eingang finden. Während die Anleihen aus dem strategischen Management zur konzeptionellen Abgrenzung später erläutert werden, ist an dieser Stelle auf die Sicht der Unternehmenspraxis vertiefend einzugehen.

Die Schranken der Innovationskraft werden in den – durch die Branche vorgegebenen – Standards, Preisstrukturen und anderen, ihr inhärenten Denkansätzen gesehen. Demnach hilft ein „Blick über den Tellerrand" um über inkrementelle Verbesserungen bestehender Produkte hinaus vernetzt zu denken und revolutionäre Lösungen für Kundenprobleme zu schaffen. Dieser Cross-Innovationsansatz wird bei Unternehmen wie BMW und Procter & Gamble, aber auch in mittelständischen Unternehmen verfolgt. Inspirationen durch bestehende, aber andersartige Lösungen werden zur Inspiration genutzt: BMW orientierte sich etwa an der Joystick-Technologie von Operationsrobotern bei der Entwicklung des iDrive-Bedienungselements seiner Bordinstrumente (Steinle 2011).

Der praxisorientierte Cross-Innovationsansatz ist durch die Konvergenz von Technologie, Inspiration von branchenfremden Lösungen und der dahin gehenden Adaption eigener Produkte getrieben. Im Unterschied dazu zielt Cross Market Innovation auf die Genese kategorisch neuer Produkte für noch zu schaffende Märkte. Das geschieht durch die Identifizierung von bisher unentdeckten oder unberücksichtigten Kundenbedürfnissen und deren Lösung mit eigenen Ressourcen und Kompetenzen. Dieses Verständnis spiegelt sich auch in der Bedeutung des Begriffes wieder. Er setzt sich aus zwei Teilen zusammen: Einerseits beinhaltet der Wortbestandteil „Cross Market" das Markt übergreifende Anwenden bewährter, aber modifizierter Kompetenzen und Wissen. Andererseits beschreibt „Market Innovation" die Schaffung neuer Märkte, die durch Offenlegung und Bedienung neuartigen Kundennutzens erst entstehen.

Die Besonderheit besteht in der Entdeckung unerschlossenen Neulands und Schaffung von Nachfrage. Während in bestehenden Märkten die Spielregeln des Wettbewerbs klar, die Kunden und deren Bedürfnisse fest definiert und auch die Leistungsangebote, um diese zu bedienen, bekannt sind, ergeben sich in neu geschaffenen Märkten multiple Freiheitsgrade in der Wertschaffung. Anstelle also innerhalb der akzeptierten Markt- und Branchengrenzen nach Anpassungsmöglichkeiten zu suchen, wird empfohlen über die Grenzen hinaus bahnbrechend neuen Kundennutzwert zu schaffen (Kim und Mauborgne 1999, S. 83). In unterschiedlichen Ansätzen des Business Developments (ergänzend Michalski 2014) werden Strategien und Wege aufgezeigt wie solche weißen Flecken der globalen Absatzmärkte erschlossen werden können (u. a. Chesbrough 2003; Johnson 2010; Kim und Mauborgne 2015). Als Grundlage wird auf die Generierung eines überlegenen Kundennutzwerts durch eine sogenannte „Value Innovation" oder Wertinnovation rekurriert.

Bevor tiefer auf die Wertinnovation eingegangen wird, gilt es die Ambiguität des Wertbegriffs auszuräumen. Denn bisweilen wird der Kundenutzwert mit seinem ökonomischen Gegenwert gleichgesetzt. Daher ist zwischen dem Nutzwert (use value) und dem ökonomischen Wert (exchange value) zu unterscheiden (ausführlich Bowman und Ambrosini 2000). Der Nutzwert eines Produkts orientiert sich an seinen subjektiv wahrzunehmenden Vorteilen gegenüber Alternativen. Inwiefern ein Gut wertvoll ist, hängt demnach von der Beurteilung des Konsumenten ab, wobei Erwartungen, Wünsche und individuelle Erfahrungen bestimmend sind. Die Bewertung erfolgt anhand der Tatsache wie gut ein vorhandenes Problem gelöst oder einen Bedarf gestillt wird. Der ökonomische Wert eines Guts kann dagegen als realisierter Preis abhängig von der individuellen Zahlungsbereitschaft verstanden werden. (Schmidt 2015, S. 223).

Im konventionellen Verständnis werden strategische Vorteile durch Differenzierungs- oder Kostenführerschaft erreicht. Das Konzept der Value Innovation vereint beide Eigenschaften und zielt auf eine Steigerung des Nutzwerts und gleichzeitige Reduzierung von Kosten. (Kim und Mauborgne 2015, S. 12 ff.) Der Nutzwert für den Kunden lässt sich einerseits durch die Eliminierung von Hemmschwellen, wie hoher Preis, komplizierte Anwendung oder schlichtweg fehlender Marktzugang, realisieren. Andererseits schafft die Betonung neuer Eigenschaften und Nutzenvorteile zugleich überlegenen Mehrwert gegenüber bestehenden Angeboten. Beispielhaft kann der fehlende Zugang zu einem Dienstleistungsangebot im ländlichen Raum durch die Digitalisierung erreicht werden, wobei zugleich ein neuer Nutzen durch Zusatzfunktionen, wie elektronisch abrufbare Untersuchungsergebnisse, zu realisieren wäre. Neuer Nutzen kann aber auch durch die Erweiterung preislicher und funktionaler Differenzierung um emotionale Attraktivität einer Leistung geschaffen werden (Kim und Mauborgne 1999, S. 90). Gerade im Gesundheitswesen ist neben der bloßen Heilung, das emotionale Involvement des Behandelten entscheidend. Weiche Faktoren, wie Spaß und Belohnung oder soziale Integration und Sicherheit, können bereits zu neuen, subjektiv wertvollen Nutzeneigenschaften beitragen.

Kosten können durch die Reduzierung von Aufwand oder Eliminierung von Produkteigenschaften gesenkt werden. In Rückgriff auf das Beispiel labormedizinischer

Leistungen eliminiert die Einsendung eines Bluttropfens den Aufwand einer persönlichen Blutabnahme durch qualifiziertes Personal. Die durch den neuen Kundennutzen geschaffenen Vorteile erschließen Konsumenten und eröffnen Marktzugänge, die durch bestehende Angebote unberücksichtigt blieben. Auf diese Weise entsteht ein neuer Markt, weil eine dauerhafte Nachfrage besteht und Alternativen zur Bedienung dieser Kundenbedürfnisse nicht existieren.

Value Innovation kann dabei nicht durch bloßes Kopieren von Lösungen und Übertragen in einen neuen Anwendungsbereich erreicht werden. Dieser eingangs beschriebene blinde Aktionismus der App-Entwicklung nur um mit neuen Konkurrenten mitzuhalten, verschlimmert die eigene Situation mithin. In den meisten Fällen ist die Wertschöpfung insbesondere in wissensintensiven Branchen so differenziert, dass Lösungsansätze ohnehin schwerlich einfach replizierbar sind. Die Orientierung an sogenannten Best Practices führt oftmals zu angeglichenen, austauschbaren Konkurrenzprodukten und aufgrund fehlender Differenzierung zu einem verschärften Wettbewerb (Miller et al. 2008). Dabei ist es das Ziel der Wertinnovation genau einen solchen Wettbewerb zu vermeiden und eigene, neue Wege auf Basis vorhandenen Wissens und Erfahrungen in Medizin, Pflege und Gesunderhaltung zu gehen. Auch weil die bloße Auflistung von Erfolgsgeschichten anderer selten in der Praxis selten helfen, sind die folgenden Ausführungen zur Cross Market Innovation als Baukasten möglicher Gestaltungsoptionen zu verstehen.

Genuine Innovation braucht zuvorderst Kreativität, um Ansatzmöglichkeiten der Weiterentwicklung zu identifizieren. Das vorgestellte Konzept der Cross Market Innovation unterstützt beim Finden neuer Facetten des Kundennutzens und Anwendungsmöglichkeiten. Für die Erschließung neuer Dienstleistungsmärkte empfiehlt sich eine zweiteilige Vorgehensweise. Zuerst ist im Sinne der Exploration nach potenziellen Applikationsfeldern für die unternehmensspezifischen Fähigkeiten und Potenziale zu suchen. In einem zweiten Schritt werden den unternehmensinternen und Marktbedingungen entsprechende Implementierungsmaßnahmen identifiziert und angewandt (Exploitation). Bevor also verschiedene Möglichkeiten zur Konfiguration vorteilhafter Wertschöpfungssysteme vorgestellt werden, richtet sich der Fokus der Betrachtungen auf unterschiedliche und bisweilen ungewohnte Marktperspektiven, um neue Nutzenbedürfnisse identifizieren zu können.

18.2.2 Neue Marktperspektiven eröffnen Handlungsfelder

Geprägt durch die Routinen des Geschäftsalltags und der selbstverständlichen Vertrautheit mit Zielgruppen und Mitbewerbern manifestiert sich bei Managern oftmals eine eindimensionale Wahrnehmung von Markt- und Wettbewerbsumfeld. Die Überwachung der immer gleichen Kennzahlen zu Umsatz, Marktentwicklung und zur Wettbewerbsbeobachtung verfestigen die eigenen Ansichten über das Umfeld häufig. Besonders in saturierten und wenig dynamischen Märkten erfolgen Neubewertungen etwa anlässlich von Strategieworkshops dagegen vergleichsweise selten. Es erscheint naheliegend, dass

Reaktionen auf beispielsweise technische Fortentwicklungen eher moderat-anpassend als radikal erfolgen, wenn sich die bisherige Vorgehensweise in der Vergangenheit doch bewährte. Wertvolle Potenziale, um eigene Kompetenzen und Ressourcen in anderer Form zu nutzen, bleiben deswegen oft ungenutzt. Zwar werden in der Gesundheitsbranche mithin unternehmensinterne Leistungen, wie etwa labormedizinische Dienste eines Krankenhauses, im Sinn eines Profitcenters als externes Marktangebot verwertet. Jedoch beschränken sich solche Leistungen meist auf regionale Segmente desselben Marktes. Darüber hinausgehende Marktpotenziale, die etwa durch eine Bewertung des Marktes aus veränderten Perspektive als der des Experten erkennbar wären, werden nicht erschlossen. Aus diesem Grund bleiben Opportunitäten zur Value Innovation häufig ungenutzt.

Um Optionen zur weiteren Verwertung der gerade im Gesundheitssektor spezialisierten und wertvollen Ressourcen und Kompetenzen besser erschließen zu können, empfiehlt sich eine systematische Erweiterung der Sichtweise auf die Potenziale einer Weiter- oder Andersverwertung vorzunehmen. Zur Identifizierung bisher unerkannter Kundenbedürfnisse sollten sowohl verschiedene Perspektiven auf eine Dienstleistung (A) als auch die unterschiedlichen Ausprägungsformen von Märkten (B) in ihrer Größe und zeitlichen Dimension in Betracht gezogen werden. Die Abb. 18.1 verbindet beide Aspekte zu einem Suchraster für neue Anwendungsfelder. Durch die verschiedenen Kombinationsmöglichkeiten können relevante und zu vermeidende Wachstumsfelder ebenso ausgemacht werden, wie strategische Handlungsoptionen hieraus abzuleiten sind.

A. Marktperspektiven

Der Markt für ein bestimmtes Produkt und Dienstleistung kann unterschiedlich wahrgenommen werden, wodurch sich bisweilen teils widersprüchliche Ansichten hinsichtlich

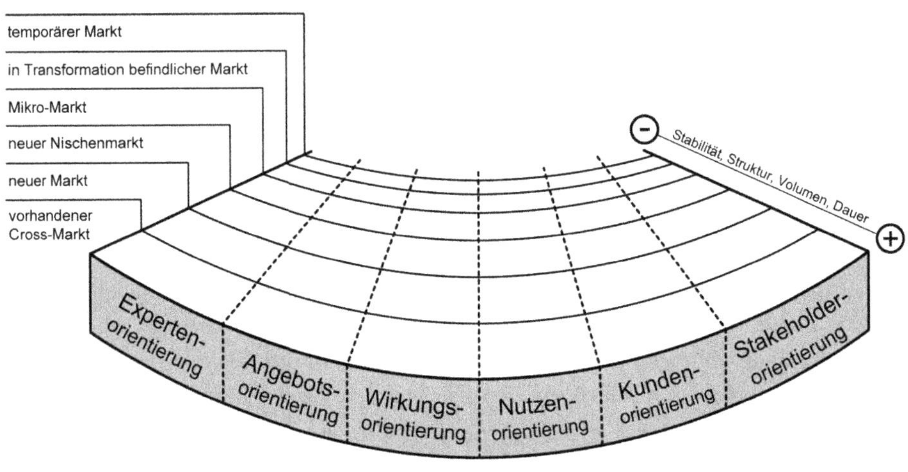

Abb. 18.1 Suchraster zur Identifizierung neuer Anwendungsfelder. (Eigene Darstellung)

seiner Zweckerfüllung sowie dessen konstituierenden Eigenschaften und Strukturen ergeben. Wie zuvor beschrieben, stellt sich bei Managern mit langjähriger Erfahrung in einem Markt häufig eine einseitig an Funktionen orientierte Wahrnehmung ein. Beispielsweise wird die Bewertung der Wettbewerbsdifferenzierung dann am Umfang und Qualität von Produktfunktionen festgemacht oder Kundenzufriedenheit anhand von Service-Eigenschaften evaluiert. Dadurch bleibt die Problemsicht des Nutzers außen vor oder ein Markt zu eng abgegrenzt, was zur Vernachlässigung komplementärer Angebote oder von Substituten führt. Die folgenden Erläuterungen werden ausgehend von problem- zu lösungsorientierten Ansätzen und unter Berücksichtigung einer engen und weiten Definition des Anwendungsfeldes vorgenommen.

Durch die Expertenorientierung werden Probleme aus fachlich-analytischer Perspektive erfasst und nach Disziplinen differenziert. Eine Abgrenzung des Marktes erfolgt nach Bewertung der fachlichen Äquivalenz und Komplikation des Problems relativ eng. Denn gerade in Bereichen komplexer Aufgabenstellungen mit vielen Einflussfaktoren wie bei der Gesundheit des Menschen sind Spezialisierung und fachliche Qualifikation zur adäquaten Problemlösung nötig. Umfangreiches Expertenwissen allein einer medizinischen Fachdisziplin erschwert eine Spezialisierung darüber hinaus. Deswegen ist eine inhaltliche Markterweiterung kaum, beziehungsweise nur durch interdisziplinäre Kooperationen oder Innovationen in der Diagnostik möglich. Eine weite Marktabgrenzung muss daher zumeist auf geografische Erweiterungen um andere Fachkollegen beschränkt bleiben.

Am Beispiel der Herzchirurgie kann der Markt anhand operabler Herzprobleme und deren Begleitumstände definiert werden. Eine weitere Differenzierung kann etwa anhand der verschiedenen Indikationen, Schweregrade und Behandlungsmöglichkeiten vorgenommen werden, sodass sich eine Klinik beispielsweise auf das Segment komplizierte Fälle spezialisiert, die durch minimalinvasive Verfahren zu lösen sind. Andere Erkrankungen bleiben ausgeblendet, was die enge Marktwahrnehmung schließlich charakterisiert.

Die Angebotsorientierung fasst Dienstleistungen zusammen, die auf ähnlichen Inputfaktoren, wie Rohstoffen, Technologien, Verfahren oder Humanressourcen basieren und eine kompetenzbasiert-technische Äquivalenz aufweisen. Mit den gleichen Ressourcen lassen sich mithin mehrere Lösungen entwickeln, sodass eine veränderte Ressourcenkombination bereits maßgeblich veränderte Wertversprechen schaffen können. Neben den Möglichkeiten erweiterter eigener Angebote ist auch neue Konkurrenz aus fachfremden Gebieten zu berücksichtigen. Insbesondere in wissensintensiven Branchen ist der wesentliche Inputfaktor die Fachkraft als Kompetenz- und Wissensträger. Know-how und Fähigkeiten sind wertvolle Ressourcen, die weiterentwickelt, übertragen und zu neuer Nutzenstiftung im Sinne neuer Anwendungsgebiete oder Produkt- und Prozessinnovationen weiterverwertet werden können.

Die Art und Weise der Marktabgrenzung bestimmt dabei die Reichweite möglicher Dienstleistungsangebote. In enger Abgrenzung werden beispielsweise Fachärzte ausschließlich für die Behandlung spezifischer Krankheiten eingesetzt. Im weiteren

Verständnis des Gesundheitsmarktes besteht die Möglichkeit durch die medizinische Fachkompetenz etwa gesundheitsaffine Lifestyle-Produkte für Freizeit- oder Kosmetikmärkte zu entwickeln. Um beim Beispiel der Herzchirurgie zu bleiben, ließe sich eine bestimmte Kompetenz, etwa besondere Schnitttechniken, auf andere Bereiche wie der plastischen Chirurgie transferieren. Das kann entweder durch Patentierung eines Verfahrens mit Lizenzeinnahmen oder in der Spezialausbildung von Ärzten zu neuen Erlösquellen führen.

Die Wirkungsorientierung differenziert Lösungen anhand ihrer funktionalen Äquivalenz, die implizieren, dass ein Ziel auf unterschiedliche Weisen erreicht werden kann. Es eignen sich oft mehrere Verfahren mit verschiedenen Wirkungsgraden, sodass sich ergänzende und substituierende Anwendungsmöglichkeiten ergeben. Eine enge Definition des Marktes, beispielsweise auf eine medizinische Disziplin, kann dabei zu einer irreführenden Wahrnehmung der Alleinstellung führen. Eine Abgrenzung des relevanten Marktes für wirkungsgleiche Leistungsangebote ist daher oftmals weit und branchenübergreifend vorzunehmen.

Bezogen auf die Gesundheitsbranche kann die Behandlung von dermatologischen Problemen, beispielsweise eines Clavus, chirurgisch, kosmetisch, medikamentös oder auch mittels homöopathischer Verfahren erfolgen. Insofern sind alle Leistungen aus Sicht des Verbrauchers als alternative oder auch komplementäre Ansätze zur Lösung seines Problems anzusehen. Für den Anbieter von kurativen Dienstleistungen sind Substitute und Komplementäre insbesondere bei der Positionierung am Markt zu beachten, um zum Beispiel vorteilhafte Eigenschaften hervorzuheben und sich so von der Konkurrenz besser zu differenzieren.

Die Nutzenorientierung fokussiert im Unterschied zu vorgenannten Dimensionen auf den Nutzer und Konsumenten und seine individuellen Vorstellungen von einer adäquaten Lösung des Problems. Insofern wird das Marktangebot nach der Nutzen- und Bedürfnisäquivalenz differenziert. Anders als ein Experte unterscheidet der Patient oder Konsument die Dienstleistungen eines Marktes nicht nach maximal effektiven Alternativen, sondern nimmt diese aus der Sicht persönlicher Präferenzen und Erfahrungen wahr. Dabei sind die Bedürfnisse und die Weise der Lösung wichtig, hingegen ist die Linderung des Problems selbstverständliche Mindestbedingung. In englischsprachigen Fachbeiträgen wird der Sachverhalt als sogenannter consumer oder customer pain points subsumiert (u. a. Martin 2011), den es aus Anbietersicht zu identifizieren gilt. Diese „Schmerzpunkte" aus Nutzersicht können vor, während oder nach einer Dienstleistung bestehen und sind selten offensichtlich. Die Entscheidung für oder gegen eine Leistung hängt oft von eher weichen Entscheidungskriterien ab, wie Wohlfühlfaktoren, Sympathie oder Therapieerlebnis.

Ein viel zitiertes Beispiel zur Unterscheidung von Leistungsnutzen und Konsumentennutzen ist der Erwerb einer Bohrmaschine (Produkt) mit der dahinter stehenden Intention ein Loch in einer Wand zu erhalten (Johnson 2010, S. 26). Das wesentliche Bedürfnis (Konsumentennutzen) beispielsweise einer Privatperson ist ein möglichst bequemer Weg jenes Loch an der gewünschten Stelle zu haben, wohingegen es dem professionellen Anwender um effizientes Arbeiten und langlebige Qualität geht.

Dementsprechend lassen sich sehr differenzierte Segmentierungen ein und desselben Marktes vornehmen. Gesundheitsdienstleistungen können nach speziellen Interessen gestaltet werden, wie zum Beispiel die zahnärztliche Behandlung unter Hypnose oder die spielerische Gestaltung der Untersuchung von Kindern als Piratengeschichte (siehe Abb. 18.2). Auf diese Weise erhalten medizinische Leistungen gänzlich neue Nutzenfacetten, die aus Patienten auch zahlende, treue Kunden machen können.

Die Unterscheidung von Kundenorientierung und Nutzenorientierung berücksichtigt, dass der Leistungsempfänger nicht zugleich der Bezahlende sein muss. Das Marktangebot wird aus Sicht des bezahlenden Kunden nach Effizienz- und Effektivitätsgesichtspunkten im Sinne des maximalen Nutzens pro investierten Euro differenziert. Hieraus ergeben sich unterschiedliche, teils auch divergierende Unterschiede in der Bewertung von Dienstleistungen. Aus Sicht der zur Abrechnung anerkannten Therapien bleiben aus Expertensicht innovative oder Nutzer orientierte Leistungen unberücksichtigt. Im deutschen Gesundheitswesen haben die Krankenkassen und Versicherungen einen maßgeblichen Einfluss auf die eingesetzten Behandlungsverfahren, die das Marktangebot auf effektive und effiziente, also kosten-ergebnisoptimierte Therapien beschränkt.

Durch die Regulierung ist der Markt für Gesundheitsdienstleistungen aus dieser Warte heraus vergleichsweise eng abgegrenzt und bietet nur wenig Raum für Dynamik. Für eine Erweiterung kommen kostenoptimierte und durch Studien belegte neue Verfahrensinnovationen in Betracht, die neue Segmente oder Märkte etablieren könnten. Eine weite Marktabgrenzung kann über Behandlungen hinaus auch in einer förderwürdigen gesunden Lebensweise gesehen werden. Bisher sind in diesem Bereich Bonusprogramme und Beitragsrückerstattungen zu konstatieren, die künftig aber auch durch professionelle Drittanbieter abgewickelt werden könnten.

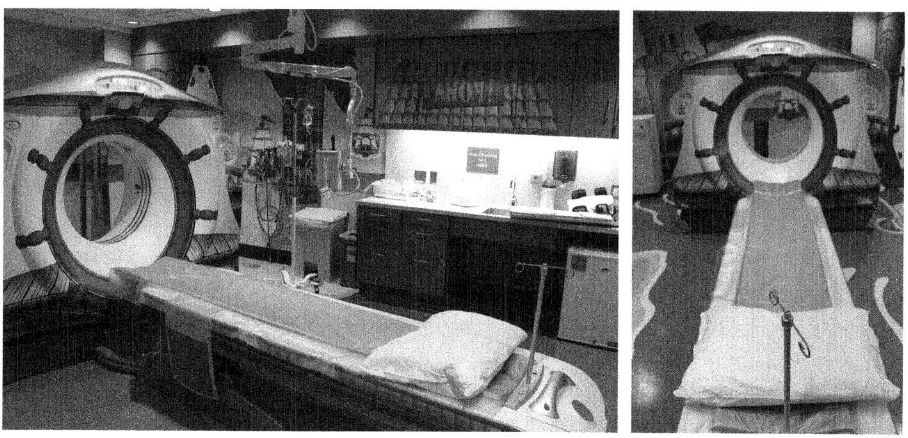

Abb. 18.2 Eliminierung einer Behandlungsbarriere durch kindgerechte Gestaltung einer CT-Untersuchung. (Mit freundlicher Genehmigung des NewYork-Presbyterian/Morgan Stanley Children's Hospital)

Mit einer Stakeholderorientierung werden Marktangebote aus der Warte der Anspruchsgruppen differenziert. Die Unterscheidung relevanter Produkte und Leistungen erfolgt anhand sozialer, ökologischer, aber auch rechtlicher, politischer oder ökonomischer Gesichtspunkte. Die Marktabgrenzung kann also in enger Weise anhand der Mindestansprüche ethisch-moralischer Normen bis hin zu einer weiten Abgrenzung erfolgen, die der (nahezu unmöglichen) Erfüllung aller gesellschaftlichen Ansprüche entsprechen würde. Empfehlenswert ist eine Differenzierung nach Kategorien sozial-ethischer, ökologisch-dauerhafter und politisch-ökonomischer Vereinbarkeit als Mittelweg einer nachhaltigen Geschäftstätigkeit.

Im Vergleich zu den anderen Marktperspektiven erscheinen die nur mittelbaren Interessen von nicht an der Wertschöpfung beteiligten Parteien wenig relevant für die Gestaltung überlegener Angebote zu sein. Stakeholder sind aber über ihre Rolle als Meinungsführer einer breiten Gesellschaft hinaus von Bedeutung und eine wertekonforme Leistungsgestaltung ist zunehmend erfolgsentscheidend. Maßnahmen der Corporate Social Responsibility, wie Spendenaktionen oder Pro Bono-Aktivitäten, sind nur ein Baustein nachhaltiger Wertschöpfungsketten (Rasche und Braun von Reinersdorff 2016, S. 9 f.). Politische Entscheidungsträger haben Einfluss auf die finanzielle Ausstattung eines Sektors oder die Berücksichtigung sozialer Belange, etwa mittels Aufklärungsarbeit, kann sich direkt auf die Kostensituation aufgrund reduzierter Barrieren auswirken. Besonders bei Gesundheitsdienstleistungen ist das direkte soziale Umfeld des Patienten von großer Wichtigkeit für dessen Genesung. Daher ist die Wahrnehmung der Dienstleistung durch die Angehörigen von besonderer Bedeutung. Schließlich kann deren Unterstützung des Patienten zu einer nachhaltigen Behandlungsqualität beitragen und die somit erlangte Reputation über Patientenkreise hinweg positiv verbreiten. Nicht zuletzt steht die Stakeholderperspektive auch für die Verantwortung des Gesundheitsunternehmens über die Erbringung von Dienstleistungen hinaus als Teil der Gesellschaft und „Good Corporate Citizen". Die im Kontext gesellschaftlicher Verantwortung erbrachte Nutzenstiftung kann dabei ebenso Bestandteil eines nachhaltigen Geschäftsmodells sein.

B. Markttypen

Anhand der unterschiedlichen Ausprägungsformen von Märkten, lassen sich Implikationen für die Vorgehensweise in Form von strategischen Entscheidungen und Vorgehensweisen ableiten. Ist aus Anwendersicht eine bestimmte Produkteigenschaft wünschenswert, aber die Nachfrage danach zu gering, um dauerhaft wirtschaftlich zu sein dürfte eine Investition in die Potenzialerschließung nicht lohnenswert sein. Neben der Entscheidungsgrundlage sind auch die Bearbeitungsstrategien hieraus abzuleiten. Neben ersten Hinweisen, die je Marktform gegeben werden, sind auch die im nachfolgenden Unterkapitel beschriebenen Gestaltungsoptionen als Erschließungswege zu berücksichtigen. Wenn diese auch einen notwendiger Weise generalisierenden Charakter haben, lassen sich bei konkreten Problemstellungen im Praxisalltag hieraus dennoch wertvolle Einsichten und Impulse gewinnen.

Temporäre Gesundheitsmärkte können unter anderem durch saisonal auftretende Beschwerden oder aber durch Trendthemen, wie bestimmte Lifestyle-Therapien, induziert sein. Während saisonale Schwankungen durch eine vorausschauende Planung, etwa durch Ergänzung mit anti-zyklische Behandlungsfeldern, aufgefangenen werden können, sind zeitlich begrenzte oder einmalige Marktnachfragen deutlich komplexer. Besteht eine Nachfrage nur kurze Zeit können professionelle Strukturen zu deren Bedienung nur schwer oder unter großem Aufwand aufgebaut werden. Daher sind bestimmte Voraussetzungen für eine wirtschaftliche Bearbeitung des Marktes zu erfüllen. Einerseits sollte das Marktvolumen ausreichend groß und die Zahlungsbereitschaft der Kunden abrufbar sein. Andererseits muss die Kostensituation nach Abzug von den Einnahmen genügend verbleibenden Gewinn zulassen. Ein Szenario kann demnach in der schnellen Bereitstellung des Angebots, idealerweise durch bestehende, aber geringfügig modifizierte Leistungen, und effiziente, das heißt flächendeckende Bedienung des Marktes bestehen. Um die Kosten geringzuhalten, sind gegebenenfalls auch zusätzliche Finanzierungsformen in Betracht zu ziehen. Bei öffentlichem Interesse wie im Falle von Epidemien können das beispielsweise staatliche Subventionierungen oder bei Trendthemen Kooperationen mit komplementären Partnern angrenzender Märkte und Branchen sein. Weil das Zeitfenster stark begrenzt und in aller Regel auch unbekannt sein dürfte, ist nach dem Pareto-Prinzip mit wenig Aufwand (20 %) möglichst viel der Nachfrage (80 %) abzudecken. Illustrativ kann das strategische Vorgehen als „schnelles Ernten" bezeichnet werden.

In Transformation befindliche Märkte sind durch einen grundsätzlichen Wandel in Inhalt und deren Struktur, also Angebot, Kunden und Wettbewerbern, gekennzeichnet was etwa aufgrund von gesetzlicher Regulierung, verändertes Nachfrageverhalten oder technologische Umwälzungen, ausgelöst werden kann. Für progressive Unternehmen stellt ein solches Umfeld große Möglichkeiten dar. Weil etablierte Anbieter das Leistungsangebot erneuern müssen, gehen wertvolle Prozess- und Skalenvorteile gegenüber Marktneulingen verloren. Rechtzeitig erkannt bietet der Wandel einem besser oder schneller adaptierten Unternehmen Chancen die Branchenregeln durch überlegene Leistungsangebote und kostengünstige Produktion maßgeblich zu gestalten und langfristig zu dominieren. Vorteile aus einer progressiven Branche oder einem weiterentwickelten Gesundheitsmarkt können in der Produktion oder in Wissensvorteilen liegen. Exemplarisch sei das Eindringen von Technologieunternehmen wie Google und Apple in den Gesundheitsmarkt genannt. Auch wenn deren Rolle noch nicht klar definiert ist, nehmen sie großen Einfluss auf Nutzenerwartungen der Kunden durch bequeme und jederzeit verfügbare Problemlösungen.

Eine überlegene Marktposition ermöglicht die Art und Weise der Transformation aktiv zu bestimmen und eigene Regeln, in Form der Preis- und Leistungsgestaltung, zu diktieren. Das strategische Vorgehen kann als „schnelle Adaptation und Regeln bestimmen" umschrieben werden.

Mikromärkte umfassen solche Nachfragekonstellationen, die deutlich kleiner sind als Nischenmärkte und sich durch lokale Beschränkung und individuelle Bedürfnisse auszeichnen. Im Gesundheitsmarkt kann es sich dabei beispielsweise um seltene Krankheiten handeln. Die einzelne Nachfrage überlastet die Kapazitäten regional ansässiger

Anbieter und die dauerhafte Bereitstellung von Spezialangeboten erscheint wirtschaftlich unmöglich, ist aber aus sozial-ethischer Warte notwendig. Beispielsweise lassen sich mittels digitaler Lösungen singuläre und regional verstreute Nachfragen synchronisieren und Leistungsangebote bündeln, sodass dann modulare, interdisziplinäre Dienstleistungsangebote eine individualisierte Lösung bereitstellen können. Den Zugang zu Mikromärkten stellen Technologien der Digitalisierung und Vernetzung durch Apps und Medizintechnik (u. a. Herzschrittmacher) dar. Denn die massenhafte Verbreitung von Smartphones ermöglicht den Einzelnen zielgerichtet selbst im entlegensten Teil der Republik zu erreichen. Weil die Motivation eine mobile Lösung für das eigene, spezifische Leiden einzusetzen sehr hoch ist, kann von einer hohen Reichweite ausgegangen werden. Auf diese Weise sind nicht nur Informationen zum individuellen Zustand verfügbar und die Nachfrage besser planbar, sondern es sind durch Begleitung und technikinduzierte Vorteile verbesserte Präventions-, Therapie- und Rehabilitationsmaßnahmen möglich. Als Strategie empfiehlt sich eine kostengünstige, auf Nachfrage und Leistungsbündelung ausgerichtete Marktbearbeitung.

Nischenmärkte bezeichnen Märkte mit spezifischen Anforderungen, auf die sich in aller Regel keine oder nur wenige Anbieter konzentrieren. Nischenmärkte bestehen bei fehlender Erfüllung bestehender Kundenbedürfnisse als Marktlücke oder bei unzureichender Bedürfnisbefriedigung als Versorgungslücke. Weil etablierte Anbieter aufgrund ihrer Ausrichtung alternative Problemlösungen für die Kundenbedürfnisse solcher Spezialsegmente nicht erkennen oder nicht bedienen wollen, bietet sich die Möglichkeit für hoch spezialisierte Problemlösungen einen solchen Nischenmarkt zu bedienen. Die Attraktivität der gegenüber Massenmärkten vergleichsweise kleinen Nischen wird durch ein ausreichend großes Marktvolumen bestimmt, das entweder einen kleinen, aber zahlungskräftigen Kundenkreis oder aber eine hohe Wiederkaufrate einer größeren Kundschaft mit mittleren Preisen aufweist.

Im Kontext von Cross Market Innovation ist das Erkennen und Erschließen von neuen Nachfragebedürfnissen, die bisher unentdeckt sind, oder neuartigen Lösungsansätzen mit überlegener Wirkung besonders erstrebenswert. Unentdeckte Nachfrage kann durch Offenlegen von Zugangsbarrieren zum Massenmarkt, unzureichende herkömmliche Leistungen, Schwierigkeiten bei der Anwendung oder Risiken identifiziert werden. Das wohl prominenteste Beispiel für eine erfolgreiche Erschließung durch eine überlegene Wirkung ist das Potenzmittel Viagra, das von Pfizer ursprünglich als Herzmedikament entwickelt wurde, aber aufgrund von unbeabsichtigten Nebeneffekten als solches nicht zur Anwendung kam (Osterloh 2007). Die Entdeckung ermöglichte die Erschließung eines neuen Geschäftsfeldes und die überlegene Wirksamkeit des Medikaments machte Viagra zum Synonym des Marktes. Die Bearbeitungsstrategie liegt in der Identifizierung unberücksichtigter Nachfrage und der kundenorientierten Gestaltung spezialisierter Dienstleistungen.

Neu zu schaffende Märkte sind bisher unbestrittene Markträume, die dank radikal innovativer Lösungen bisher unentdeckter Kundenprobleme geschaffen werden. Im Unterschied zu Nischenmärkten besteht bei diesen bisher keine Nachfrage und aufseiten des Anbieters auch wenig Erfahrung. Denn erst durch die Innovation des Kundennutzen (Value Innovation) in Form eines völlig neuartigen Produkts und dessen Bereitstellungsweise werden sogenannte „Non-Consumer“ erschlossen. Diese Gruppe von potenziellen Konsumenten sind von etablierten Märkten aufgrund zu teurer oder zu komplizierter Angebote oder fehlendem Zugangs ausgeschlossen (Johnson 2010, S. 75). Als Ausgangspunkt der Analyse kommen entgegen konventioneller Vorgehensweisen bestehende Kunden und Angebote nicht als Gegenstand infrage. Kim und Mauborgne (1999, S. 84 ff.) schlagen stattdessen die Berücksichtigung der Problemfelder komplementärer und substituierender Märkte und vor. Mit dem Blick über Grenzen und etablierte Normen hinaus kann unter Berücksichtigung der Problemsicht des Konsumenten (consumer pain) ein neues Lösungsverständnis erreicht werden. Um überlegene Angebote systematisch zu gestalten, werden vier Schritte vorgeschlagen (Kim und Mauborgne 2015, S. 31 ff.):

1. Welche Faktoren, die keinen Wertbeitrag, keinen Nutzen oder nur Ärgernis bereiten, aber als akzeptiert gelten, sind zu eliminieren? Mithin wird ein maßgeblicher Wandel in dem was Kunden schätzen einfach übersehen.
2. Welche überbetonten Eigenschaften können reduziert werden, um Kosten zu sparen? Oft sind bestimmte Produkteigenschaften überdimensioniert, obwohl sie vom Kunden nicht als nötig empfunden werden und für beide Seiten keinen Mehrwert einbringen.
3. Zu welchen faulen Kompromissen wird der Kunde gezwungen, die eliminiert werden können? Diese Kompromisse können in der Preis- und Vertragsgestaltung, den Produkteigenschaften selbst oder in der Bereitstellung liegen.
4. Wie lassen sich gänzlich neue Quellen des Kundennutzwerts erschließen, eine neue Nachfrage schaffen und sich die strategische Preisgestaltung verändern?

Innovative Vorgehensweisen in der Erstellung und Bereitstellung von Dienstleistungen, wie etwa mittels kontinuierlichem Prototyping und als modulare Servicebündel, können den Spagat zwischen Kostenoptimierung und überlegenen Kundennutzwert ermöglichen.

Neu geschaffene Märkte lassen den vernichtenden Wettbewerb in etablierten Märkten obsolet werden, weil zum einen hier keine Konkurrenz vorhanden ist und zum anderen die Wettbewerbsregeln vom Schaffenden bestimmt werden können. Eine Marktstruktur ist nicht gegeben und kann dementsprechend gestaltet werden, ebenso wie Branchengrenzen eine Neudefinition erfahren. Die strategische Empfehlung zur Bearbeitung neu geschaffener Märkte ist die Etablierung von einzigartigem Kundennutzen und deren überlegene, kundenorientierte Bereitstellung. Die darauffolgende, kontinuierliche Weiterentwicklung und strategische Adaption an sich verändernde Umweltbedingungen sichern den Vorsprung oder halten Konkurrenz gar gänzlich fern.

Bei vorhandenen Cross-Märkten handelt es sich um etablierte Märkte die in aller Regel bereits saturiert sind. Der Wettbewerb ist entweder von wenigen großen Unternehmen (Oligopol) oder durch viele kleine und regional zersplitterte Anbieter (wie zum Beispiel der ambulanten Versorgung) gekennzeichnet. Es muss von begrenzter

Dynamik sowohl im Leistungsangebot als auch im Anbieterwettbewerb ausgegangen werden, sodass sich die Angebote in Umfang, Qualität und Preis kaum differenzieren. Die geringe Differenzierung und reduzierte Dynamik eröffnet Möglichkeiten zu marktüberspannenden Produkten und Dienstleistungen. Unternehmen, die in verschiedenen Märkten oder Branchen tätig sind, treten miteinander in Konkurrenz, weil Sie den gleichen Kundennutzen auf unterschiedliche Weise erfüllen. Bisweilen können Ressourcen und Kompetenzen aus anderen Branchen für weitere Funktionen zur Problemlösung von branchenfremden Kunden angewandt werden.

Aus strategischer Sicht ist für eine solche „Invasion" die Überwindung von Marktzutrittsbarrieren nötig, wie Kostenvorteile durch Skalen- und Synergieeffekte oder Zugang zu Absatzkanälen, nötig. Es muss mit Verteidigungsreaktionen (etwa Preisschlachten) der etablierten Anbieter und auch regulatorischen Beschränkungen gerechnet werden. Daher ist neben einem überlegenem Kundennutzen und innovativen Preis- und Kostenstrukturen auch ausreichend finanzielles Durchhaltevermögen und Adaptionsfähigkeit gefragt.

18.2.3 Gestaltungsoptionen zur Erschließung neuer Handlungsfelder

Die im Folgenden dargelegten Optionen zur Gestaltung zielen sowohl auf die Wertschöpfungslogik als auch das Geschäftssystem, im Sinne vorteilschaffender Konfigurationsoptionen der Dienstleistungserstellung und -vermarktung ab. Um den spezifischen Anforderungen komplexer Services Rechnung zu tragen und möglichst weitreichende Empfehlungen abzugeben, können keine in sich geschlossenen, definitiven Implikationen dargelegt werden. Die Beschreibung der Konfigurationsmöglichkeiten erfolgt daher als ein Kontinuum zwischen moderat-inkrementellen und progressiv-unkonventionellen Ansätzen. Für die praktische Umsetzung besteht der Vorteil in einer individuellen Bestimmung des Bedarfs an radikaler Veränderung einzelner Bestandteile der Dienstleistung. Zugleich lassen sich die progressiveren Methoden für weniger stabile und stark volatile oder junge Märkte anwenden, also temporären, sich transformierenden, neu geschaffenen oder Mikromärkten. Für Marktnischen und bei Eintritt in einen komplementären Cross-Markt sind Abstufungen zwischen moderaten und progressiven Vorgehensweisen zu finden, um etwa das initiale Leistungsangebot sukzessive anpassen zu können.

Die Darlegungen unterteilen sich in erstellungsorientierte (1, 2), angebotsorientierte (3, 4) sowie vermarktungsorientierte (5, 6) Alternativen und basieren, wenn nicht anders angegeben, auf der empirischen Forschung von Miller et al. (2008).

1. Zwischen rational geplanten Dienstleistungen und kontinuierlichem Prototyping

Bei der Planung und Erstellung von Dienstleistungen empfiehlt es sich sowohl kunden- als auch prozessoptimiert vorzugehen, um einerseits Leistungen marktkonform und andererseits auch kostendeckend anbieten zu können. Methoden der retrograden Zielkostenrechnung (Target Costing), bei der ein Produkt ausgehend vom wünschenswerten Marktpreis her geplant und die Faktor- und Erstellungskosten daraufhin angepasst werden (u. a. Horváth et al. 1993), ermöglichen rational geplante Dienstleistungen. Aufgrund steten Wandels in Technologie, Kundenbedürfnissen oder rechtlich-regulatorischen Rahmenbedingungen erweist sich eine rigide Dienstleistungsplanung allerdings oftmals als unflexibel, um sich verändernden Bedingungen Rechnung zu tragen. Anstelle umfassender Planung kann die kontinuierliche Weiterentwicklung und Verbesserung durch Prototypenerstellung treten. Dabei werden mittels Trail and Error-Lernen möglichst viele Durchläufe des Produktentwicklungszyklus zwischen Prototypdesign und Markttest angestrebt, um durch Fehler und deren Korrektur in kurzer Zeit ein marktfähiges Produkt zu erhalten (Sosna et al. 2010). So können Kosten gegenüber einer mehrmonatigen ex ante Planung vermieden werden. Bekannt ist ein solches Vorgehen etwa aus der Softwarebranche, wo Fehler (Bugs) nach Veröffentlichung im laufenden Betrieb behoben werden. Der Kunde wird somit aktiv in die Produktentwicklung mit eingebunden und deckt Probleme auf, die mittels Simulation unter Laborbedingungen nicht aufzudecken gewesen wären. Insofern trägt dieses Rapid Prototyping dazu bei in instabilen, unsicheren und komplexen Märkten durch Iterationen kostenoptimiert und „evolutionär" zu lernen (McGrath 2010). In Anlehnung an die Biologie entstehen pro Generation Variationen, die besser an die Umwelt angepasst sind und eröffnen zudem die Möglichkeit, Schwesterprodukte für spezifische Anforderungen abzuleiten. Bei gleichem Bauplan werden periphere Eigenschaften modifiziert und können als eigenständige Marktangebote vertrieben werden.

2. Zwischen interner Integration und netzwerkbasierter Entwicklung

Die Frage nach einer internen oder partizipativen Organisation von Innovation, Entwicklung und Erstellung von Dienstleistungen vermag erfolgsentscheidend zu sein. In aller Regel erfolgt die Planung und Produktion von Dienstleistungsangeboten unternehmensintern und ist insbesondere bei Qualitätsanbieter durch eine tiefe vertikale Integration charakterisiert. Indem die gesamte Wertschöpfungskette intern integriert ist, kann die Qualität einzelner Prozessstufen besser überwacht und der Gesamtprozess mittels verbindlicher Organisation koordiniert werden. In wissensintensiven Expertenorganisationen mit hohem Spezialisierungsgrad, wie Krankenhäusern, die sich in einem gut reguliertem und wenig dynamischen Umfeld bewegen, erscheint die Konzentration und Qualitätssicherung der eigenen Ressourcen und Kompetenzen geeignet zu sein. Nicht zuletzt ist es so möglich dem Wettbewerb überlegenes Prozess- und Fachwissen vor der Konkurrenz abzuschirmen.

Mit beschleunigter Entwicklung im Technologie- und Wettbewerbsumfeld steigen die Anforderungen an neuen Verfahren und Angeboten in mehreren Bereichen des Marktes, denen letztlich nur durch neues Wissen und besseren Fähigkeiten beizukommen ist. Aus dieser Warte bieten sich gemeinsame Anstrengungen bei der Innovation und Dienstleistungserstellung im Netzwerk an. Hierdurch lässt sich eine hohe Dynamik unterschiedlich spezialisierter und miteinander kooperierender Unternehmen schaffen, die einzelne Organisationen schwerlich erreichen können. Ein Ansatz der eine solche netzwerkbasierte, kollektive Entwicklungsarbeit zum Gegenstand hat, ist das Open Innovation-Konzept (Chesbrough 2003, 2012). Durch den Einbezug von Konsumenten, komplementären Partnern (wie Zulieferer) und auch Wettbewerbern werden innovative Dienstleistungen entwickelt und auch gemeinsam produziert. Die Einbeziehung des Kunden in die Wertschöpfung erfolgt als Value Co-Creation (Prahalad und Ramaswamy 2004). Eine zeitlich begrenzte Kooperation mit Wettbewerbern, um etwa Entwicklungsrückstände aufzuholen, finden im Konzept des Co-Opetition (Brandenburger und Nalebluff 1996) niederschlag. Gut koordinierte Innovations- und Produktionsnetzwerke sind in der Lage im Vergleich zu Einzellösungen überlegene und stark differenzierende Ergebnisse zu erzielen.

3. Zwischen in sich geschlossenen Lösungen und systemischen Produkten
Die marktreife Gestaltung der Dienstleistung kann als fertiges, in sich geschlossenes oder auf Komponenten und Individualisierung aufgebautes Angebot gestaltet werden. Während Serviceleistungen „aus einer Hand“ wegen seiner festgelegten Bestandteile gut kalkulierbar, in der Qualität verlässlich und für den Kunden zumeist bequem sind, können die gleichen Argumente in einer veränderten Marktsituation auch als unflexibel und nachteilig ausgelegt werden. Schwankende Kosten oder Ausfall eines Inputfaktors, fehlende kundenspezifische Individualisierung und unflexible Bereitstellung aufgrund von begrenzten Geschäftszeiten können durch Servicebündel mit spezialisierten Modulen und komplementärer Digitalisierungslösungen ausgeschaltet werden. Dienstleistungen können durch ein Hub- oder Drehkreuz-Design je nach Bedarf verschiedene Leistungen zusammenfassen. Auf diese Weise lassen sich einzelne Funktionen flexibel zu einem sinnvollen Ganzen zusammenfügen und erweiterte Absatzmöglichkeiten durch Mehrwert bringende Individualisierung und einen größeren Kundenkreis erschließen. Gleichzeitig ermöglicht die Modularisierung einzelne Komponenten unabhängig vom Gesamtsystem aktuell zu halten oder gar auszutauschen. Als mHealth-Lösungen implementiert sind beispielsweise zeitliche und örtliche Verfügbarkeiten von Gesundheitsleistungen in Echtzeit abzufragen und durch buchbare Zusatzleistungen individuell und flexibel zu ergänzen.

4. Zwischen proprietären Systemen und offenen Plattformen
Für den Betrieb von Dienstleistungen kann zwischen proprietären und in seinen Eigenschaften, Architektur und Entwicklung kontrollierbaren Systemen oder offenen, also externe Parteien integrierende Plattformen unterschieden werden. Erstere schließen dabei ein Outsourcing von Teilleistungen oder Absatzmittler nicht aus, sind aber durch vertragliche Bindungen gekennzeichnet, sodass der Leistungsanbieter bestimmend bei Spezifikation und Umsetzung bleibt. In der Praxis werden solche Systeme als Dienstleistungs-Franchise realisiert, wobei Verfahrensweisen und Ausgestaltung des Angebots detailliert geregelt sind und Verstöße mit Vertragsstrafen belegt werden. Aus Sicht des Anbieters kann so das originäre Konzept bei gleichbleibender Qualität durchgesetzt werden. Demgegenüber stehen offene Systeme, bei denen eine Kernplattform zur

Verfügung gestellt und um externe Module durch unabhängige Dritte ergänzt werden kann. Die Rolle des Anbieters verändert sich zu der eines Managers der Kernleistung und Koordinator komplementärer Services, die unabhängig von der Plattform entwickelt werden. Während der Kern unverändert stabil bleibt und den Zugang für Kunden sichert, entwickeln sich an der Peripherie Innovationen durch Weiterentwicklung, Re-Kombination oder Schaffung neuer Module. Die dezentrale Struktur begünstigt beschleunigte und multiple Verbesserungen des Leistungsangebots, weil sie auf die Ressourcen und Kompetenzen der Komplementäre Zugriff hat. Auf diese Weise profitieren der Plattformbetreiber von externen Innovationen und das Netzwerk an Modulen von einer gesteigerten Attraktivität für Kunden aus der Gesamtheit an Innovationen und der erreichten Flexibilität. mHealth-Produkte können eine solche Plattform durch die Aggregation unterschiedlichster Fachkompetenzen zu wertvollen Services realisieren. Durch die Vernetzung organisatorisch eigenständiger Anbieter sind komplexe und individuelle Servicebündel möglich, wobei die beteiligten Parteien ihre fachliche Expertise und ständig erneuertes Wissen einbringen. Insbesondere für Mikromärkte erscheint eine solche offene, digitale Plattformlösung relevant zu sein, wird durch sie doch eine Bündelung grundverschiedener Kernkompetenzen und Fachgebiete möglich, hochspezifische, aber kleinste Nachfragen (seltene Krankheiten) effizient bedienen zu können.

5. Zwischen meritokratischer und Hyperselektion

Bei der Vermarktung sind sich wandelnde Bedürfnisse der Kunden und deren subjektiv variierende Wahrnehmung und Bewertung von Leistungsangeboten zu berücksichtigen. Kaufentscheidungen können nach strikt meritokratischen Kriterien des relativen Nutzen und relativer Leistung erfolgen. Die Wahl des besten Angebots erfolgt anhand rationaler Maßstäbe der Qualität, Kosten, des Funktionsumfangs und weiterer relevanter Vergleichsgrößen. Den anderen Pol des Kontinuums bildet die sogenannte Hyperselektion durch Kurzlebigkeit, Überangebot und multiple Konfigurationsmöglichkeiten. Gerade die Vielzahl an verfügbarer Information zu alternativen Marktangeboten und deren stark schwankende Qualität, macht eine rein rational-objektive Bewertung nahezu unmöglich. Deswegen ist die Kaufentscheidung ein hochsozialer und komplexer Prozess, bei dem unterschiedliche Einflüsse, nicht zuletzt auch die von viralen Meinungsführern sozialer Medien, zum Tragen kommen. Es ist folglich keine vollständige Information möglich, wodurch letztlich Entscheidungen unter Unsicherheit getroffen werden müssen. Käufer neigen häufig dazu sich auf die Wahl anderer zu verlassen, was durch die Vernetzung der Individuen zu einer Konvergenz in eine Richtung führen und so exponentielles Wachstum oder Verfall zur Folge haben kann.

Vor diesem Hintergrund sind bei offenen Systemen hohe Schwankungen und Eigendynamik zu erwarten, die beschriebenes exponentielles Wachstum nutzen können. Durch modulare Lösungen können bei Rückgang der Nachfrage Anpassungen durch Austausch von Komponenten ohne Zeitverlust vorgenommen werden. Änderungen haben augenblicklichen Effekt, sodass Justierungen des Systems in kürzester Zeit zum gewünschten Ergebnis führen können.

6. Zwischen geschützten und vorteilsinduzierten Appropriationsregimen
Die Konfiguration und Sicherung der Wertabschöpfung (Appropriation) kann auf unterschiedliche Weisen erfolgen. Das konventionelle Verständnis ist eine einmalige oder ratenweise Abrechnung einer Leistung gegenüber dem Kunden. Im ersten Gesundheitsmarkt unterscheidet sich der Zahlende in Gestalt des Krankenversicherers von dem Leistungsempfänger, wobei die Internalisierung des geschaffenen Mehrwerts in den meisten Fällen anhand vereinheitlichter Abrechnungssätze erfolgt. Diese Art der Regulierung und Sicherung sind im zweiten Gesundheitsmarkt sowie außerhalb des Gesundheitssystems nur begrenzt gültig.

Hier sind kunden- und marktgerechte sowie ökonomisch nachhaltige Erlösmodelle nötig, um aus dem geschaffenen Kundennutzwert auch einen Mehrwert in Form eines marktgerechten Preises internalisieren zu können. Weil Preise durch äußere Einflüsse, wie Angebot und Nachfrage, zu beeinflussen sind, gilt es regelrechte Appropriationsregime zur Verteidigung zu errichten (Schmidt 2015). Konventionelle Ansätze üben Einfluss auf die Angebotslage in ihrem Markt durch den Schutz intellektuellen Eigentums (Patente) aus und schaffen auf diesem Wege temporäre Monopole. Imitationen oder Verletzungen von Gebrauchsmustern durch Wettbewerber werden per einstweiliger Verfügung untersagt und zuweilen durch jahrelange Rechtsstreitigkeiten ausgefochten. Weitere Möglichkeiten des Imitationsschutzes bestehen in technologischen, organisatorischen oder ökonomischen Protektion (Michalski und Rasic 2014). Die Beschränkung auf Protektionsmechanismen ist jedoch in volatilen Umwelten oft eine Einbahnstraße, wenn Organisationen aufgrund stabiler Einnahmen durch temporäre Monopole die Weiterentwicklung des Leistungsangebots vernachlässigen. Als deutlich progressiver werden Appropriationsregime erachtet, die durch strategische Wettbewerbsvorteile etwa dank Skaleneffekten, dynamischen Fähigkeiten zur Unternehmenswandlung und einzigartigen Ressourcen entstehen. Insbesondere dynamische, offene Wertschöpfungssysteme mit mehreren vernetzten Unternehmen schaffen durch situationsadäquate Re-Konfiguration kumulative Effekte zur Vorteilsbehauptung. Weil eine Verteidigung unter sich ständig ändernden Bedingungen zwecklos bleiben muss, sind beschriebene selbsterneuernde Appropriationsregime in solchen Umfeldern überlegen.

18.3 Fallstudie zur Erschließung eines neuen Markts

Am Beispiel des Therapiemarktes für depressive Erkrankungen wird verdeutlicht, wie eine veränderte Marktperspektive helfen kann neue Anwendungsfelder und eine verbesserte Nutzenstiftung für Dienstleistungen zu erschließen. Es wird vorweggenommen, dass der größte Teil der Therapien von Depressionen im ersten Gesundheitsmarkt zu verorten sind, weswegen die Betrachtungen sich allein auf diesen beziehen werden. Allerdings ist auch zu konstatieren, dass die Art der Therapie sich bei Selbstzahlern im zweiten Gesundheitsmarkt nicht maßgeblich unterscheidet und sich keine veränderten Implikationen für die Leistungserbringung ergeben würden.

18.3.1 Versorgungssituation als Marktproblem

Der Markt für die Therapie depressiver Erkrankungen kann anhand der Gesamtzahl an Diagnosen nach ICD-10 im Bereich von F.32 bis F.33 im Bundesgebiet definiert werden, was circa 6,2 Mio. Patienten pro Jahr entspricht (DGPPN et al. 2015). Insgesamt ist festzuhalten, dass es hinsichtlich der Wettbewerbsposition und des Leistungsangebots in der Vergangenheit wenig Veränderungen gab und in Zukunft damit auch nicht zu rechnen ist. Denn die Vorgaben für abrechenbare Leistungen im ersten Gesundheitsmarkt lassen wenig Spielraum für Veränderungen.

Die Therapieleistung wird durch Kliniken oder niedergelassene Psychotherapeuten erbracht, wobei der Behandlungsablauf sich grundlegend gleich gestaltet. Vor einer Therapie steht die ärztliche Diagnose nach ICD-10-Katalog. Die anerkannten und somit abrechenbaren pharmakologischen und/oder psychotherapeutischen Therapieansätze sind standardisiert und innerhalb eines definierten Zeitraumes durchzuführen. Abweichungen, wie innovativer Vorgehensweisen oder Modifizierungen bestehender Therapien werden nicht ohne eine vorherige Zulassung entgolten. Daher gibt es wenig Anreize für Differenzierungen des Dienstleistungsangebots, weil diese zwangsläufig auf Kosten der therapierenden Einrichtung gehen müssen. Festgelegte Abrechnungssätze und eine starke Regulierung hinsichtlich der Qualifikation behandelnder Therapeuten verhindern darüber hinaus eine Flexibilität in der Preisgestaltung und limitieren mögliche Optimierungsansätze in der Organisation und Prozessgestaltung. Oftmals kann nur durch Kostensenkung und Effizienzsteigerung eine Wertsteigerung erreicht werden, was mithin zulasten der Therapiequalität erfolgen muss. Vor dem Hintergrund hoher Neuerkrankungen – laut WHO sind Depressionen der weltweit häufigste Grund für Erwerbsunfähigkeit (WHO 2015) – ist mit einem steigenden Bedarf an Therapien zu rechnen. Das Robert-Koch-Institut moniert zwar eklatante Versorgungsdefizite (RKI 2010), aber aus medizinisch-therapeutischer, beziehungsweise Anbietersicht, ergibt sich daraus nicht zwingend auch ein Veränderungsbedarf an den bestehenden Therapieverfahren oder im Behandlungsablauf. Die Behandlung depressiver Erkrankungen ist aufgrund hoher Qualitäts- und Ausbildungsstandards im internationalen Vergleich gut geregelt.

Unter Berücksichtigung der Lage der Betroffenen ergibt sich jedoch ein anderes Bild der Marktsituation, das Spielraum für Veränderungen aufzeigt und diese sowohl aus ökonomischer als auch ethisch-moralischer Warte sogar verlangt (siehe Abb. 18.3). Die vom Robert-Koch-Institut monierte Versorgungslage lässt sich anhand folgender Kennzahlen skizzieren. Die durchschnittlichen Wartezeiten in der ambulanten Psychotherapie belaufen sich zwischen drei und vier Monaten, wobei in einigen Teilen Deutschlands, wie etwa Brandenburg, nur zwischen 10 und 12 Psychotherapeuten pro 100.000 Einwohner zur Verfügung stehen (Bundespsychotherapeutenkammer 2011). Das führt dazu, dass Patienten monatelang unbehandelt und schmerzbehaftet bleiben. Mithin führt das zur Verschlimmerung der Depression und erhöht die Wahrscheinlichkeit für eine chronische Erkrankung. Was zuvorderst als quantitatives Versorgungsproblem im Sinne fehlender Fachkräfte erscheint, kann durch qualitative Verbesserungen in der Therapie zumindest

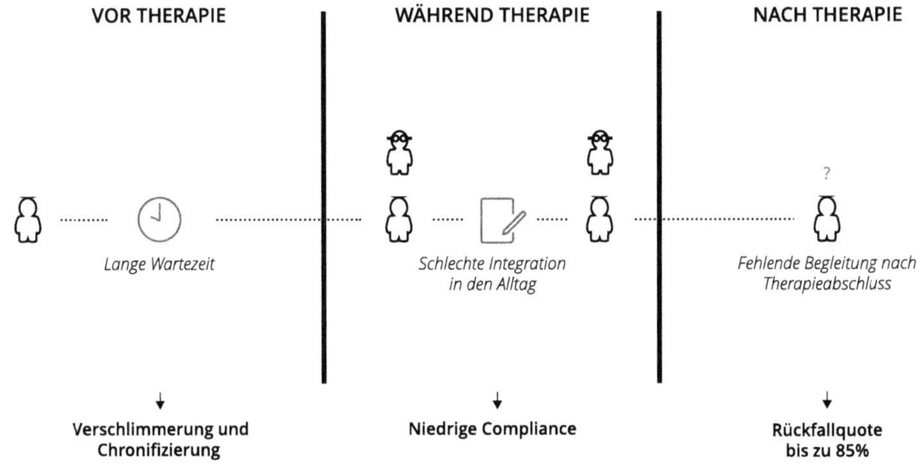

Abb. 18.3 Problemfelder der Versorgung depressiver Erkrankungen. (Unveröffentlicht, mit freundlicher Genehmigung von ARYA mHealth)

gemildert werden, wie im Folgenden gezeigt wird. Darüber hinaus ist die Rückfallquote zwischen 70 % (nach zwei Episoden) und 90 % (nach drei Episoden) unverhältnismäßig hoch (DGPPN et al. 2015). Ein Zusammenhang wird in der fehlenden Rehabilitation und Unterstützung nach der Therapie gesehen, wodurch die Betroffenen ohne Hilfe in den Alltag entlassen werden und sich oftmals wieder mit den Auslösern konfrontiert sehen. Somit wird deutlich, dass die Wartezeiten auf und die Nachsorge nach einer Therapie aus Patientensicht wesentliche Engpässe im Markt darstellen. Hinzu kommt die hohe Dunkelziffer an erkrankten, aber unbehandelten Betroffenen. Etwa aus Angst vor einer Stigmatisierung im sozialen Umfeld wird das Leiden in Kauf genommen und etwa Klinikaufenthalte gemieden (DGPPN et al. 2015). Bei depressiven Erkrankungen sind Pessimismus und Antriebslosigkeit dem pathologischen Verhalten immanent (DGPPN et al. 2015), was das Aufsuchen eines Arztes zusätzlich verhindert. Die beschriebenen Fälle bleiben somit „außerhalb des Gesundheitssystems", weil die Betroffenen noch nicht oder nicht mehr in Behandlung sind. Weil kein Versorgungsangebot zur Verfügung steht, handelt es sich hierbei ökonomisch ausgedrückt um eine unbefriedigte Nachfrage und unerschlossenes Marktpotenzial.

18.3.2 Betroffene als Manager der Depression

Als Reaktion auf die Lage hat sich aus einer Patienteninitiative heraus das Start-up ARYA mHealth UG gegründet. Aus den persönlichen Erfahrungen und wegen dem fehlenden gesundheitspolitischen Interesse ist es das erklärte Ziel die Versorgungsprobleme unternehmerisch als Bottom Up-Ansatz anzugehen. Mithilfe von empirischen Erhebungen, wie Patienten- und Expertenbefragungen und durch Kooperationen mit verschiedenen Organisationen wurde systematisch die Perspektive der Betroffenen erschlossen. Dabei konnten die wesentlichen Probleme der Zielgruppe identifiziert werden – vor, während und nach einer Therapie. Bisher unerkannte und unberücksichtigte Bedürfnisse sind herausgearbeitet und zur Grundlage des Servicedesigns gemacht worden. Hilfesuchende mit Beschwerden, aber ohne Diagnose fanden somit Berücksichtigung. Unter anderem wurde deutlich, dass viele in Therapie befindliche Patienten die in der kognitiven Verhaltenstherapie eingesetzten Hausarbeiten nicht in ihren Alltag integrieren und sich dadurch die therapeutische Wirksamkeit vermindert. Das umständliche Mitführen von mehrseitigen Erfassungsbögen wirkt demotivierend und führt zu verminderter Compliance in der Therapie (ergänzend Sonnenmoser 2010). Aufseiten des Therapeuten wird angegeben, dass die handschriftlich ausgefüllten, mehrseitigen Fragebögen in einem unverhältnismäßigen Aufwand zum ausgewerteten Ergebnis stehen. Die Mission der Unternehmung ist es digitale, mobile Produkte hinsichtlich der Funktionen und des Nutzererlebnisses konsequent auf die Bedürfnisse der Betroffenen auszurichten anstatt wie bisher üblich aus Expertensicht das therapeutisch Notwendige zu implementieren. Als besonderes Anliegen soll Hilfesuchenden das Leben auch (noch) ohne Therapie, durch Aufklärung und Hilfe im Umgang mit der Erkrankung, erleichtert werden. (hier und im Folgenden Arya 2015a).

Mit vier Lösungsansätzen hat ARYA eine Innovation geschaffen, die den Erkrankten vom Betroffenen zum Manager seiner Krankheit macht:

1. Erleichterung des Umgangs mit der Erkrankung (Mood Tracking und Edukation),
2. Alltagsbewältigung (Life Companion und Live-Support durch den HERO-Algorithmus),
3. Therapiebegleitung (Übungsmodul und Datenschnittstelle zum Therapeuten),
4. Innovation der Organisation (Social Enterprise und Continuous Co-Creation).

Der Service wird als App angeboten, denn als mHealth-Lösung kann insbesondere die nicht in Therapie befindliche Zielgruppe besser erreicht werden. Das Smartphone ist immer dabei und eröffnet überhaupt erst viele Möglichkeiten, die eine Depressionstherapie revolutionieren. Die App bietet Orientierung vor und während der Therapie und hilft die eigene Situation durch Informationen und die unkomplizierte Erfassung des Stimmungsverlaufs besser zu verstehen. Bereits die Möglichkeit die persönliche Entwicklung zu verfolgen, versetzt Betroffene in die Lage Auswirkungen von Verhaltensänderungen wahrzunehmen (Selbstachtsamkeit), die eigene Situation zu reflektieren und besser zu managen (Selbstwirksamkeit).

Die Implementierung als digitale, mobile Lösung schafft ein Nutzen stiftendes Angebote zur Alltagsbewältigung und eine Ergänzung der konventionellen Präsenztherapie. Durch die ständige Begleitung auf dem Smartphone lernt die App Verhaltensmuster zu identifizieren und kann intervenieren, indem persönliche Tipps zum Umgang mit schwierigen Situationen gegeben werden. Als lebenslanger Begleiter erfasst der Life Companion langfristig den Stimmungs-, Krankheits- und Genesungsverlauf. Auf diese Weise wird dem Patienten schon vor einer Therapie geholfen mit dem Leiden umzugehen. Neben einer erhöhten Selbstachtsamkeit und Kontrolle eigener Verhaltensänderungen, bieten die akkumulierten Daten dem Therapeuten bei einem Rückfall umfassenden Einblick in die Patientenhistorie.

Ist ein therapiebegleitender Einsatz der App gewünscht, profitiert der Anwender von der Datenübermittlung seines Stimmungstagebuchs und erhält Hausaufgaben des Therapeuten, die dieser individuell erstellen und auch auswerten kann. Der Therapeut erhält einen Überblick über den wöchentlichen Verlauf und Informationen zu stimmungsbeeinflussenden Ereignissen visuell aufbereitet angezeigt. Somit entfällt die Auswertung analoger Daten beispielsweise aus Papierdokumenten und verbessert die Vorbereitung einer Therapiesitzung. Aus der Umsetzung des Service als mHealth-Lösung ergeben sich Nutzenvorteile und auch Kostenvorteile gegenüber einer konventionellen Therapie (ergänzend Arya 2016). So wird der Aufwand für Therapeuten bei Auswertungen und in der Therapiebegleitung vermindert. Der Betroffene hat hingegen kostenlosen Zugang zur Basisversion der App. Außerdem ist das Tagebuch auf intuitive und einfache Weise zu führen und die regelmäßigen Therapieaufgaben lassen sich zeit- und ortsunabhängig vornehmen. Die Gestaltung der App vereinfacht die Eingabe, ermutigt zur umfänglichen Nutzung und belohnt die regelmäßige Verwendung im Sinne des Gamification-Ansatzes auf spielerische Weise.

Aus Sicht der Zielgruppe stehen dabei Sicherheit, Verschwiegenheit und Verfügungshoheit über die eigenen Daten an erster Stelle. Das Produkt fände wohl keine Akzeptanz durch die Zielgruppe, wenn die Integrität der sensiblen Daten infrage stünde. Technisch wird das durch Datenverschlüsselung, Zugangsschutz und die Unterbindung der Kommunikation mit anderen Apps erreicht. Darüber hinaus legt der Benutzer selbst fest, ob er die App anonym nutzt oder eine Registrierung wünscht um Daten mit dem Therapeuten seiner Wahl zu teilen. Im anonymen Modus ist ein Verbleiben der Informationen auf dem eigenen Gerät garantiert (Arya 2015b).

Trotz aller technischen Maßnahmen ist durch Reputation und Glaubwürdigkeit das Vertrauen der Benutzer zu gewinnen und fortlaufend aufrecht zu erhalten. Schließlich verarbeitet die App sensible Informationen über intime Lebensumstände. Daher ist es oberstes Gebot von ARYA mit den Benutzerdaten keine kommerziellen Ziele zu verfolgen. Einer der wichtigsten Eckpfeiler des Geschäftskonzeptes ist daher die innovative Organisationsform als Social Enterprise. Ein solches schafft Wert durch die Verbindung von sozialer und ökonomischer Nutzenstiftung, ist somit nicht auf Spenden angewiesen und bleibt unabhängig von Industrie- und Unternehmensinteressen. Denn anders als bei ausschließlich gemeinnützigen Organisationen, wie der gGmbH, ist Gewinnerzielung erlaubt und erwünscht. Die gemeinnützige Arya Stifting (sic!) hat sich die Interessenvertretung psychisch Erkrankter zum Ziel gesetzt und bekämpft mittels Aufklärungsarbeit deren gesellschaftliche Stigmatisierung. Die Stiftung fasst die Bedürfnisse verschiedener Gruppen von Betroffenen als Meinungsführer zusammen, nimmt Einfluss auf die Versorgung Betroffener und gestaltet kontinuierlich bei der Produktentwicklung mit (Continuous Co-Creation).

18.3.3 ARYA als Stakeholder induzierte Marktinnovation

Entsprechend des Cross Market Innovation-Konzepts wurden vom Markt bisher unberücksichtigte Bedürfnisse und Nicht-Konsumenten erschlossen, die Zugangsbarrieren, Kosten und Probleme bestehender Angebote beseitigt und schließlich ein überlegener Konsumentennutzen geschaffen.

Wie verdeutlicht wurde, bestehen für etablierte Anbieter wenige Möglichkeiten auf die unversorgten Fälle zu reagieren, weil Modifikationen im Leistungsangebot aufgrund der Regulierung kaum möglich sind. Mit Erfassung der Bedürfnisse des Betroffenen konnten Nicht-Konsumenten identifiziert werden. Insofern erfolgte eine Verlagerung von der Expertenorientierung zu einer Nutzen- und Stakeholderorientierung.

Die erschlossene Zielgruppe konstituiert einen eigenen Markt. Denn unter Berücksichtigung der Dunkelziffer nicht Diagnostizierter, aber Hilfesuchender kann allein in Deutschland von 12 Mio. App-Nutzern[1] sowie 30.000 niedergelassenen Therapeuten[2] (Kassenärztliche Bundesvereinigung 2016) ausgegangen werden. Da es sich bei ARYA um eine Patienteninitiative handelt, ist zu konstatieren, dass organisierte Stakeholder eine patientenzentrierte Lösung mit eigenem Absatzmarkt geschaffen haben. Weil ARYA nicht mit den Angeboten des Therapiemarktes konkurriert, sondern vielmehr einen ergänzenden Service für Therapeuten schafft und sich sonst auf die Zielgruppe der Betroffenen fokussiert, handelt es sich überdies um einem neu geschaffenen Markt.

Die Zugangsbarrieren werden dabei durch die anonyme und unproblematische Bereitstellung des Hilfsangebots als App beseitigt. Durch die Implementierung als mobiler Service werden deutlich mehr Betroffene als auf herkömmlichen Weg erreicht, auf kostengünstige Weise der Markt erschlossen und zugleich der Nutzen einer konventionellen Therapie erweitert. Für den Patienten ist die Benutzung der App kostenlos und bequem, weil sie orts- und zeitunabhängig funktioniert. Der überlegene Konsumentennutzen liegt in der alltagstauglichen und auf die Bedürfnisse zugeschnittenen Lösung.

Die gelösten Probleme der vorherrschenden Versorgung (Consumer Pain) sind im Einzelnen

- der fehlende Zugang zum Therapiemarkt,
- die umständliche Datenerfassung während der Therapie,
- eine aufwendige Auswertung der Patientenfragebögen durch den Therapeuten und
- die fehlende Begleitung während und nach der Behandlung.

Der überlegene Produktnutzen konstituiert sich aus

[1]Das Kundenpotenzial errechnet sich aus ca. 6 Mio. Patienten in Therapie und weiteren 6 Mio. Betroffenen ohne Diagnose, denn nur jede zweite Depression wird erkannt (Axt-Gadermann 2015).

[2]Die Zahl berücksichtigt nur psychologische Psychotherapeuten und ärztliche Psychotherapeuten.

- dem neuartigen Life Companion zur langfristigen Patientenbegleitung,
- der innovativen Verhaltenserkennung zur Alltagsbewältigung und Intervention sowie
- dem jederzeit verfügbaren Zugriff auf Edukationsinhalte und therapiebegleitende Übungen.

Für den Therapeuten ergeben sich aus der Nutzung die Vorteile

- umfassender, qualitativer Patientendaten,
- individualisierbare, digitale Therapieaufgaben,
- vereinfachte Auswertungsmöglichkeiten und somit eine verbesserte Therapie und Zeitersparnis.

18.4 Schlussbetrachtung

Die Nutzung von mHealth-Anwendungen ist derzeit noch von Lifestyle-Anwendungen dominiert, aber das Potenzial für professionelle Apps mit medizinischem Anspruch, die konventionelle Gesundheitsangebote erweitern und gar neue digitale Versorgungsmöglichkeiten eröffnen, ist unbestritten (Mobiquity 2014, S. 4). Denn das Gesundheitsbewusstsein der Bevölkerung war noch nie so groß wie aktuell. Empirische Untersuchungen zeigen, dass 80 % aller Konsumenten gesundheitsmotiviert, das heißt der Gesundheit zuträgliche Produkte des Alltags kaufen (Steinle 2011). Die Voraussetzungen sind sowohl in technischer als auch organisatorischer Hinsicht gegeben: Fast jeder besitzt zumindest ein Smartphone, das Mobilfunknetz versorgt die entlegensten Winkel der Republik und auch an Fachkräften zur App-Entwicklung und in der Medizin mangelt es nicht. Opportunitäten die Kompetenzfelder der Gesundheitswirtschaft zu erweitern sind strukturell und durch die Möglichkeiten der Digitalisierung also gegeben. Im internationalen Kontext scheint sich das Konzept der Value Innovation im Gesundheitswesen durchzusetzen (Karami und Torabi 2015). Es liegt an den einzelnen Akteuren der versorgenden Einrichtungen, deren Betreibergesellschaften und unabhängigen Gesundheitsdienstleistern diese Gelegenheit auch wahrzunehmen. Bevor sie versiegt oder es andere tun. Erweiterte und wirkungsvolle Präventions- und Behandlungsmöglichkeiten durch digitalisierte Produkte werden aber nur erreicht, wenn qualifiziertes Wissen genutzt wird, um komplementäre Erweiterungen konventioneller Angebote und innovative neue Verfahren zu schaffen. Cross Market Innovation eröffnet Potenziale Ressourcen und Kompetenzen unternehmerisch weiter zu verwerten, die Versorgungsstrukturen zu entlasten und neue Leistungen anzubieten, die letztlich der Volksgesundheit zu Gute kommen. Dabei sind es nicht allein ökonomische Aspekte die zu einer grenzüberschreitenden Ausweitung der Gesundheitswirtschaft motivieren. Es bestehen zuerst gesellschaftliches und somit auch politisches Interesse daran durch vereinfachten Zugang zum meritorischen Gut der Gesundheitsversorgung mehr Menschen gesund zu halten. Der Idealzustand einer lückenlosen Präsenzmedizin hat sich gerade in ländlichen Gegenden als schwer zu realisieren herausgestellt. Eine Digitalisierung von Dienstleistungen ermöglicht im nationalen Kontext die angespannte medizinische Versorgung in Flächenländern, wie Teilen Brandenburgs, deutlich zu verbessern. Neben Ferndiagnosen für leichte Erkrankungen, können insbesondere chronische Erkrankungen durch die Einbindung spezialisierter Ärzte über mobile Lösungen deutlich besser versorgt werden. Auf internationaler Ebene sind Wachstumspotenziale aufgrund der anerkannten hohen Qualitätsstandards deutscher Medizin denkbar. Aber auch die Lösung virulenter medizinischer Versorgungsprobleme etwa in Krisengebieten kann durch den Einsatz mobiler Technologien erfolgen. Weil die Verbreitung von Mobiltelefonen bis in die ärmsten und entlegensten Ländern der Welt reicht, können durch mHealth Epidemien schon früh erkannt, Diagnose und Unterstützung aus der Ferne erfolgen und Aufklärungsinhalte zur Gesunderhaltung bereitgestellt werden.

Das Konzept der Cross Market Innovation stellt mit der Identifizierung neuer Kundenutzen und sich ergebender Marktkonstellationen den ersten Schritt zur Entwicklung digitaler Gesundheitsdienstleistungen dar. Als Ausgangspunkt dienen neu entdeckte Kundennutzen und ertragsreiche Segmente und Märkte der Konfiguration überlegener Gesundheitsdienstleitungen, wenn diese Konsumentenbedürfnisse auf nachhaltige, Nutzen erfüllende und angenehme Weise bedienen. Zur Schaffung überlegenen Nutzwerts bildet die Analyse der Problemsicht des Konsumenten, Kunden und der Stakeholder sowie der Wirkungs- und Nutzensicht im Vergleich zur Expertenperspektive einen wichtigen Grundstein. Denn wer sich von dem traditionellen Verständnis seiner Zunft lösen und sich – im konstruktivistischem Verständnis – die Realität anderer erschließt, vermag neue Einsichten und Ansatzpunkte zur Lösung bekannter und neu erkannter Probleme zu erlangen. Auf Basis gewonnener Erkenntnisse lassen sich dann konventionelle Präventions-, Behandlungs- und Rehabilitationsansätze erneuern oder ergänzen. Allein die Möglichkeit die Diagnose und Dokumentation durch das Smartphone zu erleichtern, haben beispielsweise bereits die Krebsfrüherkennung durch algorithmenbasierte Mustererkennung maßgeblich vorangebracht.

Mit Aufzeigen der unterschiedlichen Marktkonstellationen soll ins Bewusstsein gerufen werden, dass nicht jedes Handlungsfeld dauerhaft und mit größtmöglicher Marge „abgeerntet" werden kann. Vielmehr ist bei der Entwicklung neuer Services dem Umstand Rechnung zu tragen, dass in einer pluralistischen und dynamischen Umwelt Angebote adaptierbar und flexibel bleiben müssen. Technologische Lösungen ermöglichen temporäre, geografisch stark verteilte und hochgradig spezifische Nachfrage zu bedienen. Daher sollten neu entdeckte Bedürfnisse in auf den ersten Blick wenig vielversprechenden Märkten nicht vorschnell verworfen werden. Stattdessen sind die konventionellen Versorgungsansätze zu hinterfragen und alternative, bisher unübliche, aber dennoch ökonomisch nachhaltige Möglichkeiten der Bedürfnisbefriedigung in Betracht zu ziehen.

Literatur

Arya (2015a) Interview des Verfassers mit Kristina Wilms, Gründerin und Geschäftsführerin/CEO, geführt am 10.12.2015 von 10–14 Uhr, Berlin, S 1–5

Arya (2015b) Interview des Verfassers mit Purcy Marte, Gründer und CMO, geführt am 14.12.2015 von 12–16 Uhr, Berlin, S 1–6

Arya (2016) Mehr Informationen für Therapeuten. http://aryaapp.co/therapists.php. Zugegriffen: 20. März 2016

Axt-Gadermann M (2015) Depression. http://www.vitanet.de/krankheiten-symptome/depression. Zugegriffen: 20. März 2016

Bliesener M, Beyersdorf L, Sibbel R (2015) Integrative Medizin als Ansatz zur strategischen Positionierung im Wettbewerb. In: Pfannstiel MA, Rasche C, Mehlich H (Hrsg) Dienstleistungsmanagement im Krankenhaus. Nachhaltige Wertgenerierung jenseits der operativen Exzellenz. Springer, Wiesbaden, S 93–105

Bowman C, Ambrosini V (2000) Value creation versus value capture: towards a coherent definition of value in strategy. Br J Manag 11(1):1–15

Brandenburger AM, Nalebluff BJ (1996) Co-opetition. Currency Doubleday, New York

Bundespsychotherapeutenkammer (2011) BPtK-Studie zu Wartezeiten in der ambulanten psychotherapeutischen Versorgung, Bundespsychotherapeutenkammer (Hrsg), Berlin

Chesbrough H (2003) Open innovation: the new imperative for creating and profiting from technology. Harvard Business Review Press, Boston

Chesbrough H (2012) Open Innovation. Where we've been and where we're going. Res Technol Manag 55(4):20–27

DGPPN, BÄK, KBV, AWMF, AkdÄ, BPtK, BApK, DAGSHG, DEGAM, DGPM, DGPs, DGRW (2015) S3-Leitlinie/Nationale VersorgungsLeitlinie Unipolare Depression – Langfassung, Version 2, 2. Aufl., DGPPN, BÄK, KBV, AWMF, AkdÄ, BPtK, BApK, DAGSHG, DEGAM, DGPM, DGPs, DGRW (Hrsg), Berlin. doi: 10.6101/AZQ/000266

Horváth P, Niemand S, Wolbold M (1993) Target costing: state of the art review. Betriebswirtschaftliches Inst, Lehrstuhl Controlling, Stuttgart

Javitt J (2014) The future in hand: mHealth technologies hold promise for better managing chronic illness. http://www.himss.org/REsourceLibrary/GenResourceDetail.aspx?ItemNumber=32590. Zugegriffen: 20. März 2016

Johnson MW (2010) Seizing the white space. Harvard Business School Publishing, Boston

Karami M, Torabi M (2015) Value innovation in hospital: increase organizational IQ by managing intellectual capitals. Acta Informatica Medica 23(1):57–59

Kassenärztliche Bundesvereinigung (2016) Statistische Informationen aus dem Bundesarztregister (Ärztestatistik 2015). http://www.kbv.de/media/sp/2015_12_31.pdf. Zugegriffen: 20. März 2016

Kim WC, Mauborgne R (1999) Creating new market space. Harvard Bus Rev 77(1):83–93

Kim WC, Mauborgne R (2015) Blue ocean strategy: how to create uncontested market space and make the competition irrelevant. Harvard Business Review Press, Boston

Luxton DD, McCann AR, Bush NE, Mishkind MC, Reger GM (2011) mHealth for mental health: Integrating smartphone technology in behavioral healthcare. Professional Psychology: Research and Practice 42(6):505–512

Martin RJ (2011) The innovation catalysts. Harvard Bus Rev 89(6):82–87

McGrath RG (2010) Business models: a discovery driven approach. Long Range Plan 43(2–3):247–261

Metabolomics (2016) Die Leistungsfähigkeit optimieren. http://kenko.do/de/portfolio/leistungsfahigkeit. Zugegriffen: 20. März 2016

Michalski T (2014) Business Development für High-Tech- & High-Service-Unternehmen. In: Becker L, Gora W, Michalski T (Hrsg) Business development management. Von der Geschäftsidee bis zur Umsetzung. Symposion, Düsseldorf, S 57–105

Michalski T, Rasic M (2014) Imitationsschutz von Geschäftsmodellen. In: Becker L, Gora W, Michalski T (Hrsg) Business development management. Von der Geschäftsidee bis zur Umsetzung. Symposion, Düsseldorf, S 109–153

Miller R, Olleros X, Molinié L (2008) Innovation games: a new approach to the competitive challenge. Long Range Plan 41(4):378–394

Mobiquity (2014) Get mobile, get healthy: the application of health and fitness. http://www.mobiquityinc.com/mHealth-report-2014. Zugegriffen: 20. März 2016

Osterloh I (2007) How I discovered viagra. Cosmos 1:33–34

Prahalad CK, Ramaswamy V (2004) Die Zukunft des Wettbewerbs. Linde, Wien

Rasche C, Braun von Reinersdorff A (2016) Krankenhäuser als Expertenorganisationen. Wertschaffung und Produktivitätssteigerung durch dienstleistungsorientierte Geschäftssysteme. In: Pfannstiel MA, Rasche C, Mehlich H (Hrsg) Dienstleistungsmanagement im Krankenhaus. Nachhaltige Wertgenerierung jenseits der operativen Exzellenz. Springer, Wiesbaden, S 93–105

Robert-Koch-Institut (2010) Gesundheitsberichterstattung des Bundes, Heft 51: Depressive Erkrankungen. Robert-Koch Institut (RKI) (Hrsg), Berlin

Schmidt A (2015) Überlegene Geschäftsmodelle. Wertgenese und Wertabschöpfung in turbulenten Umwelten. Springer Gabler, Wiesbaden

Sonnenmoser M (2010) Hausaufgaben in der Psychotherapie: Noch unentdecktes Potenzial. Deutsches Ärzteblatt 9(1):16–17

Sosna M, Trevinyo-Rodríguez R, Ramakrishna Velamuri S (2010) Business model innovation through trial-and-error learning. Long Range Plan 43(2–3):383–407

Steinle A. (2011) Mehr als ein Appell: Warum Cross-Innovationen neue Märkte schaffen. http://die-erfinder.3mdeutschland.de/print/776. Zugegriffen: 20. März 2016

WHO (2015) Fact Sheet No. 369. World Health Organization (WHO) (Hrsg), New York

Wicklund E (2015a) Helping doctors see what really matters to patients. http://www.mhealthnews.com/print/33401. Zugegriffen: 20. März 2016

Wicklund E (2015b) $46 for 20 minutes of mHealth is 'a good start' for doctors. http://www.mhealthnews.com/print/27931. Zugegriffen: 20. März 2016

Wicklund E (2015c) New Apple ResearchKit studies target autism, melanoma, epilepsy. http://www.mhealthnews.com/print/33421. Zugegriffen: 20. März 2016

Über den Autor

Dr. rer. pol. Andreas Schmidt forscht und lehrt an der Universität Potsdam an der Humanwissenschaftlichen und an der Wirtschafts- und Sozialwissenschaftlichen Fakultät im Themenfeld Sport- und Gesundheitsmanagement sowie strategisches Management. Sein Forschungsschwerpunkt ist im Sustainable Strategic Management verankert, das insbesondere die Konfiguration und kontinuierliche Transformation von Geschäftsmodellen, nachhaltiges Organisationsdesign sowie Impact Strategy und Investment umfasst. Weiterhin berät Herr Schmidt Start-ups der Dienstleistungs- und Technologiebranche, vorwiegend im Berliner Raum, zu Business Development, Strategie- und Organisationsdesign sowie Fund- und Investmentraising. Er ist Mitglied der Strategic Management Society.

Digitales Diagnose-Unterstützungssystem ATLAS OPHTHALMOLOGY hilft Augenärzten im Praxisalltag

19

Georg Michelson und Moritz Michelson

Zusammenfassung

Die Verbesserung der medizinischen Versorgung benötigt u. a. eine kontinuierliche augenmedizinische Fortbildung und eine Möglichkeit der sofortigen und unmittelbaren Unterstützung des Augenarztes bei der Arbeit am Patienten. Ein wichtiger Baustein für eine Diagnose-Unterstützung ist eine webbasierte Referenzbilderdatenbank mit allen augenärztlichen Diagnosen, die der Augenarzt unmittelbar am Patienten nutzen kann. Dies erfordert eine plattformunabhängige Bereitstellung von expertenkontrolliertem medizinischen „Content" zur Diagnose-Unterstützung am Patienten. Ziel war die Entwicklung einer augenärztlichen Referenzbilderdatenbank für Ärzte und Studenten, wobei die klinischen Bilder mit Diagnosen und Kurzkommentaren verknüpft sind. Methodisch wurde dazu eine plattformunabhängige, zentrale Datenschnittstelle zu der Referenzbilderdatenbank mit mehr als 5000 Bildern für die schnelle Präsentation von augenmedizinischen Bildern und Diagnosen für die augenärztliche Diagnoseunterstützung erstellt. Die Referenzbilderdatenbank ist über Web, über Facebook und als App via IOS und Android zugänglich. Es wurden für das Jahr 2015 die Zugriffszahlen berechnet und analysiert. Als Ergebnis wurde im Jahr 2015 die Referenzbilderdatenbank im Schnitt von knapp 8000 Augenärzten pro Woche mittels Smartphone, Tablet oder PC genutzt und 1,1 Mio. Bilder heruntergeladen.

G. Michelson (✉)
Friedrich-Alexander Universität Erlangen-Nürnberg, Schwabachanlage 6, 91054 Erlangen, Deutschland
E-Mail: georg.michelson@uk-erlangen.de; georg.michelson@icloud.com

G. Michelson · M. Michelson
Verlag ONJOPH.COM im Medical Valley Center, Henkestr. 91, 91052 Erlangen, Deutschland

M.A. Pfannstiel et al. (Hrsg.), *Digitale Transformation von Dienstleistungen im Gesundheitswesen II*, DOI 10.1007/978-3-658-12393-2_19

Inhaltsverzeichnis

19.1 Einleitung

Bei Patienten mit seltenen Augenerkrankungen benötigt man für eine gute medizinische Versorgung nicht selten die schnelle Unterstützung eines Expertensystems bei der Diagnosefindung. Ein wichtiger Baustein für eine akute Diagnose-Unterstützung ist ein webbasiertes Informationsangebot, das klinische Bilder der vermuteten Erkrankung zeigt und unmittelbar beim Patientenkontakt genutzt werden kann. Dies erfordert eine plattformunabhängige Bereitstellung einer Referenz-Bilderdatenbank augenärztlicher Diagnosen.

Darüber hinaus ermöglicht die Referenzdatenbank eine zertifizierte Online-Fortbildung mit Erarbeitung von offiziellen CME-Fortbildungspunkten der Ärztekammer.

Der Atlas of Ophthalmology wurde vor ca. 15 Jahren von Prof. Machemer und Prof. Michelson gegründet. Prof. Naumann und Frau Dr. L. Naumann waren wesentliche Unterstützer und Mitarbeiter dieser Bildersammlung. Der Atlas Ophthalmology wird vom International Council of Ophthalmology (ICO) empfohlen.

19.2 Absicht

Die Absicht des Buchbeitrags ist die Darstellung a) der Methodik für die Referenz-Bilderdatenbank und b) der weltweiten Zugriffszahlen für dieses Diagnose-Unterstützungssystem im Jahr 2015.

19.3 Methode

Die Referenzbilderdatenbank Atlas Ophthalmology weist folgende Bereiche bzw. Applikationen auf:

1. Bilderdatenbank (Struktur der Fälle)
2. Registrierung, Zugangsrechte und Bezahlmodul
3. Suchfunktion
4. Download, Submission- und Review neuer Falldiagnosen
5. Zertifizierte CME-Fortbildung
6. Zugänge zur Referenzbilderdatenbank

19.3.1 Bilderdatenbank

Um den Augenärzten einen schnellen Zugriff zur Referenzbilderdatenbank zu ermöglichen, besteht eine plattformunabhängige, zentrale Datenschnittstelle für die schnelle Präsentation von augenmedizinischen Bildern und Befunden für unterschiedliche Darstellungsformen.

Diese Schnittstelle wird zur augenärztlichen Diagnoseunterstützung für den Zugangsweg HTML, IOS und Android genutzt.

Die Referenz-Bilderdatenbank ermöglicht eine plattformunabhängige Präsentation von klinischen Bildern unterschiedlicher Bildmodalitäten von augenärztlichen Diagnosen verknüpft mit Kurzkommentaren und Literaturstellen.

Umfang der Referenzbilderdatenbank
Derzeit bilden 5000 Falldiagnosen mit mehr als 5000 klinischen Bildern die Grundlage der Referenzbilderdatenbank. Der Atlas ist grundsätzlich in englischer und deutscher Sprache abgefasst, in großen Teilen bereits übersetzt in spanischer, chinesischer, japanischer und arabischer Sprache.

Barrierefreie, plattform- und geräteunabhängige Schnittstellen zur Referenzbilderdatenbank
Eine barrierefreie, plattform- und geräteunabhängige Schnittstelle (XML, REST) erlaubt einen schnellen Zugang und die Suche von Bildern durch unterschiedliche Systeme: mittels der HTML-Website www.atlasophthalmology.com, der IOS-App AtlasOphthalmology. der Android-App AtlasOphthalmology und per Facebook/AtlasOphthalmology.

Durch die Implementierung dieser Schnittstellen (XML, REST) besteht zusätzlich die Möglichkeit zur automatisierten Durchführung unterschiedlicher Prozesse im Atlas wie z. B. automatisierter Bildvergleich zur Verdachtsdiagnoseerstellung.

Die Web-2.0-Umgebung erlaubt die Integration der Suche in soziale Netzwerke, einen Diskussionsbereich „Unclear Cases“, „Case Discussions“, ein Ranking von Bildern, eine Experten-Diagnose, eine Timeline und eine „My Atlas“-Profilseite mit Übersicht über zuletzt getätigte Aktionen, der Möglichkeit zum Crowd Sourcing, Reviewing und zum Setzen von noch nicht gefüllten Datenfeldern mit einer erweiterten Taxonomie.

Hauptzugang zu den augenärztlichen Inhalten der Referenzbilderdatenbank ist Atlas 2.0

Der Hauptzugang zu den augenärztlichen Inhalten der Referenzbilderdatenbank stellt der Atlas 2.0-Zugang unter www.atlasophthalmology.com dar, der die Applikationen SUBMISSION, REVIEW, DOWNLOAD und ONLINE_EDUCATION ermöglicht. Die Bilder werden im JPEG-Format in 3 unterschiedlichen Auflösungen dargestellt. Die Anordnung der Krankheitsfälle erfolgt in einer anatomischen Gliederung. Eine Suche nach Bildern kann zusätzlich nach Diagnose, Autor, ICD-Code oder Schlagwörtern durchgeführt werden.

Der zentrale Zugang für Nutzer zur Referenzbilderdatenbank und/oder der Online-Education, für Autoren zur Einreichung neuer Fälle, sowie von Reviewer ist www.atlasophthalmology.com. Hier werden ausführlich augenärztliche Krankheitsfälle mit Bildern und Videos dargestellt. Dieser Zugang (Atlas 2.0) ist intuitiv und optimiert für eine Suchanfrage und der Darstellung der gefundenen medizinischen Bildbefunde im Atlas. Für die Reviewer und Editoren werden ein strukturiertes Review-Verfahren, eine Klassifikation des neuen Falles und eine Versionsgeschichte bei Aktualisierungen ermöglicht. Für die ärztlichen Nutzer ermöglicht eine Suchfunktion das schnelle Auffinden von Krankheitsbildern nach Diagnose, ICD-10-Diagnose; anatomischer Ort; Bildmodalität oder Stichworten.

Die Bilder- und Textdarstellung wird entsprechend dem jeweiligen Anzeigegerät (Desktop, Tablet, Smartphone) optimiert dargestellt (siehe Abb. 19.1, 19.2).

Gliederungsstruktur der Falldiagnosen im Atlas

Die Darstellung der 5000 Falldiagnosen erfolgt in einer anatomischen Ordnung (Hornhaut, Iris, Linse, etc.). Bei der Suche nach Fällen oder Bildern einer Augenerkrankung erfolgt eine automatische Zusammenstellung von Fällen und Bildern für diese Suchanfrage. Separat davon ist die Suche nach den Kriterien ICD-10-Diagnose, anatomischer Ort, Bildmodalität und Fallnummer möglich (siehe Abb. 19.3).

Gliederungsstruktur der klinischen Bilder innerhalb eines Falles

Die klinischen Bilder und die dazu korrespondierenden Diagnosen und Bildbeschreibungen werden im Rahmen von Falldarstellungen streng standardisiert präsentiert. Die Bilder werden in einer streng strukturierten Form dargestellt und mit einem kurzen Kommentar versehen.

1. Autoren und Einrichtung
2. Diagnose
3. ICD-10 Schlüssel
4. Patientendaten: Alter, Visus, Intraokulärer Druck,
5. okuläre Anamnese
6. allgemeine Anamnese
7. Absicht
8. Methode und Bildmodalitäten
9. Befunde der einzelnen Bildmodalitäten
10. Diskussion
11. Literaturstellen

Abb. 19.4 zeigt exemplarisch die Binnenstruktur einer Falldarstellung.

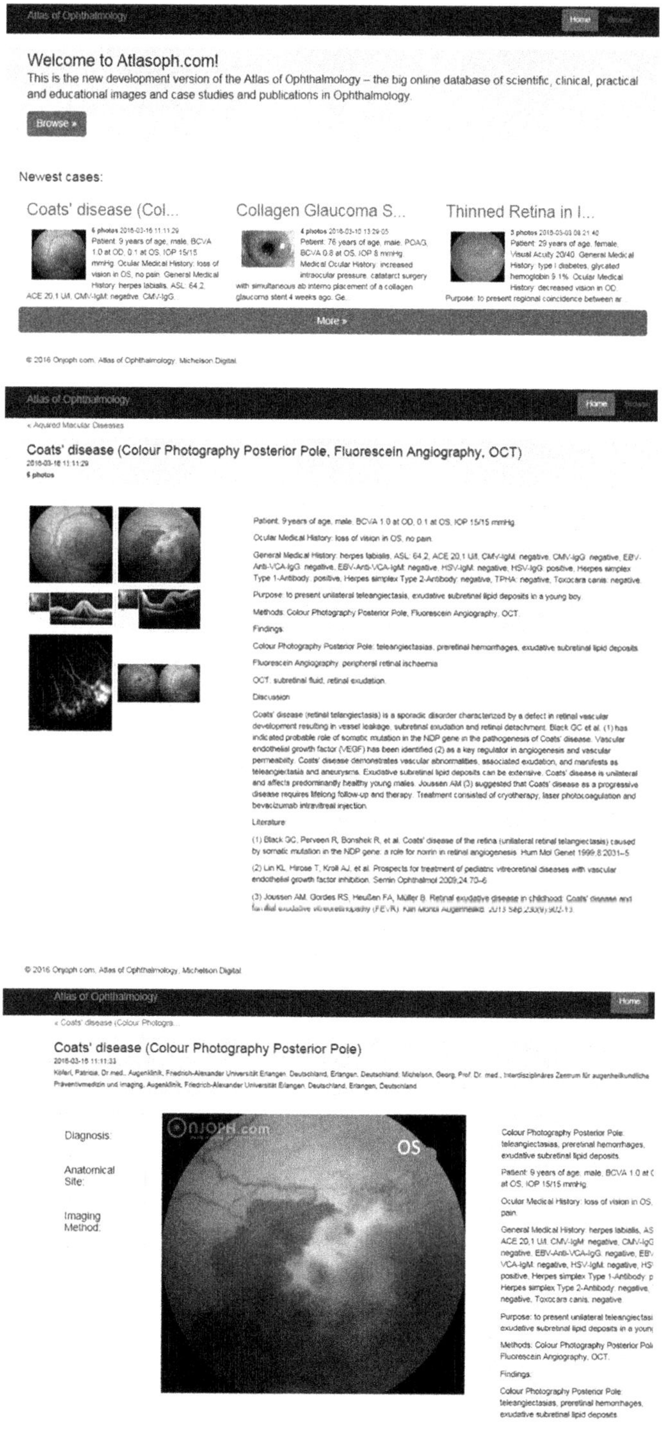

Abb. 19.1 Darstellung der Referenzbilderdatenbank als Webseite

Abb. 19.2 Darstellung der Referenzbilderdatenbank auf dem Smartphone

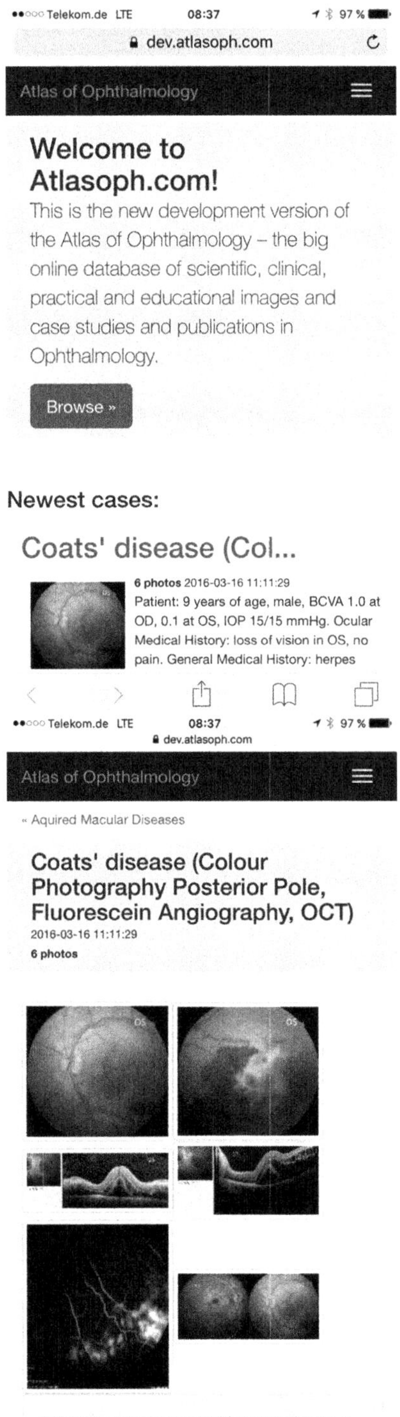

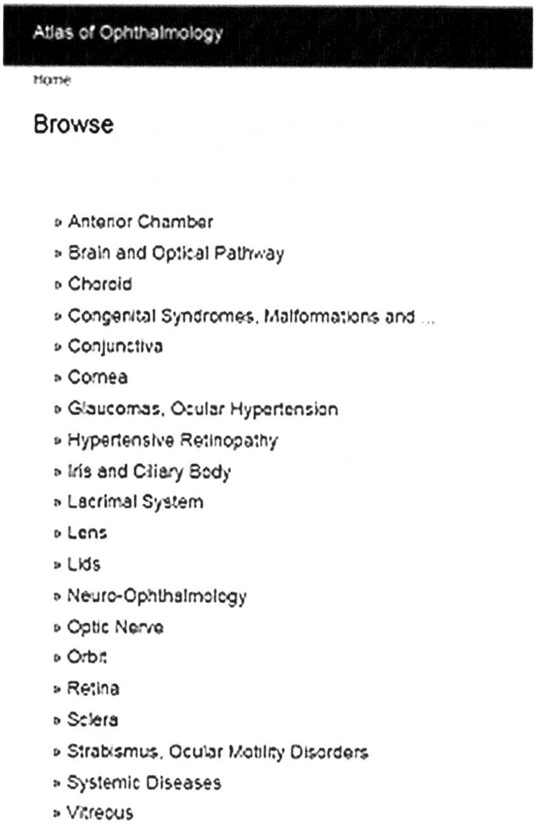

Abb. 19.3 Darstellung der 5000 Falldiagnosen in einer anatomisch angeordneten Struktur

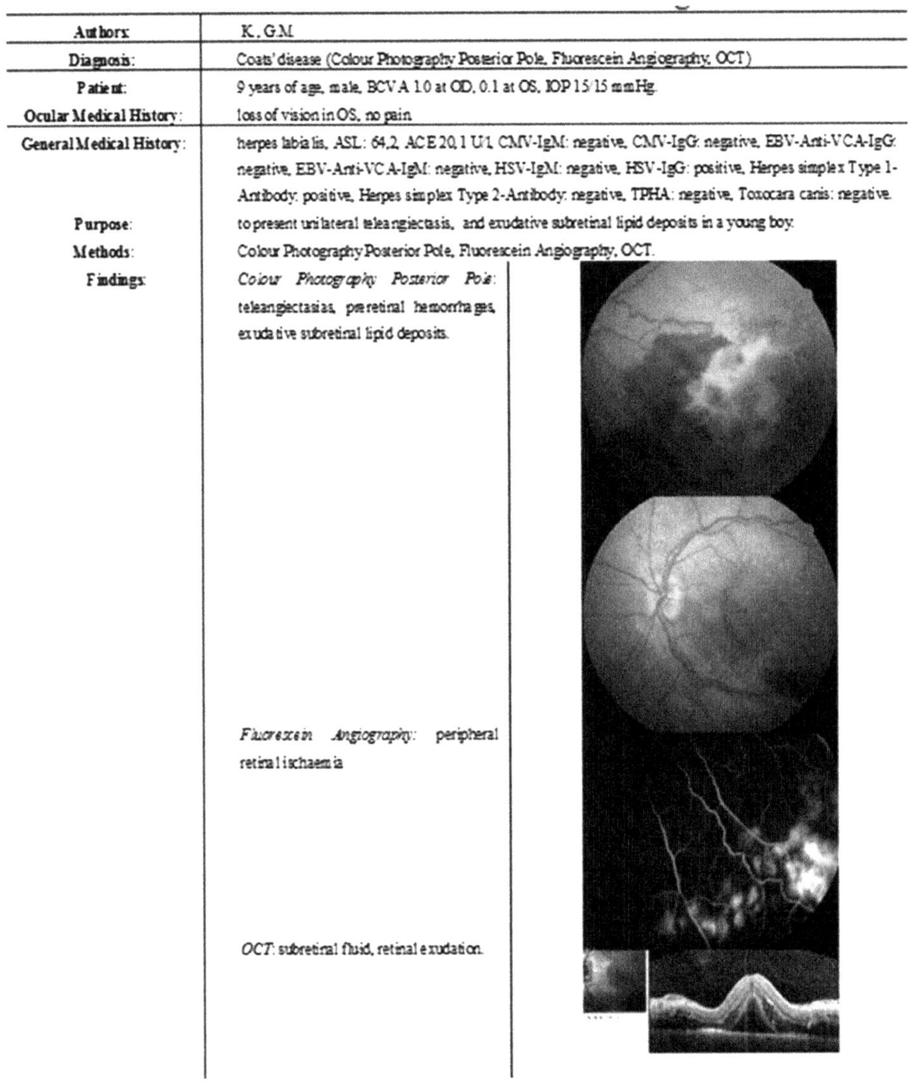

Authors:	K., G.M.
Diagnosis:	Coats' disease (Colour Photography Posterior Pole, Fluorescein Angiography, OCT)
Patient:	9 years of age, male, BCVA 1.0 at OD, 0.1 at OS, IOP 15/15 mmHg.
Ocular Medical History:	loss of vision in OS, no pain
General Medical History:	herpes labialis, ASL: 64,2, ACE 20,1 U/l, CMV-IgM: negative, CMV-IgG: negative, EBV-Anti-VCA-IgG: negative, EBV-Anti-VCA-IgM: negative, HSV-IgM: negative, HSV-IgG: positive, Herpes simplex Type 1-Antibody: positive, Herpes simplex Type 2-Antibody: negative, TPHA: negative, Toxocara canis: negative.
Purpose:	to present unilateral teleangiectasis, and exudative subretinal lipid deposits in a young boy.
Methods:	Colour Photography Posterior Pole, Fluorescein Angiography, OCT.
Findings:	*Colour Photography Posterior Pole:* teleangiectasias, preretinal hemorrhages, exudative subretinal lipid deposits. *Fluorescein Angiography:* peripheral retinal ischaemia *OCT:* subretinal fluid, retinal exudation.

Abb. 19.4 Binnenstruktur einer Falldarstellung

19.3.2 Submission und Review neuer Fälle

Autoren aus der ganzen Welt submittieren neue Fälle, die dann nach einem Review-Verfahren im Atlas of Ophthalmology publiziert werden. Die Submission neuer Fälle erfolgt mit clientseitigen Modulen zur barrierefreien, plattform- und geräteunabhängigen Submission. Parallel dazu bestehen serverseitige Module zur barrierefreien, plattform- und geräteunabhängigen Submission von Augenkrankheitsfällen mit dazu angepassten

Datenstrukturen und einem Atlas-Content-Management-System. Damit wird die Referenzbilderdatenbank kontinuierlich durch neue, expertenkontrollierte Inhalte des Open Access Journals Atlas Ophthalmology erweitert. Klinische Bilder von augenärztlichen Krankheitsfällen werden ausschließlich nach einem positiv verlaufenen Review-Verfahren publiziert. Pro Jahr erweitert sich die Referenzbilderdatenbank damit um ca. 50 Fälle mit ca. 150 Bildern unterschiedlicher Modalitäten.

19.3.3 Registrierung, Zugangsrechte und Kostenpflichtigkeit bestimmter Funktionen

Registrierung als Voraussetzung für Zugang zur Referenzbilderdatenbank und Nutzung weiterer Funktionen Der Zugang zur Referenzbilderdatenbank mit mehr als 5000 augenärztlichen Diagnosen und mehr als 5000 Bildern ist nur möglich nach Registrierung des Nutzers. Die Betrachtung der Bilder in einer geringen Auflösung ohne Beschreibung der Bildinhalte und ohne Diagnose ist kostenfrei. Die Nutzung der Bilder in mittlerer und hoher Auflösung im Kontext mit der Diagnose und den Bildbeschreibungen ist kostenpflichtig.

Die inhaltlich wichtigsten Aspekte des Atlas sind a) die geprüfte Zuordnung von Bildern mit der klinischen Diagnose, b) die detaillierte Beschreibung der Bilder, c) die Downloadmöglichkeit von Bildern in mittlerer und höher Auflösung und d) die zertifizierte Online-CME-Fortbildung.

Dies führt zu folgendem Zugangsmodell:

1. Ohne Registrierung besteht ein kostenfreier Zugang zu
   a) Bildern in der kleinsten Thumbnail-Auflösung oder Mosaikbilder (ähnlich zu Facebook-Zugang)
   b) keine Kopplung mit Diagnosen
   c) keine Bildbeschreibung
   d) keine Suchfunktion
   e) keine Downloadfunktion
   f) keine Online-CME-Fortbildung
2. LEVEL 1
   Eine Registrierung mit Namen, E-Mail-Adresse, Institution, Adresse ist zwingende Voraussetzung für den Zugang zu LEVEL 1 zur Referenzbilderdatenbank.

   LEVEL 1 erlaubte kostenfrei nach Registrierung den Zugang zu den Bildern der Referenzbilderdatenbank
   g) in einer mittleren und hohen Auflösung mit
   h) Kopplung mit Diagnosen
   i) Bildbeschreibung
   j) Suchfunktion

k) keine Downloadfunktion
l) keine Online-CME-Fortbildung

3. LEVEL 2
Eine Registrierung plus Kostenpflichtigkeit für Download und CME Online-Edukation ermöglicht den Level 2 Zugang. LEVEL 2 ermöglichte:
m) Nutzung der Bilder in mittlerer und hoher Auflösung
n) Kopplung an Diagnose
o) genaue Beschreibung der Bilder
p) Kopplung an fallspezifische Diskussion
q) Suchfunktion
r) Download der Bilder
s) Nutzung der von der Bayerischen Landesärztekammer zertifizierten medizinischen Fortbildung zur Erlangung von offiziellen Fortbildungspunkten der Kategorie D.

19.3.4 Suchfunktion

Derzeit besteht die Referenzbilderdatenbank aus mehr als 5000 augenärztlichen Diagnosen mit mehr als 5000 Bildern, die das ganze Spektrum der Augenheilkunde repräsentieren. Die Fälle werden mehrsprachig dargestellt, in englischer, deutscher, spanischer, japanischer, chinesischer, russischer und arabischer Sprache. Die Darstellung der Fälle in japanischer, portugiesischer und chinesischer Sprache ist in Arbeit.

Die Suche nach Bildern kann mit einer erweiterten Taxonomie (ICD-10-Diagnose; anatomischer Ort; Bildmodalität; Fall) als verpflichtende, maschinenlesbare Eingabefelder erfolgen.

Weiterhin ist möglich die Suche und Navigation nach anatomischer Verortung und der Timeline. Es gelang die Umsetzung für eine Navigation nach ICD-10-Hierarchie, anatomischer Verortung, Bildmodalität, in Timeline nach neuesten Submissionen, Kommentaren, Unclear Cases, durch einer Suche nach Volltext und allen Feldern der erweiterten Taxonomie.

19.3.5 Download von Bildern

Derzeit besteht die Referenzbilderdatenbank aus mehr 5000 Bildern mit Diagnosen und Kurzkommentaren, die das ganze Spektrum der Augenheilkunde repräsentieren. Nutzer mit Level 2 Zugang können die Bilder downloaden und für nicht-kommerzielle Nutzungen verwenden.

Die Suche nach Bildern zum Download erfolgt mit der erweiterten Taxonomie (ICD-10-Diagnose; anatomischer Ort; Bildmodalität; Fall) als maschinenlesbare Eingabefelder.

19.3.6 Zertifizierte augenärztliche Online-Fortbildung in Kooperation mit der Bayerischen Landesärztekammer

Die Referenzbilderdatenbank Atlas of Ophthalmology entwickelte eine Online-Fortbildung zum Erwerb von Fortbildungspunkten. Diese von der Bayerischen Landesärztekammer zertifizierte medizinische Fortbildung mit mehr als 20 Modulen ist in der deutschen Sprachversion des Atlas 2.0 implementiert und erlaubt die Erarbeitung von maximal 3 offiziellen Fortbildungspunkten per Modul. Diese Applikation kann nur im Atlas 2.0-Zugang genutzt werden. Das Ziel ist der Online-Erwerb von offiziellen Fortbildungspunkten der Kategorie D (Handzel 2012).

Nach Durcharbeitung der Bilder und der klinischen Fälle eines bestimmten anatomischen Bereiches des Auges (z. B. Bindehaut, Hornhaut, Linse, Netzhaut, etc.,) erfolgt die Lernzielkontrolle. Zu jedem anatomischen Bereich des Auges werden 10 klinische Bilder als Multiple-Choice-Fragen randomisiert gewählt. Es wird nacheinander ein klinisches Bild gezeigt und gleichzeitig 5 mögliche Diagnosen genannt. Nur eine der fünf Diagnosen ist korrekt. Die richtige Antwort muss angeklickt werden. Die korrekte Lösung der gestellten 10 Bilderfragen (d. h., 70 % oder mehr richtige Antworten) lässt darauf schließen, dass der Lernstoff verstanden wurde. 70–90 % richtige Antworten führen zu 2 CME-Fortbildungspunkten, 100 % richtige Antworten zu 3 CME-Fortbildungspunkten der Kategorie D. Die Nutzer bekommen per Mail eine Teilnahmebestätigung.

19.3.7 Hauptzugang und weitere Zugänge zur Referenzbilderdatenbank

Der Hauptzugang zu den augenärztlichen Inhalten der Referenzbilderdatenbank stellt der Atlas 2.0-Zugang unter www.atlasophthalmology.com dar, der die Applikationen SUBMISSION, REVIEW, DOWNLOAD und ONLINE_EDUKATION verfügt.

Darüber hinaus gelingt die Nutzung der r Referenzbilderdatenbank über weitere 3 verschiedene Zugänge: 1) iPhone-/iPad-App. 2) Android App und 3) Facebook.

Die Fall- und Bildersammlung der Referenzbilderdatenbank ist damit über mehrere Kommunikationskanäle erreichbar:

1. http://www.atlasophthalmology.com (Atlas 2.0),
2. www.facebook.com/AtlasOphthalmology,
3. iPhone- und iPad-Applikation und Android-App.

iPhone/iPad-App und Android App Atlas Ophthalmology

Neben dem Web 2.0-Zugang mit allen Funktionen besteht eine Möglichkeit via IOS7- oder Android-App eine verkürzte Version des Atlas Ophthalmology die augenärztlichen Inhalte abzurufen. Die Applikation als „iPhone- bzw. iPad-App“ kann im iTunes-Shop bzw. Android-Shop erworben werden. Mit der Applikation ist eine Suche möglich nach

Diagnose, ICD-10-Diagnose, Stichwörtern und anatomischem Ort. Folgende Screenshots geben einen Überblick über den Zugang und Aufbau des Iphone/iPad-App Atlas Ophthalmology (siehe Abb. 19.5).

Facebook
Der Facebook-Zugang zur Referenzbilderdatenbank via www.facebook.com/atlasophthalmology zielt auf andere Nutzerkreise. Jede Woche wird ein neuer Fall in Facebook als CASE OF THE WEEK publiziert, um diesen Nutzerkreis über aktuelle Fälle im Atlas zu informieren. Der Facebook-Zugang weist eine hohe Interaktivität auf und ermöglicht ausführliche Diskussionsbeiträge. Dieser Zugang zur Bilderdatenbank zeigt die Fälle nur in einer verkürzten Form und führt über einen Link zum kompletten Fall mit allen Bildern. Der Facebook-Zugang wird sehr häufig als Einstiegsseite zur offiziellen Referenzbilderdatenbank genutzt (siehe Abb. 19.6).

19.4 Ergebnisse

Es werden die Besucherzahlen von 10. März 2015 bis 10. März 2016 dargestellt. Die Nutzerzahlen wurden gewonnen durch das Google-Analytics-Tool.

Nutzerzahlen aller Zugänge zur Referenzbilderdatenbank
Insgesamt werden über alle Zugangskanäle pro Woche ca. 3000 Diagnoseanfragen an die Referenzbilderdatenbank gestellt. Pro Tag nutzen ca. 1200 Nutzer pro Tag die Referenzbilderdatenbank. Tabelle #1 listet die Nutzerzahlen nach Zugangskanal auf.

Nutzerzahlen für Zugang WWW.ATLASOPHTHALMOLOGY.COM zur Referenzbilderdatenbank
In letzten 12 Monaten (10.3.2015–10.3.2016) war die Gesamtzahl der Befundanfragen (Sitzungen) über diesen Kanal ca. 25.000. Es wurden dabei mehr als 1,1 Mio. Bilder geladen. Eine Befundanfrage oder Sitzung ist die Dauer, die ein Nutzer aktiv mit der Website interagiert. Die Bildschirmaufrufe werden einer Sitzung zugeordnet.

In dieser Zeit war die Gesamtzahl der Nutzer mit mindestens einer Befundanfrage (Sitzung) ca. 160.000 mit ca. 1,2 Mio. Bilderaufrufe.

Zur besseren Beurteilung der Befundanfragen werden in Tabelle #2 das jährliche Aufkommen und der wöchentliche Durchschnitt dargestellt.

Die Nutzer kamen aus 154 Ländern der Erde. Mehr als die Hälfte der Nutzer (53 %) kamen aus den Ländern Deutschland, USA, Japan, Russland und Spanien.

Mehr als die Hälfte der Nutzer verwendeten die Browser Chrome, Safari und Internet Explorer (siehe Abb. 19.4).

66% der Nutzer verwendeten den Desktop als Zugangsgerät. Die Desktop-Nutzer hatten die längste Verweildauer und höchste Seitenzahl pro Sitzung. Die Nutzer von „Smartphones" als Zugangsgerät hatten eine deutlich kürzere Verweildauer und Seitenzahl pro Sitzung.

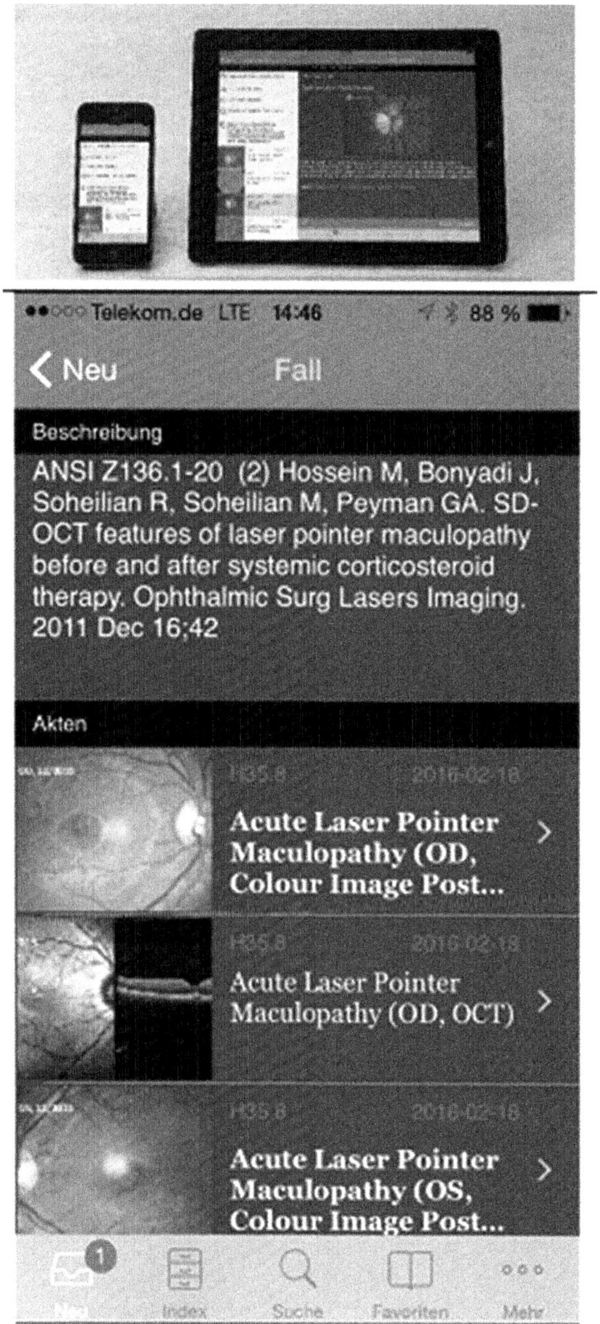

Abb. 19.5 Zugang via Android und iphone/iPad-App

Abb. 19.6 Zugang zur Referenzbilderdatenbank via Facebook

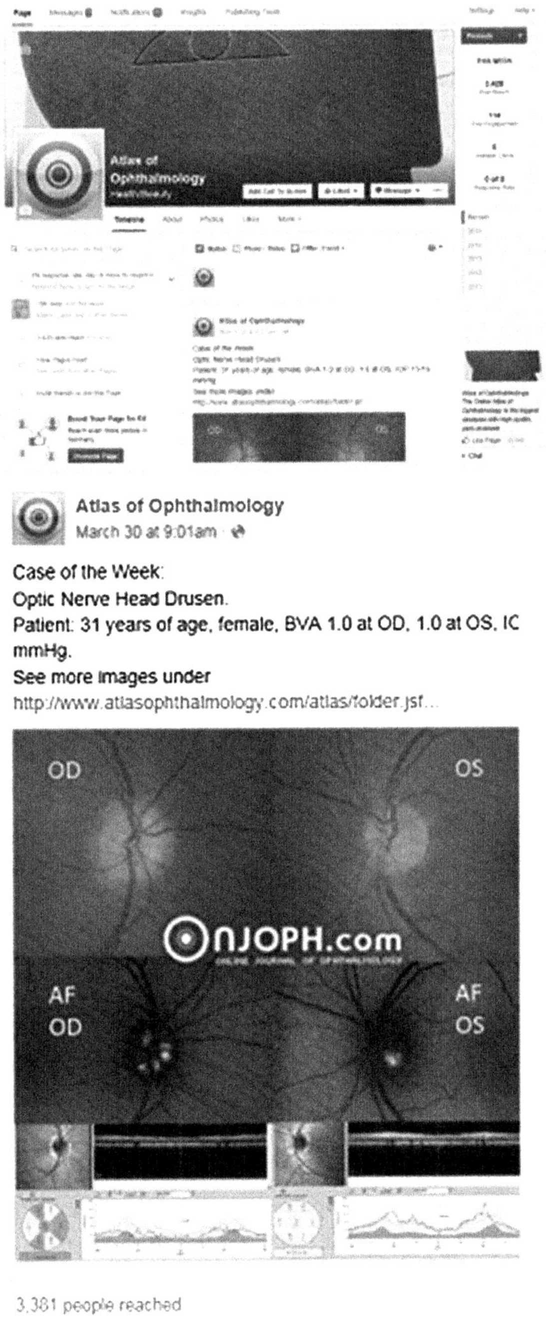

Nutzerzahlen für Zugang IOS App zur Referenzbilderdatenbank ATLASOPHTHALMOLOGY von 10.3.2015–10.3.2016
In letzten 12 Monaten (10.3.2015–10.3.2016) war die Gesamtzahl der angezeigten Bilder N = 819.381 über die App. Der Durchschnitt der angezeigten Bilder pro Woche war N = 15.757.

Nutzerzahlen für Zugang Facebook (www.facebook.com/AtlasOphthalmology) zur Referenzbilderdatenbank
In letzten 12 Monaten (10.3.2015–10.3.2016) hatte der AtlasOphthalmology via Facebook ca. 82.000 „Reachs", d. h., pro Woche ca. 1500 „Reachs".

Mehr als die Hälfte der Nutzer (57 %) des Facebook-Zugangs kamen aus den Ländern Ägypten, Indien, USA, Deutschland, Griechenland, Australien, Großbritannien, Pakistan, Spanien und Polen.

19.5 Diskussion

Diagnose-Unterstützungssystem
In der Augenheilkunde gibt es eine Reihe von seltenen Netzhaut- und Hornhauterkrankungen, die ein spezifisches morphologisches Aussehen aufweisen. Im Praxisalltag ist von großer Hilfe, wenn man ohne großen Aufwand die einschlägigen Differenzialdiagnosen als klinisches Bild mit dem Patienten abgleichen kann.

Die Verbesserung der augenheilkindlichen Versorgung direkt am Patienten benötigt deshalb u. a. eine technische Möglichkeit einer sofortigen und unmittelbaren Unterstützung des Augenarztes bei der akuten Diagnosestellung. Ein wichtiger Baustein für eine Diagnose-Unterstützung ist die webbasierte Referenzbilderdatenbank mit allen augenärztlichen Diagnosen, die der Augenarzt unmittelbar am Patienten nutzen kann. Die Referenzbilderdatenbank Atlas of Ophthalmology erfüllt die Funktion einer plattformunabhängigen, zentralen Datenbank mit mehr als 5000 Bildern von augenärztlichen Erkrankungen, die eine schnelle Überprüfung einer Verdachtsdiagnose ermöglicht.
Die Referenzbilderdatenbank Atlas of Ophthalmology wird sehr stark von der internationalen Augenärzteschaft genutzt. Die Nutzer kamen aus 154 Ländern der Welt. Im Jahr 2015 wurden mehr als 1,2 Mio. Bilder angefragt. Ca. 8000 Nutzer pro Woche stellten im Durchschnitt eine Befundanfrage mittels Smartphone, Tablet oder PC. Die Nutzer kamen v. a. aus Deutschland, USA, Japan, Spanien und Russland.

Durch die kontinuierliche Erweiterung der Bilderdatenbank wird eine dauerhafte Aktualität und damit eine zunehmende Nutzerschaft gewährleistet.

Da die Erweiterung der Referenz-Bilderdatenbank mit neuen Falldarstellungen ausschließlich über ein Review-Verfahren abläuft, besteht eine hohe inhaltliche Qualität. Es damit gewährleistet, dass die Referenzbilderdatenbank korrekte Diagnosen bietet.

Dies unterscheidet die Referenzbilderdatenbank von vielen Webseiten für Gesundheitsfragestellungen. Die Autoren der Inhalte dieser Webseiten sind häufig nicht genannt oder die Beziehung zwischen Webseitenersteller und Nutzer ist unklar. Diese

Einschränkungen treffen für die Bilderdatenbank des Atlas of Ophthalmology nicht zu. Die nicht selten vorkommenden Einschränkungen Qualität und Mangel an Datensicherheit werden durch das Review-Verfahren und die streng strukturierte Darstellung der Fälle vermieden.

CME Online-Education
Interaktive Anwendungen des „Web 2.0“ ermöglichen internetbasierte Fortbildungen mit CME-Fortbildungspunkte. Interaktive Elemente gelten als erfolgreiche Innovationen (Kuchenbecker2001; Michelson 1999; Michelson2000; Kamel Boulos und Wheeler 2007; Bergeron 2006; Handzel et al. 2012) suchte über eine Internet-Suchmaschine (http://www.google.de) die Suchbegriffe „Augenheilkunde“, „Online-Fortbildung“, „continuing medical education“ und „CME“. Er zeigte, dass unter den ersten hundert Ergebnissen der Suche lediglich 9 funktionelle Seiten mit einem Angebot zu CME-zertifizierten Fortbildungen in Augenheilkunde in Deutschland waren. Der Atlas Of Ophthalmology war einer dieser 9 Anbieter.

19.6 Schlussbetrachtung

Das Diagnoseunterstützungssystem Atlas of Ophthalmology mit mehr als 5000 Bildern findet eine weltweite und häufige Anwendung, da u. a. die Darstellung der augenheilkundlichen Krankheitsbildern sich durch eine detaillierte morphologische und funktionelle Differenzierung auf das Wesentliche beschränkt. Mittels eines modernen Dialogverfahrens und Rückfragemöglichkeiten ist es möglich schnell gesuchte Krankheitsbilder zu finden. Der hohe Nutzungsgrad des Atlas of Ophthalmology mit ca. 5000 Nutzer pro Woche aus 154 Ländern deutet darauf hin, dass die Art und Weise der Bild- und Diagnosepräsentation als Digitales Diagnose-Unterstützungssystem für Augenärzte geeignet ist.

Zusammenfassend können bei der Nutzung der Referenzbilderdatenbank Atlas of Ophthalmology als Digitales Diagnose-Unterstützungssystem folgende vier Vorteile für Augenärzte benannt werden:

1. Schnelle Zugänglichkeit durch plattformunabhängigen Zugang
2. Qualitätskontrollierte Inhalte durch Review-Verfahren und Autorennennung
3. Interaktivität mit anderen Ärzten und Autoren
4. CME-Fortbildung

Literatur

Bergeron B (2006) Online CME options: an update. J Med Pract Manage 22(1):55–57
Handzel DM (2012) CME-certified online education in Germany – status in ophthalmology 2011. Klin Monbl Augenheilkd 229(6):636–640

Kamel Boulos MN, Wheeler S (2007) The emergingWeb 2.0 social software: an enabling suite of sociable technologies in health and health care education. Health Info Libr J 24(1):2–23

Kuchenbecker J, Parasta AM, Dick HB (2001) Internet-basierte Lehre, Aus- und Weiterbildung in der Augenheilkunde. Ophthalmologe 98(10):980–984

Michelson G, Scibor M (1999) Neue Kommunikationswege in der ärztlichen Fortbildung - Erste Erfahrungen von Live-Übertragungen augenärztlicher Kongresse im Internet. Klin Monbl Augenheilkd 215(5):aA6–aA12

Michelson G, Scibor M, Keppler K, Dick B, Kuchenbecker J (2000) Online ophthalmologic education. Live transfers and on demand lectures via Internet. Ophthalmologe 97(4):290–294

Über die Autoren

Prof. Dr.med. Georg Michelson ist seit 2002 Professor für Augenheilkunde an der Friedrich-Alexander Universität Erlangen-Nürnberg und Leiter der Poliklinik der Augenklinik. Wissenschaftliche Schwerpunkte sind computerunterstützte Bildanalyse im Bereich Glaukom und Telemedizin. Seit 2001 ist er Herausgeber des Atlas of Ophthalmology. Im Jahr 2007 gründete er die Talkingeyes&more GmbH, die die technische Infrastruktur für mobile augenheilkundliche Anwendungen in enger Kooperation mit der technischen Fakultät der Friedrich-Alexander Universität Erlangen-Nürnberg entwickelt und betreibt.

Moritz Michelson studierte Molekulare Medizin. Seit 2012 ist er Technischer Editor des Atlas of Ophthalmology. Im Jahr 2016 gründete er die Michelson.Digital GmbH, die die technische Infrastruktur für internetbasierte Publikationen und medizinische Applikationen entwickelt und anwendet.

Die Digitalisierung des gesprochenen Wortes 20

Markus Vogel

Zusammenfassung

Das gesprochene Wort nimmt in allen Bereichen der Medizin einen großen Raum ein. Der folgende Beitrag stellt die technischen Grundlagen und Gegebenheiten für eine Umwandlung von Sprache in Text durch Computer dar (Spracherkennung). Die bei Anwendung im Gesundheitswesen entstehenden Herausforderungen werden ausführlich dargestellt. Hierzu zählen Überlegungen zu technischer Verfügbarkeit, Change Management und Kosten-Nutzen-Aspekten. Eine sich wandelnde Mensch-Maschine-Interaktion, die den Prozess der Digitalisierung des Gesundheitswesens begleitet, verändert bisherige Arbeitsabläufe. Es wird diskutiert, in welchem Ausmaß die Komplexität der zugrunde liegenden Technologie Zentralisierungs- und Dezentralisierungsprozesse beeinflusst. Der Beitrag widmet sich ebenfalls der Art und Weise, wie Informationen durch Sprache übertragen werden und welche Verantwortlichkeiten im Umgang mit Fehlern entstehen, wenn eine sofortige oder zeitversetzte Verarbeitung der sprachlichen Information durch Spracherkennung erfolgt. Der Beitrag wird abgerundet durch einen Ausblick auf Interoperabilität, Datensicherheit und Analyse gesprochener Informationen in Echtzeit.

M. Vogel (✉)
Nuance Communications, Technologiestraße 8, Euro Plaza, Building D, 1120 Wien, Österreich
E-Mail: markus.vogel@nuance.com

M.A. Pfannstiel et al. (Hrsg.), *Digitale Transformation von Dienstleistungen im Gesundheitswesen II,* DOI 10.1007/978-3-658-12393-2_20

Inhaltsverzeichnis

20.1 Einleitung

„Die Schreibmaschine hat die magische Beschwörungskraft der Hieroglyphe vernichtet“ wurde noch in den fünfziger Jahren des letzten Jahrhunderts kritisiert (Behn 1956). Die vor weit mehr als 100 Jahren entwickelte Tastatur der Schreibmaschine sollte zunächst das Setzen von Buchstaben in Geschwindigkeit von Handschrift ermöglichen (Noyes 1983). Mit dem Aufstieg elektronischer Textverarbeitung wuchs der Bedarf an der Digitalisierung diktierter oder geschriebener medizinischer Inhalte (Grossman et al. 1971). Austin analysierte bereits 1978 die noch heute gültigen Probleme in der klinischen Anwendung von Computern: ungeeignetes Design, wechselnde Rahmenbedingungen, Managementfehler bei Einführung und Verwendung von Computersystemen, technische und ökonomische Einschränkungen (Austin und Greene 1978). In der Folge kam der medizinischen Schreibkraft bei der Digitalisierung medizinischer Inhalte eine wachsende und zentrale Rolle zu (Forbis 1993). Einhergehend mit technischen und ökonomischen Entwicklungen wuchs insbesondere in Bereichen mit hoher Dokumentationslast der Wunsch, das Diktat durch Einsatz von Spracherkennung zu automatisieren und zu digitalisieren (Rosenthal et al. 1998).

20.2 Positionsbestimmung: Umwandlung von Sprache in Text

Etwas scheinbar Leichtes, wie das Aufschreiben gesprochener Sprache, stellt auch Menschen vor eine komplexe Herausforderung, deren Schwierigkeit offenbar wird, wenn Unbekanntes oder Fremdes aufgeschrieben werden soll. Zur Umsetzung von Sprache in Text sind vier Komponenten erforderlich: 1. Sensorik zur Erfassung akustischer

Information (Audio), 2. Analytik mit einem Konzept zur Auffindung bestimmter Muster (Extraktion), 3. Auswertung auf Basis bereits vorhandener Information (Vergleich), 4. Abschließende Interpretation (Ergebnis) (Hauser et al. 2002; Makhoul und Schwarz 1995).

Um ein kontinuierliches Sprach-Audiosignal in eine geschriebene Abfolge von Wörtern umzusetzen, werden mehrere statistische Algorithmenmodelle eingesetzt (Lamel und Gauvain 2005). Hierzu zählen etwa das Sprachmodell, das akustische Modell und das Grammatikmodell. Das Sprachmodell gibt Wahrscheinlichkeiten an, mit der bestimmte Wortfolgen auftreten. Diese Wahrscheinlichkeiten werden etwa durch Analyse bereits existierender großer Textmengen ermittelt. Das akustische Modell stellt Informationen zur Verfügung, mit welcher Wahrscheinlichkeit eine Wortfolge in einem akustischen Sprachsignal enthalten ist. Zur Erstellung akustischer Modelle sind auch Audioinformationen erforderlich. Diesen Modellen werden beim Sprechen kontinuierlich Zahlenreihen (Vektoren) zugeführt, die durch Zerlegung der Audioinformation in kleine Abschnitte (frames) und durch Analyse des Übergangs (shift) zwischen den Abschnitten entstehen. Eine qualitativ minderwertige Audioinformation durch Nuscheln oder Störgeräusche hat hier einen störenden Einfluss.

Das Ziel der Spracherkennung besteht darin, auf Basis dieser Zahlenreihen diejenige Wortfolge zu finden, die am besten zum aufgenommenen akustischen Signal passt und damit genau das Ergebnis zu liefern, das der sprechende Mensch erwartet. Dazu wird die gemäß Sprachmodell, akustischem Modell, Grammatikmodell und vorhandenen Wortbestandteilen wahrscheinlichste Wort- oder Zahlenfolge angezeigt.

Durch Adaptionsvorgänge bei der Nutzung werden die Modelle laufend individualisiert. Sogenannte N-Gramm-Modelle analysieren das Auftreten von Mustern bis zur Länge N. Neuronale Modelle sind demgegenüber in der Lage, generalisiert eine semantisch zusammenhängende Abfolge von Wörtern zu analysieren (Makhoul und Schwartz 1995; LeCun et al. 2015). Die Verbindung zwischen Sprachmodell und akustischem Modell ist ein Lexikon als Grundlage der vom Computer ausgegebenen Wörter. Hinsichtlich Existenz oder Aussprache unbekannte Wörter oder Wortbestandteile können nicht ohne weiteres dargestellt werden, da sie den statistischen Modellen gar nicht zur Auswahl zur Verfügung stehen. Besonders deutlich wird dies bei Eigennamen, die in ihrer Gesamtheit nicht Bestandteil eines Lexikons sein können. Insbesondere im medizinischen Bereich wird die durch die statistischen Modelle gewählte Wortfolge anschließend nach den gewünschten und erwarteten grammatikalischen Regeln verändert („mg/dl“ statt „Milligramm pro Deziliter“ oder „z. B.“ statt „zum Beispiel“).

> Hinsichtlich Existenz oder Aussprache unbekannte Namen, Wörter oder Wortbestandteile können nicht erkannt, geraten oder geschrieben werden.

Individuelles Training der statistischen Modelle durch das Einlesen von eigenen Texten oder durch das Diktieren von Trainingstexten tritt durch technische Weiterentwicklung in den Hintergrund, stellt aber eine Funktionsgrundlage für Systeme dar, die kontinuierliche

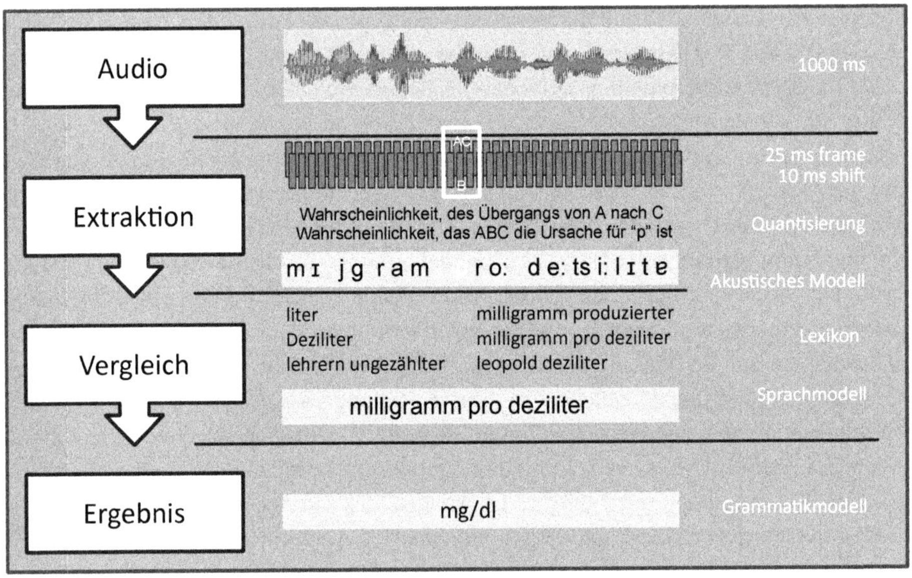

Abb. 20.1 Grundprinzip der Spracherkennung. (Eigene Darstellung)

Sprache in Text umsetzen. Spracherkennung funktioniert bei reibungsloser Interaktion der in Abb. 20.1 dargestellten Schritte, Kenntnis der Funktionsweise von Spracherkennung und Flexibilität des Systems zur Anpassung an individuelle Erfordernisse.

20.3 Ort der Erkennung und individuelle Anpassung

Spracherkennung setzt eine leistungsfähige IT- Hardware voraus, wenn nicht nur wenige Wörter oder Kommandos erkannt werden sollen. Die Spracherkennung wird entweder auf dem lokalen Rechner oder auf einem Server durchgeführt. Dieser Unterschied spielt in der klinischen Anwendung eine erhebliche Rolle.

Ort der Erkennung

Die serverbasierte Erkennung führt die in Abschn. 20.2 genannten Prozesse in einem Data Center durch. Das Audiosignal wird auf einem Server umgesetzt und der entstandene Text an den Sender (Client) zurückgeschickt. Hierdurch ergeben sich eine Reihe von Vorteilen. Der Client benötigt keine leistungsfähige Hardware (Thin-Client, Mobilgerät, Monitor, etc.), der Server verwendet stets die aktuellen statistischen Modelle für den jeweiligen Nutzer und kann die von mehreren Nutzern gewonnenen statistischen Informationen für individuelle Anpassungsvorgänge nutzen. Die Verwendung eines Spracherkennungsservers auch außerhalb des Krankenhauses ist nicht ausgeschlossen. Diesbezügliche

Unsicherheiten können durch ein Prüfungsverfahren unter Einbeziehung der Datenschutzbeauftragten vermieden werden (Berger und Bock 2014).

Demgegenüber ist lokale Erkennung ohne aktive Datenverbindung möglich. Begleitet von nicht unerheblichen Anforderungen an die Hardware (mehrere Gigabytes freier Arbeitsspeicher, aktuelle Prozessoren) finden Erkennung und die Anpassung der statistischen Modelle lokal statt. Innerhalb großer Infrastrukturen ergeben sich hierdurch erhebliche Anforderungen an die Verteilung der Software und der statistischen Modelle, falls ein Nutzer mehrere Endgeräte verwendet. Die Verwendung eines Endgerätes durch mehrere Nutzer kann durch den notwendigen Wechsel der statistischen Modelle medizinische Arbeitsabläufe beeinträchtigen. Einen Vergleich von lokaler und serverbasierter Spracherkennung zeigt Tab. 20.1.

Erkennung in Echtzeit auf einem mobilen Gerät ohne Serverzugriff ist bei erhaltener Leistungsfähigkeit im Vergleich zur lokalen Erkennung oder Erkennung auf dem Server bislang nicht praktikabel (Tan und Lindberg 2010).

Anpassung der Erkennung

Unter Anpassung der Erkennung werden alle Schritte zusammengefasst, die nötig sind, damit das individuell gewünschte Ergebnis erzielt wird.

Zu den notwendigen manuellen Anpassungsvorgängen zählen Korrekturen von Erkennungsfehlern zur Anpassung der statistischen Modelle, das Hinzufügen neuer Begrifflichkeiten, Wörter, Aussprachen und gewünschter alternativer Schreibweisen. Weitere Anpassungsvorgänge hinsichtlich Akzent, Dialekt, Mikrofontechnologie, Störgeräuschen und mehr können unbemerkt im Hintergrund stattfinden.

Verschiedene auf dem Markt befindliche Systeme unterscheiden sich erheblich in dem Ausmaß und der Art und Weise, wie Anpassungsvorgänge durchgeführt werden können. Das Spektrum reicht von fehlenden Anpassungsmöglichkeiten bis hin zu individuellen Vorgaben von Schreibweisen und Aussprachen. Tab. 20.2 stellt die verschiedenen Möglichkeiten der Anpassung dar. Es können fließende Übergänge zwischen den Anpassungsebenen existieren.

Tab. 20.1 Vergleich von lokaler und serverbasierter Spracherkennung. (Nach Tan und Lindberg 2010)

	Lokale Erkennung	Serverbasierte Erkennung
Netzwerkabhängigkeit	Nein	Ja
Anforderungen an das lokale Gerät	Hoch	Sehr niedrig
Lokaler Speicherbedarf	Hoch	Sehr niedrig
Batterieverbrauch	Hoch	Sehr niedrig
Portabilität	Niedrig	Hoch
Zeitverlust bei Nutzerwechsel	Hoch	Niedrig
Statistische Adaptation	Diskontinuierlich	Kontinuierlich

Tab. 20.2 Anpassungsebene, Individualisierungsgrad und Verwendungsmöglichkeit. Verschiedene Anpassungsebenen der Spracherkennung. (Eigene Darstellung)

Anpassungsebene	Individualisierungsgrad	Verwendungsmöglichkeit
Ohne	Keiner	Im Mobilbereich üblich. Bei Verwendung für ein Fachdiktat meist nicht ausreichend
Wortebene	Gering	Wörter können hinzugefügt werden, die Aussprache des Wortes wird durch das Spracherkennungssystem geschätzt. Bei Verwendung spezifischer Schreibweisen, Formatierungen und Abkürzungen nicht ausreichend
Ausspracheebene	Hoch	Wörter können hinzugefügt werden, die Aussprache wird durch das System geschätzt oder durch den Nutzer schriftlich vorgegeben. Für jegliche Fachtexte geeignet. Neue Wörter oder Schreibweisen können systemweit verteilt werden
Vorsprechen	Sehr hoch	Wörter können hinzugefügt werden, die Aussprache wird durch das System geschätzt oder durch den Nutzer individuell vorgesprochen. Maximale Variabilität zur Erstellung von Fachtexten. Neue Wörter oder Schreibweisen können auf Wortebene systemweit verteilt werden

▶ Die Möglichkeit und Anwendung der individuellen Anpassung eines Spracherkennungssystems stellt ein Erfolgskriterium im Klinikbereich dar.

Neben den genannten Anpassungsvorgängen wird die Erkennungsqualität durch alle in Abschn. 20.2 genannten Komponenten beeinflusst. Meyer et al. konnten zeigen, dass die menschliche Erkennung bei schlechter Signalqualität überlegen ist. Dies unterstreicht die Bedeutung einer guten Aufnahmequalität für gute Spracherkennung (Meyer et. al. 2011). Dies gilt umso mehr bei Abwesenheit von korrekter Grammatik (Juneja 2012).

20.4 Veränderung der Arbeitsabläufe

Zu den größten Veränderungen, die die Einführung von Spracherkennung im Krankenhaus mit sich bringt, zählt die Veränderung der Arbeitsabläufe (Workflow) in der Erfassung und Erstellung klinischer Informationen. Die Vision eines papierfreien Krankenhauses benötigt eine elektronische Krankenakte, die die gesamte klinische Dokumentation der Versorgungseinrichtung abdeckt. Dabei sind Doppeldokumentationen genauso zu vermeiden, wie ein zu großer Zeitversatz zwischen Erstellung einer Dokumentation und elektronischer Verfügbarkeit einer Dokumentation für Dritte (Leiner 2012).

Ein veränderter Workflow durch Einsatz von Spracherkennung führt zu einer Verschiebung von Prozessschritten. In Abb. 20.2 ist die Verschiebung der Prozessschritte

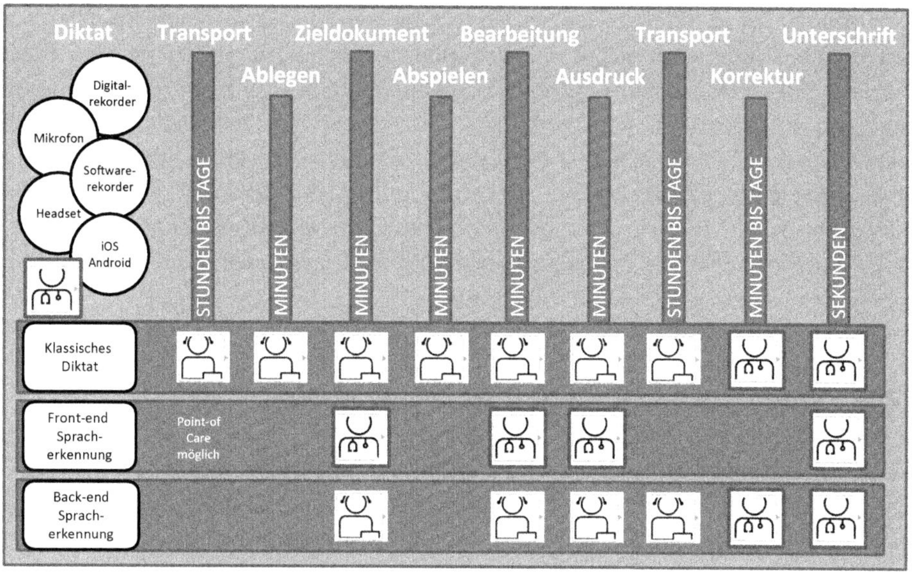

Abb. 20.2 Konzepte zur Umsetzung von Sprache in Text. (Eigene Darstellung)

schematisch dargestellt (für den Arzt vier Prozessschritte bei Front-end Spracherkennung gegenüber zwei Prozessschritten bei klassischem Diktat, siehe Abschn. 1.5). Es wird ersichtlich, dass das Öffnen des Zieldokumentes (KIS Vorlage), die Erkennungsqualität (Bearbeitung) und die digitale oder analoge Weiterverarbeitung (Ausdruck) in den Fokus der ärztlichen Arbeit geraten.

> Der Einsatz von Spracherkennung rückt den Bedienkomfort des Krankenhausinformationssystems (KIS) in den Fokus der ärztlichen Arbeit.

Bei früheren Untersuchungen im radiologischen Umfeld wurde ein vermehrter ärztlicher Arbeitsaufwand für die Befunderstellung beim Einsatz von Spracherkennung gegenüber dem klassischen Diktat von 20–30 % gezeigt. Demgegenüber steht dann die sofortige Befundverfügbarkeit, die den vermehrten Aufwand rechtfertigen kann (Glaser et al. 2005). Das Verhältnis von Aufwand und Nutzen zu ermitteln ist nicht trivial und hängt unter anderem von der Veränderung bestehender Arbeitsabläufe ab. Werden zum Beispiel Dokumente durch eigenes Tippen erstellt, reduziert Spracherkennung den Arbeitsaufwand um 26 % bei sofortiger Befundverfügbarkeit (Vogel et al. 2015).

Für eine unmittelbare elektronische Dokumentation klinischer Daten ist jeder inhaltsfremde Schritt zwischen dem kreativen Prozess der Bericht oder Notizerstellung und der administrativen Notwendigkeit der digital verfügbaren, signierten und fertig gestellten Dokumentation zu eliminieren.

In Abb. 20.2 sind die Konzepte zur Umsetzung von Sprache in Text beispielhaft dargestellt. Bei Einsatz von einem digitalen Diktat entfallen oft Transportzeiten. Durch Front-end Spracherkennung werden neue mobile Workflows am Point-of-Care möglich. Die Elemente eines Workflows sind Diktat – Transport zum Schreibdienst – Ablegen und Öffnen des Zieldokuments – Abspielen des Diktates – Bearbeitung des Dokumentes durch formale und inhaltliche Formatierung (Einfügen von Befunden, Ausdrucken des Zieldokumentes) – Transport zum Arzt – Korrektur des Dokumentes durch Arzt – eventuell Transport zurück zur Schreibkraft und erneutes Durchlaufen des Ablaufes – Freigabe elektronisch und/oder durch Unterschrift.

20.5 Front-end und Back-end Spracherkennung

Unter Front-end Spracherkennung wird die sofortige Verfügbarkeit des diktierten Textes an der Cursorposition verstanden. Demgegenüber wird bei Back-end Spracherkennung zunächst eine Audiodatei aufgenommen. Das in einer Audio-Datei gespeicherte Diktat wird zeitversetzt der Spracherkennung zugeführt, und dann von einer Schreibkraft weiterverarbeitet. Der Vorteil einer unmittelbaren Dokumentenverfügbarkeit geht verloren (siehe Abb. 22.2).

Die damit verbundene Entlastung des Arztes von Korrektur- und Formatierungsvorgänge geht nicht nur mit dem Verlust einer sofortigen Dokumentenerstellung einher, sondern vermindert auch den zukünftigen Gewinn, der durch ausbleibende individuelle Anpassungsvorgänge der statistischen Modelle an die eigenen Erwartungen entsteht. Die Ursache hierfür liegt in dem fehlenden Feedback, das der Nutzer bei unmittelbarem Vorliegen des Diktates erhält – und geben kann. Im Gegensatz zur Front-end Spracherkennung muss wie bei einem klassischen Diktat eine gesonderte Zuordnung des Diktates zu einem klinischen Fall erfolgen, was den Workflow stark beeinflusst.

Für Mobilgeräte ohne zuverlässige Netzwerkverbindung stellt eine zeitversetzte Spracherkennung derzeit die einzige praktikable Dokumentationsform in der Medizin dar. Insbesondere für den Mobilbereich sind Mischformen technisch möglich und wünschenswert, doch verfügen aktuelle Produkte entweder nur über die Fähigkeit der mobilen Front-end Erkennung oder der Back-end Erkennung mit zeitversetzter Textübermittlung an das mobile Endgerät oder nur alleiniger Nutzung des mobilen Endgerätes als Aufnahmegerät für Sprache.

20.6 Touch and Talk, Spracherkennung am Point of Care

Zur unmittelbaren Digitalisierung medizinischer Informationen, also Informationen, die nicht zu einem späteren Zeitpunkt gescannt oder getippt, sondern direkt in die elektronische Patientenakte eingegeben werden, dienen die Interaktionen Tippen, Zeigen und

Schreiben (Touch) sowie Sprechen (Talk). Eine Reihe weiterer Technologien wie Gesten-, Blick- oder Lagesteuerung ist für den klinischen Einsatz denkbar (Jacko 2012). Der erfolgreiche Einsatz von Spracherkennung am Point-of-Care erscheint unter folgenden Bedingungen sinnvoll: 1) Der Nutzer kann wählen, ob es sich um eine Notiz handelt, die im Krankenhausinformationssystem veröffentlicht werden soll oder nicht. 2) Das Erkennungsergebnis steht potenziell jedem Endgerät der Organisation, insbesondere dem Krankenhausinformationssystem, unmittelbar zur Verfügung. 3) Das Endgerät beziehungsweise die Applikation unterstützt alternative Eingabemethoden, wie On-Screen-Keyboard, Wischen, Malen, Tippen und Schreiben.

20.7 Urheber der Information: Arzt, Schreibkraft oder Computer? Die Verantwortlichkeit im Umgang mit Fehlern

Eine Gefahr besteht darin, den Prozess der Umsetzung von Sprache in Text durch einen Computer mit dem menschlichen Umsetzungsprozess durch eine Schreibkraft gleichzusetzen. Der größte Gewinn von Spracherkennung entsteht, wenn ein Dokument unmittelbar und ohne Eingriff einer zweiten oder dritten Person fertig gestellt werden kann. Der durch Spracherkennung abzulösende oder zu ergänzende Prozess ist sorgfältig auf jeden Schritt hin zu prüfen, der eine menschliche Interaktion erfordert. Im Vergleich zu einem klassischen Diktat entfallen weitgehend die semantische Interpretation, sowie die Vervollständigung von Daten und Korrektur von Fehlern durch die Schreibkraft. Schreibkräfte übernehmen eine komplexe Funktion, die Spracherkennung noch nicht leistet und die bis in einen klinischen Aufgabenbereich wachsen kann (Johansen et al. 2015). Da durch Tippen und Spracherkennung eine unmittelbare Fertigstellung der Dokumentation erfolgt, ist der jeweils unterzeichnende Autor eines Dokumentes verantwortlich für die Richtigkeit des Inhaltes (Weis und Levy 2014).

▶ Spracherkennung ist nicht gleich Sprachverständnis.

Die Einbeziehung von Spracherkennung in einen Workflow erzeugt mitunter die Notwendigkeit, die handschriftliche Unterschrift durch eine elektronische Alternative zu ersetzen. Für eine konsequente elektronische Dokumentation kommt der elektronischen Signatur eine hohe Bedeutung zu (Leiner 2012). Je nachdem, wie Spracherkennung eingesetzt wird, entsteht durch eine Umstellung des Workflows die Notwendigkeit, die Verantwortlichkeiten zur Urheberschaft des Dokumentes genau zu klären. Dies gilt insbesondere dann, wenn zwischen Diktat und Fertigstellung eines Dokumentes formale und inhaltliche Korrekturschritte durch Dritte erfolgen.

20.8 Die Verfügbarkeit des Erkennungsergebnisses, Cursor, KIS oder Box

Je nach eingesetzter Technologie und Nutzerverhalten erscheint das Erkennungsergebnis an verschiedenen Positionen des Computers. Die drei grundsätzlich möglichen Positionen sind: Direkt am Cursor weitgehend unabhängig von der Anwendung, innerhalb eines gesonderten Fensters oder innerhalb einer Anwendung, z. B. Krankenhausinformationssystem.

Abb. 20.3 stellt diese Positionen exemplarisch dar. Möglichkeit A: Der Text erscheint an einem beliebigen Cursor im Computer wie bei Tastatureingabe. Möglichkeit B: Der Text erscheint zunächst in einem proprietären Fenster und wird von dort an einen beliebigen Cursor kopiert. Möglichkeit C: Der Text erscheint nur innerhalb einer mit Spracherkennung ausgerüsteten Anwendung, z. B. im Krankenhausinformationssystem

Neben dem eigentlichen Softwaredesign können komplexe und nur schwer überwindbare technische Gründe die Ursache für das Erscheinen des Textes in einem gesonderten Fenster sein. Insbesondere in Krankenhausumgebungen, in denen virtuelle Desktops eingesetzt werden, stellt die Spracherkennung an der Cursorposition, entgegen einer intuitiven Vermutung, eine technische Herausforderung dar. Ein gesondertes Fenster als Textcontainer ist in Situationen von Vorteil, in denen während des Diktates in einer weiteren Anwendung gearbeitet und der Cursor bzw. Fokus des Computers versetzt wird.

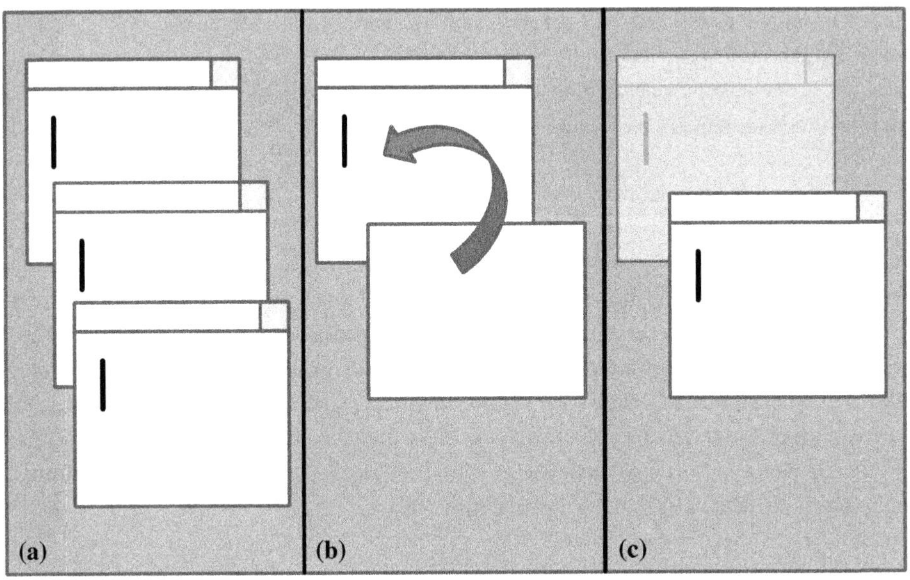

Abb. 20.3 Orte, an denen von der Spracherkennung gelieferter Text erscheint. (Eigene Darstellung)

20.9 Interoperabilität und Analyse klinischer Informationen

Die Verfügbarkeit sämtlicher klinischer Informationen im Krankenhausinformationssystem ist die Voraussetzung, um Kontext-sensitive und klinisch anwendbare Informationen noch während des Diktates zur Verfügung zu stellen, etwa um einen Kontext-bezogenen Kommentar auf individueller Ebene zu geben. Zukünftige Systeme können damit die Lücke zwischen der klinischen Beobachtung und der passenden Anwendung klinischer Leitlinien schließen (Jensen et al. 2012).

Eine zusammenfassende Analyse klinischer Information ist nur über eine Interoperabilität verschiedener Systeme möglich, wozu sich Sprache als Bindeglied grundsätzlich eignet. Zukunftssichere Spracherkennungssysteme weisen daher Programmierschnittstellen für den Zugriff durch Dritte auf und können mit nahezu jeder vorhandenen Kliniksoftware interagieren. Dazu gehört auch die Möglichkeit, wahlweise unabhängig von der Audiohardware des KIS-Systems und intersektoral arbeiten zu können.

20.10 Kriterien für erfolgreiche Anwendung und Auswahl von Spracherkennungssoftware in der Klinik

Aus den bisherigen Betrachtungen kann abgeleitet werden, dass die Verwendung von Spracherkennung in einer Organisation weder lediglich den Ersatz einer Tastatur, noch den Ersatz einer Schreibkraft bedeutet. Wie in Abschn. 20.4 dargelegt kann der unkritische Einsatz den Status Quo sogar verschlechtern. Der folgende Abschnitt gibt daher Kriterien für einen sinnvollen und erfolgreichen Einsatz moderner Spracherkennungstechnologie wieder, die in Tab. 20.3 aufgelistet sind.

▶ Fragen, die vor Einführung von Spracherkennung beantwortet werden sollten:

- Ist das Funktionsprinzip von Spracherkennung bekannt?
- Wie beeinflusst die sofortige schriftliche Verfügbarkeit des Diktates aktuelle Arbeitsabläufe?
- Wo (an welchem Cursor und an welchem Rechner) soll die Erkennung stattfinden?
- Wie genau, wann und von wem erhält das System aktuelle Begrifflichkeiten?
- Welche zukünftigen Möglichkeiten entstehen bei sofortiger Textverfügbarkeit?

Unabhängig von der Wahl des verwendeten Systems existieren in Tab. 20.4 genannte Kriterien, die die Einführung von Spracherkennung in der Medizin begünstigen. Ein Grundwissen über die Funktionsweise von Spracherkennung (Abschn. 20.2) fördert realistische Erwartungen an die Einführung von Spracherkennung.

Tab. 20.3 Kriterien für die Auswahl eines Spracherkennungssystems

	Lokale Erkennung	Serverbasierte Erkennung
Viele Nutzer pro Arbeitsplatz	Ungünstig	Günstig
Viele Arbeitsplätze pro Nutzer	Ungünstig	Günstig
Hohe Anzahl von Arbeitsplätzen	Hoher Aufwand für Softwareverteilung	Geringer Aufwand für Softwareverteilung
Einsatz in verschiedenen Abteilungen	Geeignet	Geeignet
Diktieren am Cursor	Geeignet	Geeignet
Virtualisierung	Ungünstig	Günstig
Thin-Client	Ungeeignet	Geeignet
Einsatz von mobilen Diktiergeräten	Geeignet	Geeignet
Back-end Erkennung	Geeignet	Geeignet
Einsatz mit mobilen KIS-Systemen	Ungeeignet	Geeignet

Tab. 20.4 Kriterien, die die Einführung von Spracherkennung begünstigen

Analyse des Workflows	Vor Implementierung von Spracherkennung sollte geprüft werden, inwieweit Effizienz und Bedienbarkeit existierender Systeme beeinflusst werden – Wie ist der derzeitige Arbeitsablauf? – Analyse sämtlicher Schritte, die zur Erstellung eines Dokumentes notwendig sind, rückwärts – An welcher Stelle in dieser Abfolge hilft der sofortige Ersatz von Sprache durch Text am meisten? – Wie bedeutsam ist die sofortige Fertigstellung des Dokumentes? – Welchen Beitrag leistet Spracherkennung zur sofortigen Fertigstellung?
Begünstigende Faktoren	Knappheit von Schreibkräften, Personal, das selber tippt. Ausschließliche Konzentration auf Einführung von Spracherkennung ohne Kombination mit anderen Projekten
Wachstum	Eine kleine Nutzeranzahl sollte zunächst die Funktionsweise von Spracherkennung verstehen und im gewünschten klinischen Setting den zukünftigen Workflow testen oder entwickeln. Die Kenntnis der in Abschn. 1.2 und 1.3 geschilderten Funktionsweise ist essenziell für den Erfolg

(Fortsetzung)

Tab. 20.4 (Fortsetzung)

Erwartungshaltung	– Intelligenz: Statistische Modelle, basierend auf N-Grammen oder neuronalen Netzwerken verfügen nicht über menschliches Sprachverständnis. „The machine has no brain" – Prozessveränderung: Wenn die Implementierung von Spracherkennung und die resultierende Prozessveränderung nicht sorgfältig geplant wird, kann Spracherkennung Mehrarbeit für die Organisation bedeuten – Statistische Modelle: Spracherkennung setzt ein konstantes Feedback einer Nutzergruppe oder eines Individuums voraus. Wenn Fehlerkennungen klaglos akzeptiert oder ignoriert werden, ist keine Qualitätsverbesserung zu erwarten
Verteilung der Software	Spracherkennung kann bedingt durch die Funktionsweise völlig unterschiedliche Erkennungsqualität in Abhängigkeit von der individuellen Verwendung liefern. Daher ist die individuelle Verteilung der abteilungsweisen Verteilung überlegen
Test von Spracherkennung	Spracherkennung sollte ausführlich und ausschließlich in dem inhaltlichen Rahmen getestet werden, in dem sie zu einem späteren Zeitpunkt auch verwendet werden soll. Dabei ist die in Abschn. 1.2 genannte Funktionsweise zu beachten. „Das ist ein Test", knappe Diktate oder Demonstrationen durch Dritte sind keinerlei Basis für die Einführung von Spracherkennung
Sprache	Deutsch als Fremdsprache mindert vor allem dann die Erkennungsqualität, wenn eine falsche Grammatik gesprochen wird. Dialekte und Akzente sind weniger kritisch (siehe „Test von Spracherkennung")
Vorhandensein von Metadaten	Die Zuordnung zum Patienten von Hausärzten, Kliniken und Befunden im Krankenhausinformationssystem ist bereits erfolgt
Fachgebiet	Spracherkennung kann in jedem Fachgebiet angewendet werden. Je nach Einsatzort variiert die Höhe der Investition in die Individualisierung der statistischen Modelle und das Ausmaß der allgemeinen Vorbereitung des Systems (siehe „Test von Spracherkennung")
Umgebung	Je störender die Umgebungsgeräusche, desto eine größere Rolle spielt die verwendete Mikrofonqualität. Zur Beurteilung ist ausschließlich ein Test vor Ort hilfreich (siehe „Test von Spracherkennung")

20.11 Kosten-Nutzen-Betrachtung

Wie bereits in Abschn. 20.4 erwähnt kann der Nutzen von Spracherkennung aus zwei Komponenten gezogen werden, deren jeweiliger Anteil vom Anwendungsfall abhängt: Zeitersparnis direkt bei der Erstellung einer Dokumentation und Zeitersparnis durch Verminderung der Interaktionskosten innerhalb der Organisation.

Thumann ermittelte auf Basis von Brief-Erstellungszeiten und Grundgehältern Gehaltskosten für die Arztbrief-Erstellung mit Spracherkennung zwischen 5,25 EUR pro Seite (erfahrener Nutzer) und 13,39 EUR pro Seite (unerfahrener Nutzer). Bei konventionellem Diktat wurden mit zwei Probanden 10,82 EUR und 11,15 EUR pro Seite ermittelt (Thumann et al. 2008). Die Kosten der Organisation insgesamt blieben unberücksichtigt.

Die Vorteile für die Organisation können durch Prozessverbesserungen und Befundverfügbarkeit entstehen: Während durch Einsatz von Spracherkennung zwischen 71 und 92 % der radiologischen Befunde innerhalb 24 h fertiggestellt waren, waren es bei Einsatz eines konventionellen Diktates 10,5 % bis 41 % (Hammana et al. 2015). Die Bezifferung der Kosten für die Organisation hängen in hohem Maße von nachgelagerten Effekten ab, die etwa durch fehlende oder schwer auffindbare Dokumentation entstehen. Suchvorgänge können eine erhebliche Zeit beanspruchen (Smith et al. 2005).

Zu den Kriterien für Erzielung von Wirtschaftlichkeit bei Spracherkennung zählen:

- Verständnis der Nutzer über die Funktionsweise von Spracherkennung
- Hohe Initialerkennungsrate des Systems
- Hoher Nutzungsgrad
- Hoher Verfügbarkeitsgrad
- Schnelle Verfügbarkeit des richtigen Erkennungsergebnisses innerhalb der Krankenhaus-Infrastruktur
- Hohe Adaptationsfähigkeit, Individualisierbarkeit, Portabilität und Interoperabilität des Systems

20.12 Schlussbetrachtung

Es wurde eine Übersicht über die Funktionsweise von Spracherkennung gegeben. Spracherkennungssysteme stellen eine erhebliche Veränderung im bisherigen Umgang mit klinischer Dokumentation dar. Richtig angewendet können sie zu dramatischen Erleichterungen im Dokumentationsprozess führen und wichtiger Begleiter der Digitalisierung der Medizin sein. Dazu sind eine sorgfältige Einführung ebenso entscheidend, wie die Auswahl eines Systems und die Definition der zukünftigen Nutzung gemeinsam mit den Anwendern. Neben der Spracherkennungsfunktionalität sollte die Nutzung von Vorlagen und Makros erwogen werden, um einen optimalen Arbeitsablauf zu erzielen (Johnson et al. 2014).

Die Ablösung eines analogen durch einen digitalen Prozess führt nicht notwendigerweise zu einer Erleichterung von Abläufen oder Reduktion von Fehlern (Nebeker et al. 2005). Technologische Veränderung wird aus individueller medizinischer Sicht zunächst hinsichtlich des vermuteten Nutzens für den Patienten hinterfragt (Hackl et al. 2011). Bei der zukünftigen und notwendigen Digitalisierung der Medizin ist eine sorgfältige Bewertung aller an den Prozessen beteiligten Akteure unabdingbar, um Digitalisierung und Qualität zu einer Einheit zu verschmelzen, die den Patientennutzen steigert (Kuhn et al. 2015).

Literatur

Austin CJ, Greene BR (1978) Hospital information systems - a current perspective. Inquiry 15(2):95–112

Behn S (1956) Technik ist besser als ihr Ruf. Welt am Sonntag 15. Juli.

Berger A, Bock S (2014) Datenschutz in der Medizin. DuD 38(3):162–164. doi:10.1007/s11623-014-0068-y

Forbis P (1993) How much wood should a woodchuck (or a medical transcriptionist) chuck? J Am Assoc Med Trans 9:8–9

Glaser C, Trumm C, Nissen-Meyer S, Francke M, Küttner B, Reiser M (2005) Spracherkennung: Auswirkung auf Workflow und Befundverfügbarkeit. Radiologe 45(8):735–42.

Grossman JH, Barnet GO, McGuire MT, Swedlow DB (1971) Evaluation of computer-acquired patient histories. JAMA 215(8):1286–1291

Hackl W, Hoerbst A, Ammenwerth E (2011) "Why the hell do we need electronic health records?": EHR acceptance among physicians in private practice in Austria: a qualitative study. Methods Inf Med 50(1):53–61. doi:10.3414/ME10-02-0020

Hammana I, Lepanto L, Poder T, Bellemare C, Ly M-S (2015) Speech recognition in the radiology department: a systematic review. HIM J 44(2):4–10. doi:10.12826/18333575.2014.0017. Lepanto

Hauser MD, Chomsky N, Fitch WT (2002) The faculty of language: what is it, who has it, and how did it evolve? Science 298(5598):1569–1579

Jacko JA (2012) Human computer interaction handbook: fundamentals, evolving technologies, and emerging applications. CRC Press, Boca Raton

Jensen PB, Jensen LJ, Brunak S (2012) Mining electronic health records: towards better research applications and clinical care. Nat Rev Genet 13(6):395–405. doi:10.1038/nrg3208

Johansen MA, Pedersen ÅM, Ellingsen G (2015) The role of medical transcriptionists in producing high-quality documentation. Stud Health Technol Inform 218:114–119. doi:10.3233/978-1-61499-574-6-114

Johnson M, Lapkin S, Long V, Sanchez P, Suominen H, Basilakis J, Dawson L (2014) A systematic review of speech recognition technology in health care. BMC Med Inform Decis Mak 14(1):94–108. doi:10.1186/1472-6947-14-94

Juneja A (2012) A comparison of automatic and human speech recognition in null grammar. J Acoust Soc Am 131(3):EL256–261. doi:10.1121/1.3684744

Kuhn T, Basch P, Barr M, Yackel T (2015) Medical Informatics Committee of the American College of Physicians. Clinical documentation in the 21st century: executive summary of a policy position paper from the American College of Physicians. Ann Intern Med 162(4):301–303. doi:10.7326/M14-2128

Lamel L, Gauvain J-L (2005) Speech recognition. Oxford handbooks online. Oxford University Press, Oxford. doi:10.1093/oxfordhb/9780199276349.013.0016

LeCun Y, Bengio Y, Hinton G (2015) Deep learning. Nature 521(7553):436–444

Leiner F (2012) Medizinische Dokumentation: Grundlagen einer qualitätsgesicherten integrierten Krankenversorgung; Lehrbuch und Leitfaden. Schattauer, Stuttgart

Makhoul J, Schwartz R (1995) State of the art in continuous speech recognition. Proc Natl Acad Sci U.S.A 92(22):9956–9963

Meyer BT, Brand T, Kollmeier B (2011) Effect of speech-intrinsic variations on human and automatic recognition of spoken phonemes. J Acoust Soc Am 129(1):388–403. doi:10.1121/1.3514525

Noyes J (1983) The QWERTY keyboard: a review. Int J Man Mach Stud 18(3):265–281. doi:10.1016/S0020-7373(83)80010-8

Nebeker JR, Hoffman JM, Weir CR, Bennett CL, Hurdle JF (2005) High rates of adverse drug events in a highly computerized hospital. Arch Intern Med 165(10):1111–1116. doi:10.1001/archinte.165.10.1111

Rosenthal DI, Chew FS, Dupuy DE, Kattapuram SV, Palmer WE, Yap RM, Levine LA (1998) Computer-based speech recognition as a replacement for medical transcription. Am J Roentgenol 170(1):23–25. doi:10.2214/ajr.170.1.9423591

Smith PC, Araya-Guerra R, Bublitz C, Parnes B, Dickinson LM, Van Vorst R, Pace WD (2005) Missing clinical information during primary care visits. JAMA 293(5):565–571

Tan Z, Lindberg B (2010) Speech recognition on mobile devices. In: Ma MY, Chen CW (Hrsg) Mobile multimedia processing. Springer, Berlin, S 221–237

Thumann P, Topf S, Feser A, Erfurt C, Schuler G, Mahler V (2008) Digital speech recognition in dermatology: a pilot study with regard to medical and economic aspects. Der Hautarzt 59(2):131–4. doi:10.1007/s00105-007-1450-6

Vogel M, Kaisers W, Wassmuth R, Mayatepek E (2015) Analysis of documentation speed using web-based medical speech recognition technology: randomized controlled trial. J Med Internet Res 17(11):e247–e265. doi:10.2196/jmir.5072

Weis JM, Levy PC (2014) Copy, paste, and cloned notes in electronic health records: prevalence, benefits, risks, and best practice recommendations. Chest 145(3):632–638. doi:10.1378/chest.13-0886

Über den Autor

Dr. med. Markus Vogel ist als Chief Medical Information Officer für Nuance Communications tätig. Er begleitet die Entwicklung der Nuance Spracherkennungslösungen und fungiert als Mittler zwischen IT-Abteilungen und medizinischen Fachkräften. Der MBA-Absolvent Vogel ist approbierter Arzt, seit 2008 Facharzt für Kinder- und Jugendmedizin. Er erwarb am Universitätsklinikum Düsseldorf die Schwerpunktbezeichnung Neonatologie sowie die Zusatzweiterbildung Infektiologie und ist ebendort in der Klinik für Allgemeine Pädiatrie, Neonatologie und Kinderkardiologie beschäftigt. Vor seinem Medizinstudium hat Vogel ein Ingenieursstudium in Maschinenbau und Medizintechnik absolviert.

21 Mobile Health und das Internet der Dinge – Von Consumer Gadgets zu professionellen Gesundheitsangeboten

Gregor Elbel, Andreas Gentner, Ralf Esser und David Pistor

Zusammenfassung

Mit dem Erfolg des Internets der Dinge wird sich die Zahl relevanter Endgeräte für mobile, vernetzte Gesundheitsangebote weiter erhöhen. Neben Wearables und mobilen Devices ermöglichen zunehmend auch vernetzte Spezialgeräte das Monitoring diverser Körperfunktionen. Die neue Hardware generiert nicht nur eine Vielzahl von Gesundheitsdaten, sie schafft auch die Voraussetzung für deren unmittelbares Speichern und Auswerten. Aus der Vernetzung von Patient und Leistungserbringer ergeben sich neue Anwendungsszenarien auch für professionelle Gesundheitsdienste. Dafür müssen jedoch wesentliche Voraussetzungen geschaffen werden. Dazu zählen der Schutz und die Sicherheit von Patientendaten, die Schaffung regulatorischer Rahmenbedingungen, die Entwicklung sinnvoller Use Cases, das Management der Anbieterlandschaft sowie das Überwinden der Skepsis von Leistungserbringern gegenüber digitalen Angeboten. Ist dies der Fall, so kann auch der deutsche Gesundheitsmarkt am globalen Boom teilhaben. Denn bis zum Jahr 2020 soll sich die Zahl vernetzter Endgeräte für Gesundheit und Fitness aus der Welt des Internets der Dinge mehr als vervierfachen.

G. Elbel (✉) · R. Esser
Schwannstraße 6, 40476 Düsseldorf, Deutschland
E-Mail: gelbel@deloitte.de

R. Esser
E-Mail: resser@deloitte.de

A. Gentner
Löffelstr. 42, 70597 Stuttgart, Deutschland
E-Mail: agentner@deloitte.de

D. Pistor
Franklinstraße 50, 60486 Frankfurt am Main, Deutschland
E-Mail: dpistor@deloitte.de

M.A. Pfannstiel et al. (Hrsg.), *Digitale Transformation von Dienstleistungen im Gesundheitswesen II*, DOI 10.1007/978-3-658-12393-2_21

Inhaltsverzeichnis

21.1 Das Internet der Dinge: Eine sprudelnde Quelle für Gesundheitsdaten

Das Internet of Things (IoT) hat sich in den vergangenen Monaten zu einem länder- und branchenübergreifenden Megatrend entwickelt. Im Jahr 2015 wurden weltweit erstmals eine Milliarde IoT-Endgeräte abgesetzt (Deloitte 2015a, S. 6). Diese „intelligenten Objekte" kommunizieren selbstständig über das Netz miteinander und interagieren mittels entsprechender Informationssysteme. Gleichzeitig erheben sie immer mehr Daten in den unterschiedlichsten Nutzungssituationen.

Auch die Gesundheitswirtschaft bleibt von dieser Entwicklung nicht unberührt. Neben der bereits hohen Verbreitung übergreifender Hardwarekategorien wie Smartphones, Laptops und Tablets werden in den kommenden Jahren spezifische Endgeräte die Entwicklung digitaler und mobiler Gesundheitsdienste weiter vorantreiben. Dabei verspricht die zunehmende Vernetzung der verschiedenen Lebensbereiche des Patienten neue Anwendungsszenarien. Von diesen können perspektivisch alle beteiligten Akteure profitieren:

- Patienten erfahren durch mobile Gesundheitslösungen ein optimiertes Krankheitsmanagement und nutzen zeitlich und räumlich flexiblere Behandlungsmöglichkeiten, beispielsweise in abgelegenen Regionen.
- Ärzte intensivieren die Interaktion mit ihren Patienten und können durch zusätzlich verfügbare Informationen genauer und einfacher Entscheidungen treffen.
- Kostenträger verbessern das Gesundheitsbewusstsein ihrer Versicherten durch zusätzliche Kommunikation, Information und Prävention. Sie profitieren von Effizienzsteigerungen durch mobile Gesundheitsangebote und erhalten die Möglichkeit gezielt auf bestimmte Patientenrisiken zu reagieren.
- Forschungseinrichtungen erkennen aus dem Zusammenspiel von anonymisierten Patientendaten und Analytics neue medizinische Zusammenhänge und erlangen zusätzliche Einblicke in die Verteilung von Risiken und Krankheitsbildern.

Die Potenziale digitaler Gesundheitsdienste und zusätzlicher, aggregierter Daten sind immens. Bis diese jedoch professionalisiert und vollständig gehoben werden können, müssen zahlreiche Hürden aus dem Weg geräumt werden. Dabei ist die technische Umsetzung von M-Health-Angeboten nur eine Herausforderung. Gleichzeitig gilt es, vorhandene Bedenken von Patienten und Teilen der Ärzteschaft zu überwinden und einen geeigneten Rahmen für mobile Gesundheitsangebote zu schaffen.

21.2 Consumer Devices als Wegbereiter

Die Hardware-Basis für viele mobile Gesundheitsangebote ist in Deutschland bereits gelegt. Der Mobility-Trend der vergangenen Jahre hat zu einer beachtlichen Verbreitung relevanter Endgeräte geführt: Drei Viertel der Deutschen haben Zugriff auf ein Smartphone, in einer ähnlichen Größenordnung bewegt sich der Bestand von Laptops (Deloitte 2015b, S. 8). Auch Tablets nutzt hierzulande knapp die Hälfte der Konsumenten. Fitness-Tracker und Smart Watches sind noch Nischenprodukte, die jüngsten Zuwächse versprechen jedoch ein weiteres Wachstum (siehe Abb. 21.1).

Diese zahlreich vorhandene Consumer Hardware hat eine erste Nachfrage nach mobilen Gesundheitsapplikationen geschaffen. So finden sich bereits zahlreiche Fitness-Apps auf den Smartphones deutscher Konsumenten. Die Miniprogramme mit Funktionen wie dem Aufzeichnen verbrauchter Kalorien oder gelaufener Kilometer zählen sogar zu den

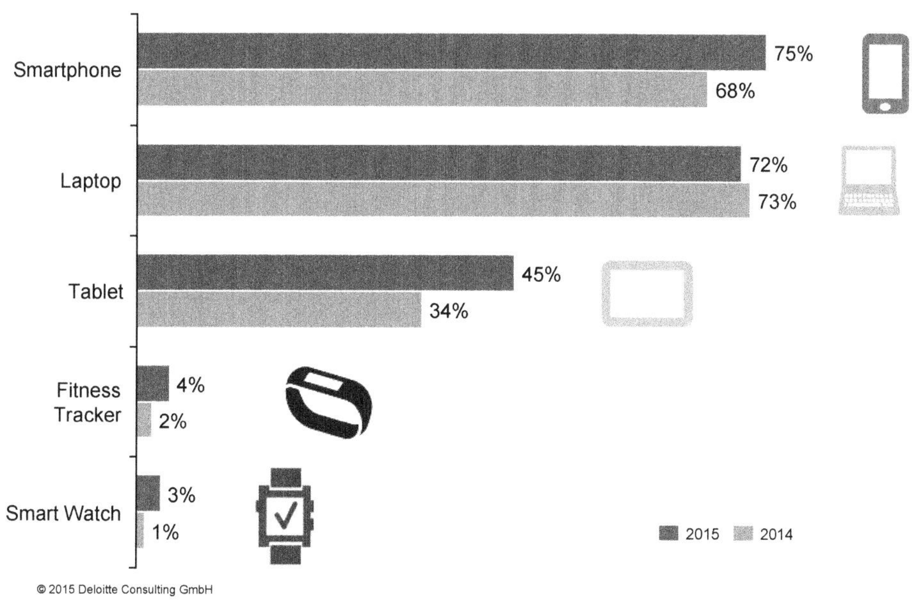

Abb. 21.1 Haushaltsausstattung mit M-Health-relevanter Hardware (Deutschland). (Quelle: Deloitte 2016)

am stärksten wachsenden Segmenten innerhalb der App-Ökosysteme (BITKOM 2015). Der Trend zu digitalen Fitnessangeboten ist auch erkennbar an den Vermarktungserfolgen vernetzter Sportuhren und Fitness- bzw. Activity-Trackern.

Diese Consumer Gadgets und die zugehörigen Dienste bereiten derzeit das Feld für professionelle M-Health-Angebote. Sie führen auf spielerische Art und Weise an neue Gerätefunktionen und Bedienlogiken heran. Auch mit dem Speichern und Verarbeiten von Vital- und Nutzerdaten werden Konsumenten vertraut gemacht. Auf den positiven Erfahrungen mit Fitness Apps und Gadgets können Anbieter aus der Gesundheitswirtschaft aufbauen und unmittelbar mobile Angebote für den ersten Gesundheitsmarkt entwickeln.

21.3 Professionalisierung durch das Internet der Dinge

Dem wachsenden Consumer Markt steht eine fragmentierte Reihe von Pilotangeboten des „ersten Gesundheitsmarktes" entgegen. Neben den Konsumenten mit einem besonderen Interesse an Gesundheit und Fitness sind chronisch Erkrankte die größte Zielgruppe für Mobile Health (Kramer und Lucht 2015, S. 74). In den kommenden Jahren werden gerade diese Nutzer das weitere Wachstum bei mobilen Gesundheitsangeboten tragen. Mit verantwortlich für die positive Entwicklung ist das Angebot neuer Gerätekategorien und Dienste aus der Welt des Internets der Dinge. Diese neuen Geräte erlauben zudem erstmals eine durchgängige, sektorübergreifende Versorgung, beispielsweise zwischen ambulant und stationär.

So ermöglicht die Vernetzung spezieller Messgeräte ein unmittelbares Speichern und Auswerten zahlreicher Vitaldaten wie Blutdruck, Blutzucker, Gewicht, arterielle Sauerstoffsättigung, Puls oder Herzrhythmus. Daneben eignen sich auch Wearable Devices zum Monitoring von Körperfunktionen chronisch Kranker. Künftig werden hierzu sogar Mikrosensoren direkt in die Kleidung integriert.

Der Mehrwert der Vernetzung für den ersten Gesundheitsmarkt liegt auf der Hand: Vitaldaten werden regelmäßiger gemessen und können in Echtzeit per Smartphone oder Tablet an den behandelnden Arzt übermittelt werden. Routinemäßig genutzte medizinische Geräte übertragen selbstständig ihre Nutzungsdaten und geben dem behandelnden Arzt Transparenz über den Gesundheitszustand, sowie die Möglichkeit bei Bedarf zu intervenieren Die Notwendigkeit zahlreicher Praxisbesuche würde entfallen. Geeignete Apps ermöglichen dem Patienten stattdessen eine unmittelbare Selbstkontrolle der gemessenen Werte und steigern dessen Gesundheitsbewusstsein. Ärzte können auf ganze Zeitreihen relevanter Vitaldaten zugreifen und erhalten zusätzliche Datenpunkte für ihre Entscheidungsfindung.

21.4 Vier Voraussetzungen für die routinemäßige Nutzung von M-Health im Versorgungsalltag

Die Gerätebasis für Mobile Health ist gelegt, Netzinfrastrukturen sind ausgebaut und auch das Absichern der sensiblen Daten ist möglich. Zudem zeigt die intensive Nutzung der zahlreichen Fitness-Apps das grundsätzliche Interesse an mobilen Gesundheitsangeboten. Dennoch sind M-Health-Angebote für den ersten Gesundheitsmarkt nach wie vor Mangelware. Telemedizinprojekte haben zumeist Pilotcharakter und schaffen selten den Sprung in die Regelversorgung.

Tatsächlich ist es so, dass trotz des vielversprechenden Marktrahmens noch nicht alle Voraussetzungen für Mobile Health innerhalb des ersten Gesundheitsmarktes erfüllt sind. Im Wesentlichen lassen sich vier Handlungsfelder identifizieren, innerhalb derer die Voraussetzungen für professionelles M-Health geschaffen werden müssen (siehe Abb. 21.2). Diese erfordern die Einbeziehung und Mitarbeit aller relevanten Akteure: Bei Kostenträgern, Leistungserbringern, Patienten, Anbietern und dem Gesetzgeber muss die Bereitschaft vorhanden sein, gewohnte Pfade zu verlassen und sich gegenüber den neuen Chancen vernetzter Gesundheitsangebote zu öffnen.

21.4.1 Datenschutz und -sicherheit gewährleisten

Deutsche Konsumenten sind grundsätzlich zurückhaltend was die Weitergabe von IoT-Nutzungsdaten angeht. Besonders groß ist die Vorsicht im Gesundheitsbereich.

Abb. 21.2 Voraussetzungen für professionelle Mobile Health-Dienste. (Quelle: Deloitte 2016)

So würden lediglich 32 % der Deutschen gesundheits- und fitnessbezogene Daten mit ihrer Krankenversicherung teilen (YouGov 2015). Ganz offensichtlich ist die Sorge um den Missbrauch der sensiblen Informationen weit verbreitet.

Branchenübergreifend sind Sicherheitsaspekte neben dem Wunsch nach sinnvollen Use Cases die derzeit kritischsten Faktoren für den Erfolg des Internets der Dinge. Bei Gesundheitsdaten ist die Forderung nach deren Schutz und Sicherheit jedoch noch einmal besonders ausgeprägt. Patienten erwarten hier das maximal mögliche Niveau. Darüber hinaus wünschen sie ein hohes Maß an Transparenz über die Verwendung ihrer Daten.

Mobile Gesundheitsangebote erfordern somit spezifische Sicherheitsvorkehrungen. Anbieter müssen eine den besonderen Anforderungen von M-Health angepasste Cybersecurity-Strategie umsetzen und entsprechende Richtlinien implementieren. Vertrauensbildend ist auch die Verwendung deutscher Serverstandorte. Im Idealfall werden Sicherheitsaspekte bereits bei der Entwicklung mobiler Gesundheitsdienste als elementarer Bestandteil berücksichtigt.

Unbedingt notwendig ist eine klare Kommunikation der getroffenen Security-Maßnahmen gegenüber tatsächlichen und potenziellen Nutzern. Dies schafft Vertrauen in die Anwendung und fördert deren Akzeptanz. Denn erst wenn der Mehrwert von M-Health die Sorge um die Daten übersteigt, werden Patienten professionelle Angebote in großer Zahl annehmen.

21.4.2 Regulatorischen Rahmen schaffen

Der Gesundheitssektor unterliegt seit jeher einer besonders starken Regulierung. Aus gutem Grund sind die Rahmenbedingungen nirgends so restriktiv wie im Bereich von Gesundheitsdiensten und -produkten. Auch M-Health und das Internet der Dinge bleiben hierbei nicht außen vor. So werden mobile Angebote für therapeutische oder diagnostische Zwecke als Medizinprodukte eingestuft und müssen nach einem Konformitätsbewertungsverfahren geprüft werden. Wo genau jedoch die Grenzen der Regulierung gesetzt sein sollen, ist bei innovativen Diensten häufig noch nicht eindeutig geklärt.

Auch die Berufsordnung der Ärzte erschwert die Umsetzung bestimmter, mobiler Gesundheitsangebote. Diese verhindert bislang virtuelle Arztbesuche und sorgt so dafür, dass sich die E-Visite in Deutschland nicht wie in anderen Ländern durchsetzen konnte. Dies hätte beispielsweise dann Auswirkung auf das Telemonitoring von Vitaldaten, wenn ausschließlich Messungen vor Ort zugelassen wären.

Schließlich müssen Anbieter bei der Vermarktung von Mobile Health-Diensten bestehende Haftungsrisiken im Auge haben. Über entsprechende Klauseln können sie diese zwar ausschließen. Ob ein Verweis auf eine „Nutzung auf eigene Gefahr" oder „dient lediglich Zwecken der Unterhaltung und der Information" jedoch nachhaltig Vertrauen bei Patienten schafft, darf an dieser Stelle stark bezweifelt werden.

Mit dem E-Health Gesetz wurde nun ein erster Schritt zur Förderung von Infrastruktur und Anreizsystemen gemacht. Primäres Ziel ist die Weiterentwicklung der elektronischen Gesundheitskarte (eGK), wobei mit einem geplanten „Patientenfach" auch erstmals eine Möglichkeit zur Speicherung und routinemäßiger Nutzung von Consumer- und

Wearable-Daten geschaffen werden soll. Ebenso kommen von Kostenträgerseite erste Forderungen nach einer elektronischen Patientenakte, die offen für Fitness-Tracker und andere Consumer Lösungen ist und von der jeweiligen Krankenkasse verwaltet werden soll. Die effektive Nutzung dieser Angebote erfordert einen spezifischen regulatorischen Rahmen. Alleine die Anpassung bestehender Regularien an digitale Angebote reicht dabei nicht aus. Stattdessen müssen Chancen und Risiken vorbehaltlos bewertet und eindeutig eingestuft werden. Anbieter erhalten auf diese Weise Planungssicherheit für neue Gesundheitsdienste, gleichzeitig werden überflüssige Barrieren abgebaut.

21.4.3 Komplexe Anbieterlandschaft managen

Derzeit existieren praktisch keine Marktteilnehmer, die alle notwendigen Kompetenzen zur Umsetzung flächendeckender mobiler Gesundheitsdienste auf sich vereinigen. Denn neben medizinischer Expertise ist für die Entwicklung entsprechender Angebote eine umfangreiche Erfahrung im Technologie- und Softwarebereich unverzichtbar. Die Umsetzung intuitiver User Interfaces erfordert spezifisches Know-how in der App-Entwicklung. Eine zunehmende Einbeziehung innovativer IoT-Endgeräte erhöht die Komplexität für potenzielle Anbieter zusätzlich.

Kurzfristig können nur kooperative Entwicklungsansätze der Professionalisierung von M-Health einen entscheidenden Schub verschaffen. Akteure aus den unterschiedlichsten Marktsegmenten müssen ihre spezifische Expertise einbringen. Anbieter von Medizintechnik, Consumer Health Care, Consumer Electronics, Software, Health Care IT und Telekommunikationsdiensten, aber auch Kostenträger und Pharmaindustrie sind gefragt, sich gemeinsam der Herausforderung M-Health zu stellen.

Es dürfte nicht einfach werden, diese heterogenen Spieler unter einen Hut zu bekommen. Schließlich verfolgen die Unternehmen durchaus eigene Interessen und setzen unterschiedliche Schwerpunkte. Auch unterscheiden sich die Branchenkulturen erheblich: Die dynamische Technologiebranche trifft auf eine eher gemessen agierende Gesundheitsindustrie. Zur Schaffung gemeinsamer Angebote müssen sich Akteure aus beiden Branchen von gewohnten Mustern verabschieden und aufeinander zubewegen.

Die wesentliche Voraussetzung für eine rasche, industrieübergreifende Entwicklung professioneller Mobile Health-Lösungen ist die Verständigung auf verbindliche Standards. Dazu zählen neben einem gemeinsamen Verständnis von Datenschutz und -sicherheit ein transparenter Regulierungs- und Rechtsrahmen sowie die Schaffung technischer Schnittstellen. Auf diese Weise können Impulse gesetzt werden, die den Aufbau mobiler Gesundheitsdienste um Jahre beschleunigen.

21.4.4 Skepsis bei traditionellen Leistungserbringern überwinden

Perspektivisch werden es die Leistungserbringer sein, die ihren Patienten vernetzte Gesundheitsangebote empfehlen oder sogar verordnen. Doch bis dahin ist es noch ein weiter Weg. Auf diesem sind die bislang fehlenden Angebote sowie unscharfe Rahmenbedingungen nicht die einzigen Hindernisse. Denn gleichzeitig muss ein grundsätzliches Umdenken in Teilen der Ärzteschaft stattfinden.

Diese stehen den neuen, mobilen Angeboten häufig skeptisch gegenüber. Die Mehrzahl der Ärzte legt nach wie vor Wert auf den persönlichen Kontakt zum Patienten vor Ort in der Praxis. Digitale Gesundheitslösungen werden aufgrund negativer Erfahrungen in der Vergangenheit (Stichwort: Gesundheitskarte) oft abgelehnt. Zudem ist der medizinische Mehrwert von M-Health im Einzelfall schwer messbar, und auch die Vergütung von telemedizinischen Leistungen war bis vor kurzem ungeklärt.

Mobile Health-Anbieter werden also zunächst in Vorleistung treten müssen. Denn erst vorhandene, funktionierende Lösungen werden die Ärzteschaft in großer Zahl vom Nutzen vernetzter Gesundheitsangebote überzeugen. Grundsätzlich hilfreich ist dabei die steigende Offenheit gegenüber digitalen Angeboten unter jüngeren Medizinern. Auch mit mobilen Lösungen pflegen diese einen selbstverständlicheren Umgang und bilden die ideale Zielgruppe zum Pilotieren innovativer Gesundheitsdienste.

21.5 Schlussbetrachtung

Connected Health Care beflügelt den Markt. Das Internet der Dinge wird den Trend zu vernetzten Gesundheitsdiensten in den nächsten fünf Jahren deutlich beschleunigen. Eine Analyse von Deloitte auf Grundlage von Gartner-Prognosen zeigt, dass sich die Zahl vernetzter Endgeräte für Gesundheits- und Fitnessanwendungen weltweit von 2015 bis 2020 mehr als vervierfachen wird (siehe Abb. 21.3).

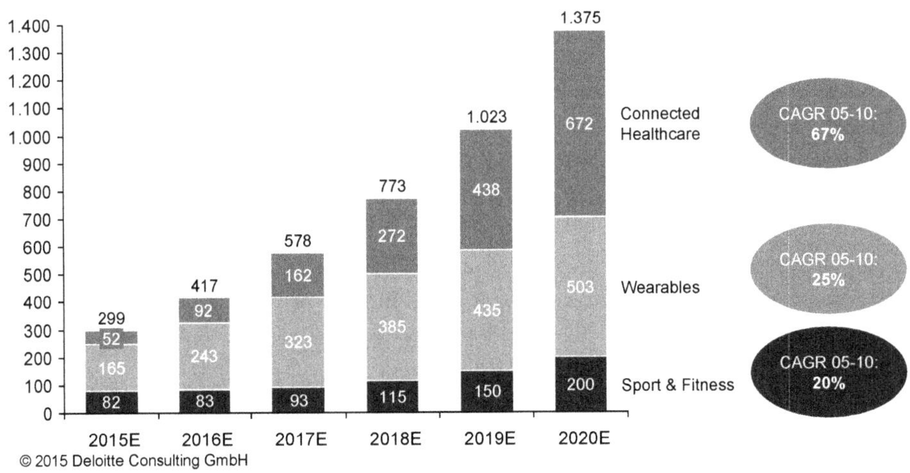

Abb. 21.3 Bestand IoT-Endgeräte für Gesundheit und Fitness (weltweit, in Millionen). (Quelle: Deloitte 2016)

Dabei profitiert Mobile Health auch von der Popularität von Wearables. Deren Zahl wird weltweit bis 2020 auf mehr als 500 Mio. steigen. Noch bemerkenswerter sind die Zuwächse bei vernetzten Health Care-Devices wie Blutdruck- oder Blutzucker-Messgeräten. Diese dürften bis zum Ende des Jahrzehnts die Wearables sogar überholt haben. Dann werden weltweit alleine 500 Mio. vernetzter Consumer Monitoring-Geräte abgesetzt sein. Geringer fällt das Wachstum bei Endgeräten mit Connectivity-Funktion im Bereich Sport und Fitness aus – aber auch hier wird sich der Bestand bis 2020 mehr als verdoppeln.

Das Internet der Dinge wird so zum entscheidenden Treiber für mobile Gesundheitsangebote. Der Erfolg geeigneter Endgeräte wird auf kurz oder lang die passenden Dienste nach sich ziehen. M-Health entwickelt sich somit eindeutig nachfragegetrieben. Nicht das vorhandene Angebot, sondern das große Interesse der Konsumenten beflügelt den Markt.

Auch illustriert die in Abb. 21.2 dargestellte Entwicklung den globalen Trend zur Professionalisierung mobiler Gesundheitsangebote. Schließlich sind die höchsten Zuwächse gerade für jene Gerätetypen zu erwarten, die professionelle Dienste wie Vitaldatenmessungen ermöglichen. Die direkte oder indirekte Einbeziehung von Akteuren des ersten Gesundheitsmarktes wird dabei bis 2020 deutlich zunehmen.

Hierzulande dürfte die dargestellte Entwicklung absehbar weniger schnell verlaufen. Grund dafür sind die bereits dargestellten besonderen Herausforderungen in Deutschland. Ob Rechts- und Regulierungsrahmen, Komplexität der Angebotslandschaft oder Bedenken bei Datenschutz und -Sicherheit: Noch ist manches Hindernis zu überwinden. Keines davon ist jedoch so hoch, dass es mittelfristig den Erfolg mobiler Gesundheitsdienste verhindern wird.

Literatur

BITKOM (2015) Deutscher App-Markt knackt Milliarden-Marke, Presseinformation vom 31.08.2015, Berlin. https://www.bitkom.org/Presse/Presseinformation/Deutscher-App-Markt-knackt-Milliarden-Marke.html. Zugegriffen: 25. Apr. 2016

Deloitte (2015a) Technology, media & telecommunications predictions 2015. Eigenverlag, Düsseldorf

Deloitte (2015b) Global Mobile Consumer Survey 2015. Ergebnisse für den deutschen Mobilfunkmarkt. Eigenverlag, Düsseldorf

Kramer U, Lucht M (2015) Gesundheits- und Versorgungs-Apps. Hintergründe zu deren Entwicklung und Einsatz. Universitätsklinikum Freiburg Studienzentrum, Freiburg

YouGov (2015) Self-Tracking: Rund jeder Dritte würde gesundheitsbezogene Daten an Krankenversicherer weitergeben, Presseinformation vom 20.01.2015, Köln. https://yougov.de/loesungen/ueber-yougov/presse/presse-2015/pressemitteilung-self-tracking-rund-jeder-dritte-wurde-gesundheitsbezogene-daten-an-krankenversicherer-weitergeben/. Zugegriffen: 25. Apr. 2016

Über die Autoren

Dr. Gregor Elbel ist Partner bei Deloitte und Leiter der Life Sciences und Health Care Practice. Er besitzt langjährige Erfahrung als Strategieberater im Gesundheitswesen und in der pharmazeutischen sowie Medizintechnik-Industrie. Zuvor arbeitete er für die Boston Consulting Group in Deutschland, Belgien und USA, zuletzt als Principal für Health Care. Seine Karriere startete er als Assistenzarzt und PostDoc-Stipendiat in der Neuroradiologie am Max-Planck-Institut für Psychiatrie in München mit Lehrtätigkeit an der LMU München.

Dr. Andreas Gentner ist Partner bei Deloitte Consulting und leitet europaweit den Industriebereich Technology, Media und Telecommunications (TMT). In seiner langjährigen Beratungserfahrung hat er seine Kunden u. a. bei Konzeption und Optimierung ihrer Unternehmens- und Funktionalstrategien sowie ihrer Finanz- und Performance-Management-Systeme unterstützt. Zu seiner Expertise gehören u. a. Corporate Management, Value-Based Management, Strategie und Planung, Business Modelling und Organisation und Prozess Optimierung. Er veröffentlicht zahlreiche Bücher und Artikel im In- und Ausland. Dr. Gentner studierte Betriebswirtschaftslehre und promovierte an der Universität Stuttgart.

Ralf Esser kann auf mehr als 15 Jahre Erfahrung als Analyst in den Bereichen Telekommunikation, Medien und Technologie zurückblicken. Herr Esser betreute Beratungsprojekte in West- und Osteuropa und ist Autor und Co-Autor unterschiedlicher Studien und Fachartikel. Der aktuelle Schwerpunkt seiner Tätigkeit liegt in den Bereichen Netzinfrastrukturen, digitale Branchenlösungen sowie Consumer Electronics. Ralf Esser studierte Volkswirtschaftslehre an der Universität zu Köln.

David Pistor ist Senior Manager in der Life Sciences und Health Care Practice von Monitor Deloitte. Er verfügt über europaweite Beratungserfahrung in der Pharmaindustrie sowie im Bereich der Leistungserbringer und Kostenträger. Aktueller Schwerpunkt seiner Beratungstätigkeit sind neue Geschäftsmodelle im Gesundheitswesen und innovative Market Access- und Pricing-Strategien. David Pistor studierte International Affairs and Governance an der Universität St. Gallen.

Ein Wohn- und Versorgungskonzept für die Zukunft

22

Jürgen Stettin

Zusammenfassung

Das zunehmende Durchschnittsalter der Bevölkerung in Deutschland verbunden mit der Annahme, dass in Zukunft die stationären Pflegekapazitäten nicht ausreichend vorhanden sein werden, initiiert in ganz Deutschland Projekte, die ein längeres Wohnen älterer Mitbürger im vertrauten eigenen Umfeld ermöglichen. In Hamburg wurde deshalb das Projekt „Vernetztes Wohnen im Quartier" gestartet, das mithilfe einer technischen Umgebung ermöglicht, älteren Quartiersbewohnern Dienstleistungen anzubieten, die sie sonst nicht mehr in Anspruch nehmen können. Daneben wurde großer Wert auf die soziale Vernetzung sowohl in der Nachbarschaft als auch zur Familie gelegt. Das System wurde in Hamburg implementiert und mit gutem Erfolg validiert.

Inhaltsverzeichnis

J. Stettin (✉)
Hochschule für Angewandte Wissenschaften Hamburg, Hamburg, Deutschland
E-Mail: juergen.stettin@haw-hamburg.de

M.A. Pfannstiel et al. (Hrsg.), *Digitale Transformation von Dienstleistungen im Gesundheitswesen II*, DOI 10.1007/978-3-658-12393-2_22

22.1 Einleitung

In Deutschland gibt es sehr viele Projekte, um älteren Menschen ein langes Leben in der gewohnten häuslichen Umgebung zu ermöglichen. Hamburg hat als Stadtstaat hier besondere Anforderungen. Deshalb wurde in Hamburg das Projekt „Vernetztes Wohnen im Quartier“ initiiert und wird nachfolgend beschrieben.

22.1.1 Lösungen für ältere Menschen

Die Bevölkerung in Deutschland wird immer älter. Allein in Hamburg wird die Zahl der über 60-Jährigen massiv zunehmen. Im Jahr 2025 wird es vermutlich mehr als 60.000 Menschen aus dieser Gruppe im Hamburger Raum geben (Behörde für Gesundheit und Verbraucherschutz 2016). Diese Angaben kommen aus persönlichen Gesprächen mit Behördenvertretern.

Auch wenn sich der Gesundheitszustand älterer Menschen im Durchschnitt in der Zukunft deutlich verbessern wird, so ist doch mit sehr viel zusätzlichen Kapazitäten für stationäre und häusliche Pflege in ganz Deutschland zu rechnen.

Schon jetzt ist abschätzbar, dass die stationären Pflegekapazitäten im Jahr 2025 nicht ausreichend sein werden. Nicht nur dieser Mangel sondern auch die zunehmende Gesundheit und Mobilität älterer Menschen fordern deshalb Lösungen, die ein deutlich längeres Wohnen im eigenen und vertrauten Umfeld ermöglichen.

Auch wenn man sich emotional als „älteren Menschen“ eher eine alte bewegungseingeschränkte multimorbide Person vorstellt, die eventuell sogar eine leichte Demenz hat, sollte die Zielgruppe bei diesen Projekten doch schon sehr viel früher beginnen. Durch den starken Einsatz von Technik und IT-Systemen macht es Sinn, bereits 60-jährige Personen, die eventuell sogar noch berufstätig sind mit einzubeziehen. Die Zweckbestimmung eines solchen Systems wird von Wissenschaftlern (Meyer-Blankart et al. 2016) als „sozialer-lokaler Service“ beschrieben, der neben einer Unterstützungs- und Sozialfunktion auch eine höhere Lebensqualität zum Ziel hat.

Um die zu Inhalte eines solchen Projekts zu erarbeiten, hat das Bundesministerium für Bildung und Forschung ein Projekt (Zangenmeister 2012) durchführen lassen, in dem erarbeitet wurde, welche Faktoren nötig sind, um älteren Menschen ein möglichst langes und selbstbestimmtes Leben im eigenen häuslichen Umfeld zu ermöglichen.

Bei den ermittelten Bedarfsfeldern ergaben sich die speziellen Bereiche: Information, Kommunikation, Wohnen, Sport und Fitness, Gesundheit, Freizeit, soziales Umfeld, Mobilität sowie die Bereiche Bildung und Arbeit.

Nicht alle diese Bereiche können in den derzeit laufenden Projekten in Deutschland durch IT gestützte Prozesse abgebildet werden. Zum Teil sind die Prozesse auch in anderen Bereichen gut ausentwickelt und müssen nur übertragen werden. Beispielhaft seien hier Telearbeitsplätze oder Fernuniversitäten genannt.

22.1.2 Leichter wohnen

Ein wesentliches Ziel fast aller Projekte in diesem Bereich ist die Erleichterung des Wohnens durch Technik- und IT-Unterstützung.

Einige Beispiele aus diesem Ansatz sind:

Steuerung der Fenster und Vorhänge speziell für behinderte Menschen, beispielsweise für Rollstuhlfahrer

Im Bereich der beginnenden Demenz sind dies hauptsächlich Erinnerungsfunktionen – häufig mit inhärenter Sicherheit – wie beispielsweise „Schlüsselerinnerung", Überhitzungsschutz am Herd und zentrale Abschaltung der Stromversorgung beim Verlassen der Wohnung.

Andere hilfreiche Wohnungsunterstützungssysteme sind Beleuchtungssteuerung und Hilfen für Rollstuhlfahrer wie etwa das Absenken von Schränken.

22.1.3 Dienstleistungen aus dem Quartier

Ein weiterer Bereich, der sich allerdings häufig nur schwer in diese Projekte implementieren lässt, sind Dienstleistungen aus dem Quartier. Besonders schwierig wird es, wenn der Dienstleister hierfür ebenfalls eine spezielle IT Infrastruktur benötigt.

Als Beispiele seien hier genannt:

Lebensmittel- oder Essenlieferung, Wäsche- oder Friseurservice, Wohnungsreinigung und automatische Terminvereinbarungen mit Ärzten oder Restaurants.

22.2 Projektbeschreibung „Wohnen im Quartier in Hamburg"

Die hier beschriebene praktische Umsetzung wurde im Rahmen eines Projekts in Hamburg durchgeführt. Details zu diesem Projekt finden sich bei (GWHH GmbH 2014).

Das Projekt „Vernetztes Wohnen im Quartier" (VWiQ) wurde von der Gesundheitswirtschaft Hamburg GmbH (einer Initiative der Handelskammer und der Gesundheitsbehörde) koordiniert. Projektteilnehmer waren die Firmen Pflegen und Wohnen Hamburg GmbH, QDS GmbH sowie die Prosystem AG. Wissenschaftlich begleitet wurde dieses Projekt durch die Universität Hamburg, Fachbereich Informatik, Arbeitsbereich IT-Management und Consulting.

Vorsitzende des Projektbeirats war die Hamburger Gesundheitssenatorin Frau Cornelia Prüfer-Storcks.

Gefördert wurde dieses Projekt mit Mitteln der Europäischen Fonds für Regionale Entwicklung (EFRE) sowie durch die Behörde für Gesundheit und Verbraucherschutz in Hamburg.

Hauptziel des Projekts war es, technische Hilfssysteme mit menschlichen Dienstleistungen und nachbarschaftlicher Unterstützung zu verknüpfen.

22.3 Planung des Projekts „Wohnen im Quartier"

Aus den vielen eingangs erwähnten Bedarfsfeldern wurde im ersten Schritt ermittelt, welche von ihnen sinnvoll in diesem Projekt sind, wie sie implementiert und validiert werden können. Aus diesen Vorbetrachtungen ergaben sich folgende Cluster:

Freizeit und Teilhabe

Komfort und Sicherheit

Mobilität und Service

Prävention und Gesundheit

Ein weiterer wichtiger Schritt war die Einführung von „Personas“. Dies wurde zur Zielgruppendefinition durchgeführt. Bei diesen Personas handelt es sich um virtuelle Personen mit speziellen Charakter- und Gesundheitseigenschaften, die möglichst beispielhaft für einen großen Kreis der tatsächlichen Benutzer stehen sollten. Dies waren im Ergebnis:

Der „frühinteressierte Gesunde“

Die „anspruchsvolle Jungseniorin“

Die Bewohnerin im Servicewohnen (eine Leistung der Pflegen und Wohnen GmbH) mit chronischer körperlicher Erkrankung

Der Senior mit beginnenden neurologischen Einschränkungen (z. B. Demenz).

Basierend auf diesen Personas ergaben sich sehr unterschiedliche Anforderungen an die Spezifikationen. Der „frühinteressierte Gesunde“ möchte beispielsweise einen Schwerpunkt im Bereiche der Freizeit haben. In seinem Leben stehen das Treffen mit Freunden, gemeinsames Kochen oder Terminplanung im Vordergrund. Auch werden externe Dienstleistungen kaum benötigt. Ein Wäscheservice wäre hier denkbar. Der Bereich Gesundheit spielt ebenfalls praktisch kaum eine Rolle.

Der „Senior mit beginnenden neurologischen Einschränkungen“ wie beispielsweise einer beginnenden Demenz interessiert sich dagegen vorwiegend für Dienstleistungen und den Gesundheitsbereich. Hier spielen Themen wie Wäscheservice, Betreuungsservice und Lebensmittel- bzw. Essenlieferungen eine große Rolle. Ebenso wichtig ist der Bereich der Gesundheit. Wichtig sind hier ein medizinischer Betreuungsservice, Erinnerungsfunktionen für die Medikamenteneinnahme oder sogar die telemedizinische Übertragung von Daten an den Hausarzt.

Die anderen Personas haben ähnliche Anforderungen, die hauptsächliche zwischen den beiden genannten Extrema liegen.

Durch diese Clusterung und die „Personas" konnten in weiteren Schritten in Zusammenarbeit aller Beteiligten entsprechende Funktions- und Designspezifikationen erstellt werden.

Um diese Spezifikationen möglichst kostengünstig zu erfüllen, wurde Wert darauf gelegt, nach Möglichkeit vorhandene Technologien aus dem Smart-Home-Bereich und den bereits entwickelten AAL Technologien einzusetzen.

22.4 Praktische Realisierung des Projekts „Wohnen im Quartier"

Im Rahmen von Workshops wurden für die verschiedenen Personas Konzepte entwickelt.

In der Phase der Frühinteressierten stellten sich Dienstleistungen als zentraler Punkt heraus. Hier waren speziell Komfort Dienstleistungen externer Anbieter wie beispielsweise ein Essenlieferservice gefragt. Wichtig war aber auch bei der Entwicklung dieser Funktionalität darauf zu achten, dass gerade durch diese Hilfe auf der anderen Seite die Mobilität der Bewohner nicht herabgesetzt wurde, wenn alles bequem ins Haus kommt.

Der Abruf der Dienstleistungen über ein Tablett (im Projekt ein iPad) stellte sich als völlig unproblematisch heraus. Wichtig war hier aber die Entwicklung eines altengerechten Userinterfaces.

Jeder Hinweis auf eine Überwachung der Bewohner wurde in dieser Phase strikt abgelehnt.

Auf der anderen Seite steht als Persona der Senior mit Behinderungen oder einer kognitiven Einschränkung. Hier sind vor allem Funktionen gefragt, die Hilfe und Assistenz gewährleisten.

Dies sind beispielsweise eine telemedizinische Verbindung zum Arzt oder ein auf dem iPad implementiertes Schmerztagebuch, das zum Arztbesuch mitgenommen werden kann.

In allen Szenarien hat sich herausgestellt, dass eine Kommunikationsfunktion extrem wichtig ist. Sie dient nicht nur zum Abruf der Dienstleistungen sondern ist gerade bei der in Städten zunehmenden Vereinsamung extrem wichtig. Insbesondere gehbehinderte Menschen verlassen nur selten ihre Wohnung. Die oben beschriebenen Technologien unterstützen dies auch noch. Eine Kommunikation mit Freunden und der Familie ist hier besonders wichtig.

In Voruntersuchungen hat sich herausgestellt, dass die Akzeptanz von vorhandenen Web basierten Medien wie Facebook oder WhatsApp weithin unbekannt war. Bei einer Vorführung wurde eine Anwendung dieser Kommunikationsmittel stark abgelehnt. Es wurde deshalb nötig, eine iPad basierte Plattform zu entwickeln, die einfache Kommunikationskanäle zur Verfügung stellte.

22.4.1 Benutzeroberfläche

Um dies zu realisieren wurden Kriterien für ein altengerechtes Userinterface entwickelt. Es wurden beispielsweise große und leicht verständliche Icons verwendet (siehe Abb. 22.1). Eine eingeschränkte Kommunikationsfunktionalität beispielsweise im Vergleich zu WhatsApp war wichtig, da zu viele Funktionen in Vortests mit den Bewohnern zu verwirrend waren.

Um möglichst viele Nutzer in einem Quartier untereinander verbinden zu können, musste die Benutzeroberfläche flexibel gestaltet werden. Dafür wurde die Plattform einer Vielzahl von Endgeräten (SmartTV, Tablets, Internet Browser) zugänglich gemacht.

Dies wurde mit einem „flexiblen" Layout erreicht, welches sich je nach Endgerät vollautomatisch dem Bildschirm anpasst. Hierbei wurde explizit viel Wert auf ein vom Gerät unabhängiges, wiederkehrendes und vertrautes Bedienungskonzept gelegt. Die Benutzeroberfläche ist daher über alle Geräte hinweg identisch in der Darstellung sowie Benutzung.

Bei der Erstellung der Benutzeroberfläche wurden die besonderen Umstände einer alternden Zielgruppe berücksichtigt, da gerade mit steigendem Alter bestimmte physiologische Funktionen in ihrer Leistungsfähigkeit gemindert werden. Relevant für die

Abb. 22.1 Ansicht der Startseite der VWiQ Plattform. (Prosystem AG)

Interaktion mit Benutzeroberflächen sind somit primär das Gehör, die Sehkraft, die Motorik sowie kognitive Leistungen. Ausgehend davon wurden folgende Prinzipien verfolgt:

Layout und Gliederung
Die Benutzeroberfläche muss stets in einzelne, gut sichtbar unterscheidbare Segmente gegliedert sein, z. B. Kopfbereich, Textbereich und Fußbereich.

Einzelne Segmente müssen mit ausreichend Abstand voneinander getrennt sein.

Wiederkehrende Segmente müssen stets an der gleichen Stelle eingebaut werden, z. B. Navigation.

Design
Alle nicht funktionalen Elemente der Benutzeroberfläche müssen in einem „flat"-Design umgesetzt werden.

Alle funktionalen Elemente sollten plastisch hervorgehoben sein, z. B. Buttons durch Verwendung von Schatten.

Farben:

Es sollten vorwiegend warme Farben verwendet werden.

Die Farben sollten möglichst kontrastreich sein.

Text
Die Schriftgröße sollte mindestens 14px betragen.

Es sollte stets ein starker Kontrast zwischen Schrift- und Hintergrundfarbe gewährleistet werden.

Benutzerführung:

Der Benutzer sollte stets mit Hilfe von einfachen Abläufen durch Arbeitsprozesse geführt werden.

Alle Benutzereingaben sollten auf Sinnhaftigkeit geprüft werden.

Auf Fehleingaben durch den Benutzer sollen Korrekturvorschläge folgen.

Bei der Verwendung von Symbolen sollte auf Konsistenz hinsichtlich des verwendeten Funktionsrahmens geachtet werden.

22.4.2 Technische Realisierung

Auf einer speziellen Hardware/Software Plattform wurde die Kommunikation mit der technischen Umgebung sowie mit den Dienstleistungsanbietern implementiert (siehe Abb. 22.2). Hier hat sich als wichtig herausgestellt, eine Differenzierung nicht nur über verschiedene Icons zu erzielen. Die Lösung war hier ein Farbcode durch den die Bewohner unmittelbar sehen konnten, ob es sich um Kommunikation, Dienstleistung, Hilfeleistung oder ärztliche Beratung handelte. Die Bereiche „Nachrichten aus dem Umfeld" und „Veranstaltungen" konnten so differenziert implementiert werden.

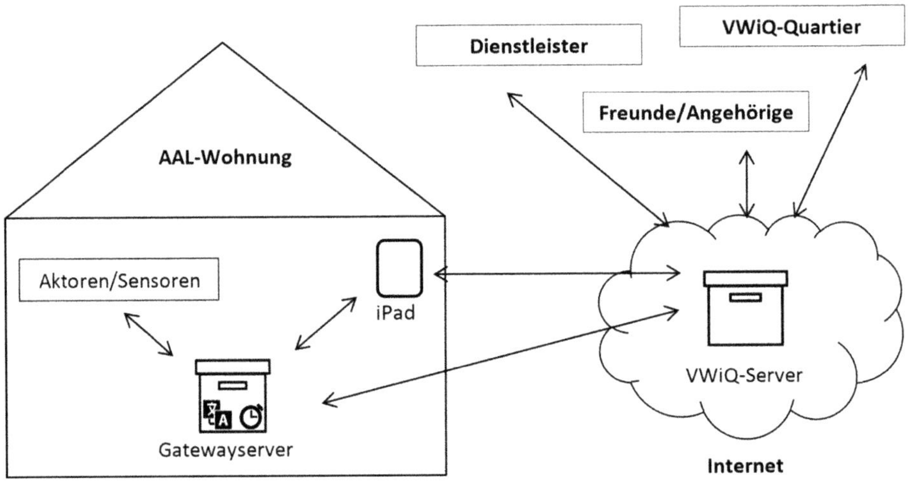

Abb. 22.2 Technische Umsetzung der VWiQ-Plattform. (Eigene Darstellung)

Auch in der Wohnung ist in dieser Phase Hilfe gefragt. Hier gibt es bereits sehr viele ausentwickelte Smart-Home oder AAL Komponenten, die eingesetzt werden können: Ein Teppich, der automatisch den Sturz des Bewohners detektiert, Erinnerungsfunktionen an Tabletteneinnahme, Erinnerung daran, ausreichend zu trinken, oder ein Alarm, falls beim Verlassen der Wohnung der Haustürschlüssel vergessen wird, sind hier ausgesprochen sinnvoll.

So wurde in der Musterwohnung, die später zur Validierung zur Verfügung stand, beispielsweise im Schlafzimmer ein intelligentes Bett mit Smart-Home-Schnittstelle eingerichtet. Außerdem wurde in diesem Projekt eine automatische Lichteinschaltung bei Aufstehen des Bewohners realisiert.

Die notwendige technische Infrastruktur erwies sich als recht aufwendig. Innerhalb der Wohnung war es notwendig, einen Smart Home/AAL Server zu betreiben, um die technischen Dienst- bzw. Hilfsleistungen zu realisieren. Ein zentraler Server hätte hier zu großen Sicherheitsproblemen geführt, wenn beispielsweise die Netzwerkverbindung ausgefallen wäre.

Dieser Rechner dient auch als Gateway zum Projekt Server. Dies ist ein zentraler Server mit zentraler Datenbank. Über diesen zentralen Server werden beispielsweise die Dienstleistungen vermittelt. Aber auch telemedizinische Daten laufen über diesen Weg. Daneben dient der Projektserver als Kommunikationsplattform. Er konvertiert Daten in andere Formate, um auch nicht Projektteilnehmer mit einzubinden. Ein häufig geäußerter Wunsch war zum Beispiel die Kommunikation mit Familienangehörigen. Da diese aber nicht den altersgerechten E-Mail Client verwenden, ist hier eine Formatkonvertierung nötig.

Ein weiteres wichtiges Element ist die zentrale Datenbank. Hier werden u. a. Veranstaltungen verwaltet. Aber auch Angebote und Einladungen anderer Bewohner laufen über diese Datenbank. Angedacht sind hier z. B. gemeinsame Aktivitäten wie Kochen, Spazierengehen oder Spieleabende.

Die zentrale Datenbank wird außerdem für Updates und Upgrades verwendet. Softwareupdates sollten zentral erfolgen, ohne dass die Bewohner damit belästigt werden. Durch die zentrale Datenbank kann bei jedem Log-in-Vorgang geprüft werden, ob das System noch aktuell ist und dadurch ggfs. ein Update initiiert werden.

As technisch sehr aufwendig haben sich Push Services herausgestellt. Hier ist es unter Umständen sinnvoll, sich auf eine Tablett Plattform zu beschränken.

Nachfolgend einige Details zur verwendeten Technik:

Aus technischer Sicht besteht das VWiQ-Projekt aus drei Teilsystemen, die miteinander über Schnittstellen kommunizieren. Diese Aufteilung ermöglicht die Umsetzung der hohen Ansprüche nicht nur hinsichtlich Erweiterbarkeit, Flexibilität und Sicherheit, sondern auch bezüglich des Datenschutzes.

VWiQ Server

Der VWiQ Server ist die primäre Schnittstelle zwischen den einzelnen Benutzern im Quartier sowie Datenspeicher für öffentliche, nicht sensitive Informationen wie eingestellte Dienstleistungen oder Veranstaltungen. Weiterhin bearbeitet dieses System alle Kommunikationen, die zwischen Externen (Dienstleistern) als auch Internen (Benutzern) erfolgt. Dazu zählen Nachrichten, Datenanfragen des Gateway Servers und der E-Mail Versand.

Der Server läuft auf einem Apache2 mit einer MySQL Datenbank. Das Backend ist in PHP programmiert. Die Kommunikation mit dem Gateway Server erfolgt über einen Websocket. Für externe Dienstleister ist zudem eine REST-API erstellt worden.

Gateway Server

Der Gateway Server befindet sich direkt beim Benutzer in der Wohnung und ist somit physisch vom VWiQ Server getrennt. Er speichert alle Benutzerdaten und gewährleistet über das Internet die Kommunikation zum VWiQ Server. Über das lokale Netzwerk kommuniziert der Server mit dem Smarthome und der Hybrid-App.

Dieser Server läuft auf Node.js mit einer MySQL Datenbank. Das Backend ist in Javascript programmiert. Während die Kommunikation zum VWiQ Server sowie zur Hybdrid-App über Websocket läuft, findet die Anbindung an das Smarthome über eine TCP/IP Verbindung statt.

Plattform

Bei der Plattform handelt es sich um die eigentliche Benutzeroberfläche, die auf den Endgeräten installiert wird. Sie beinhaltet die Anwendungen, die vom Benutzer zur Vernetzung und Selbstorganisation verwendet werden können.

Die Plattform ist eine Hybrid-App, basierend auf dem Cordova Projekt. Sie ist in HTML, CSS sowie Javascript programmiert und kommuniziert mit dem Gateway Server über Websockets. Die Plattform kann nur dann benutzt werden, wenn in dem lokalen Netzwerk des Endgerätes ein konfigurierter Gateway Server läuft.

In diesem Zusammenhang soll auch der Datenschutz nicht vergessen werden. Insbesondere bei der Weiterleitung von Mails oder medizinischen Daten muss hier eine Abnahme durch den Landesdatenschutzbeauftragten erfolgen.

Datenschutz
Das Thema Datenschutz ist stets in allen Projektabschnitten präsent gewesen und hat direkt Einfluss auf die Zusammensetzung des Gesamtsystems genommen.

Durch die Trennung der Datenspeicherung auf die zwei Teilsysteme, VWiQ Server und Gateway Server, befinden sich alle persönlichen Daten nicht nur aus digitaler, sondern auch physischer Sicht stets im Besitz des Benutzers vor Ort.

Ein weiterer Vorteil dieser Kombination besteht in der Unabhängigkeit vom Endgerät. Verliert der Benutzer sein Endgerät oder muss es austauschen, befinden sich seine Daten weiterhin in der Sicherheit des Gateway Servers und gehen nicht verloren.

Außerdem wird dem Benutzer über die Plattform volle Kontrolle, Transparenz und Freiheit über seine Daten gegeben. Er entscheidet stets selbst, wann, wem und welche persönlichen Daten er öffentlich macht und kann diese Einstellungen jederzeit rückgängig machen.

Als Endgeräte wurden in diesem Projekt iPads verwendet, da hier die Akzeptanz gerade bei den in der Regel älteren Bewohner sich als recht hoch herausgestellt hat.

22.5 Validierungsaktivitäten

Das Projekt wurde nach der Implementation ausgiebig validiert. Dafür zogen innerhalb von 4 Wochen 14 Probanden nacheinander für ein oder zwei Nächte in die Wohnung ein.

Obwohl die Probanden Personas zugeordnet werden konnten, war das Muster der verwendeten Funktionen von Person zu Person unterschiedlich. Eine Personalisierung eines derartigen Systems scheint nach den Ergebnissen deshalb sehr wichtig zu sein.

Positiv beurteilt wurden folgende Funktionen:

Automatisches Deckenlicht beim Verlassen des Betts, Sturzdetektion durch einen speziellen Bodenbelag und die Fernsteuerung der Fenster und Vorhänge.

Ebenfalls positiv wurde auf der Kommunikationsplattform (dem iPad) bewertet, dass es eine Notfallfunktion gab. Ebenso positiv wurde die Eingabe von Einkaufslisten bewertet. Die Eingabe des Produkts über einen Barcodescanner gefiel vielen gut.

Die Steuerung beinhaltete vorprogrammierte Szenarien wie „Habe Besuch", „bin im Bett" oder „Zentral Aus Szenario". Dies wurde von den Probanden sehr positiv bewertet.

Erinnerungsfunktionen wie die Schlüsselerinnerung beim Verlassen der Wohnung oder die Erinnerung an eine Tabletteneinnahme kamen gut bei den Probanden an. Dies gilt auch für die Vernetzung mit der Nachbarschaft über die Kommunikationsplattform.

Negativ bewertet wurden die „Wäschekorbfunktion" (Wäsche wird abgeholt, wenn der Wäschekorb voll ist) sowie das vitalisierende Licht am Morgen.

Das Userinterface auf dem iPad sollte noch einfacher sein. Die Bedienung eines verwendeten Fernsehers mit Touchscreen hat vielen Probanden Mühe bereitet.

Als grundlegende Erkenntnisse wurde herausgearbeitet, dass die Technik so weit wie möglich im Hintergrund sein muss. Außerdem sollte die Einfachheit der Bedienung einen großen Einfluss während der Entwicklung eines solchen Systems haben.

22.6 Schlussbetrachtung

Es gibt sehr viele Vorhaben wie das oben beschriebene Projekt. Jedes dieser Projekte deckt immer nur einen Teil der Forderungen ab. Das liegt eindeutig darin, dass man auf der Forschungsebene mit begrenztem Budget und begrenztem Zeitrahmen arbeitet.

Die Auswertung all dieser Projekte zeigt aber einen klaren Nutzen und man kann auf der vorhandenen Datenbasis sicher neben dem individuellen Nutzen auch einen hohen demografischen Nutzen postulieren, der mit dem Wandel in der Bevölkerungsstruktur einhergeht.

Um diesem Ansatz zum Durchbruch zu verhelfen ist es nötig, dass größere Firmen und Institutionen bei der Weiterentwicklung mitmachen. Derzeit ist dies nur vereinzelt der Fall.

Ungeklärt ist derzeit auch die Kostenfrage. Es gibt zwar Untersuchungen, wie viel der einzelne Bewohner bereit ist, für diese Unterstützungsservices zu zahlen. Dies kann aber zumindest derzeit nicht kostendeckend sein. Zu klären ist deshalb, wer die Zusatzkosten tragen wird.

Literatur

Behörde für Gesundheit und Verbraucherschutz (2016) Homepage. http://www.hamburg.de/bgv/. Zugegriffen: 15. Mai 2016

GWHH GmbH (2014) Infobroschüre zum Projektabschluss. http://www.vernetztes-wohnen-hh.de/index.php?id=publikationen. Zugegriffen: 22. Mai 2016

Meyer-Blankart C, Parchmann J, Böhmann T (2016) Beitrag „Design Goals for IT-enabled Local-Social Service" zum wissenschaftlichen Workshop der „Special Interest Group on Services" bei der ICIS 2013, 15. Dezember 2013. http://www.vernetztes-wohnen-hh.de/index.php?id=forschung. Zugegriffen: 22. Mai 2016

Zangenmeister C (2012) Mit intelligenter Technik zu neuen Dienstleistungen für Senioren (MIDIS). BoD-Verlag, Hamburg

Über den Autor

Prof. Dr. med Dipl.-Phys Jürgen Stettin lehrt an der Hochschule für Angewandte Wissenschaften Hamburg das Fach Medizintechnik. Er besitzt ein Diplom als Physiker der Universität Hamburg mit der Spezialisierung Strahlenbiologie. Außerdem hat er durch ein abgeschlossenes Studium der Humanmedizin die Approbation als Arzt. Er ist Vorstand der Prosystem AG und hat in diesem Zusammenhang das beschriebene Projekt in der Firma geleitet.

Stichwortverzeichnis

M.A. Pfannstiel et al. (Hrsg.), *Digitale Transformation von Dienstleistungen im Gesundheitswesen II,* DOI 10.1007/978-3-658-12393-2

E

F

Printed by Printforce, the Netherlands